U0532185

国家社会科学基金重大委托项目"中华思想通史"（20@ZH026）、中国社会科学院重大学术创新工程"中华思想通史"项目阶段性成果

中华思想史文论

王伟光 著

中国社会科学出版社

图书在版编目(CIP)数据

中华思想史文论. 一/王伟光著. —北京：中国社会科学出版社，2021.9
ISBN 978-7-5203-9054-5

Ⅰ.①中… Ⅱ.①王… Ⅲ.①思想史—中国—文集 Ⅳ.①B2-53

中国版本图书馆 CIP 数据核字（2021）第 175818 号

出 版 人	赵剑英
责任编辑	夏　侠　李凯凯
责任校对	李　莉
责任印制	王　超

出　　版	中国社会科学出版社
社　　址	北京鼓楼西大街甲 158 号
邮　　编	100720
网　　址	http://www.csspw.cn
发 行 部	010-84083685
门 市 部	010-84029450
经　　销	新华书店及其他书店
印　　刷	北京君升印刷有限公司
装　　订	廊坊市广阳区广增装订厂
版　　次	2021 年 9 月第 1 版
印　　次	2021 年 9 月第 1 次印刷

开　　本	710×1000　1/16
印　　张	29.25
字　　数	394 千字
定　　价	158.00 元

凡购买中国社会科学出版社图书，如有质量问题请与本社营销中心联系调换
电话：010-84083683
版权所有　侵权必究

前　　言

《中华思想史文论（一）》是国家社科基金重大委托项目、中国社会科学院重大学术创新工程"中华思想通史"的阶段性成果，《中华思想通史》是最终成果。已出版的《中华思想通史绪论》《中国社会形态史纲》和即将交付出版的《中华思想通史资料长编》电子版，也都是该项目的阶段性成果。《中华思想史文论（一）》是继上述阶段性成果的又一研究成果。本书是我在2014年项目启动以来阐述关于编研中华思想史的指导思想、目的意义、原则方法、科学分期等重大问题，以及关于编研中华思想史涉及某些具体流派、事件的总的看法的文稿。2014年之前与中华思想史相关议题的一些文稿，也一并收录在本文集之中。

本文集按内容分成五个专题。第一个专题"坚持马克思主义唯物史观在史学研究领域的指导地位"，收录了我连续五届在"唯物史观与马克思主义史学理论论坛"上的主旨报告。第二个专题"自觉运用唯物史观指导史学研究，反对历史虚无主义"，主要收录了我关于自觉运用唯物史观指导史学研究，批判历史虚无主义的文稿。第三个专题，"坚定思想自信，构建中华思想史当代中国马克思主义学派"，主要收录了我在这个方面的一些论文和演讲稿。第四个专题"立足中国社会形态发展规律，概括中华思想演变逻辑和核心基因",收录了我连续七届在"中华思想史高峰论坛"开幕式上的讲话。第五个专题"批判研究、科学继承中华优秀传统思想",收录了我就这一议题所撰写的论文和演讲稿。五个专题的文稿都是按内容分列的,每个专题的文稿又是按撰写时间编排的,收入本书时略有修改。

张博、孙兆阳同志负责收集整理了文稿,《中华思想通史》编委会办公室的窦兆锐、刘宇、孙舒苇、王毓伟同志付出了辛勤努力,做了大量文案工作。本书出版后,还将编辑出版《中华思想史文论(二)》。

王伟光
2021年3月于中国社会科学院

目　录

一　坚持马克思主义唯物史观在史学研究领域的指导地位

坚持和发展唯物史观，推进马克思主义史学理论研究……（3）

以唯物史观为指导，加快构建中国特色马克思主义史学
　　理论和史学学科创新体系……………………………（23）

努力接受《实践论》《矛盾论》的哲学滋养，运用科学的
　　世界观方法论指导实践
　　　——纪念毛泽东同志《实践论》《矛盾论》发表
　　　　80周年………………………………………………（37）

唯物史观下的大的"历史时代"与习近平新时代中国特色
　　社会主义思想……………………………………………（53）

历史唯物主义永远是我们党的理论指南，是马克思主义
　　史学理论的灵魂和精髓
　　　——学习习近平总书记关于历史唯物主义的重要讲话
　　　　精神………………………………………………（68）

全面准确把握习近平新时代中国特色社会主义思想
　　关于文化的论述…………………………………………（109）

二 自觉运用唯物史观指导史学研究，反对历史虚无主义

以历史唯物主义为指导，构建完整、清晰的历史图景 ………（119）
珍惜价值、古为今用、宏大精华、创新发展
　　——学习习近平总书记关于中华传统文化的重要论述 ……（122）
学会用马克思主义指导史学研究
　　——纪念刘大年先生诞辰一百周年 …………………………（132）
当自觉接受马克思主义指导的学问家 ……………………………（136）
自觉接受马克思主义指导 …………………………………………（142）
反对历史虚无主义是一场严肃的斗争 ……………………………（167）
捍卫马克思主义社会形态演变一般规律原理，反对历史
　　虚无主义 ………………………………………………………（169）

三 坚定思想自信，构建中华思想史当代中国马克思主义学派

传统依然活在世界的历史进程中 …………………………………（191）
在继承与超越中推动人类文明的升华 ……………………………（196）
与五千年中华思想史对话：中国特色社会主义理论体系与
　　中国优良思想文化传统一脉相承 ……………………………（203）
让马克思主义史学走进人民群众
　　——中国历史影视化作品创作谈 ……………………………（212）
把资政育民作为自身的最高职志 …………………………………（218）
让史学研究成果服务于人民群众 …………………………………（221）
坚定文化自信　传承和弘扬中华优秀传统文化 …………………（226）
文化自信：在改革开放中砥砺坚定 ………………………………（235）

从中华优秀传统思想中汲取时代智慧……………………（246）
构建中华思想史当代中国马克思主义学派
　　——关于研究编撰《中华思想通史》的若干问题…………（255）
传承中华文脉　构筑传承体系…………………………………（305）
让中国特色社会主义文化在当代世界文化百花园里吐蕊
　争芳
　　——访全国政协常务委员、民族和宗教委员会主任
　　　王伟光教授……………………………………………（309）

四　立足中国社会形态发展规律，概括中华思想演变逻辑和核心基因

构建思想史研究的中国学派……………………………………（325）
高扬唯物史观旗帜，创建中华思想史当代中国马克思主义
　学派………………………………………………………（332）
以习近平新时代中国特色社会主义思想为指导追溯中华
　思想核心基因，坚定文化自信…………………………（341）
立足中国特色社会主义新时代，科学探索中华思想发展
　阶段与演变规律…………………………………………（353）
立足中国社会形态演变，科学探索中华思想发展…………（364）
坚持社会形态史与思想史相结合的研究理念，是中华
　思想史当代中国马克思主义学派的学术品格………（375）

五　批判研究、科学继承中华优秀传统思想

研究儒家文化，传承优秀文化，培育时代精神，服务
　伟大现实…………………………………………………（389）
批判地认识王阳明的主观唯心主义哲学体系…………………（394）

研究湖湘，宏大湘学 …………………………………（398）
崇实重行，湘学之要 …………………………………（402）
继承与弘扬求真务实的优良传统 ……………………（404）
历史是最好的教科书 …………………………………（410）
前事不忘，后事之师 …………………………………（413）
从现实和历史两个方面认识中华民族的外部世界 …（416）
论中国文化的进步性与先进性 ………………………（422）
继承和发扬孙中山先生精神，办好孙中山研究院 …（429）
研究康有为及其思想，一定要放在当时的历史条件下 ………（431）
崇高的理想　不懈的追求
　　——略论从"大同"社会理想到"人类命运共同体"
　　战略构想 …………………………………………（434）
百年未有之大变局和中国共产党 ……………………（450）

一

坚持马克思主义唯物史观在史学研究领域的指导地位

坚持和发展唯物史观，推进马克思主义史学理论研究[*]

在全党全国各族人民隆重纪念中国人民抗日战争暨世界反法西斯战争胜利70周年之际，在纪念"九一八"事变爆发84周年的今天，我们在这里举办首届唯物史观与马克思主义史学理论论坛，具有重要的理论和现实意义。这次论坛对于进一步推动理论界、史学界巩固马克思主义的指导地位，高举唯物史观旗帜，加强马克思主义史学理论建设，对于把我院建设成为马克思主义的坚强阵地，加强马克思主义理论学科和史学学科建设、人才培养和马克思主义理论研究、史学研究，都将产生积极作用。我代表院党组对这次会议的顺利召开表示祝贺！也希望该论坛每年举办一次，形成惯例，办成坚持和发展唯物史观、坚持和创新马克思主义史学理论的精品论坛。

围绕唯物史观和马克思主义史学理论，我谈几点看法，与大家交流。

---

[*] 该文系作者2015年9月18日在中国社会科学院"首届唯物史观与马克思主义史学理论论坛"上的主旨报告。原载《世界社会主义研究动态》2015年第113期；《世界社会主义研究》2016年第2期；《唯物史观与马克思主义史学新视野》，中国社会科学出版社2016年版；《中国社会科学院历史虚无主义批判文选》（节选），中国社会科学出版社2015年版。

一 唯物史观的创立，是人类思想史上一场伟大的革命，赋予人类正确认识社会及其发展历史的唯一科学的世界观和方法论

如果没有马克思创立的唯物史观，人们对社会生活及其历史的认识还会在黑暗中摸索。也就是说，在马克思创立唯物史观之前，人们对社会历史的认识是唯心主义历史观占据统治地位，人们无法正确解读自己的历史和社会现象。

1883年3月14日，在伦敦海格特公墓的马克思墓前，恩格斯发表了著名的《在马克思墓前的讲话》。恩格斯高度评价了马克思作为最伟大的思想家和革命家对于人类思想史和世界工人运动做出的巨大贡献，简短、诚恳而又真实地表述马克思对于人类所具有的并永远具有的伟大意义。他认为，马克思对整个人类思想发展做出了两个最伟大的贡献：一是发现唯物史观；二是发现剩余价值学说。恩格斯高度赞扬马克思说："一生中能有这样两个发现，该是很够了。"① 恩格斯把唯物史观看作马克思的第一个伟大发现。列宁认为，唯物史观是人类科学思想中的最大成果。唯物史观的创立是马克思对人类思想史的划时代贡献。

自古及今，人们在不断探索自然之谜的进程中，也都在不断地追问社会发展的原因，探索社会发展的规律和趋势，试图解释人类社会何以产生、何以运行、何以发展的问题，提出了各种各样的看法和观点，形成了形形色色的历史观念。但社会历史现象的异彩纷呈、繁茂芜杂，又极大地困扰着人们的认识，使人们在纷繁复杂的社会历史现象面前往往陷于云遮雾罩，误入思想歧途。在马克思第一个伟大发现产生之前，人类对自然的认识已经达到了一个科学的

---

① 《马克思恩格斯选集》第3卷，人民出版社2009年版，第601页。

高峰，涌现出很多伟大的科学家。从哲学世界观方法论层面上看，唯物论、辩证法对世界的认识也分别达到了当时所能达到的高峰，产生了一大批唯物主义和辩证法的哲学家、思想家。但在历史观层面上，人类却始终陷于唯心史观的思想陷阱而不能自拔。

在马克思主义新历史观产生之前，对人类社会历史的认识不外乎有两类答案：

——一类是唯心主义的回答。或是把历史发展归结为神、天命的作用；或是归结为精神的作用。如将历史发展的根本原因归之于上帝、神灵、天命、神意。孔子的得意门生子夏说"死生有命，富贵在天"，认为人世间的死生祸福、穷达贵贱、贫富寿夭，都是由天命决定的；中世纪的基督教把社会历史理解为从原罪经赎罪到千年王国和最终审判的演进过程，认为这一切都是由上帝安排的，都体现了上帝的智慧与意志；西方有"上帝造人"说、中国有"女娲造人"说……把神作为人类及其社会的创造者、主宰者和历史发展的第一推动者。

如归之于人的理性、情感、动机、意志的主观唯心主义的主观精神决定论，归之于在自然界和人类社会产生之前就存在的、无人身的客观精神的客观唯心主义的客观精神决定论。例如，德国古典唯心主义辩证法大师黑格尔坚持客观唯心主义的"绝对精神决定论"。尽管他已经发现了人类社会历史的辩证运动规律，但认为在万事万物之上有一个绝对精神，这个绝对精神是自然界和人类历史发展的第一推动者。他认为，理性或绝对精神是社会历史的主体、动力和决定性力量，人不过是理性或绝对精神实现自身的工具和手段。

——另一类是旧唯物主义的回答。唯心主义历史观的答案显然是荒谬的，这就导致一些旧唯物主义哲学家试图从直观的物质原因上寻找历史的最终原因。这些旧唯物主义者虽然在自然观上坚持了唯物主义立场，但从直观的物质原因上又无法说明历史的最终原因，故而在考察社会历史时，被社会领域和历史过程的特殊性所迷惑，只是看到了人们从事历史活动的思想动机，而没有进一步探究隐藏在思想动机背后的最终原因；只是看到了在社会历史领域中起作用的精神动力，而没有发现动力的动力是什么，没有看到隐藏在精神动力背后的真正的物质动因，将精神动力看成社会发展的终极原因，从而在历史观上又重新陷入了唯心主义的泥沼。例如，19世纪德国人本唯物主义者费尔巴哈提出"感性的人"决定论。他看到了神造论的荒谬，看到了唯心主义和机械唯物主义的缺陷，提出感性的人、肉体的人决定了历史的发展，似乎他的历史观由神、由纯粹理念回到了人，由唯心主义回到了唯物主义。但费尔巴哈是直观的唯物主义者，只看到了感性的、肉体的、被动存在的、生物学意义上的人，不懂得物质与精神的辩证法，不懂得人的社会性，不懂得实践的人的能动作用。对于感性的人怎样创造历史说不清楚，提出了人类永恒之"爱"决定人的行动，从而决定人类历史的论断。费尔巴哈看似回到肉体的物质存在的人，但结果又回到了"爱"决定一切的空洞无物的唯心主义历史观。

综观马克思主义新历史观之前的一切旧历史观，有两个根本缺陷：一是从思想原因而不是从物质经济根源，来说明人类历史活动的动因和社会发展的动力，这就是旧历史观的思想动机论。二是只看到少数历史人物的作用，忽视人民群众是真正的历史主人，抹杀了人民群众在历史发展中的决定作用，这就是旧历史观的英雄史观。旧历史观看不到人民群众创造人类历史、推动社会进步的动力作用，将历史发展的根本原因归之于帝王将相、英雄豪杰的个人意志，认为一个好念头可以使国泰民安，一个怪想法可以使国破家亡、生灵涂炭。一切旧历史观说到底都是唯心史观，它始终无法向人们提供正确认识和解释社会历史现象的科学世界观和方法论。

与以往的唯心主义历史观相反，马克思在考察社会历史、寻找社会发展的真实动因时，不是从主观意识、客观精神、上帝、神意或抽象的人性出发，而是从现实的人及其活动出发，从现实的人的物质生活条件出发。在马克思看来，"有生命的个人的存在"是全部人类历史的第一个前提。人们为了创造历史，必须能够生活。为了生活，就必须进行物质生活资料的生产。物质生产是人类的第一个历史活动，是一切历史的基本条件。追求生存发展需要的满足，是人们的一切思想动机背后的最深刻的物质根源；人们所从事的物质资料生产，是社会发展的根本原因。人类社会的一切经济关系、政治关系、社会关系、思想文化关系，都是在物质生产基础上建构起来的，并随着物质生产的发展变化而发展变化；必须从人类生存发展的物质经济基础出发来说明人类社会的发展变化，来说明一切人类社会历史现象，而不是相反。

马克思的新历史观照亮了历史的时空，使在黑暗中摸索的人们豁然开朗。他所创立的唯物史观作为关于社会发展的根本动因、总体进程、一般规律和必然趋势的学说，反映了社会历史发展规律，一扫笼罩在社会历史领域的神秘的阴霾，为我们提供了认识社会发展规律、求解社会历史之谜的锁钥；指明了资本主义必然灭亡的历史趋势和人类社会发展的共产主义前途，揭示了无产阶级的历史使命，找到了工人阶级及其政党这一实现深刻社会变革的主体力量，探求到了通过阶级斗争和无产阶级专政实现未来社会的正确途径，从而使社会主义从空想变成了科学；代表了工人阶级和广大人民群众的利益，为工人阶级推翻资本主义社会，实现阶级解放和人类解放，指明了前进的方向和道路。这就把过去人们存在的那种对历史杂乱无章的认识彻底纠正过来了，给了工人阶级及劳动人民以精神武器和理想希望。

在唯物史观创建的当时，马克思是最遭忌恨和最受诬蔑的人，各国政府——无论专制政府或共和政府都驱逐他，资产者——无论保守派或极端民主派都竞相诽谤他、诅咒他；同时，马克思又是当代和后世最受尊重、爱戴和敬仰的人，他是全世界工人阶级的精神导师,他的新历史观成为世界社会主义运动的指南。正如列宁所言:"过去在历史观和政治观方面占支配地位的那种混乱和随意性,被一种极其完整严密的科学理论所代替……它把伟大的认识工具给了人类,特别是给了工人阶级。"[①] 恩格斯指出:"只要进一步发挥我们的唯物主义论点,并且把它应用于现时代,一个强大的、一切时代中最强大的革命远景就会立即展现在我们面前。"[②] 唯物史观是马克思主义关于社会发展最一般规律的世界观和方法论,是科学的、系统的理论体系,它最重要、最核心、最精髓的是生产的观点、阶级的观点和群众的观点;社会基本矛盾理论、社会形态演变规律理论和国家、社会革命与无产阶级专政理论。掌握了这"三大"观点和"三大"理论,也就掌握了唯物史观的精要。我们要善于运用好唯物史观这一强大武器。

唯物史观的创立,是人类思想史上的一场伟大革命,它将唯心主义从社会历史领域中彻底清除出去,从而彻底地解决了历史观领域唯心主义占统治地位的状况,实现了自然观上的唯物主义与历史观上的唯物主义的统一,使马克思主义哲学成为彻底的和完备的唯物主义学说,历史唯物主义与辩证唯物主义一道构成人类思想史上最先进、最完整、最科学的哲学世界观和方法论体系。

二 唯物史观是中国共产党领导中国革命、建设和改革,不断取得胜利的最锐利的思想武器,党的全部历史告诉我们,没有或不用唯物史观观察、分析和处理社会历史问题必定要犯错误

中国新民主主义革命和社会主义革命的最后胜利,中国社会主义制度的建立和社会主义建设所取得的伟大成就,社会主义改革开

[①] 《列宁选集》第 2 卷,人民出版社 2012 年版,第 311 页。
[②] 《马克思恩格斯文集》第 2 卷,人民出版社 2009 年版,第 598 页。

放和中国特色社会主义道路的巨大成功，雄辩地表明唯物史观一旦与中国实际相结合，运用于中国人民伟大的实践，就会发生精神变物质的巨大能动作用。实践证明，对于领导伟大斗争实践的中国共产党人来说，坚持运用唯物史观作指导必定胜利，而没有或放弃唯物史观的指导必定走弯路、犯错误。中国革命、建设和改革开放的成功，是唯物史观的胜利，唯心史观的破产。

毛泽东同志在《唯心历史观的破产》一文中指出："即从一八四〇年的鸦片战争到一九一九年的五四运动的前夜，共计七十多年中，中国人没有什么思想武器可以抗御帝国主义。旧的顽固的封建主义的思想武器打了败仗了，抵不住，宣告破产了。不得已，中国人被迫从帝国主义的老家即西方资产阶级革命时代的武器库中学来了进化论、天赋人权论和资产阶级共和国等项思想武器和政治方案，组织过政党，举行过革命，以为可以外御列强，内建民国。但是这些东西也和封建主义的思想武器一样，软弱得很，又是抵不住，败下阵来，宣告破产了。一九一七年的俄国革命唤醒了中国人，中国人学得了一样新的东西，这就是马克思列宁主义。"[①] "中国人民学会了的马克思列宁主义的新文化，即科学的宇宙观和社会革命论，……第一仗打败了帝国主义的走狗北洋军阀，第二仗打败了帝国主义的又一名走狗蒋介石在二万五千里长征路上对于中国红军的拦阻，第三仗打败了日本帝国主义及其走狗汪精卫，第四仗最后地结束了美国和一切帝国主义在中国的统治及其走狗蒋介石等一切反动派的统治。马克思列宁主义来到中国之所以发生这样大的作用，是因为中国的社会条件有了这种需要，是因为同中国人民革命的实践发生了联系，是因为被中国人民所掌握了。任何思想，如果不和客观的实际的事物相联系，如果没有客观存在的需要，如果不为人民群众所掌握，即使是最好的东西，即使是马克思列宁主义，

---

① 《毛泽东选集》第4卷，人民出版社1991年版，第1513—1514页。

也是不起作用的。我们是反对历史唯心论的历史唯物论者。"①

马克思主义传入中国，为中国先进分子所接受，为中国人民和中国实际所接受，首先是唯物史观。这是因为，当时中国先进分子所面临的首要问题是正确认识中国社会，找到解救中国的药方，这就必须掌握改造中国社会的先进思想武器，唯物史观理所当然地成为中国先进分子所最先接受的精神力量。

俄国十月革命的成功，深深地启发了中国先进分子。他们从俄国十月革命的成功和西方资本主义的社会政治危机中，敏锐感到世界历史时代的深刻变化，得出向俄国革命学习，"走俄国人的路"的结论。俄国十月革命帮助中国的先进分子开始学习运用唯物史观作为观察国家命运的思想武器，苦苦求索"中国向何处去，中国怎么办"。李大钊是第一个接受唯物史观并主张向俄国革命学习的先进分子。1918年，他发表了《法俄革命之比较观》，同一年又发表了《庶民的胜利》。1919年10月、11月，李大钊分两期在《新青年》上发表《我的马克思主义观》，系统地介绍了马克思主义的唯物史观，同时介绍了马克思主义政治经济学和科学社会主义。李达于1919年先后发表了《什么叫社会主义》《社会主义的目的》，1919年秋到1920年夏，翻译了《唯物史观解说》《马克思经济学说》《社会问题总览》三部著作，比较系统地介绍和传播了唯物史观。在此前后，《新青年》《每周评论》《民国日报》《建设》等一批报刊纷纷发表宣传马克思主义唯物史观、科学社会主义和马克思经济学说的一批文章，特别是《每周评论》摘译推介了《共产党宣言》。中国先进分子接受了马克思列宁主义，比较集中地学习和传播了唯物史观，研究和宣传了社会发展根源于生产力与生产关系、经济基础与上层建筑的社会基本矛盾的观点；社会形态发展规律和未来共产主义社会的观点；剩余价值和资本对工人阶级剥削的

---

① 《毛泽东选集》第4卷，人民出版社1991年版，第1515页。

观点；阶级、阶级斗争、国家、社会革命和无产阶级专政的观点……

中国先进分子学习、研究和传播唯物史观不是为了做学问、研究学术，而是为了正确认识中国社会、探索中国革命道路、寻找解救中国的办法，为改造旧中国、建立一个新的社会而寻求和掌握革命理论。李大钊特别强调，阶级斗争学说是唯物史观的一个重要内容，要解决经济问题，就必须进行阶级斗争，进行革命；如果不重视阶级斗争，"丝毫不去用这个学理作工具，为工人联合的实际运动，那经济的革命，恐怕永远不能实现"。① 鲜明地阐明了马克思列宁主义适合中国需要，阐述了对中国社会进行一次彻底的阶级革命的必要性。毛泽东同志后来总结说，读了《共产党宣言》这本书，"我才知道人类自有史以来就有阶级斗争，阶级斗争是社会发展的原动力，初步地得到认识问题的方法论……我只取了它四个字：'阶级斗争'，老老实实地来开始研究实际的阶级斗争。"② 李大钊、陈独秀、毛泽东、蔡和森、周恩来等一大批中国先进分子，依据唯物史观，把握了时代前进方向，剖析了资本主义制度的固有矛盾，揭示了社会主义必然代替资本主义的历史必然趋势。在中国的出路，是走社会主义道路还是走资本主义道路，是实行社会革命还是社会改良，是坚持工人阶级政党的领导还是资产阶级政党的领导等这些根本问题上，做出了正确的判断和选择，逐渐否定了过去信仰的资产阶级民主主义，而转向科学社会主义，主张在无产阶级及其政党——中国共产党领导下，通过无产阶级的阶级斗争，用革命的手段，推翻剥削者，建设无产阶级专政的国家，从而走上了无产阶级革命道路，成为马克思主义者。

中国共产党的成立、发展和壮大是唯物史观在中国发生作用的结果，中国革命的胜利同样是唯物史观科学指导的结果。早期中国

---

① 《李大钊选集》，人民出版社1959年版，第233—234页。
② 《毛泽东文集》第2卷，人民出版社1993年版，第378—379页。

共产党人，对中国社会半封建半殖民地的性质，对中国革命的性质、动力、手段、方式、领导力量、依靠力量、团结力量，以及革命的对象等一系列事关中国革命的重大理论、路线和战略、策略问题上，认识还不十分明确。经过大革命失败的挫折和教训，中国共产党人运用唯物史观，观察中国社会具体实际，总结革命实践的初步经验教训，逐步对中国社会的性质、中国革命的阶段性、中国革命道路的特殊性有了科学的认识，形成了关于中国革命正确的理论、路线、方针和战略、策略。毛泽东同志在唯物史观指导下撰写的《中国社会各阶级的分析》《中国的红色政权为什么能存在》《中国革命战争的战略问题》《论持久战》《中国共产党在民族战争中的任务》《中国革命和中国共产党》《新民主主义论》《两个中国之命运》《论联合政府》《迎接中国革命的新高潮》《在中国共产党第七届中央委员会第二次全体会议上的报告》《论人民民主专政》等一系列经典著作中，彻底解决了中国革命和中国社会发展前途的一系列根本性问题，如中国社会的性质和中国各阶级的分析、中国革命的性质和前途、工人阶级及其政党的领导和党的建设、资产阶级和农民问题、人民军队和武装斗争、统一战线、建立革命根据地和农村包围城市的革命道路等重大问题上，形成了马克思主义与中国实际相结合的正确的理论和路线，即毛泽东思想，从而引导中国革命走向胜利。

　　中国革命的胜利是唯物史观的胜利，是唯物史观与中国实际相结合的胜利。中国革命经验告诉我们，坚持唯物史观的指导，中国革命就由胜利走向胜利。中国革命的教训同样告诉我们，离开唯物史观的指导，中国革命就要遭受挫折和失败。中国社会主义建设和社会主义改革开放的伟大实践也证明了这个道理。今天中国特色社会主义理论体系、中国特色社会主义制度、中国特色社会主义道路，同样是中国共产党人成功运用唯物史观指导的产物，是唯物史观与当代时代特征、今天中国实践相结合的产物。

在革命战争年代和社会主义建设时期，毛泽东同志始终坚持认为唯物史观是中国共产党进行革命和建设的哲学根据和思想指南。在改革开放新时期，邓小平、江泽民、胡锦涛同志也一直强调坚持和发展唯物史观是坚持、继承和发展马列主义、毛泽东思想的内在要求，是坚持和发展中国特色社会主义的理论依据。遵循落实党的十一届三中全会以来的基本理论、基本路线、基本纲领、基本经验，坚定不移地走中国特色社会主义道路，必须坚持唯物史观。离开了唯物史观的根本立场、观点、方法，对复杂的国际国内问题就会认识不清，推动各项事业就会找不到正确路径，就会发生偏差，最终就会导致中国特色社会主义的各项事业停止、倒退甚至失败。

党的十八大以来，我国进入一个新的历史发展阶段。坚持和发展中国特色社会主义，实现"两个一百年"的奋斗目标，实现中华民族伟大复兴的中国梦，面临十分复杂的国内外环境。如果缺乏科学历史观理论思维的有力支撑，是难以战胜各种风险和困难的，也是难以继续前进的。

在新的历史条件下，习近平总书记一再强调，唯物史观深刻揭示了人类社会发展一般规律，在当今时代依然有着强大生命力，依然是指导我们共产党人前进的强大思想武器。在革命、建设、改革各个历史时期，我们党运用唯物史观，系统、具体、历史地分析中国社会运动及其发展规律，在认识世界和改造世界过程中不断把握规律、积极运用规律，推动党和人民事业取得了一个又一个胜利。历史和现实都表明，只有坚持唯物史观，我们才能不断把对中国特色社会主义规律的认识提高到新的水平，才能进一步促进中国特色社会主义事业的发展，不断开辟当代中国马克思主义发展新境界。习近平总书记是这么说的，也是这么做的。党的十八大以来，以习近平同志为核心的党中央，坚持唯物史观的基本原理和方法论，准确把握国情，顺应党和国家事业发展大势，遵循历史发展规律，提出了一系列重大战略举措。习近平总书记系列重要讲话就是运用唯物史观解决中国特色社会主义重大问题的典范。一定要结合当代中国实际和发展要求，坚持和发展唯物史观，续写中国特色社会主义这篇大文章。

三　唯物史观是唯一科学的历史观，是指引史学研究的可靠指南，必须坚持唯物史观的基本原理和科学方法，反对历史虚无主义

在史学研究领域，唯物史观使历史破天荒地第一次置于它的真正基础之上，开辟了从现实出发对历史进行科学研究的道路，把对历史的认识建立在科学的基础上。

在唯物史观创立之前，总体上说，在社会历史观的领域，唯心主义占据着统治地位。马克思、恩格斯在《德意志意识形态》中这样评价唯心史观："迄今为止的一切历史观不是完全忽视了历史的这一现实基础，就是把它仅仅看成与历史进程没有任何联系的附带因素。因此，历史总是遵照在它之外的某种尺度来编写的；现实的生活生产被看成是某种非历史的东西，而历史的东西则被看成是某种脱离日常生活的东西，某种处于世界之外和超乎世界之上的东西。这样，就把人对自然界的关系从历史中排除出去了，因而造成了自然界和历史之间的对立。因此，这种历史观只能在历史上看到重大政治事件，看到宗教的和一般理论的斗争，而且在每次描述某一历史时代的时候，它都不得不赞同这一时代的幻想。"[①] 在唯物史观创立之前的一切哲学家、历史学家和思想家在社会历史领域提出了许多有创造性的观点，撰写了许多创造性的著述，但从严格意义上说，还没有客观地、系统地、完整地、科学地还原历史的真实面目，洞悉历史发展内在的客观联系和客观规律，揭示历史发展的真

---

① 《马克思恩格斯文集》第 1 卷，人民出版社 2009 年版，第 545 页。

正动力和根源。

从史学研究方面来看，唯物史观传入中国，老一代有成就的学者之所以做出举世瞩目的成绩，其中重要的一条就是因为站在马克思主义的立场上，用唯物史观的立场观点方法来观察分析历史。甚至在反动统治下的旧中国严禁传播马克思主义的情况下，一些学界老前辈也自觉地接受唯物史观，推动史学研究向更为科学的方向发展，形成了中国的马克思主义史学学派。郭沫若、侯外庐等先生就是其中的杰出代表。郭沫若在1930年出版的《中国古代社会研究》便是标志。此外，吕振羽、范文澜、翦伯赞、侯外庐等马克思主义史学家也以唯物史观为指导，写出了一批关于中国通史、断代史、中国社会史、思想史以及史学理论等方面的著作。新中国成立后，唯物史观被越来越多的史学工作者所接受，产生一大批以唯物史观为指导而铸就的科研成果，中国史学发展进入了一个全新的时代。

从更广阔的世界范围来看，唯物史观创立以来，唯物史观以其深邃的思想和科学的论证，影响着全世界越来越多的历史学家，为许多历史学家所逐渐接受。特别是第二次世界大战之后，唯物史观对史学的影响更为广泛。马克思主义史学在苏联、中东欧、中国、越南、古巴占据主导地位，在东亚、拉美和其他地区颇具影响；在欧美，德国的"社会科学历史派"和英国的"历史工作学派"，受到唯物史观的深刻影响，出现了以爱德华·汤普森、霍布斯鲍姆等为代表的一批马克思主义史学家。对于唯物史观的贡献，一位英国著名历史学家认为："马克思主义在包括美国在内的绝大多数国家的历史学家当中是产生了最大影响的解释历史的理论。"[①]

可以这样说，唯物史观是迄今为止对人类社会进行认识的唯一科学的历史观。以唯物史观为指导的历史认识理论体系，在科学地认识人类历史，在推动世界进步和中国发展中发挥了重要指导

[①] [英]杰弗里·巴勒克拉夫：《当代史学主要趋势》，杨豫译，上海译文出版社1987年版，第3页。

作用。

在今天新的形势下,坚持唯物史观基本原理和科学方法,反对历史虚无主义,是中国理论界、史学界的重要政治任务。当前史学研究领域中的主流是好的,但也存在着一些问题,尤为突出的是,历史虚无主义泛滥。历史虚无主义的某些鼓吹手们不断利用某些讲坛、论坛、文坛、网络,散布极其错误的历史观和价值观,歪曲并攻击主流意识形态和核心价值观,裹挟民意,影响民众,毒害青少年,严重威胁我国意识形态安全。如有的秉承历史虚无主义宣扬错误的历史观、价值观,肆意解构历史、曲解历史;有的以"学术研究"的面目出现,在理论逻辑上以个别替代一般,以细节否定整体,以所谓"反思"和"创新"歪曲事实,违背史学研究实事求是的原则;也有的丢掉了20世纪以来几代人不懈努力创建的中国马克思主义史学理论,鹦鹉学舌西方话语体系,贬损科学的史学理论,不仅使史学研究脱离了中国历史实际,也远离了党、国家和人民的要求;更有甚者肆意歪曲历史事实真相,抹黑英雄、抹黑领袖、抹黑人民。值得注意的是,这股思潮仍有愈演愈烈之势,绝不能低估。

所谓历史虚无主义,即打着"反思历史""还历史以真实""将真相告诉人""告别革命"的旗号,行否定中国历史和中国共产党历史、否定中国革命、否定中国共产党、抹黑党的领袖、抹黑英雄人物、抹黑人民群众之实,用以消解主流意识形态、主流价值观,以达到颠覆中国特色社会主义制度的目的。历史虚无主义并不虚无,只是虚无工人阶级的、人民大众的、中国共产党的、革命英雄的、革命领袖的和社会主义中国的历史。历史虚无主义并不虚无,它只是无限放大敌对势力的、反马克思主义的、反社会主义的、反中国共产党的、反人民民主专政的反历史之实。历史虚无主义直接反对的就是唯物史观,反对的是我们共产党人的马克思主义理论底线。历史虚无主义实质上就是反动的唯心史观。历史虚无义是唯心史观在今天的典型表现，是一剂置入社会主义中国腹内的剧毒剂。反对历史虚无主义是当前意识形态斗争的重要任务，必须打一场反击历史虚无主义的舆论争夺战。

历史虚无主义思潮是当前巩固马克思主义在意识形态领域指导地位所面临的一个重大挑战。从历史观上讲，历史虚无主义思潮出现和蔓延的理论根源就在于放弃了唯物史观指导，陷入唯心史观的窠臼。阶级观点和无产阶级专政学说是马克思主义唯物史观的重要内容，是唯物史观的核心观点。历史虚无主义攻击唯物史观的一个集中表现，就是否定阶级观点和无产阶级专政学说，否定人类历史上的阶级斗争和社会革命，否定阶级斗争和社会革命在人类社会发展中的重大作用，否定中国共产党领导的中国革命和人民民主专政的社会主义制度。列宁在《国家与革命》中指出："只有承认阶级斗争、同时也承认无产阶级专政的人，才是马克思主义者。"[1] 如果把阶级的观点和无产阶级专政的理论从唯物史观中割裂出去，实质上也就阉割了唯物史观，唯物史观也就不成其为唯物主义的历史观，不成其为马克思主义了。

阶级和阶级斗争的观点，运用到对社会历史的观察和分析就是阶级分析方法。唯物史观要求，观察阶级社会的历史和各种现象，必须坚持马克思主义阶级分析的方法。所谓阶级分析方法，就是运用唯物史观阶级的观点观察、分析、认识阶级社会的社会现象，全面地分析各阶级在社会政治经济中所处的地位，主要是占有生产资料和支配劳动成果的情况，以及对于国家政权的影响力；分析各阶级的政治态度和思想观念；分析各阶级中不同阶层的区别和矛盾，以及由此而产生的不同政治倾向；分析各阶级之间的阶级关系，以及阶级力量对比的历史性和变动性；揭示政治事变中的阶级关系和各阶级的经济利益，看到围绕着经济利益进行的阶级斗争必然具有

---

[1] 《列宁选集》第 3 卷，人民出版社 2012 年版，第 139 页。

政治的形式，以维护或夺取政治权力为集中表现；严格区分有阶级性和不带阶级性的社会矛盾的差别。阶级分析方法是分析阶级社会现象的钥匙。丢掉这把钥匙，就不能抓住问题的本质，不能在看来迷离混沌的状态中发现支配阶级社会历史进程的一般规律，就会得出一些肤浅、错误的结论。如果否定、放弃了马克思主义阶级分析方法，面对阶级社会历史上的种种复杂的阶级斗争现象，就无法把握历史的真实和本质，在对历史事件、历史人物评价上，对社会现实的分析判断上，就会造成许多混乱的认识。坚持阶级观点、坚持无产阶级专政学说、坚持阶级分析方法，就是坚持唯物史观。

其实早在马克思主义诞生以前，"法国复辟时代就出现了这样一些历史学家（梯叶里、基佐、米涅、梯也尔），他们在总结当时的事变时，不能不承认阶级斗争是了解整个法国历史的锁钥。"[1] 历史虚无主义者对历史的认知水平还不如几百年前的资产阶级历史学家。列宁早就指出，"马克思主义提供了一条指导性的线索，使我们能在这种看来扑朔迷离、一团混乱的状态中发现规律性。这个线索就是阶级斗争的理论。只有研究某一社会或某几个社会的全体成员的意向的总和，才能科学地确定这些意向的结果。其所以有各种矛盾的意向，是因为每个社会所分成的各阶级的地位和生活条件不同。"[2]

马克思主义活的灵魂，就是具体地分析具体的问题。在我国社会主义初级阶段，对阶级观点和阶级分析方法的实际运用，在不同的历史条件下，应针对具体的问题作具体的分析，得出符合具体实际的结论，而不能一概而论。

在我国，社会主义基本经济制度和政治制度已经确立，阶级矛盾和阶级斗争已经不是当前我国社会的主要矛盾了，大规模的、疾风骤雨式的阶级斗争已经过去了，党的十九大报告指出，我国社会

---

[1] 《列宁专题文集·论马克思主义》，人民出版社2009年版，第16页。
[2] 《列宁专题文集·论马克思主义》，人民出版社2009年版，第15页。

的主要矛盾已经转化为人民日益增长的美好生活需要和不平衡不充分的发展之间的矛盾。在人际关系上，人民内部矛盾成为我国社会现阶段的主要矛盾。如果再"以阶级斗争为纲"去处理我国社会的人民内部各种矛盾和各类社会问题，显然是错误的，在实践上会造成重大的损失，"文化大革命"失误就已经证明了这一点。但是就此而否定阶级差别、阶级斗争的存在，认为"阶级斗争完全熄灭"，进而否定马克思主义阶级观点和阶级分析方法，也是不对的。党章明文判断："在现阶段，我国社会的主要矛盾是人民日益增长的美好生活需要和不平衡不充分的发展之间的矛盾。由于国内的因素和国际的影响，阶级斗争还在一定范围内长期存在，在某种条件下还有可能激化，但已经不是主要矛盾。"我国宪法也清楚断言："在我国，剥削阶级作为阶级已经消灭，但是阶级斗争还将在一定范围内长期存在。中国人民对敌视和破坏我国社会主义制度的国内外的敌对势力和敌对分子，必须进行斗争。"2014年2月17日，习近平总书记在省部级主要领导干部专题研讨班开班式上指出："马克思主义政治立场，首先就是阶级立场，进行阶级分析。有人说这已经落后时代了，这种观点是不对的。阶级斗争已经不再是我国社会主要矛盾，并不是说阶级斗争在一定范围内不存在了，在国际大范围中也不存在了。改革开放以来，我们党在这个问题上的认识一直是明确的……我们是马克思主义者，对待政治问题，不能只看现象不看本质，而要善于透过现象看本质。"因此，既要反对"以阶级斗争为纲"的错误观点，又要反对"阶级斗争完全熄灭"的错误认识，坚持马克思主义阶级观点和阶级分析方法，实事求是地运用于具体问题的具体分析，这才是正确的态度，才是实事求是的态度，才是马克思主义的态度。

批判、遏制、反击历史虚无主义思潮是一场严肃的政治战斗，这场斗争就是要在史学研究中始终坚持唯物史观指导。习近平总书记强调，要坚持用唯物史观来认识和记述历史，把历史结论建立在翔实准确的史料支撑和深入细致的研究分析的基础之上。要做到这一点，就必须以科学的态度对待唯物史观，坚持不懈地以唯物史观为指导，与时俱进地推动马克思主义史学理论发展，以开展史学研究。

第一，高度重视学习和运用唯物史观，以指导史学研究。开展史学研究，就要观察历史、分析历史、认识历史、总结历史，而这一切又是为今天的现实服务，为中国特色社会主义服务。研究历史，首先有个采取什么样的立场、观点、方法来看待历史的问题。唯物史观的立场，首先是人民的立场，只有站在人民的立场上，站在代表人民根本利益的党的立场上，才能正确解读历史，向人民介绍历史，用正确的历史观教育群众、引导群众；所谓观点，就是生产的观点、阶级的观点、群众的观点和社会基本矛盾的理论、社会形态理论、国家、革命和无产阶级专政理论等唯物史观的基本观点和基本原理，要用这些基本观点、基本原理认识历史、总结历史、借鉴历史；所谓方法，就是用唯物的、辩证的、矛盾的、历史的、阶级的分析方法观察历史、分析历史、解释历史、镜鉴现实。只有坚持唯物史观的立场、观点、方法，提高用唯物史观指导史学研究的能力，才能正确认识和对待我们的党史、国史、革命史、建设史和改革开放史，以及世界史、国别史、世界专门史，才能真正解决史学研究"为什么人"的问题，才能以党和人民群众关注的重大理论和现实问题为我们的主攻方向，才能不断推出让党和人民满意放心、无愧于中国特色社会主义伟大实践、经得起历史检验、无愧于历史的科研成果。

第二，把唯物史观当作研究的指南，决不能当作现成的公式或教条套用。恩格斯曾经指出："我们的历史观首先是进行研究工作的指南，并不是按照黑格尔学派的方式构造体系的杠杆。必须重新研究全部历史，必须详细研究各种社会形态的存在条件，然后设法从这些条件中找出相应的政治、私法、美学、哲学、宗教等等的观点。在这方面,到现在为止只做了很少的一点工作,因为只有很少的人认真地这样做过。在这方面,我们需要人们出大力,这个领域无限广阔,谁肯认真地工作,谁就能做出许多成绩,就能超群出众。"① "如果不把唯物主义方法当做研究历史的指南,而把它当做现成的公式,按照它来剪裁各种历史事实,那它就会转变为自己的对立物。"②

唯物史观是马克思主义哲学的重要组成部分,是对社会发展最一般规律的概括,是关于社会科学的最高概括,是世界观方法论。凡以人类社会生活、社会活动为对象的学术研究、学理探讨,唯物史观的世界观方法论对它们都是一概适用。唯物史观是一切人文社会科学的指导理论。而史学只是一门具体的社会科学,它不是受正确的世界观和方法论指导,就是受错误的世界观和方法论指导。正像刘大年先生所说:"理论必须符合事物的本性,历史唯物主义就是符合社会历史客观运动本身的理论体系。倘若系统论可以看作最现代的科学,那么历史唯物主义就是人类历史学说的系统论。"③ 史学是意识形态性极强的学科,在史学研究中,坚持马克思主义指导,坚持唯物史观的指导,这是我国史学工作应当遵循的基本原则。当然唯物史观只是研究历史的思想指南和方法,它不等于史学,不能代替史学,不能把唯物史观当作史学的专门理论和专门方法,以代替史学的具体理论和具体方法,不能像贴标签那样把唯物史观贴在史学研究上、套在史学研究上。

第三,加强在唯物史观指导下的史学研究,加强马克思主义史学理论建设,为丰富、发展和创新唯物史观做贡献。唯物史观是人类历史观的伟大变革,但不会是结束变革的变革。唯物史观的创立及其发展、运用并不意味着唯物史观的终结,也不意味着认识历史

---

① 《马克思恩格斯文集》第 10 卷,人民出版社 2009 年版,第 587 页。
② 《马克思恩格斯文集》第 10 卷,人民出版社 2009 年版,第 583 页。
③ 《照唯物论思考》,《刘大年集》,中国社会科学出版社 2000 年版,第 234 页。

的任务的完结,而是新的不断开始。唯物史观是一个发展的、开放的体系,不是一种僵化的、封闭的学说,需要随着历史的发展演变而发展。唯物史观一定要在坚持基本原理的基础上,随着史学研究的深入和发展,不断地得到充实、丰富、创新和发展。任何企图推倒唯物史观基本原理的所谓重建、重构,不是发展,而是修正,是对唯物史观的虚无。当然,唯物史观也要随着实践的发展而不断得到充实和发展,史学研究担负着充实、丰富、创新和发展唯物史观的历史使命。在当前唯物史观的科学性与对史学研究的指导地位遭遇严峻挑战的背景下,必须结合当代世界和中国实际,坚持和发展唯物史观,推进马克思主义史学理论发展,推进史学研究。20世纪以来国际共产主义运动实践,特别是中国特色社会主义伟大实践,给唯物史观的发展提出了新要求。要准确地运用唯物史观,与时俱进地丰富和发展当代中国的马克思主义史学理论,建构以唯物史观为指导的具有鲜明民族特色的史学研究中国学派,形成史学研究的中国学术概念、研究范式和话语体系,在全球学术话语体系中发出中国声音。唯物史观指导下的史学研究要弘扬实事求是的马克思主义学风,求真务实、科学严谨,与人民群众同呼吸共命运,紧密结合实际,围绕党和国家的中心工作,服务于党和国家的工作大局,强化问题导向,回应时代关切,着眼于新的实践和新的发展,详细地研究中国的历史和现实,回答中国特色社会主义理论和实践急需解答的问题,增强对历史与现实问题的解释力与说服力,为实现中华民族伟大复兴的中国梦提供学理支撑。

以唯物史观为指导，加快构建中国特色马克思主义史学理论和史学学科创新体系[*]

为了更好地贯彻落实习近平总书记在哲学社会科学座谈会上的重要讲话精神，必须把巩固马克思主义在我国哲学社会科学领域的指导地位，坚持以唯物史观为指导，加快构建中国特色马克思主义史学理论和史学学科创新体系作为中国史学界的重要任务。

一 坚持唯物史观的立场、观点和方法

唯物史观的创立，是人类思想史上的一次伟大革命。它将唯心主义从社会历史领域中彻底清除出去，从而彻底地解决了历史观领域唯心史观长期占统治地位的状况，实现了自然观上的唯物主义与历史观上的唯物主义的统一，马克思主义哲学成为彻底的和完备的唯物主义学说。

习近平总书记指出，在革命、建设、改革各个历史时期，我们党运用历史唯物主义，系统、具体、历史地分析中国社会发展的规律，在认识世界和改造世界过程中不断把握规律、积极运用规律，推动党和人民事业取得了一个又一个胜利。历史和现实都表明，只

---

[*] 该文系作者2016年9月9日在中国社会科学院"第二届唯物史观与马克思主义史学理论论坛"上的主旨报告。原载《世界社会主义研究动态》2016年9月22日；《世界社会主义研究》2016年第1期；《马克思主义文摘》2017年第2期节选，题目为"坚持以唯物史观指导史学研究"。

有坚持唯物史观，我们才能更好地识别各种唯心主义观点、更好地抵御各种历史虚无主义谬论，才能不断把对中国特色社会主义规律的认识提高到新的水平，不断开辟当代中国马克思主义发展新境界。

坚持唯物史观，需要准确理解和全面掌握历史唯物主义的科学体系。历史唯物主义理论体系的内容十分丰富。马克思和恩格斯在《〈政治经济学批判〉序言》《路德维希·费尔巴哈和德国古典哲学的终结》等著作中，对唯物史观的基本思想做了精辟论述，论证了唯物史观的基本范畴和规律，勾画出了唯物史观理论体系的基本框架和主要理论观点，如生产观点、群众观点、阶级和阶级斗争观点，以及社会存在和社会意识相互关系理论、社会经济形态理论、社会基本矛盾理论、国家、社会革命和无产阶级专政理论、社会意识形态理论、社会利益理论、人和人的自由全面发展理论，等等。

唯物史观是一个完整的、系统的、科学的理论体系，弄懂弄通唯物史观的基本观点，就可以更坚定地坚持工人阶级和人民群众的立场。而始终坚守工人阶级和人民群众的立场，又可以坚定地把握唯物史观的基本观点，可以把这些基本观点作为思想方法和工作方法运用到实践中去，认识世界、改造世界。就可以坚守崇高理想信念，坚持正确方向，驳斥种种谬误，不断取得胜利。

近年来，唯物史观受到历史虚无主义思潮的严重挑战。当前，在我国存在一股否定历史唯物主义、否定马克思主义史学理论的错误倾向，集中体现为"三化"：一是把历史唯物主义、马克思主义史学理论"边缘化"；二是在史学研究中"去政治化"；三是在史学研究中"去意识形态化"。这"三化"集中起来可以称作彻底地"告别革命"。这个"告别革命"，不仅是要告别中国共产党领导的新民主主义革命和社会主义革命，而且对于历史上一切推进社会进步的革命，都要告别。这股"告别革命"的错误思潮，实际上是一种逆历史而动的唯心主义历史观，形成了一股历史虚无主义思潮。

批判历史虚无主义，就应该坚持唯物史观的基本立场、基本观点、基本方法。江泽民同志多次强调："在任何时候任何情况下，与人民群众同呼吸、共命运的立场不能变，全心全意为人民服务的宗旨不能忘，坚信群众是真正英雄的历史唯物主义观点不能丢。"①"要在全党范围内进行马克思主义唯物史观的教育，批判各种否定、贬低人民群众在社会发展中的地位和作用的历史唯心主义观点，牢固树立推动历史前进的决定性力量是人民群众的科学观点"②。要落实习近平总书记2013年12月在中共中央政治局就历史唯物主义基本原理和方法论进行集体学习时的要求："推动全党学习历史唯物主义基本原理和方法论，更好认识国情，更好认识党和国家事业发展大势，更好认识历史发展规律，更加能动地推进各项工作。"③

二　坚持唯物史观对历史学的指导作用

习近平总书记在哲学社会科学工作座谈会上指出："坚持以马克思主义为指导，是当代中国哲学社会科学区别于其他哲学社会科学的根本标志，必须旗帜鲜明加以坚持。"④坚持以唯物史观指导我国史学研究，是我国史学发展必须解决好的首要问题。我国的历史研究离开了唯物史观指导，就会丧失方向，丧失灵魂。必须牢牢把握坚持以唯物史观为指导的灵魂和方向。

1. **历史学具有鲜明的意识形态属性**

历史学是研究人类社会历史运动过程及其规律的科学，历史学的研究对象离不开社会历史现象、历史事件、历史人物、历史思潮。历史学的任务，是在广泛收集、占有、鉴别史料的基础上，揭

---

① 《江泽民文选》第3卷，人民出版社2006年版，第271页。
② 《江泽民文选》第1卷，人民出版社2006年版，第98—99页。
③ 习近平：《坚持历史唯物主义不断开辟当代中国马克思主义发展新境界》，《求是》2020年第2期。
④ 习近平：《在哲学社会科学工作座谈会上的讲话》，《人民日报》2016年5月19日第2版。

示历史的真相，说明历史规律，以便科学地总结历史经验，准确地阐释人类社会历史活动的本质和规律。人类社会处于阶级社会阶段的历史特点决定了历史学鲜明的意识形态属性和政治属性。我国当代历史学，作为思想精神力量，作为观念形态的文化，首先是社会主义方向、性质的理论学术，是为中国特色社会主义的政治经济服务的，是党的思想文化和意识形态的重要战线，从属、服务于社会主义主流意识形态，不能脱离党的政治领导和马克思主义指导。正确认识这一问题，关系到我国当代历史学的性质方向和繁荣发展。我们不否认也不反对个人研究兴趣、爱好和追求，但作为党领导的历史学工作者，个人的兴趣要服从于人民、党和国家的需要，要为现实服务、为人民服务、为中国特色社会主义服务。

强调历史学的意识形态属性，绝对不会否定或削弱其科学属性和文化、学术价值。在历史研究中，必须处理好学术与政治、学术与意识形态的关系，正确区分学术问题和政治问题，不要把一般的学术问题当成政治问题，也不要把政治问题当作一般的学术问题；既反对把学术问题、理论问题和不同观点的讨论无限上纲，与政治问题、意识形态问题不加区别地混淆在一起，反对"打棍子、扣帽子、抓辫子、装袋子"的阶级斗争扩大化做法和用解决政治问题的办法对待学术问题的简单化做法，也反对打着学术研究旗号从事违背历史学属性、背离学术道德、违反宪法法律，与中国特色社会主义、与人民群众背道而驰的虚假的"学术"行为。

2. 唯物史观是史学研究的利器

习近平总书记指出："无论时代如何变迁、科学如何进步，马克思主义依然显示出科学思想的伟力，依然占据着真理和道义的制高点。"[①]

唯物史观是科学的历史观，是史学研究的思想武器。坚持以唯

---

① 习近平：《在哲学社会科学工作座谈会上的讲话》，《人民日报》2016年5月19日第2版。

物史观为指导,是中国特色历史学最鲜明的特色,是中国特色历史学繁荣发展的题中应有之义,是我们在错综复杂的形势下,保持清醒头脑,保持坚定正确的政治方向和学术导向的思想政治保证。当年,郭沫若在谈到唯物史观对他学问和人生的作用时说:"尤其辩证唯物论给了我精神上的启蒙,我从学习着使用这个钥匙,才认真把人生和学问上的无门关参破了。我才认真明白了做人和做学问的意义。"①

我国老一辈马克思主义历史学家在研究历史问题时始终坚持历史唯物主义世界观和方法论,坚持阶级分析法。著名马克思主义历史学家翦伯赞精辟地指出:"要严格地运用历史唯物主义的原则,把历史事件和历史人物放在他们自己的历史条件之下,用无产阶级的阶级观点加以说明。如果离开无产阶级立场,不用阶级观点进行分析,而只是用历史条件与历史倾向、历史局限性等为某一历史事件或人物的落后、反动进行辩护,这就不是历史唯物主义而是客观主义。"② 著名马克思主义历史学家尚钺提出要对史料进行阶级性分析:"运用史料还要严肃的掌握阶级性,马列主义告诉我们:历史科学就是严肃的党性科学,所以必须掌握阶级观点,因为不严肃掌握阶级观点,就要犯大的原则上的错误,同时我们搞历史的人是知道的,过去历史记录权不掌握在人民群众手里,掌握在奴隶主阶级手里,掌握在封建主阶级手里,掌握在资产阶级手里,因此我们运用过去史料,要不严格地批判地来看这些史料,就很容易落在地主阶级和资产阶级那个迷魂阵里边去。"③

我国一些国学功底很深的史学家坚信唯物史观的立场、观点和方法,坚持阶级分析方法。著名史学家吕思勉在晚年自述中说:"予之将马列主义与予旧见解相结合融化,其重要之点如下:(一)旧说皆

---

① 郭沫若:《中国古代社会研究(外二种)》(下),河北教育出版社2000年版,第1041页。
② 翦伯赞:《对处理若干历史问题的初步意见》,《光明日报》1961年12月22日。
③ 《尚钺史学论文选集》,人民出版社1984年版,第33页。

以为智巧日开，则诈欺愈盛……得今社会学家之说，乃知欺诈之甚，实由于社会组织之变坏，非由于智识之进步……（二）超阶级之观点，希望有一个或一群贤明之人，其人不可必得……今知社会改进之关键，在于阶级斗争……（三）国家民族之危机，非全体动员，不能挽救，而阶级矛盾存在，即无从全体动员……故今日之社会主义，实使人类之行动，转变一新方向也。"[①] 著名经学史家周予同总结用阶级分析方法分析中国经学演变时说："根据经学家在不同历史时期中对某些'经学'问题的一定共同点的思想体系而形成经学派别，而这种派别归根到底又受经学家的世界观的直接支配。就其'继承'的形式来看，有其师承关系或治学方法的基本一致性；但就其本质来说，是有其阶级性的，是和时代的特点密切相关的。"[②]

3. 弘扬我国史学研究的马克思主义优良传统

近代以来，马克思主义传入中国，我国许多老一辈历史学家深受马克思主义影响，学习、运用唯物史观的立场、观点、方法于史学研究，开创了我国史学研究的崭新局面。李大钊曾这样描述唯物史观在中国早期的传播："晚近以来，高等教育机关里的史学教授，几无人不被唯物史观的影响，而热心创造一种社会的新生。"[③] 1922年，著名清史专家萧一山在《史学之研究》中专门论述了"唯物史观在史学上之价值"。他说："唯物史观在史学之价值，既如此其重大，而人生所被之影响，又如此其紧要，我辈不可不明其真义，藉得一新人生之了解。"[④]

中华人民共和国成立后，一大批历史学家更加自觉地接受唯物史观指导，努力构建马克思主义史学理论，形成用马克思主义指导史学研究的一代新风。周予同在自传中记述了他对唯物史观的看

[①] 《吕思勉遗文集》（上），华东师范大学出版社1997年版，第440—441页。
[②] 《周予同经学史论著选集》（增订本），上海人民出版社1983年版，第768—769页。
[③] 《李大钊文集》（下），人民出版社1984年版，第365页。
[④] 萧一山：《史学之研究》，1922年1月10日。

法："我研究中国的经学与史学，主观上是要从思想上文化上清算长期的封建社会……清算封建社会，如同医学家解剖尸体，需要有犀利而合适的解剖刀。我年青时试用过多种解剖刀，也就是中国的和西方的社会历史学说，主要是进化论。但用来用去，还是认定只有马克思主义的唯物史观，才能帮助我们解决封建的、资产阶级的学者们总是纠缠不清的问题，指引我们把社会历史的研究变成科学。我在五四时代就已结识毛泽东同志，听过李大钊同志的演说，也访问过鲁迅先生。他们努力把马克思主义的普遍真理同中国革命的具体实践相结合，实事求是地解决中国面临的各种问题，使我十分钦仰。我觉得我们研究学问，也应该走他们开辟的道路，解剖刀才能发挥作用，既不会泥古不化，也不会乱砍一气。"[1] 著名魏晋南北朝史专家唐长孺1955年在出版《魏晋南北朝史论丛》跋语中写道："在研究过程中，我深刻体会到企图解决历史上的根本问题，必须掌握马克思列宁主义的理论。"[2] 著名历史地理学家谭其骧1979年回忆中华人民共和国成立初期学习唯物史观带来史学的巨大进步："记得建国初期，史学工作者都在努力学习马克思主义理论，并试图应用到自己的专业研究中去。在史学界展开了关于古史分期、汉民族形成、资本主义萌芽……一系列的讨论，编辑了大部头的史料丛刊。史学界出现了一片欣欣向荣的新气象。"[3] 著名历史学家何兹全晚年表示：辩证唯物主义和历史唯物主义仍是指导历史研究的最正确的历史理论和方法。[4]

4. 坚持用唯物史观指导史学研究

习近平总书记指出："我国广大哲学社会科学工作者要自觉坚持以马克思主义为指导，自觉把中国特色社会主义理论体系贯穿研

---

[1] 周予同：《周予同自传》，《晋阳学刊》1981年第1期。
[2] 唐长孺：《魏晋南北朝史论丛》，河北教育出版社2000年版，第433页。
[3] 谭其骧：《勿空破，认真立》，《中国史研究》1979年第3期。
[4] 何兹全：《何兹全学述》，浙江人民出版社2009年版，第123页。

究和教学全过程，转化为清醒的理论自觉、坚定的政治信念、科学的思维方法。"广大史学工作者落实、贯彻习近平总书记的讲话精神，要自觉以唯物史观为指导，必须首先做到解决好真学真懂真信，最终要落实到怎么用上来。

1944年2月，毛泽东同志在《整顿党的作风》一文中讲道："对于马克思主义的理论，要能够精通它、应用它，精通的目的全在于应用。"马克思主义不仅在于解释世界，更重要的是在于改造世界。掌握马克思主义必须体现在用上。对于史学工作者来说，体现在运用唯物史观于史学研究，提出历史问题、分析历史问题、认识历史问题，出成果，出人才。当前，史学工作者的一个重要任务就是要坚持运用唯物史观，反对历史虚无主义思潮的蔓延和危害，坚持史学研究的正确政治方向和学术导向。

三　努力推进以马克思主义为指导的中国特色史学建设

人事有代谢，往来成古今。习近平总书记在致第二十二届国际历史科学大会的贺信中指出："历史研究是一切社会科学的基础，承担着'究天人之际，通古今之变'的使命。……重视历史、研究历史、借鉴历史，可以给人类带来很多了解昨天、把握今天、开创明天的智慧。……历史是人类最好的老师。"[①] 希望广大历史工作者能够深入学习贯彻习近平总书记在哲学社会科学座谈会上重要讲话精神，积极构建以马克思主义为指导的中国特色史学创新体系。

1. **树立强烈的社会责任感，灵活运用马克思主义世界观方法论，努力为人民而从事史学研究**

今天，党所领导的中国特色史学，特色就特色在坚持马克思主

[①]《习近平致第二十二届国际历史科学大会的贺信》，《人民日报》2015年8月24日第1版。

义历史观的指导地位上。坚持马克思主义指导，首先必须解决好史学研究为什么人的问题。习近平总书记指出："我国哲学社会科学要有所作为，就必须坚持以人民为中心的研究导向。"作为历史研究者，核心要解决好为什么人的问题，时刻关注人民对历史研究的需求。如果无法满足人民的需求、脱离了人民，史学便不能吸引人、感染人、影响人，也就失去了生命力，更不可能发挥自己的社会功能。侯外庐先生曾说过："伟大的时代驱使我将全身心投入新史学的踏勘。"著名历史学家陈垣在反思解放前"为学术而学术"的治学方法时说，以前的研究"谈不到大众化，更谈不到为人民服务"，"糊里糊涂做了一辈子学问，也不知为谁服务"。中华人民共和国成立后，"我们可以按照人民的迫切需要、国家当前的任务来从事科学研究工作了"。[①] 中华人民共和国成立后，历史学界坚持为人民书写历史，撰写了一大批反映劳动人民的史学著作。譬如加强了农民战争的研究，开辟了中国农民战争史新学科。英国著名历史学家巴勒克拉夫对此评价说，新中国历史研究由于强调了农民战争的革命性以及对促进社会变革的推动作用，"从根本上改变了中国历史的语言"，"建立了评估和重现中国过去历史的标准"，"这个问题为中国历史学增添了一个新领域，却是毫无争议的"[②]。

坚持马克思主义指导地位，自觉为人民做学问，就要站在人民的立场上，坚持科学性与革命性的统一。科学性和革命性在马克思主义中是内在地、不可分割地结合在一起的。马克思主义要求历史学必须把严格的、高度的科学性和革命性结合起来。研究立场是任何一位史学工作者都无法回避的。列宁明确指出："唯物主义本身包含有所谓党性，要求在对事变作任何评价时都必须直率而公开地

---

① 转引自周少川《陈垣晚年史学及学术思想的升华》，《史学史研究》2000年第4期。
② ［英］杰弗里·巴勒克拉夫：《当代史学主要趋势》，杨豫译，上海译文出版社1987年版，第222、220页。

站到一定社会集团的立场上。"① 只有坚持马克思主义的严肃立场，才不会被个人私心、个人恩怨和狭隘利益遮蔽住自己的眼睛，在纷繁复杂的历史现象中抓住本质。站在工人阶级和广大劳动人民群众的立场，运用唯物史观研究历史，才能得出有益于广大人民群众的观点和结论；如果站在剥削阶级立场，运用唯心史观，就会得出不利于人民群众的观点和结论。郭沫若在阐明自己的历史研究时说："我是以一个史学家的立场来阐明各家学说的真相。我并不是以一个宣教师的态度企图传播任何教条。"② "是什么还他个什么，这是史学家的态度，也是科学家的态度。"③ 翦伯赞也说过："历史学是一门科学，第一是科学性，第二是革命性。"④ 党领导下的历史学工作者要学会运用马克思主义立场、观点、方法从事史学研究。

2. 不辜负时代要求，努力推进我国马克思主义史学理论及其话语体系创新建设

习近平总书记指出："面对世界范围内各种思想文化交流交融交锋的新形势，如何加快建设社会主义文化强国、增强文化软实力、提高我国在国际上的话语权，迫切需要哲学社会科学更好发挥作用。"⑤ 习近平总书记对哲学社会科学界提出了"不断推进学科体系、学术体系、话语体系建设和创新"的任务。在我国发展的重要阶段，推进哲学社会科学理论和话语体系建设具有十分重要的意义。我国史学界应直面不足，努力在马克思主义指导下，体现继承性、民族性、原创性、时代性、系统性、专业性，推进中国特色史学创新体系建设，努力掌握学术话语权。为此，需要做到：

一要坚持我国老一辈马克思主义史学家形成的史学共识。从20世纪20年代开始，李大钊、陈独秀、李达、郭沫若、吕振羽、范

---

① 《列宁全集》第1卷，人民出版社2013年版，第363页。
② 郭沫若：《中国古代社会研究（外二种）》（上），河北教育出版社2000年版，第589页。
③ 郭沫若：《中国古代社会研究（外二种）》（上），河北教育出版社2000年版，第590页。
④ 翦伯赞：《关于历史教学和研究的几个问题》，《广西师范学院学报》1978年第4期。
⑤ 习近平：《在哲学社会科学工作座谈会上的讲话》，人民出版社2016年版，第7页。

文澜、翦伯赞、侯外庐等一批中国先进知识分子就开始坚持以马克思主义为指导，运用唯物史观研究中国历史，形成了最基本的马克思主义史学共识。这些基本共识是我们构建中国特色史学理论和话语体系的重要前提。今天，建设中国特色史学学术体系、提升话语权，关键在继承前辈学者的基础上，总结、概括出新的科学概念和学科范式。要坚持原始社会、奴隶社会、封建社会、资本主义社会、社会主义社会和共产主义社会的社会形态演变规律和我国半殖民地半封建社会、社会主义初级阶段社会性质判断等一系列科学范畴，要坚持反帝反封建反官僚资本主义斗争、旧三民主义和新三民主义，旧民主主义革命、新民主主义革命和社会主义革命等科学概念，在更多史料的支持下进一步论证和丰富这些范畴概念；要对我国学者有较多话语权的、以马克思主义为指导的、关于社会历史发展规律，以及关于历史现象、历史事件、历史人物、历史思潮的学说、观点进行更加深入的学术研究和论证。只有在这些方面进行努力，我国史学界才能把中国特色史学创新体系提升到一个新的水平，而不是跟在西方学者后面亦步亦趋。

二要开展扎实深入的史学研究。史学工作者要大力弘扬实事求是、理论联系实际的优良学风，推动形成崇尚精品、严谨治学、注重诚信、讲究责任、扎实深入的道德风尚，营造风清气正、互学互鉴、积极向上的学术生态；树立良好学术道德，自觉遵守学术规范，讲究博学、审问、慎思、明辨、笃行，崇尚"士以弘道"的价值追求，真正把做人、做事、做学问统一起来；要有"十年磨一剑"的执着坚守，耐得住寂寞，经得起诱惑，守得住底线，立志做大学问、做真学问；要把社会责任放在首位，严肃对待学术研究的社会效果，自觉践行社会主义核心价值观，做真善美的追求者和传播者，以深厚的学识修养赢得尊重，以高尚的人格魅力引领风气，在为祖国、为人民立德立言中成就自我、实现价值。历史学者要有甘坐冷板凳的精神，研究要有十分扎实的史料根据、十分严谨的论证逻辑，要有令人信服的阐释力。只有这样的研究，才能在学术上有说服力，才有助于提高我国史学创新体系建设水平。

三要自觉贯彻"双百"方针，提倡学术创新。百花齐放、百家争鸣是繁荣发展我国哲学社会科学的重要方针。要提倡理论创新和知识创新，鼓励大胆探索，开展平等、健康、活泼和充分说理的学术争鸣，活跃学术空气。要坚持和发扬学术民主，尊重差异，包容多样，提倡不同学术观点、不同风格学派相互切磋、平等讨论。著名马克思主义史学家刘大年 1954 年就提出："只有创造性的讨论，自由的批评，科学才能发展；反之，如果放弃了争论，取消了批评，任何科学都是不可能发展，不可能进步的……如果我们要学习马克思主义而又不要批评的精神，这就抛弃了马克思主义的灵魂。有了批评与自我批评，就可以使我们学习马克思主义的速度加快。"[1]

四要发挥集体和个人的双重积极性。建设中国特色史学创新体系，既需要学者个人开展深入的研究，产出一系列运用史料得当、见解独到的精深专著；又需要发挥我国制度的优越性，运用集体力量组织学者攻关，产出多种体系宏大、结构严密的大部头著作；还需要具有战略思考能力的学者在专门研究的基础上对研究成果进行新的概括，提出具有主体性、原创性的概念和理论，使我们的研究在史学理论和史学方法论意义上对国际史学界产生重要影响。

3. 加大马克思主义史学理论与史学研究成果普及，反对历史虚无主义

毛泽东同志 1959 年就说过："历史上不管中国与外国，凡是不应该否定一切的而否定一切，凡是这么做了的，结果统统毁灭了他们自己。"[2] 我们在构建中国特色史学体系过程中，要注重普及马克

---

[1] 刘大年：《历史研究所第三所的研究工作》，《科学通报》1954 年第 8 期。
[2] 《毛泽东在省、市、自治区党委书记会议上的讲话（1959 年 2 月 2 日）》，《党的文献》2007 年第 5 期。

思主义史学理论创新和史学研究成果，旗帜鲜明地反对历史虚无主义思潮的侵袭。

当前某些历史研究成果和历史题材作品竭力淡化马克思主义关于生产力与生产关系、经济基础与上层建筑的矛盾运动是推动人类社会历史前进动力的观点，淡化人民群众在历史上的地位，淡化阶级分析方法，淡化主流意识形态，去政治化、去意识形态化，"告别革命"，从而使历史发展的动力观、阶级观、群众观、社会形态观等许多牵涉唯物史观的重大基本理论问题受到挑战。在某些历史著述和作品中，剥削阶级意识形态沉渣泛起，剥削阶级价值观得到弘扬，客观上形成了与当前建设社会主义先进文化的冲突。某些历史著述和作品肆意曲解中国历史的发展道路，某些历史著述和作品不顾历史背景、历史事实，颠倒是非，甚至盲目宣传某些在历史上曾经对中国犯有侵略行为的历史事件、人物等。这些都需要引起我们史学工作者的高度警惕！

史学研究成果要真正能够服务于人民群众，服务于中国特色社会主义事业。要坚决反对错误的历史观，将科学的历史观和历史知识传播给大众，杜绝人为杜撰的虚假历史。要积极运用现代科学技术，创新历史研究的手段、方法、载体。要注重发挥互联网等现代传媒在人们工作和生活中的独特作用，弘扬20世纪五六十年代大家写小书的传统，加大科学历史观的宣传教育和历史知识普及力度，遏制历史虚无主义思潮的影响。

习近平总书记在哲学社会科学工作座谈会上指出："历史表明，社会大变革的时代，一定是哲学社会科学大发展的时代。当代中国正经历着我国历史上最为广泛而深刻的社会变革，也正在进行着人类历史上最为宏大而独特的实践创新。这种前无古人的伟大实践，必将给理论创造、学术繁荣提供强大动力和广阔空间。这是一个需要理论而且一定能够产生理论的时代，这是一个需要思想而且一定能够产生思想的时代。我们不能辜负了这个时代。"① 中国特色社会主义事业是前无古人的伟大实践,为历史学的发展提供了广大的舞台、空间和不竭的源泉。中国历史学不仅要记录这个人类历史上的重要篇章,更要参与这个重要历史篇章的创造。中国历史学工作者应该不辜负这个伟大的时代,要大有可为,一定可为,一定能够创造无愧于伟大时代和伟大实践的灿烂的中国特色的历史学。

---

① 习近平:《在哲学社会科学工作座谈会上的讲话》,人民出版社2016年版,第8页。

努力接受《实践论》《矛盾论》的哲学滋养，运用科学的世界观方法论指导实践

——纪念毛泽东同志《实践论》《矛盾论》发表 80 周年[*]

今年是毛泽东同志的《实践论》《矛盾论》（以下简称"两论"）发表 80 周年。毛泽东哲学思想是毛泽东思想的哲学依据、基础、实质和重要组成部分。"两论"是中国化的马克思主义——毛泽东思想的标志性成果，是中国化的马克思主义哲学——毛泽东哲学思想的代表性著作，是毛泽东哲学思想的经典，是马克思主义世界观与方法论相统一的典范，是马克思主义与中国实际相结合的结晶。"两论"为中国共产党人认识和掌握马克思主义，确立马克思主义思想路线，实现马克思主义中国化，推动中国革命、建设和改革不断取得胜利，提供了科学的世界观和方法论，发挥了极其重要的强大思想武器作用。

党的十八大以来，在以习近平同志为核心的党中央领导下，中国特色社会主义进入了新的发展阶段。在新的历史起点上，运用"两论"的哲学智慧，从哲学高度对中国特色社会主义的理论和实

---

[*] 该文系作者 2017 年 9 月 13 日在中国社会科学院"第三届唯物史观与马克思主义史学理论论坛"上的主旨报告。原载《世界社会主义研究动态》2017 年 9 月 12 日；《中国社会科学报》2017 年 9 月 28 日。

践进行提炼、概括和总结，对于进一步推进实践基础上的理论创新和理论指导下的实践创新，推进中国特色社会主义伟大事业、开展伟大斗争、建设伟大工程、实现伟大梦想，具有极其伟大的理论意义和深远的现实价值。

一 "两论"是中国革命实践的产物，是为了正确指导中国革命、科学解决中国革命的理论路线和战略策略问题

检验某一理论是否正确管用，取决于该理论是否满足实践的需求。深刻理解和把握某一理论的精神实质与价值意义，需要系统考察该理论产生的时代背景、实践基础、历史条件和发展渊源。"两论"的形成离不开当时的时代背景、中国国情和斗争实践。深刻理解和把握"两论"的哲学真谛，必须全面考察"两论"形成的时代条件、中国国情和实际斗争需要等具体情况。

在世界范围内占统治地位的资本主义社会形态由竞争发展到垄断即帝国主义阶段，世界历史进入帝国主义和无产阶级社会主义革命阶段，是"两论"产生的大的时代背景。

在当时的时代条件下，帝国主义列强已经把全世界瓜分完毕，帝国主义国家内部工人阶级和资产阶级的阶级矛盾；因瓜分殖民地不均而产生的帝国主义之间的矛盾；一切被剥削被压迫国家和民族与帝国主义之间的矛盾；被剥削被压迫国家内部人民大众和反动阶级势力之间的矛盾更加激烈。一方面，世界无产阶级反对资本主义的社会主义革命如火如荼；另一方面，世界范围内殖民地半殖民地人民的民族独立解放运动风起云涌，且两者日益结合在一起。中国作为帝国主义扩张侵略的牺牲品已经沦为半殖民地半封建境地，中国人民争取民族解放、国家独立的斗争，只有在无产阶级政党领导下，纳入世界社会主义革命，才能成功。

中国的具体国情和新民主主义革命实践是"两论"产生的实践基础。"两论"是毛泽东同志在当时的历史时代大背景下，在领导中国革命的具体实践中，为了纠正误导中国革命、导致中国革命大挫折的错误路线，确立科学的思想和政治路线，以正确地指导中国革命而写作的。

20世纪初，孙中山所领导的资产阶级旧民主主义的辛亥革命半途而废，摆在中国人民面前的一个事关民族生死存亡的重大问题是：以什么阶级的政党为领导核心，以什么主义为指导，选择什么样的发展道路，才能挽救中国，实现中华民族的独立、自由、解放和复兴？辛亥革命的结局充分说明，在中国试图通过资产阶级领导的民主主义革命振兴中华是行不通的。俄国十月社会主义革命的胜利给中国人民送来了新的希望。以马克思列宁主义为指导，在中国工人阶级政党领导下，走俄国十月革命的社会主义道路，这是中国工人阶级和中国人民做出的正确选择。1921年，中国共产党宣告成立，中国近代历史从此进入了一个崭新的发展境界。然而，我们党在领导中国革命的具体实践中却经历了一系列困难曲折，在面对选择什么样的理论、路线、方针、政策、举措等重大战略、策略问题上，党先后产生了两种错误路线：一条是右倾机会主义路线，主张"二次革命"论，先进行资产阶级政党领导的资产阶级民主革命，然后再进行工人阶级政党领导的社会主义革命，把革命领导权拱手让给资产阶级政党，放弃武装夺取政权的正确道路；另一条则是"左"倾机会主义路线，主张"一次革命"论，在政治上搞关门主义，拒绝统一战线，在军事上搞冒险主义，在中心城市一举发动武装暴动，毕其功于一役，试图一举把社会主义革命搞成功。"左"右倾两条错误路线给蓬勃兴起的中国革命带来了两起两落的重大挫折，造成了两次重大损失。右倾机会主义错误路线造成了轰轰烈烈兴起的第一次大革命的失败，这是一起一落；"左"倾机会主义错误路线彻底背离了以毛泽东为代表的中国共产党人所开辟的武装斗争、土地革命和根据地建设三位一体的农村包围城市的井冈山革命道路，葬送了中央红色政权和四次反"围剿"的胜利，造成第五次反"围剿"失败，致使中央红军放弃中央苏区，被迫长征，几乎断送了党和红军，导致中国革命陷入了危亡的境地，这又是一起一落。

遵义会议是我们党在中国革命的危急时刻召开的一次十分关键的会议，结束了错误路线的统治，确立了毛泽东同志在党和军队中的实际领导地位，从此中国革命开始走上了正确轨道。遵义会议解决了最紧迫的党的领导权掌握在谁手中的问题和正确军事路线问题，更深层次的政治路线和思想路线问题没来得及清算。要解决中国革命正确的理论路线和战略策略问题，就必须从根本上解决思想路线问题。实际上无论右倾机会主义，还是"左"倾机会主义，它们共同的特征都是主观与客观相分裂，理论与实际相脱离，实质是将马克思列宁主义普遍真理与中国革命的具体实践相脱离，表现为主观主义。不打倒主观主义，就无法确立正确的思想路线和政治路线。

反对主观主义，说到底就是解决对待马克思主义的根本态度问题。对待马克思主义有两种根本对立的态度，一种是实事求是的态度，一切从实际出发，把马克思主义同中国实际相结合；另一种是主观主义的态度，与客观实际相脱离，表现为教条主义或经验主义。而在中国革命历史上，时间最长、危害最大的主观主义是教条主义，即脱离中国革命实际照抄照搬马列主义现成结论，非"左"即右。彻底地从理论根基上、从思想路线上、从世界观和方法论层面对主观主义特别是教条主义进行一次彻底的清算，已经十分紧迫地摆在了在陕北革命根据地站稳脚跟、准备抗日战争的中国共产党人面前。

"两论"既是一定历史条件和实践条件的产物，也是对中国革命两起两落经验教训的理论总结。同时，从更广阔的视野看，"两论"的产生同中国革命由第二次国内革命战争向抗日战争的转变密切相关，也是为即将来临的抗日战争和争取未来中国革命的最后胜利做思想理论准备，为全党即将来临的抗日战争和争取未来中国革命的最后胜利提供最锐利的思想武器和理论武装。正是在这样的历史转折关头，毛泽东同志领导全党在延安发起了马克思主义理论教育和整风运动，亲自讲授"两论"，用马克思主义哲学世界观和方法论武装全党，彻底清算并克服主观主义尤其是教条主义的流毒，在全党牢固树立了实事求是的思想路线，奠定了全党团结奋斗的共同思想基础。

"两论"是中国革命经验教训的哲学总结。毛泽东同志从哲学高度认真总结了1921—1937年中国革命两次胜利的经验和两次失败的教训，对中国革命实践的独创性经验做出了具有经典意义的哲学概括、总结和创新。正确总结中国革命的经验与教训，需要有一个过程。没有两次胜利和两次失败的比较鉴别，就不能充分认识中国社会的特点和中国革命的规律，就无法正确判断中国社会的具体矛盾和中国革命的发展趋势；没有两次胜利和两次失败的比较鉴别，也就不能充分认识到实事求是思想路线的极端重要性和主观主义尤其是教条主义对中国革命的严重危害性；没有两次胜利和两次失败的比较鉴别，就不能形成适合于中国革命的理论、路线、方针和政策。

恩格斯说："我们党有个很大的优点，就是有一个新的科学的世界观作为理论的基础。"[①] "两论" 为党的正确理论路线和战略策略提供了坚实的科学世界观和方法论基础。以毛泽东同志为代表的中国共产党人正是遵循辩证唯物主义和历史唯物主义的思想路线，解决了中国革命面临的一系列理论和实践问题。从当时的世情国情民情的客观实际出发，运用马克思主义的立场、观点、方法，提出

---

① 《马克思恩格斯文集》第2卷，人民出版社2009年版，第599页。

了指导中国革命正确的理论、路线、战略和策略，根据形势的变化，制定了抗日民族统一战线的方针；形成了"中国革命分两步走"的总战略：第一步先进行中国共产党领导的新民主主义革命，走"农村包围城市、武装夺取政权"的道路，第二步新民主主义革命成功后进行社会主义革命。这样就彻底解决了思想路线问题，奠定了全党团结奋斗的共同思想基础。

总而言之，历史条件和实践斗争决定了不仅写作"两论"有客观必要，也有实际需要。"两论"的产生是中国革命的实践需要，没有中国革命的具体实践，就没有"两论"。"两论"是中国实践的产物，为解决中国革命而写作，也是为促进马克思主义同中国实际相结合而面世。

二 紧紧抓住马克思主义同中国实际相结合这一根本点，深刻把握"两论"的精神实质和伟大意义

必须把马克思列宁主义普遍原理与中国具体实践相结合，用中国化马克思主义指导中国具体实践，这是中国革命的根本经验，也是中国革命、建设和改革之所以取得一个胜利接着一个胜利的根本经验。只有紧紧围绕这一根本经验，把"两论"放到马克思主义普遍真理与中国革命实际相结合的实践过程中来考察，才能深刻理解"两论"的精髓要义和重大意义。

十月革命给中国人民送来了马克思列宁主义，这无疑是解决中国问题的一支"好箭"。但是，如果不把这支"好箭"与中国革命的具体实际相结合，再好的"箭"也无法发挥作用。毛泽东同志指出："马克思列宁主义和中国革命的关系，就是箭和靶的关系。有些同志却在那里'无的放矢'，乱放一通，这样的人就容易把革命弄坏。有些同志则仅仅把箭拿在手里搓来搓去，连声赞曰：'好箭！好箭！'却老是不愿意放出去。这样的人就是古董鉴赏家，几乎和

革命不发生关系。马克思列宁主义之箭，必须用了去射中国革命之的。这个问题不讲明白，我们党的理论水平永远不会提高，中国革命也永远不会胜利。"① 只有贯彻落实实事求是的思想路线，学会用马克思列宁主义的"箭"射中中国之"的"，解决中国革命的实际问题，才能指导中国革命取得胜利。

中国革命的两次挫折和失败告诫年轻的中国共产党人必须解决两个重大认识问题：一要正确认识中国的实际国情。因为一切正确的思想、理论和路线都来自对中国实际的正确认识，既不来自书本，也不是人们头脑中所固有的，这正是《实践论》所集中解决的；二要正确认识中国社会矛盾运动的特殊性。唯有如此才能在具体问题的具体分析中找到解决中国问题的正确思路，这也正是《矛盾论》要集中解决的。而这两个方面集中到一点，就是为正确指导中国革命取得胜利，必须彻底解决思想路线问题。"两论"正是为解决这两个重大认识问题，为了解决根本性的思想路线问题应运而生的。

坚持实践的观点，一切从实际出发；坚持矛盾的观点，一切从矛盾的特殊性出发；坚持"特殊"与"一般"相结合的辩证法和认识论精髓的观点，一切从马克思列宁主义普遍真理与中国社会的特殊实际相结合出发。这就是"两论"的精髓要义和精神实质。

第一，坚持实践第一的观点，一切从实际出发。

实践的观点是马克思主义哲学首要的、基本的观点。针对主观主义特别是教条主义忽视在中国大地上正在推进的革命实践，仅仅热衷于生搬硬套马克思主义的个别词句和外国革命的经验问题，毛泽东同志特别强调实践的观点，并把他的著作命名为《实践论》。他从实践是认识的来源、认识的动力、认识的检验标准和认识的目的等多个方面，说明了实践之于认识的基础地位和决定作用，说明

---

① 《毛泽东选集》第3卷，人民出版社1991年版，第819—820页。

认识的基础是实践，从实践发生又转过来为实践服务。这就彻底拔除了主观主义尤其是教条主义的思想根子，筑牢了正确思想路线的哲学依据。

第二，坚持矛盾的观点，一切从矛盾的特殊性出发。

作为一部辩证法著作，《矛盾论》不是简单描述唯物辩证法的一般原理，而是以马克思主义基本原理同中国革命实践相结合为出发点，抓住主观主义的要害和形而上学的命门，即脱离中国矛盾的特殊实际的总病根，一针见血、一击毙命。毛泽东同志论述了矛盾的普遍性，强调对立统一规律是唯物辩证法的实质和核心，把对立统一规律概括为宇宙间的普遍规律，定义为最普遍的客观法则。在论述矛盾普遍性的基础上，他特别阐述了矛盾的特殊性，强调必须坚持具体矛盾具体对待的马克思主义的活的灵魂。他指出，任何矛盾体都是特殊性与普遍性的统一，不仅要注意矛盾的普遍性，更要注意矛盾的特殊性。他深刻分析了当时中国社会特殊的基本矛盾、主要矛盾、阶级矛盾等社会诸矛盾，科学地把握了中国社会特殊的阶级构成和阶级关系现状，在具体矛盾分析的基础上形成了指导中国革命的正确路线。

第三，坚持"特殊"与"普遍"相统一是认识论和辩证法精髓的观点，一切从普遍原理与特殊实际相结合出发。

毛泽东同志指出，宇宙间的一切事物都是个别与一般、特殊与普遍的统一结合体。人类对任何事物的认识都是从认识个别到认识一般，从认识特殊到认识普遍，再运用一般、普遍的认识指导对个别、特殊的认识。马克思主义辩证法与认识论是一致的，"特殊"与"普遍"的统一关系既是辩证法的精髓，也是认识论的精髓。

在"两论"这两部马克思主义哲学中国化的经典论著中，毛泽东同志牢牢抓住了马克思主义哲学的精髓，深刻论述了认识论和辩证法的个别与一般、特殊与普遍的辩证关系，提出了特殊与普遍相结合的马克思主义普遍原理，从辩证唯物主义认识路线的高度提出了党的正确的思想路线，为实现马克思主义中国化提供了哲学依据。毛泽东同志认为，要运用马克思主义指导中国革命，必须实现马克思主义中国化。所谓马克思主义中国化，就是把马克思主义的一般原理应用于中国的"具体环境"和"特殊条件"，使之发生内容和形态的改变，形成适应中国实际需要的、具有中国内容和表现形态的、为中国人民所接受的中国化的马克思主义。既要肯定"普遍性"，坚持马克思主义普遍原理，又要肯定"特殊性"，坚持马克思主义普遍原理与中国特殊实际相结合；不能因为强调"特殊性"而否定"普遍性"，从而否定马克思主义普遍原理；也不能因为强调"普遍性"而否定"特殊性"，从而否定马克思主义中国化的必要性。因为强调"特殊性"而否定"普遍性"，是拒绝和否定马克思主义的指导作用，就是经验主义；强调"普遍性"而否定"特殊性"，就会脱离中国的具体国情，脱离中国的历史文化，脱离中国的人民大众，就是教条主义。把马克思主义一般原理与中国特殊国情相结合，这是马克思主义认识论和辩证法的真谛所在，也是解决中国革命问题的出发点、根本点。

《实践论》主要解决的是认识与实践的统一问题，《矛盾论》主要解决的是矛盾的普遍性与特殊性的统一问题。这两个统一的解决，就是实现了马克思主义基本原理和中国革命实践的统一。

三 "两论"在马克思主义和马克思主义哲学发展史上具有重大的里程碑意义

"两论"是体现毛泽东哲学思想的集大成之作，是毛泽东哲学思想的集中体现、高度结晶和成名之作，毛泽东同志的其他著作在特定意义上可以概括为对"两论"哲学思想的铺垫、准备、运用和发展。"两论"是马克思主义基本原理和中国革命实践相结合的光辉典范，它不仅在我们党的历史上占有重要地位，而且在马克思主义和马克思主义哲学发展史上,具有开创性的重大价值。

第一,"两论"创造性地发展和丰富了马克思主义哲学理论体系。

毛泽东同志创造性地把马克思主义哲学唯物论、辩证法、认识论和历史观高度统一起来,提出了一系列马克思主义哲学的新观点、新论断和新思想,实现了马克思主义哲学的中国化、时代化和大众化,创造了马克思主义哲学的创新形态——毛泽东哲学思想,为马克思主义哲学、为马克思主义的发展做出了历史性贡献。

一是在马克思主义哲学史上,第一次对认识的辩证发展过程做了科学全面的论述。毛泽东同志深刻阐述了实践在认识中的基础地位之后,对认识的辩证发展过程做出了深刻的哲学概括,认为人的认识经过"两次飞跃",不但表现在从感性认识到理性认识的飞跃,更表现在从理性认识到革命实践的飞跃,是一个循环往复、螺旋式上升以至无穷的过程。他精辟概括了人类认识的总规律:通过实践而发现真理,又通过实践而证实真理和发展真理。从感性认识而能动地发展到理性认识,又从理性认识而能动地指导革命实践,改造主观世界和客观世界。实践、认识、再实践、再认识,这种形式,循环往复以至无穷,而实践和认识之每一循环的内容,都比较地进到了高一级的程度。他强调,这就是辩证唯物论的全部认识论,这就是辩证唯物论的知行统一观。毛泽东同志把马克思主义认识论称为能动的革命的反映论,以通俗、简明的语言阐明并发挥了列宁提出的"从生动的真理到抽象的思想,并从抽象的思维到实践"的认识辩证法。

二是创造性运用中国话语、中国概念提出了一系列马克思主义认识论的新观点。比如提出了"从实践到认识,又从认识到实践","由个别到一般,再由一般到个别","从群众中来,到群众中去"的认识辩证法的新概括;"实践是真理的标准",人们认识世界的目的是"改造客观世界,也改造自己的主观世界"的新观点等一系列中国化的马克思主义认识论的标识性概念。

三是科学地论述了真理问题，坚持和发展了马克思主义真理观。毛泽东同志强调，"我们的结论是主观和客观、理论和实践、知和行的具体的历史的统一，反对一切离开具体历史的'左'的或右的错误思想"，发展了马克思主义真理观关于"真理是一个过程""真理是具体的"思想。他指出，"在绝对真理的长河中，人们对于在各个一定发展阶段上的具体过程的认识只具有相对的真理性"，"客观现实世界的变化运动永远没有完结，人们在实践中对于真理的认识也就永远没有完结"，"无数相对的真理之总和，就是绝对的真理"，发展了列宁关于"由相对真理的总和所构成的绝对真理"的思想。

四是把对立统一规律形象地称为矛盾规律，把对立统一观点生动地概括为矛盾观点，形成关于对立统一规律的马克思主义哲学辩证法中国化的理论与话语创新体系。毛泽东同志认为，所谓矛盾，就是指事物内部的对立面的统一，即事物内部包含着相互联结、相互依存、相互渗透、相互转化，又相互排斥、相互分离、相互否定、相互斗争的方面和倾向。他指出，"事物的矛盾法则，即对立统一的法则，是唯物辩证法的最根本的法则"，用矛盾概念形象地概括了万事万物既对立又统一的、在对立统一中发展的最普遍的辩证法客观法则。毛泽东同志所提炼概括的矛盾观点既是对马克思主义经典作家关于对立统一规律是辩证法的根本规律、列宁关于对立统一规律是辩证法的核心和实质等观点的继承和发展，也是对立统一规律的马克思主义哲学中国化的通俗表述。

五是提出事物矛盾特殊性和普遍性的统一是辩证法的精髓，认识事物矛盾的特殊性是科学认识事物的基础的哲学原理。毛泽东同志告诉我们，世界上千差万别的事物都是具体的，因而是特殊的，从千差万别的具体事物中找出共性和普遍规律，就要认识事物的特殊性，而事物的特殊性是由事物内在矛盾的特殊性决定的，因而揭示事物的普遍规律、探寻真理就要从矛盾的特殊性分析开始。认识事物必须首先认识事物矛盾，具体地分析具体事物的矛盾特殊性。研究和运用矛盾观点，必须牢牢把握共性与个性、绝对与相对的矛盾问题的精髓。这个认识发展了列宁关于"马克思主义的精髓，马克思主义的活的灵魂：对具体情况作具体分析"的思想。从实践上说，矛盾的共性与个性、绝对与相对的道理是马克思主义普遍真理同本国革命具体实践相结合这一思想原则的哲学根据。

六是强调要学会运用矛盾分析方法认识问题、解决问题。毛泽东同志指出，矛盾观点是观察世界、认识世界、改造世界的世界观、方法论，运用矛盾观点认识说明世界，就是世界观；运用矛盾观点分析改造世界，就是方法论。认识世界，必须用辩证法认识世界；用辩证法认识世界，必须用矛盾观点分析世界，必须学会使用矛盾分析法来认识事物。

"两论"创造性地发展了马克思主义辩证法和认识论，为马克思主义哲学中国化做出了奠基性贡献。

第二，"两论"确立了马克思主义哲学中国化的理论高度。

一个理论，只有在哲学层面上实现了思想自觉，才能说它已经成熟，并且达到了科学思维的高度。"两论"不是对马克思主义认识论和辩证法的一般原理的阐述，而是自觉按照马克思主义的基本立场观点方法，充分汲取中国优秀传统文化的有益要素，并从哲学层面进行的系统深入的理论概括和总结，具有高度的科学性和真理性，代表了马克思主义哲学中国化所应有的理论高度。

第三，"两论"开创了马克思主义哲学大众化的成功典范。

"两论"最初是毛泽东在抗日军政大学的讲演稿，面对的听众是即将奔赴前线作战的抗日将士，讲课的主要目的是用马克思主义哲学世界观方法论武装广大干部，使他们认清教条主义的本质和危害，从而为迎接革命新阶段的到来做思想上理论上的准备。"两论"

充分考虑到广大干部的思维习惯和语言习惯，运用短小精悍的表述方式，把深邃的理论转变为通俗易懂的语言，把抽象的理论逻辑转变为形象的生活逻辑，形成了新鲜活泼的、为中国老百姓所喜闻乐见的中国特色、中国风格、中国气派和中国话语，开创了马克思主义哲学大众化的成功典范。

　　第四，"两论"奠定了实事求是思想路线的哲学基础。

　　在中国共产党的领导下，中国革命和建设事业取得了一个又一个胜利，其中一个至关重要的经验就是我们党确立了一条正确的思想路线，即实事求是。对于一个政党来说，思想路线的正确与否事关生死存亡，而一个政党能否创立正确的思想路线，取决于它是否具有科学的世界观和方法论的指导，这最终还是要归结到哲学基础问题。毛泽东同志曾经指出，总结经验必须提高到哲学高度，因为"一切大的政治错误没有不是离开辩证唯物论的"。不从哲学高度彻底解决思想路线问题，那么即使纠正了一个错误，还会犯另一个错误。"两论"写作的着眼点恰恰在这里，其历史贡献也在于奠定了实事求是思想路线的哲学基础，为实事求是思想路线提供了世界观方法论基础。

　　"两论"的产生标志着马克思主义哲学中国化——毛泽东哲学思想的基本确立，也是毛泽东思想基本形成的重要标志。

四　习近平总书记系列重要讲话精神和党中央治国理政新理念新思想新战略内涵的哲学思想是"两论"的丰富和发展[*]

　　党的十八大以来，以习近平同志为核心的党中央，高度重视接受马克思主义哲学智慧的滋养，继承发扬"两论"思想精髓，运用

---

　　[*] 作者注：当时写作该文时中央的提法是"习近平总书记系列重要讲话和党中央治国理政新理念新思想新战略"，为了尊重历史，保持当时提法为好，下文同。

科学的思想方法和工作方法指导实践，提出了一系列重要哲学观点，开辟了21世纪马克思主义哲学发展新境界。

第一，坚持解放思想、实事求是的思想路线，是习近平总书记系列重要讲话和党中央治国理政新理念新思想新战略内涵的哲学思想的精髓要义。

解放思想、实事求是的思想路线是我们党的生命线，是我们党在中国革命和建设的历史实践中逐渐提炼、总结出来的思想结晶，对于推动中华民族实现站起来、富起来、强起来的历史性飞跃已经发挥并将继续发挥极其重要的作用。习近平总书记牢牢坚持实事求是的思想路线，强调要牢牢把握社会主义初级阶段这个最大国情，牢牢立足社会主义初级阶段这个最大实际，更准确地把握我国社会主义初级阶段不断变化的特点，分析问题、认识问题，进而提出解决问题的科学方案，并付诸实践检验。这一过程，既是理论探索的过程，也是实践检验的过程；既是坚持党的思想路线的过程，也是发展党的思想路线的过程，更是不断开辟21世纪马克思主义哲学发展新境界的过程。

第二，坚持以辩证思维为核心的科学方法论体系，是习近平总书记系列重要讲话精神和党中央治国理政新理念新思想新战略内涵的哲学思想的根本方法。

习近平总书记强调，要充分运用辩证思维的根本方法，是唯物辩证法的要求，也是我们党在革命、建设、改革进程中一贯倡导和坚持的方法。他为我们树立了灵活运用辩证法的典范，比如在分析国际国内形势时，强调要坚持"两点论"，一分为二看问题，既要看到国际国内形势中有利的一面，也要看到不利的一面；在阐述全面深化改革时，指出全面深化改革是一项极其复杂的系统工程，强调胆子要大、步子要稳；在阐述社会治理时，指出"管得太死，一潭死水不行；管得太松，波涛汹涌也不行"；等等。他强调要提高辩证思维能力，把辩证思维与战略思维、历史思维、创新思维等统一起来，作为一个完整的科学方法论体系予以学习掌握，并运用到解决中国的现实问题中来。习近平总书记关于辩证法的思考既是对"两论"的继承发扬，也为开辟21世纪马克思主义哲学发展新境界提供了方法论支撑。

第三，坚持历史思维的唯物史观观点，是习近平总书记系列重要讲话精神和党中央治国理政新理念新思想新战略内涵的哲学思想的科学历史观。

历史思维是习近平总书记系列重要讲话精神和党中央治国理政新理念新思想新战略的唯物史观基石。习近平总书记强调必须坚持以唯物史观为指导，提高以唯物史观为基础的历史思维能力，用以解决复杂的社会、历史和现实问题。他指出："历史和现实都表明，只有坚持历史唯物主义，我们才能不断把对中国特色社会主义规律的认识提高到新的水平，不断开辟当代中国马克思主义发展新境界。"[①] 习近平总书记站在新的历史起点上，自觉运用生产、群众和社会基本矛盾等唯物史观基本观点，思考当代中国和当今世界的重大理论和实践问题，准确把握了人类历史发展的基本规律和总趋势。他指出，既要看到历史发展的光明前景，又要看到当前存在的困难和问题；既要看到在当前国际金融危机背景下资本主义必然灭亡的总趋势，又要看到资本主义依然具有自我调节的能力，总体上仍然是资强社弱，要有长期斗争的思想准备。习近平总书记站在唯物史观的立场上要求我们必须树立坚定的共产主义理想和中国特色社会主义共同理想。他指出，没有远大理想，不是合格的共产党员；离开现实工作空谈远大理想，也不是合格的共产党员。要把远大理想和共同理想统一起来，苦干实干，扎实推进中国特色社会主义伟大实践不断前进，为开辟21世纪马克思主义哲学发展新境界提供不竭动力。

---

① 习近平：《坚持历史唯物主义不断开辟当代中国马克思主义发展新境界》，《求是》2020年第2期。

第四，坚持马克思主义哲学的中国化、时代化、大众化的基本方向，是习近平总书记系列重要讲话精神和党中央治国理政新理念新思想新战略内涵的哲学思想的根本要求。

马克思主义哲学是发展的理论，正如毛泽东同志在《实践论》中所说："马克思列宁主义并没有结束真理，而是在实践中不断地开辟认识真理的道路。"[①] 对于中国的马克思主义者来说，如何在坚持的基础上发展马克思主义哲学，是一个不容回避的重大问题。在新的历史起点上，习近平总书记以更加宽阔的眼界审视马克思主义哲学在当代发展的现实基础和实践需要，坚持以我们正在做的事情为中心，聆听时代声音，更加深入地推动马克思主义哲学同当代中国发展的具体实际相结合，努力推进马克思主义哲学的中国化、时代化和大众化，不断开辟21世纪马克思主义哲学发展新境界。

"两论"是中国共产党人学习马克思主义哲学最基本、最主要的教材，是中国共产党人的必修课。当前，学习、坚持、运用、继承"两论"哲学智慧，要同学习习近平总书记系列重要讲话精神和党中央治国理政新理念新思想新战略结合起来，牢牢掌握马克思主义立场、观点和方法，运用于中国特色社会主义的伟大实践中，夺取中国特色社会主义建设新的更大胜利。

80年风雨沧桑，世界和中国都发生了前所未有的重大变革，"两论"的重要价值并没有因此而晦暗，而是日益放射出更加璀璨的真理光芒。80年的历史实践已经证明，并将继续证明："两论"所阐发的马克思主义哲学基本原理，以及其所遵循的科学世界观和方法论，具有普遍和恒久的意义，不仅是我们党取得革命胜利的思想法宝，也是推进中国特色社会主义伟大事业必须遵循的理论指南。

---

① 《毛泽东选集》第1卷，人民出版社1991年版，第296页。

唯物史观下的大的"历史时代"与习近平新时代中国特色社会主义思想[*]

习近平总书记认为，时代在变化，社会在发展，但马克思主义基本原理依然是科学真理。尽管我们所处的时代同马克思所处的时代相比发生了巨大而深刻的变化，但从世界500年的大视野来看，我们仍处在马克思所讲的大的"历史时代"。从唯物史观的视角看，马克思主义关于大的"历史时代"的判断是不能否定的，如果否定了，就会误认为资本主义的基本矛盾不存在了，误认为马克思主义过时了，就会否定马克思主义。

时代概念具有广义和狭义之分。广义的时代概念是从历史观的角度对人类社会发展大的历史发展进程的判定；狭义的时代概念是从某个特定的角度对某个社会发展阶段的判定。不搞清楚广义的时代概念，即大的"历史时代"，就看不清狭义时代所处的大的历史方位和国际条件。要把从历史观出发判断的广义的时代概念与从其他视角出发判断的狭义的时代概念区别开来。这两种时代概念既有区别，又是辩证统一的。

习近平总书记在党的十九大报告中指出："中国特色社会主义

---

[*] 该文系作者2018年8月24日在中国社会科学院"第四届唯物史观与马克思主义史学理论论坛"上的主旨报告。原载《马克思主义哲学论丛》2018年第29辑；《马克思主义研究》2019年第1期。

进入了新时代,这是我国发展新的历史方位。"① 这是运用辩证唯物主义和历史唯物主义立场、观点、方法科学判断世情国情,从党和国家发展角度提出来的,这个重要的科学判断是完全正确的。中国特色社会主义新时代与马克思主义所判断的大的"历史时代"在唯物史观基础上是一致的,同时又是有区别的。中国特色社会主义新时代特指中国特色社会主义已经站在一个新的历史起点上,进入一个新的历史阶段,处在一个新的历史方位上。只有站在大的"历史时代"背景下,从我国新时代的特殊国情出发观察研究,才能深刻认识中国特色社会主义进入新时代和习近平新时代中国特色社会主义思想的伟大意义。

一 深刻理解唯物史观大的"历史时代"的科学内涵

马克思主义唯物史观关于大的"历史时代"的概念,是从生产力所决定的生产关系出发,以社会经济形态为标准对人类社会大的历史时代的判定。从唯物史观为指导所判定的大的历史时代来看,我们今天到底处在什么样的时代呢?回答这个问题,首先就要回答以什么标准判断时代,然后再用正确的标准判断时代,回答我们现在究竟处在什么样的历史时代。

恩格斯在《共产党宣言》1883年德文版序言中指出:"每一历史时代的经济生产以及必然由此产生的社会结构,是该时代政治的和精神的历史的基础;因此(从原始土地公有制解体以来)全部历史都是阶级斗争的历史,即社会发展各个阶段上被剥削阶级和剥削阶级之间、被统治阶级和统治阶级之间斗争的历史;而这个斗争现在已经达到这样一个阶段,即被剥削被压迫的阶级(无产阶级),

---

① 习近平:《决胜全面建成小康社会 夺取新时代中国特色社会主义伟大胜利——在中国共产党第十九次全国代表大会上的报告》,人民出版社2017年版,第10页。

如果不同时使整个社会永远摆脱剥削、压迫和阶级斗争，就不再能使自己从剥削它压迫它的那个阶级（资产阶级）下解放出来。"①马克思、恩格斯在《共产党宣言》正文中明确指出："我们的时代，资产阶级时代，却有一个特点：它使阶级对立简单化了。整个社会日益分裂为两大敌对的阵营，分裂为两大相互直接对立的阶级：资产阶级和无产阶级。"② 他们进一步说明："在过去的各个历史时代，我们几乎到处都可以看到社会完全划分为各个不同的等级，看到社会地位分成多种多样的层次。在古罗马，有贵族、骑士、平民、奴隶，在中世纪，有封建主、臣仆、行会师傅、帮工、农奴，而且几乎在每一个阶级内部又有一些特殊的阶层。"③ 他们又说明："从封建社会的灭亡中产生出来的现代资产阶级社会并没有消灭阶级对立。它只是用新的阶级、新的压迫条件、新的斗争形式代替了旧的。"④

根据以上马克思主义经典作家的论述，可以得出以下几个结论。

第一，马克思主义唯物史观的"历史时代"概念，是指占统治地位的社会形态所历经的整个历史进程。马克思主义经典作家明确提出了"历史时代"概念，即唯物主义历史观所指的大的"历史时代"。唯物史观的历史时代概念是指占统治地位的社会形态所历经的整个历史进程，该历史时代的进程从该社会形态取代前一社会形态在人类社会占据统治地位起，历经兴盛、衰落，直到为下一社会形态所取代而不再占据统治地位止。当然，每一个历史时代可以划分为不同的发展阶段。在资本主义社会时代，已经历经了自由竞争资本主义阶段、垄断资本主义阶段即帝国主义阶段，现在正处在

---

① 《马克思恩格斯文集》第 2 卷，人民出版社 2009 年版，第 9 页。
② 《马克思恩格斯文集》第 2 卷，人民出版社 2009 年版，第 32 页。
③ 《马克思恩格斯文集》第 2 卷，人民出版社 2009 年版，第 31—32 页。
④ 《马克思恩格斯文集》第 2 卷，人民出版社 2009 年版，第 32 页。

现代国际垄断资本主义阶段，或进一步说是国际金融垄断资本主义阶段。

第二，必须以唯物史观为武器，把"经济的社会形态"作为历史时代根本判断标准。唯物史观是判断历史时代的思想武器。运用唯物史观判断历史时代，就要看一看该历史时代的生产力是什么，生产关系是什么，经济基础是什么，由经济基础所决定的上层建筑又是什么。也就是说，从生产力所决定的生产关系、经济基础，以及由这一基础所决定的"经济的社会形态"出发来判断历史时代，看一看占据统治地位的"经济的社会形态"的本质是什么，也就知道该历史时代是什么。

第三，人类社会历史已先后历经原始社会时代、奴隶社会时代、封建社会时代、资本主义社会时代，未来人类社会将经过社会主义社会过渡，进入共产主义社会时代。马克思、恩格斯按照唯物史观关于社会形态演变理论，根据"经济的社会形态"的根本性质来划分历史时代，把历史时代划分为原始社会、奴隶社会、封建社会、资产阶级社会等历史时代，未来社会将经过无产阶级专政的社会主义过渡，进入消灭阶级剥削、压迫与阶级斗争的新的时代，即进入共产主义社会时代。

第四，我们今天仍然处于马克思主义经典作家所判断的历史时代。运用唯物史观的标准判断，我们现在究竟处在什么样的历史时代呢？马克思、恩格斯在《共产党宣言》中明确指出，我们的时代，即"资产阶级时代"。从时代的根本性质和大的历史进程来看，目前我们仍然处于马克思主义经典作家当时所揭示的资本主义社会时代。马克思主义经典作家认为，人类社会的历史时代已经前进到资本主义社会代替封建社会而占据统治地位的历史发展进程。从全球范围来讲，现在仍然是资本主义社会形态占主要地位的历史时代，而这个时代又是新的社会形态即经过社会主义过渡而进入共产主义社会，最终逐步取代资本主义社会的历史时代。在这个时代，无产阶级如果不通过推翻最后一个剥削社会，即通过消灭最后一个剥削阶级的社会革命，使整个社会永远摆脱剥削、压迫和阶级斗争，就不能解放全人类，从而也就不可能最终使无产阶级自己解放自己，就不可能以一个新的社会形态取代资本主义社会形态。共产主义必然代替资本主义，但需要经过一个漫长的历史过程。当然，在今天世界资本主义体系内已经产生了某些社会主义因素，在全世界已经产生了若干社会主义国家。但是，新的社会形态在全世界并不占据统治地位。有学者研究认为："当今世界95%以上的国家建立的是资本主义制度。在资本全球化的进程中，不仅自然资源、土地、矿产等公共资源被私有资本所圈占，就连我们赖以生存的水源、空气、语言、文化，甚至物种和人类基因等也被逐步私有化了。按照西方左翼学者的说法，这种私有化已经把人类逼到整体灭绝的边缘。"①

第五，资本主义社会固有的不可克服的内部矛盾必然导致其灭亡。在资本主义的整个发展进程中，其内在矛盾不断激化，经历了激化、缓和，再激化、再缓和……直至激化到再也不能缓和而导致最终灭亡。资本主义不可克服的基本矛盾的最现实的表现就是不可解脱的两极分化，且这种两极分化又不断得到强化。资本主义社会的两极分化表现为两个层次：一是资本主义国家内部的阶级与阶级、民族与民族、阶层与阶层之间的两极分化不断强化；二是世界范围内国家与国家、地区与地区、民族与民族、阶级与阶级之间的两极分化也不断强化。两极分化的一极是高度垄断的资产阶级利益集团，垄断资本主义国家的国民也仅仅是享受到资本主义利益集团高额利润的一杯羹；另一极是整个工人阶级等广大劳动人民的贫困、落后，发展中的国家、地区和民族的贫困、落后。资本主义国家内部两极分化越来越严重，整个世界两极分化也越来越严重。当

---

① 秦宣：《大数据与社会主义》，《教学与研究》2016年第5期。

代资本主义国家内部的动荡、资本主义全球的动荡都跟两极分化有关系，两极分化的背后则是不可克服的资本主义基本矛盾。

从英国的资产阶级革命到现在，经过几百年的历史过程，人类社会历经了封建社会在世界的解体，到资本主义生产方式在全世界占统治地位，从资本主义繁荣、兴盛再到资本主义内在矛盾不断激化导致走向衰落。实际上，资本主义一产生，其内部就产生了反对资本主义的力量和因素：工人阶级和新的社会形态萌芽。在资本主义社会时代，始终贯穿着社会主义与资本主义、工人阶级与资产阶级两种命运、两种力量、两种前途的斗争，一直到工人阶级通过无产阶级革命和无产阶级专政消灭压迫、剥削和阶级斗争，最终迎来新的社会形态为止。

第六，资本主义社会时代最终必然为共产主义社会时代所替代。习近平总书记指出："事实一再告诉我们，马克思、恩格斯关于资本主义社会基本矛盾的分析没有过时，关于资本主义必然消亡、社会主义必然胜利的历史唯物主义观点也没有过时。这是社会历史发展不可逆转的总趋势，但道路是曲折的。资本主义最终消亡、社会主义最终胜利，必然是一个很长的历史过程。"[1] 资本主义社会在创造巨大社会财富的同时，制造了贫富差距、两极分化等不可克服的矛盾，从而也制造了自己的掘墓人，一步一步走向自己的反面，最终要为新的社会形态所代替。2008年爆发的国际金融危机说明了资本主义的内在矛盾是不可避免的、不可调和的、不可克服的。中国特色社会主义表现出了新社会形态强劲的生命力，说明社会主义和共产主义最终是不可战胜的，是必然的历史发展趋势。尽管目前全球总体上还是资本主义强、社会主义弱，但是社会主义是新生事物，一定能够经过无产阶级革命和无产阶级专政，消灭人类历史上最后一个阶级社会——资本主义社会，使人类进入一个没有

---

[1]《十八大以来重要文献选编》（上），中央文献出版社2014年版，第117页。

剥削、压迫、阶级差别和阶级斗争的无阶级的新的社会形态。

第七，在资本主义社会时代，在思想领域集中表现为无产阶级与资产阶级两种根本对立的意识形态斗争。在资本主义社会时代，无产阶级与资产阶级的阶级矛盾和阶级斗争必然反映在思想领域，表现为社会主义和资本主义两种意识形态的斗争。马克思、恩格斯在《共产党宣言》中指出："至今的一切社会的历史都是在阶级对立中运动的，而这种对立在不同的时代具有不同的形式。但是，不管阶级对立具有什么样的形式，社会上一部分人对另一部分人的剥削却是过去各个世纪所共有的事实。因此，毫不奇怪，各个世纪的社会意识，尽管形形色色、千差万别，总是在某些共同的形式中运动的，这些形式，这些意识形式，只有当阶级对立完全消失的时候才会完全消失。"[①] 自原始共产主义社会解体以来的人类历史都是阶级斗争的历史。社会存在决定社会思想，社会思想反映并反作用于社会存在。阶级社会的阶级对立与斗争决定了阶级社会不同性质的意识形态的对立与斗争。阶级社会的社会思想是该社会的阶级、阶级矛盾和阶级斗争的意识形态反映。在奴隶社会，代表奴隶主阶级利益的统治阶级思想与作为被统治阶级的奴隶阶级的思想之间存在不可调和的对立和斗争。封建社会贯穿着地主阶级思想与农民阶级思想的对立与斗争。在资本主义社会，贯穿着工人阶级与资产阶级的思想斗争。毛泽东同志鲜明地指出："无产阶级要按照自己的世界观改造世界，资产阶级也要按照自己的世界观改造世界。"两种世界观的斗争就是资本主义社会时代阶级之间的思想斗争。毛泽东同志甚至断言，在我国社会主义现阶段，在意识形态领域"社会主义和资本主义之间谁胜谁负的问题还没有真正解决"[②]。可以说，社会主义和资本主义在意识形态领域谁胜谁负的斗争，还需要一个相当长的时间才能解决。列宁在《卡尔·马克思》一文中明确教导我

---

① 《马克思恩格斯文集》第 2 卷，人民出版社 2009 年版，第 51—52 页。
② 《毛泽东文集》第 7 卷，人民出版社 1999 年版，第 230 页。

们:"马克思主义提供了一条指导性的线索,使我们能在这种看来扑朔迷离、一团混乱的状态中发现规律性。这条线索就是阶级斗争的理论。"[①] 从总体和主线索上说,自从有文字记载以来的人类历史就是阶级斗争的历史,有文字记载以来的人类历史也是阶级之间的意识形态斗争史。因此,我们一定要学会运用阶级观点和阶级分析的方法认识和把握意识形态领域的斗争。

二 科学把握中国特色社会主义新时代的伟大意义

习近平总书记指出:"中国特色社会主义进入新时代,在中华人民共和国发展史上、中华民族发展史上具有重大意义,在世界社会主义发展史上、人类社会发展史上也具有重大意义。"[②] 深刻理解中国特色社会主义新时代,要从大的"历史时代"背景下来考量,深刻理解习近平新时代中国特色社会主义思想要从大的"历史时代"背景下来认识。只有站在马克思主义唯物史观关于大的"历史时代"的宽广视野上,站在中国特色社会主义进入新时代的特定角度上,将两个时代判断、国际国内两个视角结合起来,才能真正理解中国特色社会主义进入新时代的伟大意义。

1. 开辟了中华民族伟大复兴的新格局

中国特色社会主义进入新时代,开辟了中华民族伟大复兴的新格局,在中华人民共和国发展史和中华民族发展史上具有重大意义。

在中华人民共和国发展史上,我们现在已经踏上了建设社会主义现代化强国的新征程,在站起来、富起来的基础上,进一步解决

[①] 《列宁选集》第2卷,人民出版社2012年版,第426页。
[②] 习近平:《决胜全面建成小康社会 夺取新时代中国特色社会主义伟大胜利——在中国共产党第十九次全国代表大会上的报告》,人民出版社2017年版,第12页。

强起来的时代主题，建设社会主义的现代化强国。这说明中华人民共和国的发展已经进入一个新的历史阶段，正致力于到21世纪中叶实现中华民族伟大复兴的奋斗目标，这在中华民族发展史上是一件了不起的大事。

中华民族是人类最伟大的民族之一，曾经创造了人类历史上最辉煌的文明。然而，在资本主义工业革命后，中华民族却停滞了巨人的脚步，落后于时代。从1840年鸦片战争开始，中国逐步沦落为西方资本主义列强欺压剥削的半殖民地半封建国家。从那时起，中华民族的有志之士为了中华民族的重振，不断为追求真理、选择解救中国的思想利器和复兴之路而进行前赴后继、流血牺牲的努力奋斗。从鸦片战争到太平天国起义，从戊戌变法到辛亥革命，中华民族先进分子依照他们所提出的一个又一个思想观点和救国方案而发动的中华民族复兴运动，一次又一次遭受失败。毛泽东一针见血地指出："帝国主义的侵略打破了中国人学西方的迷梦。很奇怪，为什么先生老是侵略学生呢？中国人向西方学得很不少，但是行不通，理想总是不能实现。多次奋斗，包括辛亥革命那样全国规模的运动，都失败了。"[①] 这些失败的根本原因就在于，没有先进思想的指导，没有先进思想武装起来的先进政党的领导，没有找到正确思想指导下的适合本国国情的发展道路。用使西方列强发达起来的资产阶级思想武器，用曾经让中国辉煌显赫的封建传统思想武器，都无法根本改变中国人民的精神面貌和思想状况，也无法根本扭转中国积贫积弱的状况，最终也无法根本实现中华民族的振兴。

俄国十月革命的成功给中国人民带来了新的希望。毛泽东同志指出："这时，也只是在这时，中国人从思想到生活，才出现了一个崭新的时期。中国人找到了马克思列宁主义这个放之四海而皆准的普遍真理，中国的面目就起了变化了。"[②] 在十月革命的启发下，

[①]《毛泽东选集》第4卷，人民出版社1991年版，第1470页。
[②]《毛泽东选集》第4卷，人民出版社1991年版，第1470页。

从失败的教训中，从比较的借鉴中，中华民族先进分子深刻认识到，当人类历史进入资本主义社会时代，资本主义列强绝不会允许落后国家独立自主地走上富民强国之路，它们只能成为资本主义的附庸。中国只有选择引领世界潮流的先进思想——马克思主义的科学社会主义思想，并逐步把马克思主义先进思想与中国的实际国情和优秀的传统思想相结合，走非资本主义的社会主义现代化道路才是唯一的出路。中华民族的先进分子，坚定地选择了马克思主义，选择了社会主义和共产主义，创建了中国工人阶级和中国人民的先锋队组织——中国共产党。从此，中华民族的精神面貌和思想意识发生了根本性改变，这既是中华民族命运的根本转折点，又是中华民族发展史上的一个新的生长点。

以马克思主义为行动指南的中国共产党成立后，中华民族伟大复兴就有了成功的希望。一代又一代的中国共产党人坚持马克思主义指导思想，并与中国实际相结合、与中华优秀传统思想相结合，高举社会主义和共产主义的旗帜，不断前进、不断探索、勇于变革、勇于创新，开创了具有中国特色的新民主主义和社会主义革命道路、具有中国特色的社会主义发展道路，取得了革命、建设、改革和党的十八大以来的伟大成就，创造了一个又一个人间奇迹，使中华民族以崭新姿态屹立于世界的东方，开辟了中国特色社会主义新时代和中华民族伟大复兴的新格局。

2. 开启了世界社会主义运动的新境界

中国特色社会主义进入新时代，开启了世界社会主义运动的新境界，在世界社会主义发展史上具有重大意义。

1848年《共产党宣言》发表，科学社会主义问世，社会主义思想从空想变成科学，科学社会主义日益成为工人阶级夺取政权并建立社会主义制度的现实运动。在马克思主义的指导下，列宁成功领导了十月革命，建立了世界上第一个社会主义国家，科学社会主义从理论变成了现实。在十月革命和社会主义苏联的带动下，世界社会主义运动在 20 世纪上半叶迎来了一次高潮，民族解放和无产阶级革命运动风起云涌，一大批社会主义国家纷纷建立。社会主义作为崭新的社会形态，脱胎于资本主义世界，登上世界历史舞台，成为历史的现实。

社会主义作为新生事物，其发展并不是一帆风顺的。由于复杂的主客观原因，在西方资本主义势力的强大攻势及"和平演变"下，苏联以及东欧社会主义国家在社会主义实践中偏离了马克思主义的正确方向，离开了科学社会主义基本思想，最终导致 20 世纪后期发生了东欧剧变、苏联解体等一系列重大事件，世界社会主义运动遭受了严重挫折，陷入低谷。

中华人民共和国成立后，正是在世界大的历史背景下，毛泽东带领全党独立自主地探索适合中国国情的社会主义建设道路，以邓小平为主要代表的中国共产党人开创了改革开放和中国特色社会主义新时期，以江泽民、胡锦涛为代表的中国共产党人不断推进中国特色社会主义伟大事业，以习近平为主要代表的中国共产党人带领全党全国人民进入中国特色社会主义新时代。

中国特色社会主义进入新时代，意味着科学社会主义在 21 世纪的中国焕发出强大生机活力。在习近平新时代中国特色社会主义思想指引下，我们党以强大的战略定力，牢牢坚持科学社会主义基本原则，坚定不移地走中国特色社会主义道路，经受住了世界社会主义运动处于低潮的考验、西方敌对势力搞"颜色革命"的考验、资本主义世界经济危机的考验，抵制了西方所鼓吹的"普世价值""宪政民主"等错误思潮，有力地打破了所谓的"共产主义失败"论、"历史终结"论，有力地回击了"社会主义低潮综合征"的论调。

如果说 20 世纪是社会主义拯救了中国，那么 21 世纪则是中国拯救了社会主义。正是中国在 21 世纪扛起了社会主义的大旗，以新时代的伟大成就和伟大目标再次证明了科学社会主义的正确性和社会主义的优越性。正如十月革命在20世纪初开辟了世界社会主义运动新纪元一样，中国特色社会主义新时代在21世纪揭开了世界社会主义运动驶出低谷走向复苏的新局面，为世界社会主义发展创造了新的辉煌。

3. 拓展了发展中国家通过非资本主义道路走向现代化的新途径

中国特色社会主义进入新时代，拓展了发展中国家通过非资本主义道路走向现代化的新途径，在人类社会发展史上具有重大意义。

马克思通过对人类历史发展，特别是资本主义历史发展的科学研究，提出了著名的"世界历史"理论。他认为，世界进入资本主义历史时代，把世界连成一片，人类历史由此进入了"世界历史"。在"世界历史"进程中，先进入资本主义而成为世界列强的资本主义国家，在第一次世界大战前就已经把世界瓜分完毕了，它们从自身资本利益出发绝不允许落后国家再独立自主地走资本主义的强国之路，强迫后发国家变成自己的附庸，服从自己的剥削利益，半殖民地半封建旧中国的悲惨遭遇就是铁证。

马克思晚年研究东方社会，研究非资本主义发展道路，提出落后国家可以不经过资本主义制度的"卡夫丁峡谷"，走出一条非资本主义的发展道路，即落后国家可以不经过资本主义制度的苦难，而通过社会主义制度实现现代化，这就是著名的跨越"卡夫丁峡谷"的科学设想。中国特色社会主义的成功发展使这个科学设想成为现实，为落后国家实现现代化和赶超发达资本主义国家提供了新希望、新选择、新方案、新思想，人们已经看到了经由社会主义而进入共产主义的曙光。俄国十月革命的例证，中国特色社会主义成功的例证，说明了马克思晚年关于非资本主义道路的设想要成为现实，需要满足一定的历史条件；在具体的客观条件已经具备时，主观条件至为重要。

资本主义囿于其固有的本质，总是竭力阻止其他国家的独立发展，以利于自己转嫁危机和掠夺资源，它们不仅动用经济的、政治的、军事的力量来制约其他国家，而且动用意识形态机器，利用文化软实力向全世界兜售所谓的"普世价值""西方现代性"等观念，打造西方现代化模式唯一性的神话。纵观当今世界，许多国家已经深陷这种资本主义意识形态神话的陷阱难以自拔。第二次世界大战以后，在民族解放运动中争得独立的新兴国家中选择走资本主义道路的，罕见有成功的，要么发展不起来，要么即便获得了某种程度的发展，也摆脱不了西方资本主义大国的控制而难以获得完全的独立。一些国家为了捍卫独立主权和利益，拒绝接受西方现代化模式，则往往因为西方资本主义发达国家的制裁或"颜色革命"而陷入了混乱境地。如何开辟出一条新路，既实现快速发展又保持社会稳定，既对外开放吸收世界先进文明又保持自身的独立自主，既同发达资本主义国家在竞争中合作又不成为它们的附庸，这成为世界上发展中国家共同面临的重大问题。

中国特色社会主义成功地破解了这个难题。它把市场经济与社会主义制度、经济快速发展与保持社会稳定、对外开放与独立自主有机地结合起来，开辟了一条在改革开放中实现社会主义现代化的新路，实现了从站起来、富起来到强起来的历史性跨越。中国特色社会主义的成功探索表明，中国作为一个曾经相对落后的半殖民地半封建国家，不经过资本主义社会制度的折磨，走出一条非资本主义的中国特色社会主义发展道路，一跃成为世界第二大经济体，极大地拓展了发展中国家通向现代化的途径，给世界上那些既希望加快发展又希望保持自身独立性的国家和民族提供了全新选择，为解决人类问题贡献了中国智慧、中国思想和中国方案。

三 充分认识习近平新时代中国特色社会主义思想的划时代价值

有什么样的时代，就会产生什么样的时代主题，就会产生什样的时代人物，解答历史提出的时代课题，产生代表时代前进方向的先进思想。每一个时代都有每一个时代的标志性理论体系。创立习近平新时代中国特色社会主义思想，在马克思主义发展史上、马克思主义中国化发展史上都具有里程碑式的、划时代的重要政治意义、理论意义和实践意义。必须认真理解和深刻把握党的这个重大理论创新成果的深远意义、历史地位和重大价值。

以毛泽东为主要代表的中国共产党人，把马克思列宁主义的基本原理同中国革命的具体实践结合起来，创立了毛泽东思想。毛泽东思想是马克思列宁主义在中国的运用和发展，是被实践证明了的关于中国革命和建设的正确的经验总结和理论概括。在革命战争年代，毛泽东创造性地把马克思主义和中国实际进行了第一次伟大结合。在社会主义建设探索时期，毛泽东提出第二次伟大结合的任务，开始探索适合中国特点的社会主义建设道路，为开创中国特色社会主义奠定了基础，毛泽东思想也得到了进一步的丰富和发展。

以邓小平为主要代表的中国共产党人，牢牢立足于中国特色社会主义的伟大实践，把马克思列宁主义的基本原理同当代中国实践和时代特征相结合，回答了在中国这样的经济文化比较落后的国家建设什么样的社会主义、如何巩固和发展社会主义的首要的基本问题，创立了邓小平理论，实现了第二次伟大结合，谱写了中国特色社会主义理论体系的开篇。邓小平理论是中国特色社会主义理论体系的开创之作，奠定了中国特色社会主义理论体系的基本框架。

以江泽民、胡锦涛为主要代表的中国共产党人，深刻认识和准确把握世情、国情、党情的发展变化，抓住重要战略机遇期，创立了"三个代表"重要思想和科学发展观，继续推进第二次伟大结合，把对中国特色社会主义发展规律的认识提高到新的水平，撰写了中国特色社会主义理论体系的续篇。

在中国特色社会主义进入新时代之际，以习近平为主要代表的中国共产党人继承和发展了马克思列宁主义、毛泽东思想、中国特色社会主义理论体系的理论精髓和活的灵魂，以当代世界格局和时代特征为背景，以发展着的中国特色社会主义为实践基础，着眼于全面建成小康社会、实现中华民族伟大复兴的中国梦，紧紧围绕坚持和发展中国特色社会主义这个主题，对全面坚持和发展中国特色社会主义的指导思想、奋斗目标、根本要求、总体布局、战略格局、发展理念、军队国防外交、党的建设等重大问题作出了科学回答，创立了习近平新时代中国特色社会主义思想，实现了再次伟大结合，极大地推进了马克思主义中国化的历史进程。习近平新时代中国特色社会主义思想既是对马克思列宁主义、毛泽东思想的继承和发展，又是当代中国马克思主义的最新理论创新成果；既是中国特色社会主义理论体系的组成部分，又是对中国特色社会主义理论体系的发展和丰富。

习近平新时代中国特色社会主义思想，深刻回答了新时代中国特色社会主义的理论渊源、历史根据、本质特征、独特优势、发展规律和举措路径，为在新的时代条件下坚持和发展中国特色社会主义提供了科学的理论指引。它源于实践、指导实践，为新时代坚持和发展中国特色社会主义、推进党和国家事业发展提供了基本遵循，为马克思主义的当代发展做出了历史性贡献，必须长期坚持并不断发展。将其确立为党与时俱进的指导思想，是中国特色社会主义进入新时代的必然要求，是符合党心民意的重大决策，对党和国家事业发展必将产生重大而深远的影响。

历史唯物主义永远是我们党的理论指南，是马克思主义史学理论的灵魂和精髓
——学习习近平总书记关于历史唯物主义的重要讲话精神*

今天我们主办的第五届"唯物史观与马克思主义史学理论论坛"开幕了。本届论坛的主题是：中国社会历史形态与历史发展的规律性、阶段性。根据中国社会科学院中华思想通史编委会决定，此次论坛与天津滨海新区中华思想研究院共同主办，还有十几家单位提供支持。在此，谨对各家支持单位、对各位与会代表，表示热烈的欢迎和衷心的感谢！

一 深刻理解习近平总书记关于历史唯物主义的重要讲话精神，学习掌握历史唯物主义

2013年12月3日，习近平总书记主持十八届中央政治局第十一次集体学习，学习历史唯物主义。习近平总书记发表了题为"坚持历史唯物主义，不断开辟当代中国马克思主义发展新境界"的重要讲话。2020年1月16日，《求是》杂志第2期全文刊登了习近平

---

* 该文系作者2020年9月26日在中国社会科学院"第五届唯物史观与马克思主义史学理论论坛"上的主旨报告。原载《世界社会主义研究动态》2021年1月20日第4、5、6期，总第2226、2227、2228期。

总书记关于历史唯物主义的重要讲话。深刻理解习近平总书记关于历史唯物主义的重要讲话精神，学习历史唯物主义的基本原理和精神实质，坚持和发展历史唯物主义，运用历史唯物主义的立场、观点和方法，指导中国特色社会主义伟大实践，是摆在全党全国人民面前的一项重大的政治任务。

习近平总书记的重要讲话，首先，强调学习掌握马克思主义哲学的极端重要性。习近平总书记指出："马克思主义哲学包括辩证唯物主义和历史唯物主义，是马克思主义立场、观点、方法的集中体现，是马克思主义学说的思想基础……马克思主义哲学尽管诞生在一个半世纪之前，但由于它深刻揭示了客观世界特别是人类社会发展一般规律，被历史和实践证明是科学的理论，在当今时代依然有着强大生命力，依然是指导我们共产党人前进的强大思想武器。"[①] 坚持用马克思主义哲学教育和武装全党，学好哲学、用好哲学是我们党加强思想理论建设的一个优良传统、根本经验和基本做法。陈云同志说："学习理论，最要紧的，是把思想方法搞对头。因此，首先要学哲学，学习正确观察问题的思想方法和工作方法。如果对辩证唯物主义一窍不通，就总是要犯错误。"[②] 习近平总书记在担任中共中央党校校长期间，大力倡导全党学习马克思主义哲学基本著作，掌握科学世界观和方法论，不断增强工作的原则性、系统性、预见性和创造性。他担任中共中央总书记后又反复强调学哲学、用哲学的极端重要性，并且身体力行，带领全党学习运用马克思主义哲学的科学世界观和方法论，认识和解决工作中的实际问题，为全党树立了学习和运用马克思主义哲学的光辉典范。

其次，强调学习掌握历史唯物主义的现实意义、目的和方法。

---

① 习近平：《坚持历史唯物主义 不断开辟当代中国马克思主义发展新境界》，《求是》2020年第2期。

② 陈云：《坚持实事求是的革命作风——纪念伟大的领袖和导师毛主席逝世一周年》，《人民日报》1977年9月28日。

习近平总书记指出："历史唯物主义作为马克思主义哲学的重要组成部分，是关于人类社会发展一般规律的科学。在革命、建设、改革各个历史时期，我们党运用历史唯物主义，系统、具体、历史地分析中国社会运动及其发展规律，在认识世界和改造世界过程中不断把握规律、积极运用规律，推动党和人民事业取得了一个又一个胜利。"[①] 中国共产党的缔造者们，正是首先学习和接受了马克思主义历史唯物主义，科学认识了中国社会和中国革命性质，选择了马克思列宁主义作为党的指导思想，选择了社会主义的中国必由之路，明白了创建中国共产党于中国革命的重要性、必要性和迫切性，建立了中国共产党，从此中国人民的精神面貌和中国革命发生了根本性变化。

在新民主主义革命和社会革命主义革命时期，毛泽东同志带领我们党提出了新民主主义革命理论、路线、方针和政策，走出了一条以农村包围城市，武装夺取政权的道路，推翻了封建主义、帝国主义和官僚资本主义三座大山，建立了中华人民共和国。又不间断地把新民主主义革命转变为社会主义革命，提出社会主义过渡时期的总路线，完成生产资料的社会主义所有制改造，确立了社会主义制度。在社会主义建设时期，毛泽东同志又带领我们党科学分析我国社会主要矛盾，以发展社会主义生产力为根本任务，进行了艰辛的社会主义建设的探索，取得了社会主义建设的伟大成就，为中国特色社会主义提供了制度前提、物质基础和理论准备。在新的历史时期，邓小平同志带领我们党科学分析我国社会主要矛盾，果断决定把党和国家工作中心转到经济建设上来，实行改革开放，走出了一条中国特色社会主义道路。进入中国特色社会主义新时代，习近平总书记带领我们党作出我国社会主要矛盾发生新的转变的判断，坚持并进一步提出中国特色社会主义建设的基本理论、基本路线和

---

① 习近平：《坚持历史唯物主义 不断开辟当代中国马克思主义发展新境界》，《求是》2020年第2期。

基本方略，带领中国人民取得了中国特色社会主义的历史性伟大变化……所有这一切都是正确运用历史唯物主义的结果。

建党百年，我们党在实践中不断回答"什么是社会主义？怎样建设社会主义？""建设什么样的党、怎么样建设党？""实行什么样的发展，怎么样发展？""在新时代建设什么样的中国特色社会主义，怎么建设中国特色社会主义？"这些重大历史性课题，也都是正确运用历史唯物主义的结果。习近平总书记强调："历史和现实都表明，只有坚持历史唯物主义，我们才能不断把对中国特色社会主义规律的认识提高到新的水平，不断开辟当代中国马克思主义发展新境界。"① 一定要学习历史唯物主义科学世界观和方法论，坚持理论联系实际的方法，更好地认识国情、认识党和国家事业发展大势、认识历史发展规律，更加能动地推进中国特色社会主义伟大事业。

最后，强调结合当前实际，重点学习和把握历史唯物主义的几个重要观点。一是学习和掌握社会存在决定社会意识的观点，始终坚持一切从实际出发，实事求是。我们党之所以从革命、改革、建设起一路走下来，不断地取得成功，特别是我们党在现阶段提出和实施的理论、路线、方针和政策之所以正确，之所以取得改革开放40年的伟大成就，都是因为以我国的社会存在为基础，一切从我国的实际国情出发来认识问题、解决问题。党的十八大以来，我们之所以取得历史性的重大成就，也是因为在习近平总书记领导下，我们党所采取的一系列战略举措，都是从我国现在社会存在实际出发，从我国现在的社会物质条件的总和出发，从我国的基本国情和发展要求出发而提出并付诸实践的。坚持社会存在决定社会意识，一切从我国国情实际出发，实事求是，这是必须学习和掌握的首要的基本观点。

---

① 习近平：《坚持历史唯物主义 不断开辟当代中国马克思主义发展新境界》，《求是》2020年第2期。

二是学习和掌握社会基本矛盾的观点，始终坚持全面深化改革。生产力和生产关系、经济基础和上层建筑之间相互作用的社会基本矛盾，支配着整个社会发展的进程，生产关系一定要适合生产力的状况，上层建筑一定要适合经济基础状况，这是社会发展的普遍规律。只有从基本矛盾和普遍规律出发，才能全面把握整个社会的基本面貌和发展方向，才能清醒地认识到坚持和发展中国特色社会主义，就必须不断地推进全面的改革。我国的社会主义制度决定了现存的生产关系和上层建筑，从根本上、总体上是适应生产力和经济基础的，但同时存在不适应生产力和上层建筑的某些方面和环节。只有根据社会基本矛盾的要求、遵从并利用社会发展普遍规律，不断进行全面深入的改革，改掉生产关系和上层建筑不适应的方面和环节，才能推动中国特色社会主义不断发展。改革是中国特色社会主义不断取得胜利的关键一招。我们现在正在进行的经济体制、政治体制、文化体制、社会体制、生态文明和党的建设制度的改革，根本目的就是推进和发展中国特色社会主义。

三是学习掌握物质生产是社会生活的基础的观点，始终坚持发展生产力这个根本任务。生产力是全部社会生活的物质前提，生产力是推动社会进步的最活跃、最革命的因素，生产力是衡量社会发展的根本标准，社会主义的根本任务就是解放和发展生产力。对历史唯物主义这一观点是丝毫不能动摇的。邓小平同志在回答"什么是社会主义？怎样建设社会主义"这一根本的首要问题时，首先并主要回答了社会主义的根本任务。今天要发展中国特色社会主义，必须坚持发展是解决我国所有问题关键的重大战略选择，大力推进社会主义市场经济发展，推进市场在资源配置中起决定作用和更好地发挥政府作用，推动我国社会生产力健康向前发展，不断取得物质生产的丰富和人的全面发展的统一进取。

四是学习和掌握人民群众是历史创造者的观点，始终坚持一切以人民为中心。历史唯物主义认为，人民群众是历史的伟大创造者，这是历史观的重大问题。遵循人民是历史的创造者这一重要观点，我们党提出了一切依靠群众，一切为了群众的群众路线，把它作为党的生命线和出发点、落脚点。只有一切为了人民、一切依靠人民，以人民为主体、以人民为中心，充分尊重和调动人民的首创精神和积极性，才能取得中国特色社会主义一个又一个伟大胜利。

我们一定要按照习近平总书记的要求，坚定不移地把历史唯物主义作为我们党战胜一切的思想武器，加强对历史唯物主义的学习运用，提高运用历史唯物主义的立场、观点、方法分析和解决实际问题的能力，以全面指导中国特色社会主义的伟大实践。

二 马克思发现唯物史观是人类思想史上的第一次灿烂日出，是人类思想史上最伟大的革命

众所周知，恩格斯《在马克思墓前的讲话》中高度评价马克思对整个人类思想发展所做出的两个最伟大的贡献：一是发现唯物史观，二是发现剩余价值学说。在马克思"两大发现"之前，在历史观领域是历史唯心主义占据统治地位，对历史规律的认识，即使有个别的思想火花闪现，但总体上一直长期处于迷离混沌状态，人们在社会历史领域的一切探究和认识都是在黑暗中摸索。正是由于这"两大发现"，才使人们彻底冲破了唯心主义在社会历史领域的统治防线，突破了先前资产阶级经济学家或者社会主义批评家对资本主义所做的一切研究。正是这"两大发现"，揭示了人类历史发展的规律，发现了资本主义的秘密，认识到了社会主义前途，找到了工人阶级这一实现社会变革的物质力量，使社会主义由空想变成科学。在这"两大发现"的基础上，马克思、恩格斯毕生努力，不断丰富，形成了马克思主义哲学、马克思主义政治经济学和科学社会主义学说的理论体系，赋予工人阶级及其政党最锐利的理论武器。在这"两大发现"中，恩格斯把唯物史观排在前面，看作马克思的

"第一个伟大发现"。

历史唯物主义的发现和创立,最终克服了旧哲学的两大根本缺陷,正如列宁所说:"第一,以往的历史理论至多只是考察了人们历史活动的思想动机,而没有研究产生这些动机的原因,没有探索社会关系体系发展的客观规律性,没有把物质生产的发展程度看做这些关系的根源;第二,以往的理论从来忽视居民群众的活动,只有历史唯物主义才第一次使我们能以自然科学的精确性去研究群众生活的社会条件以及这些条件的变更。"① 历史唯物主义彻底揭开了人类社会历史的秘密,正确概括了人类社会的发展规律,实现了人类思想史上的一次伟大革命,如同拨云见日,使在黑暗中探索历史之谜的人们思窍洞开、豁然开朗,是人类思想史上的一次灿烂的日出。唯物史观的创立是马克思对人类思想的划时代的伟大贡献,列宁把唯物史观看作马克思"科学思想中的最大成果"。②

历史唯物主义的精神实质和基本原理是什么呢?可以从两段马克思和恩格斯的原文中深刻体会到历史唯物主义的精粹。

第一段是恩格斯1883年《在马克思墓前的讲话》中指出的:"正像达尔文发现有机界的发展规律一样,马克思发现了人类历史的发展规律,即历来为繁芜丛杂的意识形态所掩盖着的一个简单事实:人们首先必须吃、喝、住、穿,然后才能从事政治、科学、艺术、宗教等等;所以,直接的物质的生活资料的生产,从而一个民族或一个时代的一定的经济发展阶段,便构成基础,人们的国家设施、法的观点、艺术以至宗教观念,就是从这个基础上发展起来的,因而,也必须由这个基础来解释,而不是像过去那样做得相反。"③

第二段是马克思在1859年《〈政治经济学批判〉序言》中指

---

① 《列宁选集》第2卷,人民出版社2012年版,第425页。
② 《列宁选集》第2卷,人民出版社2012年版,第311页。
③ 《马克思恩格斯选集》第3卷,人民出版社1995年版,第776页。

出的:"人们在自己生活的社会生产中发生一定的、必然的、不以他们的意志为转移的关系,即同他们的物质生产力的一定发展阶段相适合的生产关系。这些生产关系的总和构成社会的经济结构,即有法律的和政治的上层建筑竖立其上并有一定的社会意识形式与之相适应的现实基础。物质生活的生产方式制约着整个社会生活、政治生活和精神生活的过程。不是人们的意识决定人们的存在,相反,是人们的社会存在决定人们的意识。社会的物质生产力发展到一定阶段,便同它们一直在其中运动的现存生产关系或财产关系(这只是生产关系的法律用语)发生矛盾。于是这些关系便由生产力的发展形式变成生产力的桎梏。那时社会革命的时代就到来了。随着经济基础的变更,全部庞大的上层建筑也或慢或快地发生变革。在考察这些变革时,必须时刻把下面两者区别开来:一种是生产的经济条件方面所发生的物质的、可以用自然科学的精确性指明的变革,一种是人们借以意识到这个冲突并力求把它克服的那些法律的、政治的、宗教的、艺术的或哲学的,简言之,意识形态的形式。我们判断一个人不能以他对自己的看法为根据,同样,我们判断这样一个变革时代也不能以它的意识为根据;相反,这个意识必须从物质生活的矛盾中,从社会生产力和生产关系之间的现存冲突中去解释。无论哪一个社会形态,在它所能容纳的全部生产力发挥出来以前,是决不会灭亡的;而新的更高的生产关系,在它的物质存在条件在旧社会的胎胞里成熟以前,是决不会出现的。所以人类始终只提出自己能够解决的任务,因为只要仔细考察就可以发现,任务本身,只有在解决它的物质条件已经存在或者至少是在生成过程中的时候,才会产生。大体说来,亚细亚的、古代的、封建的和现代资产阶级的生产方式可以看作是经济的社会形态演进的几个时代。资产阶级的生产关系是社会生产过程的最后一个对抗形式,这里所说的对抗,不是指个人的对抗,而是指从个人的社会生活条件中生长出来的对抗;但是,在资产阶级社会的胎胞里发展的生产力，同时又创造着解决这种对抗的物质条件。因此，人类社会的史前时期就以这种社会形态而告终。"①

马克思和恩格斯的这两段讲话既明白准确地说明马克思创立唯物史观是人类思想史上的"第一个伟大发现"，又高度浓缩地概括唯物史观的基本思想和精神实质。

弄懂了这两段话，就可以深刻地理解和把握马克思主义唯物史观的基本立场、观点和方法。唯物史观的立场就是工人阶级及其广大劳动人民的立场，具有鲜明的工人阶级的阶级性，是工人阶级的世界观和方法论。

唯物史观的基本观点就是：**关于社会存在决定社会意识的观点**。不是社会意识决定社会存在，而是社会存在决定社会意识，社会意识具有相对对立性，可以反作用于社会存在；**关于物质生活资料的生产是人类社会历史的全部基础和前提的观点**。人们在生产中与自然发生关系构成生产力，人与人发生关系构成生产关系，生产力决定生产关系，生产力与生产关系构成人类社会的生产方式，物质生产资料的生产方式是决定社会历史存在、发展、变化的全部基础，生产力是社会历史发展的决定性力量。生产关系的总和构成人类社会的经济基础，在经济基础之上构成人类社会的政治的、意识形态的上层建筑，不是上层建筑决定经济基础，而是经济基础决定上层建筑，上层建筑具有相对独立性，对经济基础具有反作用；**关于社会基本矛盾的观点**。生产力与生产关系、经济基础与上层建筑的矛盾运动决定了社会历史的发展，生产关系一定要适应生产力，上层建筑一定要适合经济基础，这是社会历史发展的基本规律。当生产关系不适合生产力、阻碍生产力发展，上层建筑不适合经济基础、阻碍经济基础发展，社会革命或早或迟总会发生；**关于阶级、阶级矛盾和阶级斗争的观点**。当社会生产力发展到一定阶段，便产

---

① 《马克思恩格斯选集》第 2 卷，人民出版社 2012 年版，第 2—3 页。

生了私有制、产生了国家、产生了阶级和阶级对立，自原始公社所有制解体以来的一切历史都是阶级斗争的历史，社会基本矛盾在阶级社会中表现为阶级矛盾，阶级斗争是阶级社会的直接动力；**关于国家、民主和无产阶级专政的观点**。自从私有制产生，人类社会分裂为阶级对抗、阶级剥削的阶级社会，国家是阶级斗争的工具，无产阶级夺取政权，取得无产阶级的政治统治，必须实现无产阶级专政和社会主义新型民主，才能最后消灭阶级，通向无阶级的共产主义社会；**关于人类社会形态演变一般规律的观点**。人类社会从无阶级社会进入阶级社会，将来必将为无阶级社会所替代，人类社会已经依次经历了原始社会、奴隶社会、封建社会、资本主义社会四个"经济的社会形态"，共产主义社会形态必将经过其第一阶段社会主义社会形态的过渡，最终代替资本主义社会形态，"五种社会形态"是人类社会历史发展的一般规律和必然趋势；**关于人类社会生活在本质上是实践的观点**。实践是历史唯物主义的基本范畴，是马克思主义基本的首要的观点，劳动实践创造了人和人类社会，人的本质就是社会关系的总和，实践决定人的认识，实践是认识的来源、动力和检验标准，实践、认识、再认识、再实践……构成了马克思主义革命的、能动的反映论；**关于人民群众是社会历史的真正创造者的观点**。以人民为中心、为主体，人民是社会物质财富和精神财富的创造者，不是英雄创造了历史，而是人民创造了历史……这些构成了唯物史观基本的观点。其中，**生产的观点、阶级的观点、群众的观点是历史唯物主义最基本的观点**。

为什么说马克思的唯物主义历史观是"第一个伟大发现"呢？

一是因为，马克思主义哲学经典作家一大功绩是把唯物主义与辩证法结合在一起，创立了唯物论的辩证法、辩证法的唯物论，形成了辩证唯物主义。在马克思主义哲学产生之前的旧唯物主义哲学，如17世纪英国的经验论唯物主义，18世纪法国的机械论唯物主义或形而上学唯物主义，19世纪德国的人本唯物主义都已经把唯物主义发展到了当时旧哲学所能达到的高峰。旧唯物主义哲学家们在唯物论领域探索的基本概念、范畴、规律等哲学认识都提了出来并已形成。辩证法在马克思主义哲学诞生之前，已经达到了黑格尔唯心主义辩证法的高峰。德国古典哲学从康德哲学发展到黑格尔，把人类思想的辩证法精华已经发展到了在唯心主义框架中无与伦比的最高峰。旧辩证法哲学家们在辩证法领域探索的基本概念、范畴和规律等哲学认识都提了出来并已形成。然而，这些旧哲学存在两个根本的缺陷：第一个缺陷是唯物主义与辩证法相分离，讲唯物论的往往不讲辩证法，讲辩证法的往往不讲唯物论。（这里说的不是完全不讲，而是只讲一些，并没有根本地、彻底地、全部地讲。）旧哲学的唯物论总体上是朴素的、机械的、形而上学的乃至直观的。旧哲学的辩证法又是唯心主义的，其真理性发现几乎被唯心主义体系所闷死。旧哲学发展到19世纪中叶马克思主义哲学产生之前，一派是形而上学唯物主义，另一派是唯心主义辩证法，马克思主义哲学经典作家克服了这两派的一切弊端。在唯物论和辩证法领域，马克思所做的创造性工作是把唯物论与辩证法统一起来，把唯物论辩证法的自然观和历史观统一起来，既克服了形而上学唯物主义，又克服了唯心主义辩证法的不彻底性，创立了最彻底、最完备的唯物论和辩证法，即辩证唯物论又称辩证唯物主义，是马克思主义哲学的独创。因为宇宙间一切事物既是唯物的，又是辩证的，唯物的、辩证的存在是宇宙间一切事物的根本存在状况和最一般规律。马克思的辩证唯物主义还原了宇宙间一切事物存在、变化的本来面貌，揭示了宇宙间一切事物的一般本质与规律。

第二个缺陷是，一切旧哲学无论是讲辩证法的，还是讲唯物论的，在历史观领域都是唯心主义。人们对历史一般规律的认识几乎是空白，人们对社会历史现象的认识是盲人摸象，仅仅是猜测而已，并没有对社会历史的真实存在、客观本质和一般规律形成科学认识，顶多只是零零散散的认识。如果没有马克思发现唯物史观，人们在历史观领域，仍然是在黑暗中摸索。马克思主义经典作家把唯物论和辩证法结合在一起，贯彻到一切科学领域，特别是社会历史领域，克服了旧唯物主义和唯心主义的唯心史观的根本缺陷，创立了科学的历史观，解开了人类历史之谜，彻底填补了人类思想史上对社会历史科学认识的空白。

二是因为，从马克思主义哲学形成的过程来看，不完成对人类历史一般规律的认识，也就不可能创立彻底、完备的马克思主义哲学体系。没有对历史及其人类思维一般规律的认识，唯物论也好、辩证法也好都是不完全、不彻底的，没有完成对社会、人类思维最一般规律的认识，也就不能完成对自然的全部、彻底的认识。没有完成对社会及人类思维的科学认识，既不唯物又不辩证。没有历史唯物主义，就不可能创立辩证唯物主义。人类社会是自然的一部分，人类社会历史就是自然历史过程，没有对人类社会一般规律的科学认识，对自然一般规律的认识就是不完全、不彻底的。思维是人类特有的精神现象，但人类思维也是自然的一部分。人类思维的器官就是自然物质的人脑，意识和思维不过是人脑的机能，是自然存在包括社会存在的反映而已，没有对人类思维一般规律的科学认识，对自然一般规律的科学认识也是不完全、不彻底的。人类社会生活在本质上是实践的，实践既是人作为物质的、客观存在的物质运动，又是人所特有的能动的、主体的、有意识、有目的的活动。马克思发现了实践的伟大功能，彻底地告别了旧历史观，完成了人类思想史上的伟大变革。没有对人类社会实践的科学认识，也就没有对人的认识来源、动力、检验标准和认识的辩证运动的科学认识，就不可能产生辩证唯物主义的能动的、革命的反映论，就不可能形成对人类思维一般规律的认识，没有对人类思维一般规律的认识，也就不能建立健全对社会一般规律的认识，以至对自然最一般规律的认识。正是在这个意义上说，不完成新的历史观的创立，就不可能完成辩证唯物主义的创立。正因为马克思完成了对社会历史和对人类思维的科学认识,马克思主义哲学,即辩证唯物主义才完成了关于自然、社会、人类思维最一般规律的认识,才创立了最彻底、最完备的辩证唯物主义。

三是因为,马克思主义哲学不仅仅在于认识世界,更重要的是改造世界。马克思在《费尔巴哈的提纲》中一言以蔽之地揭露了旧哲学的致命缺陷:"哲学家们只是用不同的方式解释世界,问题在于改变世界。"[①] 旗帜鲜明地表达了马克思的以实践为改造旧哲学关键转折性范畴的新哲学不同于一切旧哲学的显著特点,明确宣称马克思主义哲学认识世界的目的在于改造世界。在马克思的哲学视野里,改造世界不仅包括改造自然,还包括改造社会;不仅包括改造客观世界,还包括改造主观世界,在改造客观世界(自然、社会)的同时,改造自己的主观世界。马克思主义哲学揭示自然、人类社会和人类思维最一般规律的目的,在于改造自然、改造社会、改造人及人的认识。改造世界是马克思主义哲学的历史使命,旧哲学不可能承担这个任务。改造自然、社会、人类及其主观认识,首先是正确认识社会、人及其主观世界,唯物史观恰恰解决了对社会、人及其主观世界的认识。有了唯物史观,人们才有了对社会、人及其主观世界最一般规律的认识,才有了改造社会、改造人及其主观认识的理论武器。

四是因为,马克思主义哲学是无产阶级开展伟大斗争求解放、谋幸福的思想武器。马克思主义经典作家告诉我们,无产阶级只有实现解放全人类,才能最后解放自己,最终实现共产主义的远大理想和历史任务,为了实现无产阶级的历史使命,必须与自己的对立面资产阶级开展阶级斗争,通过阶级斗争夺取政权,建立无产阶级的政治统治,即无产阶级专政,再通过无产阶级专政过渡到社会主义乃至共产主义。在这一过程中,既要同反动势力斗争,还要同大

[①] 《马克思恩格斯选集》第1卷,人民出版社2012年版,第136页。

自然斗争，无产阶级必须开展包括阶级斗争、自然斗争在内的伟大斗争，无产阶级开展伟大斗争的历史使命决定了唯物史观的伟大历史作用。

三　恩格斯赋予马克思新的历史观以"历史唯物主义"的明确称谓和科学定义，为唯物史观更系统、更全面、更完备做出独特的贡献

历史唯物主义，又称唯物主义历史观、唯物史观、历史唯物论。它首先是马克思的伟大发现，在创立唯物史观的过程中，马克思做出卓越贡献。马克思第一个发现了历史唯物主义，并在1859年《〈政治经济学批判〉序言》中对这一科学历史观的基本原理做了经典性的阐述。正因为如此，恩格斯把这一历史功绩主要归诸马克思，把马克思称作"第一小提琴手"。[①] 但是，绝不能忽视的是，恩格斯在创立和发展唯物史观过程中，也起到了极其重要的作用。恩格斯自谦地称自己"就是拉第二小提琴，而且我想我做得还不错"[②]。从一定意义上说，唯物史观同时又是马克思与恩格斯共同创造的。

一是马克思在《〈政治经济学批判〉序言》中说："自从弗里德里希·恩格斯批判经济学范畴的天才大纲（在《德法年鉴》上）发表以后，我同他不断通信交换意见，他从另一条道路（参看他的《英国工人阶级状况》）得出同我一样的结果。"[③] 这就是说，恩格斯也是独立地发现了唯物史观的。恩格斯在《路德维希·费尔巴哈和德国古典哲学的终结》中指出："我和马克思共同工作40年……我在一定程度上独立地参加了这一理论的创立，特别是对这一理论

[①]《马克思恩格斯文集》第10卷，人民出版社2009年版，第525页。
[②]《马克思恩格斯文集》第10卷，人民出版社2009年版，第525页。
[③]《马克思恩格斯文集》第2卷，人民出版社2009年版，第592—593页。

的阐发。但是，绝大部分基本指导思想（特别是在经济和历史领域内），尤其是对这些指导思想的最后的明确的表述，都是属于马克思的。"① 恩格斯在《反杜林论》三个版本的序言中指出："本书所阐述的世界观，绝大部分是由马克思确立和阐发的，而只有极小的部分是属于我的。"② 恩格斯既把第一个发现唯物史观的头功归于马克思，同时也承认自己也是独立地发现了这一新的历史观。

二是在马克思、恩格斯合作的一系列著作中，如《神圣家族》《德意志意识形态》《共产党宣言》等，他们共同阐发了唯物史观的基本思想。

三是恩格斯对这一理论的充分论证，使之更加完善和系统化，有着不可磨灭的特殊贡献。恩格斯对历史唯物主义发展所做的贡献，主要反映在他的《反杜林论》《家庭私有制和国家起源》《路德维希·费尔巴哈和德国古典哲学的终结》等一系列重要著作中。他明确提出了历史观的基本问题，即社会存在和社会意识关系问题，指出：新的历史观对这一问题的科学解决，使"唯心主义从它的最后的避难所即历史观中被驱逐出去了，一种唯物主义的历史观被提出来了"③。唯物史观的产生，使社会历史成为真正的科学研究对象。

四是恩格斯赋予这一新的历史观以科学的称谓和严格的定义。恩格斯第一个把他们共同发现的新历史观称为"历史唯物主义"，并赋予它以科学的内涵和定义。

马克思发现了唯物史观，但当时马克思对这一新的历史观还没有给出一个专门的名称和严格的定义。在马克思单独阐述唯物史观的著作中，如《费尔巴哈提纲》《马克思致帕·瓦·安年科夫》《路易·巴拿马的雾月十八日》《资本论》，以及在他与恩格斯共同

---

① 《马克思恩格斯文集》第4卷，人民出版社2009年版，第296—297页。
② 《马克思恩格斯选集》第3卷，人民出版社2012年版，第1071页。
③ 《马克思恩格斯选集》第3卷，人民出版社2012年版，第796页。

合作的一系列著作中都没有明确提出过"历史唯物主义、唯物主义历史观、唯物史观、历史唯物论"等字眼，这些著作中也只是以"新唯物主义"[①]"现代唯物主义"[②]"实践的唯物主义"[③]的称呼来论述新的历史观或新的世界观。而赋予这一科学思想明确的称谓和定义的这项工作是恩格斯最后完成的。

作为马克思的亲密战友，恩格斯在马克思逝世后担负起整理马克思遗稿，阐述和传播马克思思想，同形形色色的歪曲乃至攻击马克思主义的资产阶级思潮作斗争的重任。在完成历史重任的过程中，他把马克思创立的新历史观或新世界观称作"彻底的唯物主义"[④]。在恩格斯提出"历史唯物主义"这一最明确的称谓之前，恩格斯已经使用了"唯物主义历史观""唯物史观"等术语。如1859年6月，恩格斯在《卡尔·马克思〈政治经济学批判〉第一分册》中指出唯物主义历史观是德国无产阶级政党的全部理论——当然包括其政治经济学理论的基础，"德国的经济学本质上是建立在唯物主义历史观的基础上的"[⑤]。在1870年出版的《德国农民战争》第二版序言中，恩格斯说道："这个唯一唯物主义的历史观不是由我，而是由马克思发现的。"[⑥] 在1872年5月到1873年1月撰写的《论住宅问题》中，恩格斯把"唯物主义历史观"简称为"唯物史观"，指出"德国的唯物史观是以一定历史时期的物质经济生活条件来说明一切历史事件和观念，一切政治、哲学和宗教的"[⑦]。1887年，恩格斯在《反杜林论》中从历史唯物主义基本原理出发对"唯物主义历史观"这一称谓做了全面表述："唯物主义历史观从下述原理出发：生产以及随生产而来的产品交换是一切社

[①] 《马克思恩格斯选集》第1卷，人民出版社1995年版，第57页。
[②] 《马克思恩格斯选集》第3卷，人民出版社1995年版，第364页。
[③] 《马克思恩格斯选集》第1卷，人民出版社1995年版，第75页。
[④] 参见《列宁选集》第2卷，人民出版社1995年版，第230页。
[⑤] 《马克思恩格斯文集》第2卷，人民出版社2009年版，第597页。
[⑥] 《马克思恩格斯文集》第2卷，人民出版社2009年版，第204页。
[⑦] 《马克思恩格斯文集》第3卷，人民出版社2009年版，第320页。

会制度的基础"①。

恩格斯在1890年8月5日与康·施密特的一封通信中最早使用"历史唯物主义"这一科学用语，在这封通信中，恩格斯严肃批评了自称"马克思主义者"的德国社会民主党的"青年派"把唯物史观歪曲为"经济唯物主义""经济决定论"，批评他们不是把马克思主义的唯物史观当作行动指南，而是当作死板的公式任意剪裁历史，是把经济因素的决定作用看作唯一因素，而简单运用于社会发展的复杂过程的经济唯物主义。他指出："他们只是用历史唯物主义的套语（一切都可能被变成套语）来把自己的相当贫乏的历史知识（经济史还处在襁褓之中呢！）尽速构成体系，于是就自以为非常了不起了。"②

1890年9月21—22日，在致约·布洛赫的书信中，恩格斯再次使用了"历史唯物主义"的用语。他是在阐述唯物史观的基本观点，对历史唯物主义和历史辩证法做了详尽说明，提出了"历史合力论"，指出阐述历史唯物主义原理的代表性著作不仅有马克思的《路易·巴拿马的雾月十八日》和《资本论》，还有他的《反杜林论》和《路德维希·费尔巴哈和德国古典哲学的终结》时说："我在这两部书里对历史唯物主义作了就我所知是目前最为详尽的阐述。"③

1890年10月27日，恩格斯在致康·施密特的书信中又进一步对"历史唯物主义"这一术语的科学内涵，做了更为详尽的、具体增补性的说明，他对施密特说："我基本上也已经回答了您关于历史唯物主义本身的问题。"④

后来在《社会主义从空想到科学的发展》一书的英文版导言

---

① 《马克思恩格斯文集》第3卷，人民出版社2009年版，第547页。
② 《马克思恩格斯文集》第10卷，人民出版社2009年版，第587页。
③ 《马克思恩格斯文集》第10卷，人民出版社2009年版，第593页。
④ 《马克思恩格斯文集》第10卷，人民出版社2009年版，第596页。

中，恩格斯在两处更为明确地使用了"历史唯物主义"这一术语。第一处，恩格斯说明写作《社会主义从空想到科学的发展》的目的："本书所捍卫的是我们称之为'历史唯物主义的东西'。"① 第二处，他阐明了把这一新历史观科学定义为"历史唯物主义"的科学内涵，他提出："我在英语中如果也像在其他许多语言中那样用'历史唯物主义'这个名词来表达一种关于历史过程的观点"②，"这种观点认为，一切重要历史事件的终极原因和伟大动力是社会的经济发展，是生产方式和交换方式的改变，是由此产生的社会之划分为不同的阶级，是这些阶级彼此之间的斗争。"③

恩格斯在1892年6月将英文版导言翻译成德文，直接以《论历史唯物主义》为标题，结合欧洲阶级斗争具体状况论述了历史唯物主义与旧唯物主义的根本区别和伟大意义，发表在1892年第1、2期的《新时代》杂志上。在《论历史唯物主义》出版六个月后，1893年2月7日，恩格斯在致弗·雅·施穆伊洛夫的书信中再次明确指出："关于历史唯物主义的起源，在我看来，您在我的《费尔巴哈》（《路德维希·费尔巴哈和德国古典哲学的终结》）中就可以找到足够的东西——马克思的附录其实就是它的起源！其次，在《宣言》（1892年柏林新版）的序言和《揭露共产党人案件》的序言中也可以找到。"④ 恩格斯坚持、捍卫和完善了历史唯物主义基本原理，对"历史唯物主义"进行了科学命名和定义，从根本上与历史唯心主义、与"经济决定论""唯生产力论"等形而上学机械论历史观彻底划清了界限，也为今天战胜否定和歪曲历史唯物主义，取消和否定阶级和阶级斗争，告别革命、反对无产阶级专政的所谓"人道的""人性的"马克思主义、民主社会主义和历史虚无主义

---

① 《马克思恩格斯文集》第3卷，人民出版社2009年版，第502页。
② 《马克思恩格斯文集》第3卷，人民出版社2009年版，第508—509页。
③ 《马克思恩格斯文集》第3卷，人民出版社2009年版，第509页。
④ 《马克思恩格斯文集》第10卷，人民出版社2009年版，第647页。

提供了无往而不胜的思想武器。历史唯物主义正是在马克思、恩格斯与各种非马克思主义、反马克思主义的斗争中不断完善、丰富和充实起来的。

四 辩证唯物主义和历史唯物主义是一块整钢铸成的完整、系统、科学的哲学体系,绝不可去掉任何一个重要部分

综上所述,我们可以准确无误地认为,唯物史观是马克思主义的"第一个伟大发现",同时也是马克思和恩格斯共同创造的。恩格斯也独立地发现了这一新历史观,特别是19世纪中后期,恩格斯对马克思首创,也是与他共同合作创造的唯物史观做了更为完备的、系统的、彻底的阐发,并把这一新历史观科学界定并命名为"历史唯物主义",对后人关于历史唯物主义的曲解,也做了彻底的澄清,为唯物史观的阐述、丰富和发展做出了自己独特的贡献。

马克思主义哲学就是辩证唯物主义和历史唯物主义,是辩证唯物主义与历史唯物主义的高度统一,完整系统的哲学体系。恩格斯已经开始形成马克思主义哲学是辩证唯物主义和历史唯物主义的科学提法,列宁则明确把马克思主义哲学称之为辩证唯物主义与历史唯物主义,并把它们看作马克思主义哲学的完整体系。然而,马克思主义哲学的对手们却罔顾以上本文所列举的一切事实,竭尽所能歪曲并否定历史唯物主义的科学历史观和世界观,否定马克思主义哲学就是辩证唯物主义和历史唯物主义这一科学提法,割裂辩证唯物主义与历史唯物主义的不可分割的内在联系,从而达到否定马克思主义哲学的目的。

其手法是:不承认历史唯物主义是新的历史观,也是新的世界观,是马克思第一个伟大发现,是人类认识史的一场革命;人为地把辩证唯物主义和历史唯物主义割裂开来,不承认辩证唯物主义和

历史唯物主义是紧密结合在一起的马克思主义哲学的完整体系；抽掉历史唯物主义最核心的观点，如生产的观点、阶级的观点和群众的观点，阉割历史唯物主义；以批判反思所谓"传统的历史唯物主义"为名，以人道主义和异化理论来诠释历史唯物主义，把马克思主义以唯物史观和剩余价值学说为理论武器并诉诸无产阶级革命实践的科学社会主义庸俗化为抽象的"意识形态批判""文化批判""普世价值""抽象人性""人道主义""民主社会主义"，等等。

当然，也有人对马克思主义哲学的科学体系缺乏深刻理解与正确认识，对马克思主义哲学是辩证唯物主义与历史唯物主义的提法产生种种误解。譬如，把历史唯物主义当作教条，而不是当作指南、当作世界观和方法论；误认为先有辩证唯物主义，后有历史唯物主义；简单地把辩证唯物主义等同于不包括社会历史在内的狭窄的自然观，把辩证唯物主义与历史唯物主义割裂开来，认为历史唯物主义只不过是辩证唯物主义在社会历史领域的具体推广，把历史唯物主义仅看作马克思主义哲学的具体理论，割裂了马克思主义哲学的系统整体性和逻辑严密性；甚至有人把辩证唯物主义和历史唯物主义误说成是列宁与斯大林硬加在马克思主义哲学经典作家身上的，不是他们本意的提法，是苏联意识形态制度制造出来的马克思主义哲学体系的片面提法……这些错误说法既损害了关于马克思主义哲学是辩证唯物主义和历史唯物主义完整体系的正确认识，又贬低了恩格斯对马克思关于唯物史观是马克思对人类思想"第一个伟大发现"的科学评价，严重误读并大大降低了历史唯物主义在马克思主义哲学中的重要地位，更误解了对马克思主义哲学科学体系的真理性、系统性、完整性和科学性的认识。

在哲学史上，某种哲学的名称往往都是后人来命名，而不是本人提出来的，把马克思主义哲学概括为"辩证唯物主义和历史唯物主义"，最恰当不过地概括了马克思主义哲学的本质和特征。从极其严格的文本学的意义上讲，马克思、恩格斯本人没有把自己的哲学直接明确地称为"辩证唯物主义和历史唯物主义",但这不能成为否定"辩证唯物主义和历史唯物主义"科学提法的依据。但他们的著作中,特别是恩格斯的著作中,这个科学的提法已经跃然纸上了。恩格斯明确给出了"历史唯物主义"的科学命名,"辩证唯物主义和历史唯物主义"提法的意思已经在恩格斯的著作中明显地表现出来了。

在马克思、恩格斯创立历史唯物主义新的历史观或世界观的进程中,马克思、恩格斯同时也创立了辩证唯物主义,他们共同把马克思主义哲学构筑成辩证唯物主义和历史唯物主义的完整体系。但是,由于当时创立新历史观或新世界观的艰巨复杂情况,况且这种创立是在同形形色色的非马克思主义、反马克思主义思潮斗争中进行的,所以,马克思在其经典文本中并未明确地把自己的新历史观称为"历史唯物主义",把自己的哲学世界观称为"辩证唯物主义和历史唯物主义"。马克思逝世以后,恩格斯明确提出"历史唯物主义"的称谓,关于马克思主义哲学是辩证唯物主义和历史唯物主义,在恩格斯的著述中也已显见端倪。恩格斯认为,"马克思和我,可以说是把自觉的辩证法从德国唯心主义哲学中拯救出来并用于唯物主义的自然观和历史观的唯一的人。可是要确立辩证的同时又是唯物主义的自然观,需要具备数学和自然科学的知识"[1]。被恩格斯称为"自觉的辩证法""唯物主义的自然观和历史观""辩证的同时又是唯物主义的自然观",在这里其本意显而易见说的是辩证唯物主义和历史唯物主义。

列宁第一个把马克思主义哲学明确称为"辩证唯物主义和历史唯物主义"。他把辩证唯物主义和历史唯物主义有机地连接在一起,称之为马克思主义哲学,认为"辩证唯物主义和历史唯物主义"是对马克思主义哲学的科学称谓。在《论工人政党对宗教的态度》一

---

[1] 《马克思恩格斯选集》第3卷,人民出版社1995年版,第349页。

书中，他指出："马克思主义的哲学基础是辩证唯物主义"[1]，"辩证唯物主义的原理即马克思和恩格斯哲学的原理"[2]，"马克思和恩格斯的辩证唯物主义比百科全书派和费尔巴哈更进一步，它把唯物主义哲学应用到历史领域，应用到社会科学领域。"[3] 在《拉萨尔〈爱菲斯的晦涩哲人赫拉克利特的哲学〉一书摘要》中，列宁指出："马克思在1844—1847年离开黑格尔走向费尔巴哈，又超过费尔巴哈走向历史（和辩证）唯物主义。"[4] 在《唯物主义和经验批判主义》一书中，列宁指出："马克思和恩格斯在他们的著作中特别强调的是**辩证**唯物主义，而不是辩证**唯物主义**，特别坚持的是**历史**唯物主义，而不是历史**唯物主义**。"[5] 后来的斯大林和苏联共产党人都把马克思主义哲学称为"辩证唯物主义和历史唯物主义"。20世纪20年代，苏联马克思主义哲学教科书大多以历史唯物主义命名。30年代，苏联马克思主义理论界以1938年斯大林的《论辩证唯物主义和历史唯物主义》为标志，强调了以"辩证唯物主义和历史唯物主义"提法命名的马克思主义哲学理论体系。中国共产党从接受马克思主义哲学、运用马克思主义哲学认识、指导中国革命一开始，就始终坚持马克思主义哲学就是"辩证唯物主义和历史唯物主义"的科学提法。毛泽东强调马克思、恩格斯创造的辩证唯物主义和历史唯物主义是一次伟大的革命，指出：马克思和恩格斯"创造了辩证唯物论和历史唯物论这个伟大的理论，才在人类认识史上起了一个空前的大革命"[6]。

艾思奇同志按照中央决定在1962年主持编写出版了《辩证唯物主义和历史唯物主义》教材，从那时起一直到"文化大革命"

---

[1] 《列宁选集》第2卷，人民出版社2012年版，第247页。
[2] 《列宁选集》第2卷，人民出版社2012年版，第251页。
[3] 《列宁选集》第2卷，人民出版社2012年版，第250页。
[4] 《列宁全集》第55卷，人民出版社1990年版，第293页。
[5] 《列宁选集》第2卷，人民出版社2012年版，第225页。
[6] 《毛泽东选集》第1卷，人民出版社1991年版，第303—304页。

后恢复高考以来的多届高校学生和广大读者都受到这本书的教育而接受了马克思主义哲学。然而，随着历史进程的推进，辩证唯物主义和历史唯物主义的提法却悄悄地逐渐淡出人们的哲学视野。在1981年肖前同志主持编写的《辩证唯物主义原理》，1982年李秀林同志主持编写的《辩证唯物主义与历史唯物主义原理》之后，冠以"辩证唯物主义和历史唯物主义"书名的马克思主义教材极为罕见。

习近平总书记从党的十八大担任中共中央总书记以来，主持中央政治局集体学习，两次学习马克思主义哲学。一次是2013年12月3日，学习历史唯物主义；另一次是2015年1月23日，学习辩证唯物主义。在两次集体学习时，他发表了关于辩证唯物主义和历史唯物主义的重要讲话，指出："马克思主义哲学包括辩证唯物主义和历史唯物主义，是马克思主义立场、观点、方法的集中体现，是马克思主义学说的思想基础。"① 坚持并强调了马克思主义哲学是辩证唯物主义与历史唯物主义的科学提法。

严格地讲，无论是从马克思主义哲学科学体系的内在逻辑来看，还是从马克思主义哲学的形成发展历史过程来看，辩证唯物主义和历史唯物主义都是不可分割地紧密结合在一起的一块整钢，是马克思主义哲学完整的科学体系。列宁认为："一般唯物主义认为客观真实的存在（物质）不依赖于人类的意识、感觉、经验等等。历史唯物主义认为社会存在不依赖于人类的社会意识。在这两种场合下，意识都不过是存在的反映，至多也只是存在的近似正确的（恰当的、十分确切的）反映。在这个由一整块钢铁铸成的马克思主义哲学中，决不可去掉任何一个基本前提、任何一个重要部分，不然就会离开客观真理，就会落入资产阶级反动谬论的怀抱。"②

辩证唯物主义和历史唯物主义不是两个主义，也不是两个分开

---

① 习近平：《坚持历史唯物主义　不断开辟当代中国马克思主义发展新境界》，《求是》2020年第2期。
② 《列宁选集》第2卷，人民出版社2012年版，第221—222页。

的部分，而是一个不可分离的完整的主义，即马克思主义哲学，是对世界一般规律的总体看法。自然、社会、人类思维是有机联系在一起的世界的三个现象，自然、社会、思维既为一个自然整体，同时又有区别。人类社会说到底是自然的一部分，社会发展过程是一个自然历史过程，但又是自然的特殊部分，是自然界中由有意识的人有意识地利用自然、改造自然、对象化自然的自然历史的特殊过程。思维是人的思维，说到底也是自然的一部分，是自然更为特殊的部分，是人在社会实践中对外部世界的反映。自然、社会、人类思维都是归于整体的自然。人对自然的科学认识，如果不包括对人类社会发展一般规律、对人的思维一般规律的认识，就不可能完成对整个自然的科学认识。只有完成包括人类社会历史、人类思维一般规律的科学认识，才能完成对整个自然一般规律的全部科学认识，才能完成对旧哲学的彻底改造，实现哲学革命，形成最为彻底的马克思主义哲学。

没有对社会历史和人类思维一般规律的科学认识，唯物论和辩证法都是不完整的。马克思主义经典作家只有将唯物主义和辩证法结合在一起，创立了科学的历史观，即历史唯物主义，又称唯物史观，才真正地创造了最彻底、最完备的辩证唯物主义。没有对社会历史的科学揭示，只有从唯物论视角认识到物质决定精神，并没有从历史观角度认识到实践决定认识，那么对人类思维一般规律的认识也是不彻底的。只有完成对社会、人类思维一般规律的科学认识，才彻底完成对全部自然一般规律的科学认识，才创立了辩证唯物主义。当马克思主义完成了对自然，同时完成了对社会历史和人类思维的认识，创造了历史唯物主义和唯物主义认识论，才彻底创造了辩证唯物主义，创造了马克思主义哲学。没有辩证唯物主义，也就没有历史唯物主义；没有历史唯物主义，也就没有辩证唯物主义。辩证唯物主义与历史唯物主义没有先后形成之分，是不可分离的，它们同时形成，又是不可分割地联系在一起的一个马克思主义哲学的整体体系。

那么有人就要问，既然辩证唯物主义与历史唯物主义是不可分割的、形成又不分先后，那么为什么不把马克思主义哲学就称为辩证唯物主义，为什么还要加一个历史唯物主义呢？不错，马克思主义哲学就是辩证唯物主义，但增加了历史唯物主义，就更加突出马克思主义哲学"第一个伟大发现"的鲜明的独创特征了。我们强调历史唯物主义的重要性，并不是否定辩证唯物主义。马克思主义哲学是辩证唯物主义与历史唯物主义结合在一起的、不可分割的、完整的科学理论体系，历史唯物主义又是其不可缺少的必要组成部分。

五 中国共产党人接受马克思主义，首先接受的是历史唯物主义

从马克思主义在中国的传播史来看，先是创建中国共产党的先进知识分子，后是建党后的中国共产党人接受马克思主义，首先接受的是历史唯物主义。当然在首先接受历史唯物主义的思想转变过程中，也同时接受了辩证唯物主义的立场、观点和方法。

最早可以追溯到19世纪末20世纪初，即1899—1917年，马克思主义传播到中国，首先传入的是历史唯物主义，当时普遍称之为唯物史观。1899年中国人第一次提到马克思，马克思主义第一次传播到中国，主要是通过宣传马克思的社会主义思想联结到唯物史观，而传播到中国的。当然那时马克思主义只是涌入中国的西方思潮之一，对中国的思想政治影响并不大。1899年英国人李提摩太出版的《大同学》，最早提到了马克思和恩格斯，把他们介绍到中国，介绍的主要内容就是马克思的社会主义思想和唯物史观。梁启超是最早提到马克思主义的中国人。1902—1906年，他作为资产阶级民主主义者，出于介绍西方社会改革以推进中国社会改良的目的，介

绍了马克思的社会主义思想，同时介绍了唯物史观，当时他把马克思翻译成"麦喀士"。1903年，马君武在《社会主义与进化论比较》一文中提到"马克司者，以唯物论解历史学之人也。马氏常谓阶级竞争为历史之钥"，对马克思的社会主义和唯物史观做了简略的宣介。同年，赵必振翻译出版日本学者福井准造的《近世社会主义》，辟章推介了马克思的学说，这是近代中国比较系统地介绍社会主义学说和唯物史观的第一本译作。被毛泽东称为马克思在中国传播的"拓荒者"的朱执信，在1905年和1906年发表的《论社会革命与政治革命的并行》，讲到马克思的科学社会主义思想，并以此为依据探讨中国社会的变革，论及唯物史观。

辛亥革命后，社会主义学说在中国迅速传播，唯物史观也随之迅速传播。孙中山在1912年发表的《社会革命谈》的演说认为："今之吾国之革命，乃为国利民富革命；拥护国利民富者，实社会主义。"在《社会主义派别及批评》的演说中，孙中山赞扬马克思的科学社会主义，某种程度上也赞同唯物史观。

十月革命一声炮响，送来了马克思列宁主义。俄国社会主义革命的成功极大地震撼、影响和教育了中国先进知识分子，使得他们认识到只有马克思主义才是救中国的唯一思想武器。1917年十月革命爆发到1921年中国共产党成立，是创建中国共产党的重要准备阶段。以李大钊、陈独秀为代表的中国先进知识分子集中地、大量地传播、研究、宣传马克思主义，首先是科学社会主义思想和唯物史观，他们在接受马克思主义的过程中，首先接受的是唯物史观。

马克思主义在中国得到了空前的传播、研究和发展，其中一个最鲜明的特点就是唯物史观成为马克思主义在中国研究传播的主要内容。李大钊是第一个认识到马克思主义的真理性及其改造社会巨大威力的革命者，也是第一个系统阐述唯物史观的马克思主义理论家，他发表《我的马克思主义观》，系统地介绍了唯物史观。陈独秀在五四运动中实现了从激进民族主义向马克思主义的转变，转变的关键是对唯物史观的认识和掌握。1920年夏，他参与组织成立"马克思主义研究会"，于同年8月在《新青年》第8卷第1号发表《谈政治》一文，批判无政府主义，运用唯物史观分析中国革命问题。

在中国共产党创建时期，《新青年》《每周评论》《向导》《先驱》《共产党》以及北京《晨报》副刊、《民国日报》副刊、上海《星期评论》等报刊登载了大量马克思主义文章，论涉的主要内容是唯物史观。

马克思、恩格斯的著作被大量翻译成中文，由于当时中国革命的需要，这些译著主要集中在科学社会主义和唯物史观问题上。中国共产党建立之初，在上海成立的第一个党的出版机构——人民出版社，1923年11月成立的党的第二个出版机构——上海书店，专门从事马克思主义书籍的出版。从当年出版马克思主义原著的中译本看，印刷发行版本和次数最多的是《共产党宣言》《社会主义从空想到科学的发展》《家庭私有制和国家的起源》等全译本，还有《资本论》第一卷以及《哥达纲领批判》《反杜林论》《〈政治经济学批判〉序言》等节译本，多是科学社会主义思想和唯物史观论著。

为什么唯物史观成为中国共产党创建者和中国共产党人在中国传播马克思主义的主要内容，成为他们最先接受的马克思主义？

首先，在20世纪20年代之前，唯物史观往往成为马克思主义的代名词。这个说法不仅符合马克思、恩格斯自己的文本表述，譬如在1859年《〈政治经济学批判〉序言》、恩格斯晚年历史唯物主义书信中，都可以看到唯物史观是马克思、恩格斯本人对他们共同思想的指认。唯物史观的提法得到了第二国际以来马克思主义者的普遍认同。日本马克思主义学者，如河上肇等关于阶级斗争与唯物史观关系的解说，俄国马克思主义者普列汉诺夫等，突出地强调了马克思主义的唯物史观特征，都是例证。

其次，由于中国共产党人注意力集中于中国的实际社会问题。要集中解决对中国社会性质、中国革命的战略和策略问题的认识和把握，决定了对马克思主义的学习、宣传、研究往往集中在唯物史观上。中国共产党人对于马克思主义，不是把它作为一个纯粹的学术流派，作为一个学术问题来接受，而是为了寻找解决中国最急迫的现实社会问题，为了摆脱中国的落后状况，而寻找最直接、最现实、最管用的解决方案和思想武器的，这就必然而然地寻求并运用了唯物史观。十月革命的成功，苏联走上社会主义道路，这使得中国共产党人必然而然地把注意力集中到唯物史观。从最先接受资产阶级民主主义思想到接受科学社会主义和唯物史观，这是中国先进知识分子转变成共产主义者的一个共同特点。在这一转变过程中，我们会发现有一条贯彻始终的红线，这就是对中国社会性质、对中国革命、对中国革命道路的探索，是运用唯物史观在寻求一条既不同于资本主义道路，也不同于改良主义道路的新的中国革命道路。唯物史观是能动、革命的新哲学，不是具体科学，也不是某个学科，而是意识形态，是作为未来社会的理想和信仰，是最直接地用于改造社会的认识工具，也是同社会革命、社会改造紧紧结合在一起的思想武器。这就不难理解中国共产党人为什么首先接受唯物史观。李大钊明确提出要以社会主义改造经济组织，就是在唯物史观指导下形成的正确认识。

最后，五四运动关于中国文化、中国社会、中国革命等一系列相关问题的争论，推动了中国先进知识分子和中国共产党人对唯物史观的研究和宣传。新文化运动打着"民主、科学"的大旗，批判传统的儒家思想体系，提出要关注劳工阶级和实际的经济科学，必须彻底地与旧传统文化决裂、与旧制度决裂，这与唯物史观有着内在的契合。唯物史观使得中国先进知识分子找到了解释中国社会性质，解释中国革命性质，寻找中国革命道路的正确答案。譬如关于在"问题与主义"的论战中，在对基尔特社会主义、无政府主义等形形色色的反马克思主义思潮的批判比较中,中国先进知识分子学习和研究马克思主义,学习和研究了唯物史观,澄清了对一些重大问题的认识,扩大了唯物史观的影响。李大钊驳斥了胡适反对根本解决问题的改良主义主张,强调要实行经济革命,注重唯物史观的阶级斗争学说。从新文化运动出发,到批判"孔家店",再到探讨中国社会未来发展道路,以李大钊、陈独秀为代表的中国先进分子,进一步宣传研究了唯物史观,为中国共产党的诞生,也为马克思主义中国化的第一个理论成果——毛泽东思想提供了思想准备,为中国新民主主义革命和社会主义革命、社会主义建设奠定了理论前提。

马克思主义中国化的第一个理论成果——毛泽东思想的形成和确立也得益于唯物史观。毛泽东本人完成由唯心主义历史观向唯物主义历史观的转变,完成由资产阶级民主主义者向共产主义者的过渡,接受唯物史观是一个重要转折点。毛泽东也是首先接受了唯物史观,才成为坚定的马克思主义者。

毛泽东是为了探求救国救民的真理而走上革命道路的。到1920年底,由于先进理论的武装和社会实践经验的积累,毛泽东同各种资产阶级改良主义思想、资产阶级民主主义思想实行了彻底的决裂,从而把唯物史观视为改造中国的唯一思想武器,使自己开始转变成为一个彻底的马克思主义者。1921年1月21日,毛泽东在致蔡和森的信中写道:"唯物史观是吾党哲学的根据,这是事实,不像唯理观之不能证实而容易被人摇动。我固无研究,但我现在不承认无政府的原理是可以证实的原理,有很强的理由。"这表明毛泽东之所以能够通过接受唯物史论而成为一名坚定的马克思列宁主义者,是因为他认为这一学说是"对历史的正确解释",能够成为无产阶级政党的哲学基础。实际上,从接受唯物史观的第一天开始,他就极其注意把这一崭新的历史观当作武器,用来分析和解决中国革命的实际问题。他曾经说:"记得我在1920年,第一次看到了考茨基著的《阶级斗争》、陈望道译的《共产党宣言》和一个英国人作的《社会主义史》,我才知道人类自有史以来就有阶级斗争,阶级斗争是社会发展的原动力,初步地得到认识问题的方法论。可是这些书上,并没有中国的湖南、湖北,也没有中国的蒋介石和陈独秀。我只取了它四个字:'阶级斗争',老老实实地来开始研究实际的阶级斗争。"①

毛泽东还认为,唯物史观虽然是科学的世界观,但它只指出了解决问题的方向和提供解决问题的一般方法,并没有提供解决中国问题的具体方案,因此有关中国革命的一切问题都必须以唯物史观为指导结合中国实际加以深入的研究。可以说,毛泽东学习唯物史观从一开始就注重结合实际、抓住问题的实质,并着手把它当作认识问题的方法论,去观察和认识中国社会的现实,终其一生。毛泽东学习、研究唯物史观的过程,也就是马克思主义普遍真理与中国革命的具体实践相结合的过程。中共中央《关于建国以来党的若干历史问题的决议》指出:"以毛泽东同志为主要代表的中国共产党人,根据马克思列宁主义的基本原理,把中国长期革命实践中的一系列独创性经验作了理论概括,形成了适合中国情况的科学的指导思想,这就是马克思列宁主义普遍原理和中国革命具体实践相结合的产物——毛泽东思想。"② 毛泽东思想是马克思列宁主义在中国革命中的运用和发展,当然包括对唯物史观的运用和发展。

六 坚持和发展历史唯物主义,反对历史虚无主义是我们当前重要的战斗任务

正当我们凯歌行进在中国特色社会主义康庄大道之时,有人趁

---

① 《毛泽东文集》第 2 卷,人民出版社 1993 年版,第 378—379 页。
② 《中共中央文件选集(1949 年 10 月—1965 年 5 月)》第 1 册,人民出版社 2013 年版,第 37—38 页。

我们实行解放思想、改革开放之机，掀起了一股历史虚无主义思潮，干扰发展，居心叵测，对此我们必须保持高度警醒，认清其本质与真实意图，及时扫除思想垃圾和理论障碍，坚定"道路自信、理论自信、制度自信、文化自信"，坚定不移地走我们该走的路。

历史虚无主义，说到底就是历史唯心主义的当代变种，是资产阶级自由化思潮的典型表现，极具欺骗性、迷惑性和杀伤性。历史虚无主义的实质就是历史唯心主义，它是以所谓"反思历史""还原历史""重新评价"为名，歪曲"解放思想"的真意，行歪曲中国历史、世界历史、中国近代革命史、社会主义发展史、国际共产主义运动史、中国共产党党史、中华人民共和国国史、中国人民解放军军史，抹黑无产阶级革命领袖、当今一切英雄模范、历史上一切进步人物和民族英雄，否定中国革命、否定世界革命、否定历史上一切具有进步意义的革命之实，以达到反对马克思主义、反对人民民主专政、反对中国共产党、反对社会主义，颠覆中国特色社会主义制度，复辟资本主义的目的。

历史虚无主义在我国演绎出一场又一场资产阶级意识形态丑剧：在纠正"文化大革命""左"的错误的思想认识进程中，有极少数人一路向右，发展到"纠正"社会主义，认为我国不该过早地搞社会主义，而应该让资本主义充分地发展，否定马克思列宁主义、否定唯物史观和科学社会主义。

在总结中国革命的经验教训的思想认识进程中，有极少数人一路向右，发展到妖魔化中国共产党，诋毁新中国的伟大成就；全盘否定毛泽东的历史地位和毛泽东思想；丑化中国共产党领导的革命和建设的历史，贬损和否定近现代中国一切进步的、革命的运动，全盘否定中华优秀传统文化的来源、内涵及其现实价值，否定中华民族自强不息的民族精神，刻意渲染极少数中国人的不文明、不道德的言行，否定五千年中华文明。

在总结苏东社会主义失败经验教训的思想认识进程中，有极少数人一路向右，发展到否定马克思、恩格斯、列宁、斯大林，否定十月社会主义革命、否定无产阶级专政和社会主义道路，否定共产主义的远大理想和信念，否定马克思列宁主义，否定唯物史观的指导地位……

历史虚无主义思潮可以概括为十大表现：

一是丑化英雄。丑化黄继光、狼牙山五壮士、刘胡兰、董存瑞、雷锋……近现代中国革命历史所涌现出的一些英雄人物；丑化岳飞、李自成、林则徐等中国古代的民族英雄、农民革命领袖和进步历史人物。

二是诋毁领袖。对毛泽东等我国一些无产阶级革命家，对马克思、恩格斯、列宁、斯大林等世界无产阶级革命领袖进行全方位抹黑。

三是否定革命。反对人类社会历史上一切革命运动和反抗斗争，从奴隶阶级反对奴隶主阶级的斗争，到农民阶级反对封建地主阶级的起义，到资产阶级反对封建阶级的变革，到无产阶级反对资产阶级的革命，反对一切奴隶造反、农民起义和工人阶级解放斗争，譬如抹杀、贬损李自成农民起义、太平天国运动、辛亥革命、新民主主义革命和社会主义革命。

四是策划翻案。不是为冤假错案翻的案，也不是为历史上的正面人物翻案，而是为历史上一切反动的人物、为已有公论的叛徒、卖国贼、汉奸、特务、刽子手翻案。

五是美化侵略。篡改侵略战争史，称颂殖民统治、侵略战争。把西方帝国主义对殖民地半殖民地国家和民族的侵略掠夺，说成是对落后国家和地区民族的帮扶和救助，谎称殖民有功、侵略有理。

六是歪曲事实。用假设否定历史事实，以建立在假设基础上的主观推演，来否定历史的必然规律，否定社会主义、共产主义的必然趋势，否定中国社会主义道路选择的合理性。

七是掩盖真相。剪裁事实，曲解真相，以他们寻找、挖掘的所谓"真相"歪曲历史真相，以引起民众对历史真实的全面质疑，进而否定马克思主义的真理性和社会主义的前途命运。

八是贬损文明。把东方民族说成是落后民族，把东方文明说成是落后文明，贬损"黄土文明"、颂扬西方文明，专门挖掘我国历史文化中的落后面，甚至抹杀以爱国主义为核心的民族精神和中华民族灿烂文化，渲染民族自卑情绪。

九是贬低人民。把劳动人民说成是"群氓""小人""无知之人"，把一些反面人物无限放大，夸大为英雄、典范，令人叹为敬仰的"高大上"。

十是伪造历史。恩格斯指出："资产阶级把一切都变成商品，对历史学也是如此。资产阶级的本性，它生存的条件，就是要伪造一切商品，因而也要伪造历史。伪造得最符合资产阶级利益的历史著作，所获得的报酬也最多。"[①] 为了达到不可告人的目的，甚至卑鄙到说假话、扯谎、编造、伪造历史。譬如，夸大国民政府在抗日战争中正面战场的功劳，贬低中国共产党领导的敌后战场的作用，抹杀中国共产党中流砥柱的功绩，否定中国共产党领导的正确性。把伟大的抗美援朝污蔑为错误的决策，美化帝国主义侵略者，丑化中朝两国军队和两国人民，抹黑志愿军英雄人物和英雄事迹，否定抗美援朝的伟大历史意义。歪曲和丑化新中国建设的伟大实践，夸大探索中的失误，抹杀新中国的伟大成就，否定社会主义制度的优越性，涣散人民建设中国特色社会主义的信心，打掉人民心中的理想信念。

历史虚无主义思潮不仅仅表现在史学领域，还像大水漫灌似的蔓延到文学、艺术和影视作品中，潜入文化、教育、哲学社会科学、道德风俗乃至人们的日常生活等领域，兴风作浪、推波助澜，唯恐天下不乱。这股历史虚无主义的逆潮几乎是无孔不入、无缝不

---

① 《马克思恩格斯全集》第 16 卷，人民出版社 1964 年版，第 573 页。

钻。在教育课本上、在影视节目上、在讲坛论坛上、在文学作品中、在少儿读物上、在学校课堂上、在各类展陈上、在互联网上，在一切可以影响到的地方，它们都拼命地贩卖私货，打击正确、向上、积极的马克思主义的东西，在思想文化领域大打出手，涌现出了一批"无良公知""网络大咖""砖家名人"罔顾事实、胡说八道、毒害人民。历史虚无主义一个共同的表现，就是贬损和否定中国现代以来的革命，诋毁和嘲弄中国人民争取民族独立和人民解放而进行的反帝反封建斗争，抬高洋务运动，贬低戊戌变法，抬高清廷的"新政"，贬抑辛亥革命和五四运动，否定和诋毁中国共产党的领导和新民主主义、社会主义革命、社会主义建设、社会主义改革开放和中国特色社会主义道路。以"重新评价"和历史假设达到否定革命，进而否定中国共产党、否定人民战争和社会主义道路的目的。

历史虚无主义思潮打着学术公正、不偏不倚、不左不右、尊重史实的招牌，以"学术研究"的面目出现，在"重写历史"的名义下，做翻案文章，设置"理论陷阱"。他们在歪曲历史的同时，声称是在进行"理性的思考"，实现"研究范式"的转换。而他们提出的"范式转换"，不是真正的"解放思想""理论创新"，而是违背历史事实的主观臆断。他们主张用"现代化史观"取代"革命史观"，把革命同现代化对立起来，借以否定革命斗争。然而，革命并不是同现代化相对立的，而是实现现代化最重要、最强劲的推动力量。如果没有革命为现代化创造民族独立、人民解放的前提条件，中国的现代化就永无实现之日。毛泽东指出："在一个半殖民地的、半封建的、分裂的中国里，要想发展工业，建设国防，福利人民，求得国家的富强，多少年来多少人做过这种梦，但是一概幻灭了。"[①] "正是帝国主义和封建主义束缚了中国人民的生产力，

[①] 《毛泽东文集》，人民出版社1996年版，第432页。

不破坏它们，中国就不能发展和进步，中国就有灭亡的危险。……革命是干什么呢？就是要冲破这个压力，解放中国人民的生产力，解放中国人民，使他们得到自由。"① 这是近代中国历史证明了的真理。

在我国改革开放以来出现的这股历史虚无主义妖风有着明确的政治诉求，那就是坚持反对四项基本原则这一立国之本，力图扭转社会主义现代化建设和改革开放的发展方向，把中国纳入西方资本主义体系中。其根本目的就是取消马克思主义的指导地位，否定中国共产党的领导，反对人民民主专政，颠覆社会主义，以达到西化、私有化和资本主义化的目的。

历史虚无主义是历史唯物主义的死敌。为了达到虚无历史、虚无革命、虚无英雄、虚无领袖、虚无共产党、虚无社会主义、虚无马克思主义的目的，它从根本上推翻历史唯物主义的正确观点，全面地否定历史唯物主义。

在立场上，它不是站在人民的立场上，而是站在反人民的立场上，彻底地反对历史唯物主义所坚持的人民立场。在阶级社会，人民的立场不是空的、不是虚的、不是无阶级的，而是无产阶级的阶级立场。是站在被压迫、被剥削阶级及广大人民的立场上，还是站在压迫剥削阶级少数人的立场，为谁发声，代表谁的利益，这是个根本问题。中国共产党是工人阶级政党，代表工人阶级和最广大劳动人民的利益，反对中国共产党就是反对人民，反对工人阶级。历史虚无主义攻击的矛头始终对准代表工人阶级和广大劳动人民利益的共产党，立场完全站错了。反对中国共产党，必定反对工人阶级的世界观和方法论——马克思主义，反对主张共同富裕的社会主义，反对对敌人实行专政、对人民实行最广泛民主的人民民主专政。历史虚无主义不代表人民，是代表站在人民的对立面的人民公

---

① 《毛泽东选集》第 3 卷，人民出版社 1991 年版，第 1080 页。

敌。凡是历史上的一切奴隶们的起义、农民们的造反、工人们的革命他们一概反对，对正面人物一概否定、对反面人物一概肯定，这是它们所持的立场所决定的。

在科学历史观的真理上，它不是站在历史唯物主义真理一面，而是站在真理的对立面，凡是历史唯物主义的真理它都反对。历史虚无主义之所以向我们疯狂地进攻，是因为它釜底抽薪，把历史唯物主义的基本观点，一点点地就像抽丝剥茧似的，剥得干干净净，把唯物史观最重要的观点彻底阉割、完全抽净。历史虚无主义攻击历史唯物主义的一个集中表现，就是否定唯物史观的关键性核心观点，如果把这些核心观点阉割出去，唯物史观就不成其为唯物史观了。习近平总书记在纪念马克思诞辰200周年讲话中强调："坚持和运用马克思主义的实践观、群众观、阶级观、发展观、矛盾观，真正把马克思主义这个看家本领学精悟透用好。"[①] 譬如，否定唯物史观关于社会形态演变的一般规律的原理，反对原始社会、封建社会、资本主义社会、经社会主义社会过渡到共产主义社会的"五种社会形态"学说，用皇权更替史、个人奋斗史代替社会形态演变史，达到消解唯物史观的目的，从而抽掉社会主义必然战胜资本主义、共产主义一定要实现的共产党人的理念与信念；否定阶级、阶级斗争原理，反对社会革命的学说，用"文明冲突""文化冲突""种族对立""宗教分歧"代替阶级分野，不讲阶级分析，以阶层划分代替阶级划分、阶级差别和阶级矛盾，从而达到抵消无产阶级战胜资产阶级、社会主义战胜共产主义的伟大斗争；否定国家、民主的阶级性原理，反对无产阶级革命和无产阶级专政学说，用"普世价值论""宪政民主""民主社会主义""西式民主"代替社会主义革命和人民民主专政；否定社会矛盾和社会基本矛盾原理，只讲和谐、不讲矛盾，只讲中庸、不讲斗争，既看不到生产力的根本作

---

① 习近平：《在纪念马克思诞辰200周年大会上的讲话》，人民出版社2018年版，第25页。

用，经济基础是社会存在的前提，又看不到生产关系对生产力、上层建筑对经济基础的反作用；否定意识形态的阶级性和斗争性，一味"去政治化""淡化意识形态"，以达到和平演变社会主义的狼子野心；否定人民是历史真正创造者的观点，无视人民的伟大历史作用，无限夸大历史人物在历史上的作用，把帝王将相、才子佳人作为历史的中心人物，甚至把历史上一些反面人物打扮成改变历史的英雄，从而达到否定人民的历史地位，反对党的群众路线，以人民利益为根本利益、以为人民服务为宗旨的我们党的根本方针的目的；等等。

历史虚无主义是当前巩固马克思主义在意识形态领域指导地位面临的最重大的挑战。历史虚无主义思潮出现和蔓延的理论根源，就在于放弃唯物史观的指导，陷入唯心史观的陷阱。历史虚无主义抽去唯物史观的核心观点，特别是生产的观点、阶级的观点和群众的观点，站在反人民的立场，用错误世界观去观察历史，用唯心史观去解释历史，完全把历史头脚倒立起来，颠倒黑白、不分是非。

历史虚无主义在分析方法上，完全是历史唯心主义的分析方法。违背唯物、全面、客观，一切从历史事实出发的历史研究方法。从主观臆想、假设、猜测出发，以偏概全，用一些片面、个别、零散、枝节的，也可能是真实的材料，轻易地推翻普遍的历史规律和已有的定论，大做翻案文章，并当作"创新成果"向人们兜售。翻案文章历来有人做，翻案并不一定就是坏事，关键要看是否合乎历史的整体的真实。西子湖畔岳飞墓前有一副名联："忠奸自古同冰炭，毁誉于今辨伪真"，做的也是翻案文章，扶正压邪，涤浊扬清，是正直的史学工作者的史德良知。然而，今天却有人热衷于美化、拔高像慈禧、琦善、汪精卫这样一等反面人物，而对林则徐、谭嗣同、孙中山等则加以非难、贬低。这样的翻案，唯物史观断难接受。历史虚无主义用错误的方法分析认识历史事件和历史人物，离开社会形态发展一般规律、离开阶级和阶级斗争的总线索分析历史。在历史虚无主义错误的世界观和方法论的笔下，"历史成为任人随意打扮的小姑娘"。

反对历史虚无主义，是意识形态领域的一场殊死搏斗。党的十八大以来，习近平总书记旗帜鲜明地带领全党、全国人民开展了反对历史虚无主义的伟大斗争，取得了决定性的阶段性胜利，形势大为好转。但这并不意味着历史虚无主义就偃旗息鼓、挂免战牌，宣布投降了。反对历史虚无主义的战斗远未结束，伟大斗争必须继续。反对历史虚无主义的斗争是一场长期的、艰巨的，也会出现反复的斗争。"凡是反动的东西，你不打，他就不倒。这也和扫地一样，扫帚不到，灰尘照例不会自己跑掉。"[①] 我们必须做好充分的准备，开展伟大斗争，拿起历史唯物主义的武器，把历史虚无主义彻底打扫干净。

彻底战胜历史虚无主义，只有拿起唯物主义历史观这把利器，站在历史唯物主义的基本立场上，运用历史唯物主义的观点和方法，剖析、揭露、批判历史虚无主义，才能把历史虚无主义彻底地击败。当病毒、细菌侵入人的肌体，毒害人的器官、吞噬人的生命时，最有效地战胜病毒，就是增强人自身的免疫力，让身体内部产生对抗病毒的抗体。而战胜历史虚无主义的抗体就是历史唯物主义，免疫力来自唯物史观。为什么多年来历史虚无主义乘虚而入、大肆进攻，正因为有些人失去了抗体，丢掉了唯物史观这一最有力的武器。

要彻底战胜历史虚无主义，必须坚持唯物史观，拨乱反正，把被抛到一边的唯物史观的正确观点恢复起来、坚持下去。当然这项工作做起来难度比较大。一些历史唯物主义重要观点，如"五种社会形态的观点"、阶级的观点、无产阶级专政的观点、意识形态观点、社会矛盾的观点、社会革命的观点、伟大斗争的观点，在有的

[①] 《毛泽东选集》第 4 卷，人民出版社 1991 年版，第 1131 页。

宣传媒体、出版物、展陈馆、互联网，甚至教科书上都销声匿迹了。譬如阶级和阶级分析的观点，国家、意识形态阶级性的观点，甚至在一些马克思主义理论教材中都不见了。可见坚持和恢复正确的东西是需要斗争的。然而如果不坚持和发展唯物史观，就不能彻底战胜历史虚无主义。这正像列宁所说："只有承认阶级斗争、同时也承认无产阶级专政的人，才是马克思主义者。马克思主义者同平庸的小资产者（以及大资产者）之间的最深刻的区别就在这里。必须用这块试金石来测验是否真正理解和承认马克思主义。"[1] 拨乱反正，恢复唯物史观的真正面貌，让我们干部、群众掌握唯物史观，这是一场战胜历史虚无主义的艰巨战斗。如果不从理论上战胜历史虚无主义，让历史虚无主义长驱直入，占领一切思想舆论阵地，那么亡党亡国就是必然的了。

我们马克思主义理论工作者和党的史学工作者，对历史虚无主义思潮，决不能放任自流，要积极响应习近平总书记的号召，与之开展斗争，消除恶劣影响。反对历史虚无主义思潮，是我们当前重要的战斗任务，也是我们理论工作者和史学工作者义不容辞的历史责任。

七　坚持唯物史观，构建当代中国中华思想史马克思主义学派

马克思主义中国化的一个重要方面就是马克思主义同中华民族优秀传统思想的有机结合。1938年10月，毛泽东同志在党的六届六中全会上提出马克思主义中国化概念时，就特别强调要学习和继承中华民族优秀传统思想。1943年5月，《中国共产党中央委员会关于共产国际执委主席团提议解散共产国际的决定》明确指出：中

---

[1]《列宁选集》第3卷，人民出版社1995年版，第139页。

国共产党人"就是要使马克思列宁主义这一科学更进一步地和中国革命实践、中国历史、中国文化相结合起来"。正是有了这样的思想自觉，中国共产党人不仅把马克思主义同中国革命的具体实践结合起来，领导伟大的社会革命，而且把马克思主义同中华优秀传统思想创造性地结合起来，让马克思主义深植于中华优秀传统思想的土壤之中，指导中国传统思想的创造性转化和创新性发展，创造了中国化马克思主义这一中华思想发展的新形态，即毛泽东思想、中国特色社会主义理论体系、习近平新时代中国特色社会主义思想等，形成了理论上的最新科学概括，把我国人民的思想水平提到了新的科学高度，使中华民族的智慧跃升到了新的高峰。

在中国特色社会主义新时代，以习近平为杰出代表的当代中国共产党人，从理论和实践结合上系统回答"新时代坚持和发展什么样的中国特色社会主义、怎样坚持和发展中国特色社会主义"这个重大时代课题，以全新的视野深化对共产党执政规律、社会主义建设规律、人类社会发展规律的认识，创立了习近平新时代中国特色社会主义中国化的最新成果，同时也形成了中华优秀思想的最新内容，提供了全党全国人民为实现中华民族伟大复兴而奋斗的行动指南。

在对待历史遗产和中华传统思想方面，中国共产党人一直坚持决不能割断历史、割断思想，决不能成为历史虚无主义者、文化虚无主义者；既不能像全盘西化论者那样照搬照抄西方思想，也不能像文化复古论者那样不加分析地全盘继承传统思想，而是在马克思主义指导下，既要回首过去、追溯历史，又要超越陈规、创新发展。

进入新时代，习近平总书记强调："我们从来认为，马克思主义基本原理必须同中国具体实际紧密结合起来，应该科学对待民族传统文化，科学对待世界各国文化，用人类创造的一切优秀思想文化成果武装自己。在带领中国人民进行革命、建设、改革的长期历史实践中，中国共产党人始终是中国优秀传统文化的忠实继承者和弘扬者。从孔夫子到孙中山，我们都注意汲取其中积极的养分。"[①]这就是说，要坚持从当代中国的实践和未来中国的发展这两个角度去观察和审视中华传统思想，创造性地传承和发展中华民族传统思想的优秀成果，弘扬其优良传统，为我所用、为今所用、为将来所用，实现历史思想、当代实践和未来发展的良好贯通。

为了继承中国共产党人矢志不渝的理想信念，践行中国共产党人英勇奋斗的革命精神；弘扬中华优秀传统文化，落实习近平新时代中国特色社会主义思想，中国社会科学院设立了"中华思想通史"重大科研课题，上至奴隶社会及远古时代，下至党的十九大以后，计划完成多卷本《中华思想通史》。现已完成并出版《中华思想通史绪论》《中国社会形态史纲》等著作。出成果，出精品，出人才，出智慧，建学派，继承和发展唯物史观，构建当代中国中华思想史马克思主义学派，发展思想史学科，掌握话语权，助力开辟当代中国马克思主义发展新境界，为实现中华民族的伟大复兴做出我们的贡献！

[①] 习近平：《在纪念孔子诞辰2565周年国际学术研讨会暨国际儒学联合会第五届会员大会开幕会上的讲话》，人民出版社2014年版，第13页。

全面准确把握习近平新时代中国特色社会主义思想关于文化的论述[*]

建设中国特色社会主义文化，必须全面准确把握习近平新时代中国特色社会主义思想关于文化的论述。用习近平新时代中国特色社会主义思想关于文化的论述指导和推动中国特色社会主义文化建设，需要增强三个方面的认识，即马克思主义文化基本原理是中国特色社会主义文化的基石，中华优秀传统思想文化是中国特色社会主义文化的血脉和源泉，西方优秀思想文化资源是中国特色社会主义文化的"他山之石"。

一

从性质上说，中国特色社会主义文化是社会主义的文化。之所以说它是社会主义文化，原因就在于它坚持以马克思主义为指导，以马克思主义文化基本原理作为其理论基石。中国特色社会主义文化坚持以马克思主义为指导，是近代以来中国发展历程赋予的规定性和必然性。如果不坚持以马克思主义为指导，中国特色社会主义文化就会失去灵魂、迷失方向，不能发挥其应有作用。习近平新时代中国特色社会主义思想关于文化的论述以马克思主

---

[*] 该文原载《马克思主义研究》2018年第1期；《世界社会主义研究动态》2018年11月2日。

义文化基本原理作为其理论根基并不断创新，在指导中国特色社会主义文化建设方面，主要表现在于其坚持和发展了马克思主义文化基本原理。

第一，坚持和发展了马克思主义关于文化地位和作用的原理。 马克思主义将文化与经济、政治的关系纳入唯物史观的社会有机体理论中进行考察，认为作为意识形态上层建筑的文化的发展虽然以经济发展为基础，但文化并不是消极的、被动的，具有对社会经济发展的反作用，并具有自己相对独立的发展过程和内在规律。习近平新时代中国特色社会主义思想关于文化的论述也反复强调，文化建设一方面必须与经济发展相适应，必须反映我国社会主义经济和政治的基本特征；另一方面文化建设又对经济社会发展和民族生命力、创造力和凝聚力起巨大促进作用和重要支撑作用，必须把文化建设放在与经济建设、政治建设、社会建设、生态建设同等重要的位置，必须将文化视作凝聚和激励全国各族人民的重要力量，视作综合国力的重要标志，等等。

第二，坚持和发展马克思主义关于文化发展目标任务的原理。 马克思主义认为，文化是人的有目的活动——劳动的"对象化"和"外化"，它在深层本质上是围绕人且指向人的，文化发展的正确目标应该是促进人的全面而自由的发展。习近平新时代中国特色社会主义思想关于文化的论述坚持马克思主义"以人民为中心"的文化发展观，强调发挥人民在文化建设中的主体作用和坚持马克思主义的文化服务人民大众的基本价值取向，强调坚持文化发展为了人民、文化发展依靠人民、文化发展成果由人民共享，促进人的全面发展，培育有理想、有道德、有文化、有纪律的社会主义公民。

第三，坚持和发展马克思主义关于文化发展多样性的原理。 马克思主义认为，不同的民族文化由于环境、风俗、语言、传统习惯等不同而具有差异性和特殊性，这使得由不同民族文化构成的世界文化的发展呈现出多样性的特点。搞文化霸权主义，就是无视和否认世界文化发展的多样性特点。正如马克思指出的:"你们赞美大自然令人赏心悦目的千姿百态和无穷无尽的丰富宝藏,你们并不要求玫瑰花散发出和紫罗兰一样的芳香,但你们为什么却要求世界上最丰富的东西——精神只能有一种存在形式呢?"① 世界文化发展的多样性也就决定了不同民族的文化必然相互影响、相互交流、相互融合。不同文化之间的相互交融,是人类文明发展的重要动力。习近平新时代中国特色社会主义思想关于文化的理论坚持马克思主义文化发展多样性的原理,强调人类文明可以多彩并存,可以在多样性当中和平共处;强调理性处理本国文明与其他文明的差异,"不要看到别人的文明与自己的文明有不同,就感到不顺眼,就要千方百计去改造、去同化,甚至企图以自己的文明取而代之"②;强调"百花齐放,百家争鸣"的繁荣社会主义科学文化的方针,强调正确处理弘扬主旋律和提倡多样化的关系、教育人民和满足人民多样化精神文化需求的关系,等等。

在社会主义市场经济日益发展和对外开放不断扩大的形势下,不断丰富和发展具有中国特色、符合时代发展要求的社会主义文化建设理论,必须始终坚持马克思主义文化基本原理,使我国文化发展始终建立在马克思主义深厚的文化理论基础之上。

二

优秀传统文化是一个国家、一个民族传承和发展的基础,如果丢掉了,就割断了精神命脉。历史和现实都表明,一个抛弃了或者背叛了自己历史文化的民族,不仅不可能发展起来,而且很可能上演一场历史悲剧。在五千多年文明发展中孕育的中华优秀传统文

---

① 《马克思恩格斯全集》第 1 卷,人民出版社 1995 年版,第 111 页。
② 习近平:《在纪念孔子诞辰 2565 周年国际学术研讨会暨国际儒学联合会第五届会员大会开幕会上的讲话》,人民出版社 2014 年版,第 8—9 页。

化，积淀着中华民族最深沉的精神追求，是中华民族独特的精神标识，是中华民族生生不息、发展壮大的丰厚滋养和永远不能离别的精神家园。事实证明，中华优秀传统文化对中华文明形成并延续发展几千年而从未中断，对形成和维护中国团结统一的政治局面，对形成和巩固中国多民族和合一体的大家庭，对形成和丰富中华民族精神，对激励中华儿女维护民族独立、反抗外来侵略，对推动中国社会发展进步、促进中国社会利益和社会关系平衡，都发挥了十分重要的作用。

中国共产党人不是历史虚无主义者，也不是文化虚无主义者，而是中华优秀传统文化的忠实传承者和弘扬者。习近平新时代中国特色社会主义思想关于文化的论述以保持和发扬自己的民族文化特色，以忠实传承和弘扬中华优秀传统文化为根本，把中华优秀传统思想文化资源作为涵养中国特色社会主义文化的不竭源泉与深厚根基。实践证明，只有扎根中华优秀传统文化，中国特色社会主义文化才能在世界文化激荡中站稳脚跟，才能汇聚中国人民胜利前行的强大精神力量。

所谓扎根中华优秀传统文化，绝不是简单复古，也不是盲目排外，而是高度重视中华优秀传统文化永不褪色的价值，努力从优秀传统文化的丰富哲学思想、人文精神、道德理念和规范中，获得认识世界和改造世界的有益启迪，获得治国理政和解决当代人类面临的难题的有益启示，获得道德建设的有益启发，同时使中国人民的理想和奋斗，中国人民的价值观和精神世界，始终深深植根于中华优秀传统文化的沃土之中，并随着历史和时代前进而不断与日俱新、与时俱进。扎根中华优秀传统文化，必须处理好继承和发展的关系，推动中华优秀传统文化的创造性转化和创新性发展，加强对中华优秀传统文化的挖掘和阐发，努力使中华民族最基本的文化基因与当代文化相适应、与现代社会相协调，把跨越时空、超越国界、富有永恒魅力、具有当代价值的文化精神弘扬起来，激活其生命力，让中华文明同各国人民创造的多彩文明一道，为人类提供正确的精神指引。

三

文明因交流而多彩，文明因互鉴而丰富。世界各民族文化互鉴共进是人类文明的基本特征，也是人类文明发展的重要动力。中国特色社会主义文化虽然坚持忠实传承和弘扬中华优秀传统文化，但不是要把中国特色社会主义文化的发展搞成自我封闭式的发展，更不是要把传承和弘扬中华优秀传统文化搞成唯我独尊。相反，习近平新时代中国特色社会主义思想关于文化的论述坚持认为，各国各民族都应该虚心学习、积极借鉴别的国家别的民族思想文化的长处和精华，以增强本国本民族思想文化的自尊、自觉、自信、自立。鉴于此，习近平新时代中国特色社会主义思想关于文化的论述坚决反对文化排外主义，主张尽量吸收进步的外国文化，包括西方优秀思想文化资源，尤其是西方文化中的科学理性精神、现代人文精神、近代民主政治与法制思想、现代市场经济理论等，成为发展中国特色社会主义文化的"他山之石"。但是，这也绝非意味着迷信西方文化，盲目搬用西方思想文化资源，而是意味着从本国本民族实际出发，坚持取长补短、择善而从，坚持以我为主、为我所用，坚持兼收并蓄、博采众长，使西方优秀思想文化资源的精华，同我们党领导人民在长期革命和建设中形成的优良传统和革命精神有机地结合在一起，并在新的实践基础上不断创新，建设和发展中国特色社会主义文化。

在拓展中国特色社会主义文化发展道路的新征程中，我们不仅要长期坚持经济上的对外开放方针，而且要长期坚持文化上的对外开放，要通过对外文化交流，大胆吸收和借鉴包括西方优秀文化在内的人类思想和文化发展中一切有价值的东西。只有在这种正确的文明学习借鉴中，中国特色社会主义文化才能不断丰富、完善和发展。这里，我们不妨引用列宁的一段名言："马克思主义这一革命无产阶级的意识形态赢得了世界历史性的意义，是因为它并没有抛弃资产阶级时代最宝贵的成就，相反却吸收和改造了两千多年来人类思想和文化发展中一切有价值的东西。只有在这个基础上，按照这个方向……才能认为是发展真正的无产阶级文化。"[1]

需要指出的是，习近平新时代中国特色社会主义思想关于文化的论述，虽然主张中国特色社会主义文化，要以马克思主义文化基本原理为理论基石，但认为中国特色社会主义文化不是简单套用马克思主义文化基本原理的模板；虽然主张以中华优秀传统思想文化资源为来源基础，但认为中国特色社会主义文化不是简单延续我国历史文化的母版；虽然主张以西方优秀思想文化资源为"他山之石"，但认为中国特色社会主义文化绝不是西方优秀文化资源的翻版。习近平新时代中国特色社会主义思想关于文化的论述，坚持中国特色社会主义文化，以马克思主义为指导，以培育有理想、有道德、有文化、有纪律的公民为目标，发展面向现代化、面向世界、面向未来的，民族的科学的大众的社会主义文化。在习近平新时代中国特色社会主义思想关于文化的论述指导下的中国特色社会主义文化实践，既坚守本根又不断与时俱进，使中华民族保持坚定的民族自信和强大的修复能力，培育共同的情感和价值、共同的理想和精神。

需要特别指出的是，习近平新时代中国特色社会主义思想关于文化的论述高度重视维护世界文化文明的多样性，坚持每个国家每个民族不分强弱、不分大小，其思想文化都应该得到承认和尊重，主张不同文化和文明加强相互交流、相互学习、相互借鉴，反对不同文化和文明的相互隔离、相互排斥、相互取代。这些思想，既是

---

[1] 《列宁选集》第4卷，人民出版社2012年版，第299页。

我们为维护世界文化文明多样性贡献的中国智慧，也是我们为促进世界文化多样化发展和世界更加美丽、各国人民生活更加美好而提供的强劲正能量。

四

党的十八大以来，以习近平同志为核心的党中央深刻把握世界文化多样化及深入发展的大趋势和中国特色社会主义文化强国建设实践面临的新形势、新要求，紧紧围绕坚持和发展中国特色社会主义，实现中华民族伟大复兴的中国梦，深刻阐述了坚定文化自信、增强文化自觉、奋力开创中国特色社会主义文化建设新局面的重大意义；深刻阐述了文化引领风尚、教育人民、服务社会、推动发展的重要作用；深刻阐述了不忘本来、吸收外来、面向未来，提高文化开放水平，广泛参与世界文明对话，增强国际话语权，展示中华文化独特魅力，增强国家文化软实力，促进文化繁荣发展的原则要求和具体路径。因此，形成了内涵丰富、思想深刻、体系完整的习近平新时代中国特色社会主义思想关于文化的论述。

习近平新时代中国特色社会主义思想关于文化的论述，在文化的地位和作用，文化建设的内涵，文化改革发展的目标、要求、路径等各个方面，进一步丰富和发展了马克思主义文化基本原理，是新时期我们推动文化改革发展、创造中华文化新辉煌必须遵循的基本原则。

党的十八大以来，在习近平新时代中国特色社会主义思想关于文化的论述指导下，中华民族伟大复兴的中国梦和社会主义核心价值观深入人心，文化体制改革进一步深化，文化事业、文化产业持续健康发展，中华优秀传统文化广为弘扬，中华文化国际影响力进一步提升，人民群众精神文化生活更加丰富多彩。中国特色社会主义文化建设取得的这一系列巨大的新成就，使我们更有信心和能力开创全民族文化创造活力持续迸发、社会文化生活更加丰富多彩、人民基本文化权益得到更好保障、人民思想道德素质和科学文化素质全面提高、中华文化国际影响力不断增强的新局面。

二

自觉运用唯物史观指导史学研究，反对历史虚无主义

以历史唯物主义为指导，构建完整、清晰的历史图景[*]

今天我们在这里隆重庆祝中国社会科学院考古研究所成立60周年，正是因为60年来的历程值得回顾、令人骄傲，60年来的精神需要传承，60年的事业需要继续开创，所以今天才有这么多海内外学者和考古研究所的几代学人相聚于此。在此，我代表中国社会科学院陈奎元院长、代表中国社会科学院向考古研究所表示热烈的祝贺，向为考古事业贡献了毕生精力的郑振铎、梁思永、尹达、夏鼐等老一辈考古学家表示深切的怀念和崇高的敬意，向考古研究所的同志们表示亲切的慰问！

作为一门科学的考古学，目的在于揭示人类的历史，回答人类如何从远古时代发展到了今天。古代人类在其生活历程中留下了各种各样的物质遗存，考古学就是要通过这些物质遗存对过去的生活做出探究，就是要用这些实物去构建关于我们过去的历史图景。包括中国在内的世界各地留有大量不同时期、不同类型的古代文化遗产，考古学对这些文化遗产的发掘和研究，已使我们对古代社会有了一个更为完整的认识。对古代文明的传承，还构成了当今社会与文化发展的基础，考古学研究不仅使我们获得了关于古代历史的知识，同时也是为了让我们更好地理解当今、面向未来。

---

[*] 该文系作者在中国社会科学院考古研究所成立60周年庆祝大会上的讲话。原载《考古》2010年第10期。

在中国，考古学的产生虽然可以上溯到 20 世纪 20 年代，但考古学真正的发展却始于中华人民共和国成立之后。正是在中华人民共和国刚成立后的 1950 年，考古研究所组建成立，至今研究所已走过 60 年的历程。

60 年来，考古研究所的几代考古工作者怀着探求真知的信念与激情，肩负着传承文明的使命，筚路蓝缕，开拓创新，取得了诸多令人瞩目的学术成果。这些成果揭示了中国古代文化的面貌，带给人们关于中国历史的崭新知识，并使中国古代文明以科学的面貌出现在世界文明的谱系之中。

60 年来，考古研究所的学者们在全国各地开展艰苦的考古工作，踏遍了祖国的山山水水，调查、发掘了大量古代遗址，获得了许多重要的考古新发现，这已成为构建中国考古学学术体系的基础。同时，以唯物史观为指导，开始对考古材料进行全面、深入的研究，构建了从史前考古至历史时期考古的学科框架，为推动中国考古事业的创建、发展和考古学学科建设做出了重要贡献。

60 年来，考古研究所大力促进多学科结合，利用自然科学的方法进行考古学研究，积极与国外考古学界进行广泛、深入的学术交流，促进了中国考古学走向世界。考古研究所还为全国考古学界培养了大批学术人才，创办了我国最权威的考古学学术期刊，出版了上百种考古学专刊。在为国家文物政策提供咨询、配合国家基本建设、开展文化遗产保护等诸多方面，考古研究所也发挥了重要作用。

在过去 60 年里，考古研究所还涌现出一批学术大家，他们对考古学的理解，已融入了今天的考古研究所，乃至整个中国考古学界的学术传统之中。老一辈考古学家求真、求实的作风，也已成为考古所的一笔重要的精神财富。也正是这些传统，使得考古研究所在 60 年的科研工作中始终坚持科学的精神和正确的学术发展方向，并影响和感召着一代代的新人。

在历史的长河中，60年何其短暂，而我们只是用了60年去探究成千上万年的历史。就此而言，尽管60年来中国考古学已走向成熟，考古学已带给我们丰富的关于过去的知识，但我们更需要用下一个60年去进一步发展考古学，去构建一幅更为完整、清晰的历史图景。也正因为如此，我们还应当把今天看作一个考古学发展的新的起点。

60年一个甲子，在开始新甲子之际，无论是关于考古学学科建设，还是考古研究所的自身建设，都面临着多方面的艰巨任务。为此，考古研究所的学者们需要继承既有的学术成果，在此基础上将考古学研究向深度和广度不断拓展；需要继承老一辈考古学家的学风，坚持科学精神，将考古所60年来所形成的优良传统发扬光大。同时，我们的研究需要有更为广阔的视野，考古研究所在今后也应进一步加强与国内外学术机构的合作与交流，广泛吸收考古学界的最新成果，努力创新，引领学科新的发展。

考古研究所走过了不平凡的60年，我们相信，在考古研究所全体同人的继续努力下，光荣的历程一定还将延续。

珍惜价值、古为今用、宏大精华、创新发展[*]

——学习习近平总书记关于中华传统文化的重要论述

党的十八大以来，习近平总书记多次谈到中国传统文化，几次专门重点论述中国传统文化，例如，2013年11月26日考察山东曲阜时的讲话，2014年5月4日在北京大学师生座谈会上的讲话，2014年9月24日在人民大会堂出席纪念孔子诞辰2565周年国际学术研讨会暨国际儒学联合会第五届会员大会开幕会上的讲话，2014年10月13日在中共中央政治局就我国历史上的国家治理进行第十八次集体学习时的讲话，2014年10月15日在文艺工作座谈会上的讲话，等等。习近平总书记平时讲话中也常常引用传统典籍中的名言警句，信手拈来，运用自如，贴切亮丽，生动提神，大众喜闻乐见。从他的这些论述和运用中，可以看出他对中华传统文化有独特的认知，对中华传统文化有深厚的功底，对弘扬中华优秀传统文化有炽热的情怀，对运用中华优秀传统文化有浓厚的兴趣，善于古为今用，并创新发展。

一 对中华优秀传统文化精华的真正继承

对于中华传统文化，我党历代领导人均有过重要论述。毛泽东同志说："学习我们的历史遗产，用马克思主义的方法给以批判的

---

[*] 该文原载《世界社会主义研究动态》2015年11月15日。

总结，是我们学习的另一任务。我们这个民族有数千年的历史，有它的特点，有它的许多珍贵品。对于这些，我们还是小学生。今天的中国是历史的中国的一个发展；我们是马克思主义的历史主义者，我们不应当割断历史。从孔夫子到孙中山，我们应当给以总结，承继这一份珍贵的遗产。这对于指导当前的伟大的运动，是有重要的帮助的。"①

邓小平同志曾经指出："我们要用历史教育青年，教育人民"②；"要懂得些中国历史，这是中国发展的一个精神动力"③。江泽民同志、胡锦涛同志也有过多次深刻的论述。

当习近平总书记接过历史重担之后，继承了毛泽东以来历代领导人倡导的科学态度，特别强调中国共产党人不是历史虚无主义者，不是文化虚无主义者，而是中华优秀传统文化的传承者和弘扬者。他说：人类已经有了几千年的文明史，任何一个国家、一个民族都是在承先启后、继往开来中走到今天的。当代中国是历史中国的延续和发展，当代中国思想文化也是中华传统思想文化的传承和升华，要认识今天的中国、今天的中国人，就要深入了解中国的文化血脉，准确把握滋养中国人的文化土壤。中国思想文化"体现着中华民族世世代代在生产生活中形成和传承的世界观、人生观、价值观、审美观等，其中最核心的内容已经成为中华民族最基本的文化基因"④。中华优秀文化积淀着中华民族最深沉的精神追求，是中华民族生生不息、发展壮大的丰厚滋养，也是中华民族的突出优势，是我们最深厚的文化软实力。"只有坚持从历史走向未来，从延续民族文化血脉中开拓前进，我们才能做好今天的事业。"⑤ "在

---

① 《毛泽东选集》第 2 卷，人民出版社 1991 年版，第 533—534 页。
② 《邓小平论教育》，人民教育出版社 1997 年版，第 195 页。
③ 《邓小平文选》第 3 卷，人民出版社 1993 年版，第 358 页。
④ 习近平：《在纪念孔子诞辰 2565 周年国际学术研讨会暨国际儒学联合会第五届会员大会开幕会上的讲话》，人民出版社 2014 年版，第 12 页。
⑤ 习近平：《在纪念孔子诞辰 2565 周年国际学术研讨会暨国际儒学联合会第五届会员大会开幕会上的讲话》，人民出版社 2014 年版，第 14 页。

带领中国人民进行革命、建设、改革的长期历史实践中,中国共产党人始终是中国优秀传统文化的忠实继承者和弘扬者,从孔夫子到孙中山,我们都注意汲取其中积极的养分。"① 习近平总书记鲜明地表达了我党对中华传统文化的科学态度。

二 对中华优秀传统文化价值的科学肯定

习近平总书记站在唯物主义历史观的高度,充分肯定了中华优秀传统文化的内在价值。

习近平总书记认为:第一,中华优秀传统文化是中华民族的"根"与"魂"。 他指出:文明特别是思想文化是一个国家、一个民族的灵魂。无论哪一个国家、哪一个民族,如果不珍惜自己的思想文化,丢掉了思想文化这个灵魂,这个国家、这个民族是立不起来的。对于中华民族而言,我们的优秀传统文化就是我们中华民族的"根"和"魂"。中华文明之所以历经五千多年而不衰,是世界几大古代文明中唯一没有中断的文明,就是因为没有抛弃传统,没有割断精神命脉,其"根"其"魂"一直延绵至今。因此,我们务必珍视这个"根"和"魂"。

习近平总书记站在时代的高度,纵览历史,深情地说:"博大精深的中华文化,为人类文明进步作出了不可磨灭的贡献。经过几千年的沧桑岁月,把我国 56 个民族、13 亿多人紧紧凝聚在一起的,是我们共同经历的非凡奋斗,是我们共同创造的美好家园,是我们共同培育的民族精神,而贯穿其中的、最重要的是我们共同坚守的理想信念。"②

---

① 习近平:《在纪念孔子诞辰 2565 周年国际学术研讨会暨国际儒学联合会第五届会员大会开幕会上的讲话》,人民出版社 2014 年版,第 13 页。

② 习近平:《在第十二届全国人民代表大会第一次会议上的讲话》,人民出版社 2013 年版,第 2—3 页。

中华优秀传统文化强调人在社会中的地位与责任，注重自强不息、厚德载物、刚健有为的理想信念和道德追求，这是中华民族最根本的精神基因。中华优秀传统文化所倡导的讲仁爱、重民本、守诚信、崇正义、尚和合、求大同等思想理念，牢固积淀在中国人的思维模式和行为方式中，深刻影响了一代又一代中华儿女。中华优秀传统文化是海内外华人共有的精神家园，是中华民族生命力、凝聚力、创造力的重要源泉。

第二，中华优秀传统文化是中华文明发展进步的精神力量。2014年9月24日，习近平总书记在出席纪念孔子诞辰2565周年国际学术研讨会上的讲话中指出："孔子创立的儒家学说以及在此基础上发展起来的儒家思想，对中华文明产生了深刻影响，是中国传统文化的重要组成部分。儒家思想同中华民族形成和发展过程中所产生的其他思想文化一道，记载了中华民族自古以来在建设家园的奋斗中开展的精神活动、进行的理性思维、创造的文化成果，反映了中华民族的精神追求，是中华民族生生不息、发展壮大的重要滋养。中华文明，不仅对中国发展产生了深刻影响，而且对人类文明进步作出了重大贡献。"[①]

儒家思想等中华传统文化中的优良成分在两千多年的发展进程中表现出三个特点：一是与其他学说既对立又统一，既相互竞争又相互借鉴，虽然儒家思想居于主导地位，但始终和其他学说处于和而不同的局面之中；二是与其他学说一同与时迁移、应物变化、不断更新；三是与其他学说一同坚持经世致用，发挥教化功能，把对个人、社会的教化同对国家的治理结合起来，相辅相成、相互促进。

基于以上分析，习近平总书记得出结论："包括儒家思想在内的中国传统思想文化中的优秀成分，对中华文明形成并延续发展几千年而从未中断，对形成和维护中国团结统一的政治局面，对形成

[①] 习近平：《在纪念孔子诞辰2565周年国际学术研讨会暨国际儒学联合会第五届会员大会开幕会上的讲话》，人民出版社2014年版，第4页。

和巩固中国多民族和合一体的大家庭，对形成和丰富中华民族精神，对激励中华儿女维护民族独立、反抗外来侵略，对推动中国社会发展进步、促进中国社会利益和社会关系平衡，都发挥了十分重要的作用。"①

第三，中华优秀传统文化是治国理政、安邦济世的思想资源。2013年3月7日，习近平总书记在中央党校建校80周年庆祝大会的讲话中指出："中国传统文化博大精深，学习和掌握其中的各种思想精华，对树立正确的世界观、人生观、价值观很有益处……学史可以看成败、鉴得失、知兴替。"②习近平总书记作为党和国家最高领导人，第一次比较系统地梳理了儒家思想和其他传统文化，提炼出了许多有助于治国理政、安邦济世的优秀思想。比如，关于道法自然、天人合一的思想，关于天下为公、大同世界的思想，关于自强不息、厚德载物的思想，关于以民为本、安民富民乐民的思想，关于为政以德、政者正也的思想，关于脚踏实地、实事求是的思想，关于经世致用、知行合一、躬行实践的思想，关于清廉从政、勤勉奉公的思想，关于俭约自守、力戒奢华的思想，关于和而不同、和谐相处的思想，关于安不忘危、存不忘亡、治不忘乱、居安思危的思想等，进而指出这些"哲学思想、人文精神、教化思想、道德理念等，可以为人们认识和改造世界提供有益启迪，可以为治国理政提供有益启示，也可以为道德建设提供有益启发"③。要解决当代人类面临的许多难题，不仅需要运用人类今天发现和发展的智慧，而且需要运用人类历史上储存的智慧。因此，"对传统文化中适合于调理社会关系和鼓励人们向上向善的内容，我们要结合

---

① 习近平：《在纪念孔子诞辰2565周年国际学术研讨会暨国际儒学联合会第五届会员大会开幕会上的讲话》，人民出版社2014年版，第5页。

② 习近平：《在中央党校建校80周年庆祝大会暨2013年春季学期开学典礼上的讲话》，人民出版社2013年版，第9页。

③ 习近平：《在纪念孔子诞辰2565周年国际学术研讨会暨国际儒学联合会第五届会员大会开幕会上的讲话》，人民出版社2014年版，第7页。

时代条件加以继承和发扬，赋予其新的涵义"①，使之造福人类。而要掌握这些治国理政、安邦济世的思想文化，就必须学习、学习、再学习，多读书，读好书。

第四，中华优秀传统文化是涵养社会主义核心价值观的道德源泉。中华传统文化素以道德教化为特色而闻名于世。习近平总书记在北京大学师生座谈会上指出："古人说：'大学之道，在明明德，在亲民，在止于至善。'核心价值观，其实就是一种德，既是个人的德，也是一种大德，就是国家的德、社会的德。"②将核心价值观归结为"德"的认知，是习近平总书记的一个学术理论创新，把多少年来见仁见智、若明若暗的问题一语道破，令人豁然开朗，如沐春风。他进而指出："国无德不兴，人无德不立。如果一个民族、一个国家没有共同的核心价值观，莫衷一是，行无依归，那这个民族、这个国家就无法前进。"③我国是一个有着13亿多人口、56个民族的大国，必须确立反映全国人民共同认可的价值观"最大公约数"，使全体人民同心同德、团结奋进，其功在当代，利在千秋。习近平总书记揭示了核心价值观的真谛。

在我国古代就有核心价值观。习近平总书记深情地指出："中华文明绵延数千年，有其独特的价值体系"④，"植根在中国人内心，潜移默化影响着中国人的思想方式和行为方式。今天，我们提倡和弘扬社会主义核心价值观，必须从中汲取丰富营养，否则就不会有生命力和影响力。"⑤他如数家珍，列举了"民惟邦本""和而

---

① 习近平：《在纪念孔子诞辰2565周年国际学术研讨会暨国际儒学联合会第五届会员大会开幕会上的讲话》，人民出版社2014年版，第7页。
② 习近平：《青年要自觉践行社会主义核心价值观——在北京大学师生座谈会上的讲话》，人民出版社2014年版，第4页。
③ 习近平：《青年要自觉践行社会主义核心价值观——在北京大学师生座谈会上的讲话》，人民出版社2014年版，第4页。
④ 习近平：《青年要自觉践行社会主义核心价值观——在北京大学师生座谈会上的讲话》，人民出版社2014年版，第7页。
⑤ 习近平：《青年要自觉践行社会主义核心价值观——在北京大学师生座谈会上的讲话》，人民出版社2014年版，第7页。

不同""天行健，君子以自强不息""大道之行也，天下为公""天下兴亡，匹夫有责""言必信，行必果""仁者爱人""与人为善""己所不欲，勿施于人""扶贫济困"等思想理念。习近平总书记说："像这样的思想和理念，不论过去还是现在，都有其鲜明的民族特色，都有其永不褪色的时代价值。"[①] 我们提倡的社会主义核心价值观，富强、民主、文明、和谐，自由、平等、公正、法治，爱国、敬业、诚信、友善，"把涉及国家、社会、公民的价值要求融为一体，既体现了社会主义本质要求"，又"充分体现了对中华优秀传统文化的传承和升华"。习近平总书记提出党员干部要做到的"三严三实"，也是从儒家几千年来倡导的"修身、齐家、治国、平天下""吾日三省吾身"等理念中提炼、改造而来。

第五，中华优秀传统文化是发展和平外交战略思想的文化基石。习近平总书记在不同场合和出访期间多次阐明了中国的和平外交政策，明确指出：中国走和平发展道路的自信自觉的一个重要原因，来源于中华文明的深厚根基。中华民族历来是一个爱好和平的民族，始终追求和平、和睦、和谐。中国人自古就推崇"协和万邦""亲仁善邻，国之宝也""四海之内皆兄弟也""亲望亲好，邻望邻好""国虽大，好战必亡"等和平思想。爱好和平的思想深深嵌入了中华民族的精神世界，今天依然是中国处理国际关系的基本理念。习近平总书记还特别将"亲、诚、惠、容"，作为睦邻、安邻、富邻的我国周边外交方针的"四字箴言"。

2015年9月28日习近平总书记在第七十届联合国大会上发表了题为《携手构建合作共赢新伙伴　同心打造人类命运共同体》的重要讲话，讲话中充分运用了我国传统文化"和而不同"的理念。他说："文明相处需要和而不同的精神。只有在多样中相互尊重、

---

① 习近平：《青年要自觉践行社会主义核心价值观——在北京大学师生座谈会上的讲话》，人民出版社2014年版，第7页。

彼此借鉴、和谐共存，这个世界才能丰富多彩、欣欣向荣。"①"文明之间要对话，不要排斥；要交流，不要取代。人类历史就是一幅不同文明相互交流、互鉴、融合的宏伟画卷。"② 习近平总书记明确表示："我们要在国际和区域层面建设全球伙伴关系，走出一条'对话而不对抗，结伴而不结盟'的国与国交往新路。大国之间相处，要不冲突、不对抗、相互尊重、合作共赢。大国与小国相处，要平等相待，践行正确义利观，义利相兼，义重于利。"③ "中国永不称霸、永不扩张、永不谋求势力范围。中国将始终做全球发展的贡献者，坚持走共同发展道路，继续奉行互利共赢的开放战略，将自身发展经验和机遇同世界各国分享，欢迎各国搭乘中国发展'顺风车'，一起来实现共同发展。"④ 习近平总书记的话，表达了中国人民共同的心声。

三 对中华优秀传统文化弘扬的大力倡导

如何继承传统文化，近代以来国人有不同的思路和做法，有两种走极端的做法是错误的：一种是把传统文化说得一团漆黑的文化虚无主义，另一种是死守旧有文化传统的文化保守主义。习近平总书记坚持取其精华、去其糟粕、批判改造、推陈出新、古为今用的方针。2014年2月17日，习近平总书记在中央党校的讲话中指出："要加强对中华优秀传统文化的挖掘和阐发，努力实现中华传统美德的创造性转化、创新性发展，把跨越时空、超越国度、富有永恒魅力、具有当代价值的文化精神弘扬起来，把继承优秀传统文化又弘扬时代精神、立足本国又面向世界的当代

---

① 《习近平在联合国成立70周年系列峰会上的讲话》，人民出版社2015年版，第18页。
② 《习近平在联合国成立70周年系列峰会上的讲话》，人民出版社2015年版，第18页。
③ 《习近平在联合国成立70周年系列峰会上的讲话》，人民出版社2015年版，第16页。
④ 《习近平在联合国成立70周年系列峰会上的讲话》，人民出版社2015年版，第19页。

中国文化创新成果传播出去。"① 一周后，也就是2月24日在中共中央政治局第十三次集体学习时，习近平总书记又一次强调，对优秀传统文化"要处理好继承和创造性发展的关系，重点做好创造性转化和创新性发展"②。

同年9月，习近平总书记在纪念孔子诞辰的国际学术研讨会上再次明确指出："我们要善于把弘扬优秀传统文化和发展现实文化有机统一起来，紧密结合起来，在继承中发展，在发展中继承。"③因为"传统文化在其形成和发展过程中，不可避免会受到当时人们的认识水平、时代条件、社会制度的局限性的制约和影响，因而也不可避免会存在陈旧过时或已成为糟粕性的东西。这就要求人们在学习、研究、应用传统文化时坚持古为今用、推陈出新，结合新的实践和时代要求进行正确取舍，而不能一股脑儿都拿到今天来照套照用。要坚持古为今用、以古鉴今，坚持有鉴别的对待、有扬弃的继承，而不能搞厚古薄今、以古非今，努力实现传统文化的创造性转化、创新性发展，使之与现实文化相融相通，共同服务以文化人的时代任务"④。因此，必须运用马克思主义的立场观点方法，厘清哪些是应该汲取的精华，哪些是必须剔除的糟粕；同时立足新的实践，对传统文化做出合乎逻辑的新阐释，为传统文化注入新的时代内涵。

习近平总书记在纪念毛泽东同志诞辰120周年座谈会上深情地说：我们"站立在960万平方公里的广袤土地上，吸吮着中华民族漫长奋斗积累的文化养分，拥有13亿中国人民聚合的磅礴之力，我们走自己的路，具有无比广阔的舞台，具有无比深厚的历史底

---

① 《习近平谈治国理政》，外文出版社2014年版，第106页。
② 《习近平谈治国理政》，外文出版社2014年版，第164页。
③ 习近平：《在纪念孔子诞辰2565周年国际学术研讨会暨国际儒学联合会第五届会员大会开幕会上的讲话》，人民出版社2014年版，第11页。
④ 习近平：《在纪念孔子诞辰2565周年国际学术研讨会暨国际儒学联合会第五届会员大会开幕会上的讲话》，人民出版社2014年版，第11页。

蕴，具有无比强大的前进定力。中国人民应该有这个信心"①。今天中国人民可以满怀自信地走在人类文明的大道上，有马克思主义的科学指导，有中华优秀传统文化的历史支撑，建设好中国特色社会主义，创造新辉煌！

---

① 习近平：《在纪念毛泽东同志诞辰120周年座谈会上的讲话》，人民出版社2013年版，第21页。

学会用马克思主义指导史学研究*
——纪念刘大年先生诞辰一百周年

今天，我们共聚一堂，纪念我国杰出的马克思主义史学家刘大年先生诞辰一百周年。我们回顾、缅怀他的生平业绩，也引发我们跨越时代的思考。

刘大年先生生于1915年，于1999年12月逝世，可以说与20世纪共始终。20世纪，是中国历经激荡变动、充满艰难曲折、跨越多个时代的大变革时期，刘大年先生从湖南乡间走出，在刚刚成年、满怀理想、开始人生之际，遭遇日本侵略中国的战争，在国家民族危亡关头，他没有袖手旁观，而是毅然投笔从戎，奔赴陕北，加入抗战行列，从此开始了投身于国家民族的独立、解放、建设事业而终生不懈奋斗的人生道路。他的爱国情怀、以天下为己任的责任感及战士般的激情，一直贯穿着他此后整个的人生历程，因此他被誉为战士型的学者。

刘大年先生从1949年以前就进入史学工作岗位。作为我国马克思主义史学的开拓者和奠基人之一，他在史学领域奋力开拓和辛勤耕耘半个多世纪，为马克思主义历史学在中国的发展，为1949年以后新中国历史学科的创建与发展，做出了杰出贡献。

刘大年先生是优秀的史学学术领导者和组织者，长期担任近代

---

* 该文系作者在中国社会科学院近代史研究所"纪念刘大年先生诞辰一百周年"座谈会上的讲话。原载《中国社会科学报》2015年8月1日，中国社会科学院《院内通报》2015年8月5日。

史研究所实际负责人、所长、名誉所长。中华人民共和国成立初期，百废待兴，他作为新中国史学界第一代领导人之一，协助郭沫若院长，参与筹建本院前身——中国科学院哲学社会科学部，参与组建中国科学院三个历史研究所，筹办《历史研究》杂志，参与制订哲学社会科学发展规划，为新中国历史学的创建和发展奠定了基础。此后他长期承担史学界的领导和组织工作，以其出色的领导和组织才能，主持中国史学会的工作，创建中国孙中山研究学会及中国抗日战争史学会，创办《近代史研究》《抗日战争研究》杂志。他主持举办一系列大型学术会议，在国内外史学界产生了广泛影响。自中华人民共和国成立初至改革开放以后，他参与或率领中国历史学代表团出访多个国家，结交各国史学同行，开展国际学术交流，为中国史学走向世界开辟了道路。

刘大年先生是著名的马克思主义史学家。他真诚服膺马克思主义唯物史观，以追求真理和科学的态度，执着不懈地探索史学诸问题，在探讨历史研究的指导思想、历史研究对象、历史前进动力、历史发展规律、中国近代史发展主线，以及在时代变动下史学研究如何突破等重要理论问题上，都提出过独到创见、富有新意的见解，引起学界的高度重视，引领了史学发展的潮流。他是我国哲学社会科学领域首批学部委员之一，在学术界享有盛名。

刘大年先生是视野广阔、在多个领域做出开拓性贡献的史学大家。他以强烈的现实关怀探索历史重要问题，以求真求实的态度从事学术研究。他在1949年前后撰写的《美国侵华史》，是最早研究近代中美关系的论著，出版后多次重印，翻译成各种外文文本，产生了广泛的社会影响。他主持编写《中国史稿》第四册和《中国近代史稿》（1—3册），力求构建新的中国近代史学科体系。他在20世纪60年代撰写的《论康熙》和在20世纪90年代撰写的《评近代经学》，横跨30年的研究时空，但都以其深厚学养和宏阔视野，大气磅礴，研究专深，深得学界的敬佩与好评。他对辛亥革命和孙中山的研究，突破教条主义的束缚，力求客观评价其历史地位。他在晚年又致力于抗日战争研究，组织撰写《中国复兴枢纽——抗日战争的八年》，突破旧观念形成的偏颇成说，强调共产党领导抗日战争的核心地位，提出抗战是中国复兴枢纽的核心观点，以及共产党与国民党共同抗战、正面战场与敌后战场相互配合等突破性观点，成为抗日战争史的开拓创新之作。他的学术论著和学术观点，不仅在国内学界，也在海外学界引起高度的重视和好评。

刘大年先生从参与创建近代史研究所，直至去世，长达半个世纪一直在近代史所工作，是近代史所的奠基人之一和长期的卓越领导者。他殚精竭虑，为近代史所的发展筹思谋划；他提倡严肃认真的科学研究，为组织领导近代史所的研究工作恪尽领导职责；他在工作中以宽阔的胸襟和包容的态度对待同志，关怀鼓励青年人的成长，组织培养学术队伍，提倡培育严谨求实的学风。在刘大年等老一辈学者的共同努力下，使近代史研究所这个本院最早成立的研究所，在国内外学界形成长久的学术权威地位和广泛的学术影响力。这些优良传统经过学者们的接续传承，形成近代史所的优良所风、学风，影响着一代代后继的近代史所人，使近代史所在学界一直享有良好的学术声誉。

刘大年先生离开我们已经 15 年了，他作为代表他那个时代的史学大家，在中国当代学术史和历史学发展史上留下了不可磨灭的印迹，也为我们后人留下了丰厚的遗产。由他的多位同事、朋友、学生、家人、研究者等通力合作，经过多方搜集、整理和编辑的《刘大年全集》即将出版，刘大年先生的学术遗产，将以此为载体永续传承于后世。这也是他为史学界承前启后的发展做出的贡献。

当今世界风云变幻，我国又进入深化改革新时期，新的时代需求也向史学及人文社会科学领域提出了许多新课题和新挑战。我院近年组织实施的创新工程，就是面对这一时代挑战，力求组织整合全院科研力量，进行创新性研究，以实现党中央提出的"三个定位"要求，推进国家改革事业，推进学术深入发展，贡献出我们优秀的研究成果，不负国家和人民赋予我们的责任，不负时代的使命。

我们要学习和继承刘大年等老一辈学者的社会责任感、时代敏锐性、学术创新意识、严谨求实的良好学风，在新的时代环境下，做出无愧于我们这个时代的应有贡献。这是在刘大年先生诞辰百年之际对他最好的纪念。

当自觉接受马克思主义指导的学问家*

今年是任继愈先生诞辰一百周年,纪念任先生百年诞辰有深刻的意义。任先生是我国著名的哲学家、宗教学家、历史学家、图书馆学家和教育家,是我国著名的哲学社会科学学者。纪念任先生百年诞辰,最根本的是学习他坚持以马克思主义指导哲学社会科学研究,对中国的哲学社会科学事业的发展、对中国哲学史、宗教学、图书馆学等学科的发展做出了卓有成效的贡献。

一 世界宗教研究所和马克思主义宗教学的创建者

1959年毛泽东同志曾经接见任先生,就中国哲学、宗教学等方面的问题与任先生有过一次谈话,这次谈话可以说对中国哲学、宗教学研究界具有深远影响。任先生曾经根据这次谈话写过回忆文章,但对谈话内容的叙述并不详细。① 近日任重、任远整理了这次谈话的记录,将毛泽东同志接见任先生的谈话主要分为四个部分:关于研究中国哲学史;关于哲学问题;关于逻辑学方面的问题;关

---

* 该文系作者2016年3月1日在"纪念任继愈先生诞辰一百周年"座谈会上的讲话。原载《世界宗教文化》2016年第2期;中国社会科学院《院内通报》2016年4月12日。
① 参见任继愈《忆毛主席谈古为今用》,《文汇报》1978年12月20日。

于百家争鸣和学术批判问题。毛泽东同志在谈话中高度肯定了任先生在宗教学研究尤其是佛教史研究方面的贡献，他说："你写的全部文章我都看过了"，"你写的佛教禅宗的文章我也看了。对于禅宗，我没有什么特别的看法，我完全同意你的意见。禅宗是主观唯心主义，完全抹杀它，是不行的"。毛泽东同志说任先生"首创运用马克思主义研究宗教学"，这是毛泽东同志对他开辟的哲学史、宗教学研究的新途径进行的肯定。毛泽东同志还对任先生的佛学研究给予了充分的肯定，并且指出"研究宗教非外行不行，宗教徒搞不清楚"，"因为他们对它有了迷信"。[①]

1963年12月，毛泽东同志在一个文件上写了一个批语："对世界三大宗教（耶稣教、回教、佛教），至今影响着广大人口，我们却没有知识，国内没有一个由马克思主义者领导的研究机构，没有一本可看的这方面的刊物。……用历史唯物主义的观点写的文章也很少，例如任继愈发表的几篇谈佛学的文章，已如凤毛麟角，谈耶稣教、回教的没有见过。不批判神学就不能写好哲学史，也不能写好文学史或世界史。"[②] 这段话中对任先生的佛学研究进行了高度肯定。1964年8月，毛泽东同志在北戴河的一次谈话中，再次谈到了任先生和佛学，再次提到很欣赏任先生关于佛学研究的文章。

在此之后毛泽东同志再次做出批示，根据批示成立了中国科学院哲学社会科学部（简称"学部"）世界宗教研究所，任先生是第一任所长。从筹建到1966年5月"文化大革命"开始，主要是做聚集和培养人才、系统了解和掌握宗教动态几项工作，在马克思主义指导下做开创性的理论研究。研究所下设佛教、基督教和伊斯兰教三个研究室，首先进行了各国宗教概况的调查，并且出版了自己的期刊《世界宗教动态》。这是中国第一个研究世界宗教的学术机构，1978年中国社会科学院成立以后，改称为世界宗教研究所。

---

① 参见《一份谈话记录和半个世纪的演绎》，《中华读书报》2016年4月6日。
② 《毛泽东文集》第8卷，人民出版社1996年版，第353页。

任先生从担任世界宗教研究所所长，至1987年担任国家图书馆馆长，并兼任世界宗教研究所名誉所长，前后一共45年。可以说，中国社会科学院世界宗教研究所的发展离不开任先生。任先生是世界宗教研究所的奠基人，也是马克思主义宗教学的创建人。

二 坚持以马克思主义立场、观点、方法指导学术研究

任先生一生的学术经历和贡献可以从四个方面高度概括：

第一，以马克思主义的立场、观点、方法指导中国哲学史研究。任先生是中国最著名的中国哲学史家，他自觉地以马克思主义为武器指导中国哲学史研究，做出了卓越贡献。20世纪60年代任先生主编了至今影响很大的四卷本教科书《中国哲学史》，近年来仍然在出版，并且是很多高校和科研院所研究生的必读书目。"文化大革命"中期，任先生接到任务，要求集中几个人编一本新的《中国哲学史》。在当时的政治重压下，任先生带领几位科研人员编写了《中国哲学史简编》（1973年10月编完），出于知识分子的良知，该书尽力做到了尊重史实。尽管这几部教科书受到广泛的欢迎，但是任先生自己却对这几部书有不满意之处，于是在20世纪80年代主编了《中国哲学发展史》。《中国哲学发展史》是一部优秀的哲学史家著作，自出版后，学术界评价良好，是一部经得起考验的作品。

任先生曾在北京大学获硕士学位，后在北大执教。我曾是北大哲学系的学生。任先生的《中国哲学史》是北大学生学习中国哲学史的基本教科书。我作为学生，至少读了六遍这本书。我对于中国哲学史的入门学习就是依靠任先生的书来进行的。任先生在中国哲学史研究方面走出了一条以马克思主义思想观点来梳理中国哲学史的研究道路。我记得任先生有一句话：不关注人、不关注社会问题

的学问是假学问。任先生在中国哲学史的研究上实践了他的治学观点。

第二，奠定了马克思主义宗教学的基础。任先生创立了马克思主义宗教学。他的观点是，国家要研究宗教，是继承发扬中华传统文化、促进民族团结、参与国际交流和构建新的社会共识、促进社会各方面发展的大事；信徒可以研究宗教，但承担不起此重任；研究宗教讲无神论，避免先入为主、人为造成局限，使研究丧失科学性。任先生指出，学者和信徒的研究，如果要比喻一下，那就是：人站在神像前，能看到神像雕塑整体的完美，跪在神像前，只能看到神像脚的一个部分。他认为只有以历史唯物主义观点来研究宗教，才能做到科学，既不走样，也不迷信，既不完全肯定宗教，也不会轻率地对之加以否定。我觉得这是他研究世界宗教，建立马克思主义宗教观中最为核心的理念。任先生虽然是宗教学者，但是他不信教，他提倡无神论。1956年，任先生加入中国共产党，从此他一生和我党的理论事业、和新中国哲学社会科学事业密不可分。

任先生是我国著名国学大师汤用彤先生的弟子，他的佛教研究继承了上一代学者的学术传统，同时又有自己的开创性思路。他以马克思主义为指导研究佛教，是对上一代学者学术传统的进一步发展。毛泽东同志在与任先生的谈话中以及在其他场合，曾多次赞扬过任先生所著的佛学研究文章。1962年，任先生将自己1955—1962年发表的关于佛教研究的7篇论文（其中包括与汤用彤先生合写的一篇）结集出版，题为《汉唐中国佛教思想论集》（生活·读书·新知三联书店1963年版）。这7篇文章的题目是：《汉唐时期佛教哲学思想在中国的传播和发展》、《南朝晋宋间佛教般若、涅槃学说的政治作用》（与汤用彤合著）、《天台宗哲学思想略论》、《华严宗哲学思想略论》、《禅宗哲学思想略论》、《论胡适在禅宗史研究中的谬误》（作为前一篇的附录）、《法相宗哲学思想略论》。这部著作出版以后，得到了国际佛教研究界的高度评价，以此为契机，建立了与国外学术界互相交流的长期机制。

第三，运用马克思主义世界观方法论研究分析中国传统文化。任先生是著名的图书馆学者，其在担任国家图书馆馆长、名誉馆长期间，运用马克思主义世界观方法论，对中国传统文化加以研究分析，去粗取精，剔除糟粕，留下精华，特别是在古籍整理、孤本、善本的开发和利用上做出了开拓性的学术研究，对中国图书馆事业做出了重要贡献。

1982年，任先生在古籍整理规划会上提出，佛教典籍作为千百年流传下来的文化遗产，亟须运用马克思主义世界观方法论通过整理加以保护。后经批准成立了大藏经编辑局。任先生主编的《中华大藏经》，以《赵城金藏》为基础，用其他各种现存的大藏经进行比照，编成《中华大藏经·上编》107卷，先后有160多人参与工作，历时十余年，集中了大量人力、物力，这些都离不开任先生的努力。《中华大藏经（汉文部分）》正编，是中华人民共和国成立以后学术界整理佛教文献的重大成果，也是我国学术界在传统文化领域的一项重大研究成果。这套书先后获得全国古籍整理成果一等奖、全国图书奖荣誉奖、中国社会科学院优秀科研成果荣誉奖，被列入国家领导人赠送外国的国礼之一。国际佛学界对《中华大藏经（汉文部分）》也给予了充分肯定。

第四，任先生是马克思主义的哲学社会科学教育家。任先生在中国哲学史、宗教学、历史学、图书馆学等领域都有非常高的造诣，他的为人、他的学问、他的书都对我们后辈起到了非常深的教育作用。任先生曾在北京大学哲学系任教，先后开设中国哲学史、宋明理学、华严宗研究、佛教著作选读、隋唐佛教等课程。筹建世界宗教研究所之后，于1978年起招收宗教学硕士生、博士生，1985年起与北大合作培养宗教学本科生，为国家培养了大批宗教学研究人才。我虽然没有受到任先生的直接指导，但是任先生在马克思主义宗教学领域的研究，在以马克思主义为指导的中国哲学史领域的研究方面，他的学术思想至今都还影响着我，也影响着学界。他是最著名的、最受学者和年轻人拥戴的、自觉接受马克思主义指导的学术大师。

今天我们纪念任先生诞辰一百周年，一方面深切缅怀任先生，另一方面也希望世界宗教研究所能够继续坚持任先生所坚持的马克思主义立场、观点和方法，继续坚持任先生做学问的宗旨，进一步推动马克思主义宗教学研究的发展，进一步推动世界宗教研究所的发展。

自觉接受马克思主义指导[*]

一 学会用马克思主义立场、观点、方法指导哲学社会科学研究

2015年在中国社会科学院的发展史上是极为重要的一年，是经受全面从严治党、全面从严治院洗礼的一年。从巡视组反馈情况来看，我院存在许多亟须整改的问题，最主要的就是：党的领导弱化，党的建设缺失，全面从严治党不力，纪检监察偏软；马克思主义在不少学科被边缘化，马克思主义阵地建设堪忧，意识形态问题突出等这样两大突出问题。彻底整改这两个问题的根本办法，一是坚持党的领导，加强党的建设，全面从严治党；二是坚持和加强马克思主义在哲学社会科学的指导地位。这就要求我们必须做到姓"党"信"马"。共产党和马克思主义是紧密相连、密不可分的。什么叫共产党？共产党就是无产阶级政党。什么叫马克思主义？马克思主义就是无产阶级政党必须秉持的世界观方法论，是指导共产党全部言行的理论基础。姓"党"必信"马"，信"马"必姓"党"。姓"党"信"马"，这是对我们每个党员领导干部最基本的要求。

---

[*] 该文系作者在中国社会科学院2016年4月25日第六期所局级主要领导干部马克思主义经典著作读书班上的动员讲话。原载《世界社会主义研究动态》2016年6月3日。

习近平总书记指出，全面依法治国，必须抓住领导干部这个"关键少数"。解决我院巡视暴露出来的突出问题，解决姓"党"信"马"的问题，同样必须抓住我院所局级主要领导干部这个"关键少数"。解决这个"关键少数"，最根本的一条就是抓住提高马克思主义理论水准和运用马克思主义指导研究能力的问题，这是最关键的环节，解决了它，我院的许多问题就会迎刃而解。毛泽东同志1938年10月14日在《中国共产党在民族战争中的地位》一文中指出："如果我们党有一百个至二百个系统地而不是零碎地、实际地而不是空洞地学会了马克思列宁主义的同志，就会大大地提高我们党的战斗力量，并加速我们战胜日本帝国主义的工作。"[1] 把这句话用在我院，如果我们百名左右的所局级主要领导干部系统地而不是零碎地、实际地而不是空洞地学会了马克思主义，具有较高的马克思主义理论水准，能够运用马克思主义指导哲学社会科学研究，那么就可以大大地提高我们运用马克思主义指导科研的能力，并加速实现中央"三个定位要求"的进程，充分发挥阵地、殿堂和智库三大功能。

加强我院"关键少数"的马克思主义理论武装，解决好姓不姓"党"、信不信"马"的问题，是加强我院建设的一条根本性的战略举措。为了实现这一战略举措，党组连续五年举办所局级领导干部读书班。2011年5月，党组举办第一期所局级领导干部读书班，读《共产党宣言》，学习毛泽东、邓小平、江泽民、胡锦涛等党和国家领导人的重要讲话。2012年5月，举办第二期读书班，读《路德维希·费尔巴哈和德国古典哲学的终结》，学习中央领导同志的重要讲话。2013年5月，举办第三期读书班，学习习近平总书记系列重要讲话。2014年3月，举办第四期读书班，读《资本论》，学习习近平总书记系列重要讲话。2015年3月，举办第五期读书

---

[1] 《毛泽东选集》第2卷，人民出版社1991年版，第533页。

班,读《国家与革命》《论人民民主专政》,学习习近平总书记系列重要讲话。这次是第六期读书班了。

党组一贯要求我院领导干部,要提高以马克思主义指导哲学社会科学研究的能力,学会运用马克思主义立场、观点和方法指导哲学社会科学研究。要求我院的"关键少数",学好、弄懂、坚信、真用马克思主义,要学在前、懂在前、信在前、用在前。如果我院的"关键少数"做到了这一条,我院就会立足于不败之地。

"真学、真懂、真信、真用",四句话好说,但不好做,真正做到不容易。首先是真学。认真刻苦读马列的书,弄懂弄通马克思主义,真正树立马克思主义世界观,掌握马克思主义方法论,学是基础。要像毛泽东同志那样"活到老,学到老,人生八十还生巧"。毛泽东同志一生刻苦研读马列,为我们树立了光辉典范。据考证,毛泽东同志一生五次集中研读《资本论》。毛泽东同志早在1920年通过李汉俊翻译的《马格斯资本论入门》就接触了《资本论》。1932年4月,中央红军打下漳州,毛泽东同志得到并读过《资本论》。毛泽东同志在延安时期阅读了1938年读书出版社印发的郭大力、王亚南翻译的《资本论》中文全译本,阅读了1939年11月解放社出版的由何锡麟翻译的《〈资本论〉提纲》。解放后,1954年,毛泽东同志读过另一套《资本论》。从1968年直到逝世,毛泽东同志用了很长时间阅读了由人民出版社于1968年出版的16开大字本《资本论》。

古人说,"学然后知不足",只有学,才能知道自己理论水平的浅薄。我们在座的许多人不是博士,就是研究员、学部委员、知名学者,你在你的那门学问里,可能做得不错,但在马克思主义这个大学问里,要主动找差距。只有"知不足",才能认真学、深刻学、反复学。在学的基础上,弄懂弄通马克思主义基本道理。只有弄懂弄通马克思主义道理,才能在头脑中牢牢树立马克思主义世界观方法论。学马列,不是要会背诵马克思主义一两个词句,而是要解决好世界观、方法论，解决好立场、观点和方法，解决好联系实际、联系群众，解决好把马克思主义运用到实际科研中去，能分清哪些是正确的东西、哪些是错误的东西。譬如，哪些是必须坚持的四项基本原则，哪些是必须批判的资产阶级错误思潮？哪些是社会主义市场经济改革方向，哪些是资本主义市场经济取向？哪些是中国特色社会主义依法治国和依宪治国，哪些是资本主义宪政民主？……在真懂的基础上，才能真信、坚信马克思主义。在真懂、真信的基础上，才能做到真用。

这次读书班主要读三篇著作：恩格斯的《卡尔·马克思》、列宁的《卡尔·马克思》《弗里德里希·恩格斯》。这三篇著作通俗易懂，文字不长，但马克思主义基本观点阐述得明明白白，同志们一定要读进去。这次推荐给大家的马克思《〈政治经济学批判〉序言》和《〈政治经济学批判〉导言》，过去已推荐给大家，这次还可以再读一下。听三堂课：辩证唯物主义、历史唯物主义、马克思主义政治经济学。学三大道理：辩证唯物主义原理、历史唯物主义原理、马克思主义政治经济学原理。要结合党中央关于"两学一做"学习教育实际，把习近平总书记系列重要讲话贯穿起来通读。党组希望通过举办读书班来带动"关键少数"对马克思主义，对习近平总书记系列重要讲话的真学、真懂、真信、真用，从而指导我们的实际工作。办班只是带动大家学，"师父领进门，修行在个人"，能不能真学真用，关键在自己是否自觉坚持学、坚持用，当好全院学、用马克思主义的带头人。

二 学习和掌握马克思主义的两个伟大发现

恩格斯《在马克思墓前的讲话》中高度评价了马克思作为最伟大的思想家和革命家对人类思想史和世界工人运动做出的巨大贡献，指出马克思一生对人类思想做出了两个最伟大的贡献：一是发现了人类历史的发展规律，创立了唯物史观；二是发现了剩余价值的秘密，创立了剩余价值理论。①

马克思发现了人类历史的发展规律，创立了历史唯物主义；运用历史唯物主义分析资本主义社会，发现了现代资本主义生产方式和它所产生的资产阶级社会的特殊运动规律，创立了剩余价值学说；指明了资本主义必然灭亡的历史趋势和人类社会发展的共产主义前途，揭示了无产阶级的历史使命，找到了工人阶级这一实现深刻社会变革的主体力量，从而使社会主义从空想变成了科学。马克思的两个伟大发现构筑了马克思主义全部理论的坚实基础。

第一，唯物史观完成了人类思想史上历史观的伟大变革，是工人阶级政党必须掌握的最锐利的思想武器。

唯物史观的发现是马克思对人类思想做出的划时代的伟大贡献。恩格斯把唯物史观看作马克思的"第一个伟大发现"。②列宁认为，"马克思的历史唯物主义是科学思想中的最大成果"。③

1. 为什么唯物史观是马克思"第一个伟大发现""科学思想中的最大成果"

从人类哲学思想史来看，在马克思之前，从古希腊时期的泰勒斯、德谟克利特、赫拉克利特唯物主义，一直到19世纪德国古典哲学的费尔巴哈唯物主义，应该说唯物论已经发展到了人类思想的高峰。辩证法在马克思之前，黑格尔唯心主义辩证法已经发展到了人类思想的高峰。黑格尔是辩证法大师，但是他的辩证法是装在唯心主义的框架里的，费尔巴哈唯物主义反而是形而上学的。

在马克思主义第一个伟大发现产生之前，人类始终陷于唯心主义历史观的思想迷途中而不能自拔，众多思想家对历史规律进行过多方面探索，但对于历史之谜的回答不外乎有两类：一类是唯心主

---

① 参见《马克思恩格斯全集》第25卷，人民出版社2001年版，第534页。
② 《马克思恩格斯选集》第3卷，人民出版社2012年版。
③ 《列宁全集》第23卷，人民出版社2017年版，第45页。

义的回答。这种回答或把历史发展的最终原因归结为神、天命、独立于人之外的某种精神等的客观唯心主义；或把历史发展的最终原因归结为人的理性、情感、动机和意识等的主观唯心主义。另一类是旧唯物主义的回答。这种回答由于只是简单地把历史发展的原因归结为某种具体的物质，最终又陷入唯心主义的泥坑。总之，旧的历史观都是唯心史观，它们在考察社会历史时，被社会领域和历史过程的特殊性所迷惑，只是看到了人们从事历史活动的思想动机，而没有进一步探究隐藏在思想动机背后的原因；只是看到了在社会历史领域中起作用的精神动力，而没有发现动力的动力是什么，没有看到隐藏在精神动力背后的物质动因，将精神动力看成社会发展的终极原因，从而在历史观上仍旧陷入唯心主义的泥沼。

综观一切旧历史观，有两个根本缺陷：一是从思想原因而不是从物质经济根源，来说明人类历史活动的动因和社会发展的动力，这就是旧历史观的思想动机论。二是只看到少数历史人物的作用，忽视人民群众是真正的历史主人，抹杀了人民群众在历史发展中的决定作用，这就是旧历史观的英雄史观。英雄史观看不到人民群众创造人类历史、推动社会进步的动力作用，将历史发展的根本原因归诸帝王将相、英雄豪杰的个人意志，认为仅是一个好念头可以使国泰民安，一个怪想法可以使国破家亡、生灵涂炭。英雄史观说到底还是唯心主义旧历史观。

唯物史观是特定历史条件的产物，也是人类认识发展的必然结果。资本主义社会化大生产、明晰的阶级分野和经济社会结构为唯物史观的产生创造了必要的客观条件，而唯物史观的创立离不开马克思基于实践的理论创新。为什么马克思的前人一直无法正确回答历史的原因呢？问题出在哪里？解开这个谜，恰恰正是马克思历史观的超人之处、伟大之处。这让我想到著名哲学家罗素1901年提出的"理发师的胡子该由谁来刮"的著名悖论：在某个城镇中只有一位理发师，他打出这样的广告："我只为本城所有不给自己刮脸的人刮脸。"来找他刮脸的人络绎不绝,自然都是那些不给自己刮脸的人。有一天,这位理发师从镜子里看见自己的胡子长了,他本能地抓起了剃刀,你们看他能不能给他自己刮脸呢?如果他不给自己刮脸,他就属于"不给自己刮脸的人",他就要给自己刮脸;如果他给自己刮脸,他又属于"给自己刮脸的人",他就不该给自己刮脸。这就是化解不开的罗素悖论。

悖论是指二律背反,互相矛盾,无法解开的难题。实际上,对历史发展原动力的解释在人类思想史的发展进程中,不要说唯心主义者,连唯物主义哲学家也陷入了不可解的悖论之中。比如,法国资产阶级启蒙哲学家孟德斯鸠认为,不同气候的特殊性对各民族生理、心理、气质、宗教信仰、政治制度有决定性作用,提出了"地理环境决定论",这个结论表面看是唯物主义的。但他认为,地理环境决定人的理性,人的理性又决定政治、法律制度。孟德斯鸠的地理环境决定论从唯物主义命题出发,又返回到人的理性决定社会存在的唯心主义的老路上了。18世纪法国唯物主义哲学家爱尔维修有句名言:"人是环境的产物。"他认为,环境主要体现为政治制度,政治制度是由谁决定的呢?是由人的意见决定的,同样绕了一圈又绕回来了,怎么也绕不开唯心主义结论。

德国人本唯物主义哲学家费尔巴哈冲破了黑格尔的唯心主义,认为是感性的人、肉体的人决定了历史的发展。但是在费尔巴哈眼中,感性的、肉体的人是没有能动性的,是被动的,不是社会的、实践的人,不是现实社会的活生生的人,而是抽象的人。历史是由谁决定的呢?他认为,是由人所具有的抽象的、永恒的普遍之爱决定的,抽象的"爱"是决定历史发展的动力,这又回到了二律背反的悖论问题上了。用唯心主义来解释历史,显然是错误的,而旧唯物主义者把历史发展原因归结为某种实在的物质肯定也是不行的。而把历史发展原因归结为被动、抽象的人,看上去是唯物的,但实际上又回到抽象的人性、人的理念、人的自我意识等唯心的结论上了。

马克思在《关于费尔巴哈的提纲》中提出了"实践的唯物主义",①彻底解决了旧历史观的悖论问题。他强调"感性的人的活动",即实践的作用。人的本质在其现实性上,"是一切社会关系的总和","全部社会生活在本质上是实践的"②。马克思在批判费尔巴哈人本唯物主义基础上,形成了科学实践观,找到既是肉体的、物质的,又是能动的、实践的、现实的人,而人的物质生产劳动实践活动是马克思全部发现的核心秘诀,他把人的物质性和能动性全部结合在人的生产劳动实践中,从而,既唯物地又辩证地解开了唯心主义历史观的悖论死结。《提纲》是"包含着新世界观的天才萌芽"的第一个文献,标志着历史唯物主义的起源。

与以往的唯心主义历史观相反,马克思在考察社会历史、寻找社会发展的真实动因时,不是从主观意识、客观精神、上帝、神意或抽象的人性出发,而是从现实的人及其活动出发,从现实的人的物质生活条件出发,从现实的人的生产活动实践及其经济社会关系出发。在马克思看来,"有生命的个人的存在"是全部人类历史的第一个前提。人们为了创造历史,必须能够生活。为了生活,就必须进行物质生活资料的生产。物质生产是人类的第一个历史活动,是一切历史的基本条件。追求生存发展需要满足的物质生产活动,是人们的一切思想动机背后的最深刻的物质根源;人们所从事的物质资料生产,是社会发展的根本原因。人类社会的经济关系,以及其派生的政治关系、思想文化关系等一切社会关系都是在物质生产基础上建构起来的,并随着物质生产的发展变化而发展变化;必须从人类生存发展的物质经济基础出发来说明人类社会的发展变化和社会历史现象,而不是相反。

---

① 《马克思恩格斯选集》第1卷,人民出版社2012年版,第155页。
② 《马克思恩格斯选集》第1卷,人民出版社2012年版,第133—136页。

2. 历史唯物主义理论体系的主要观点

马克思在《〈政治经济学批判〉序言》中关于历史唯物主义基本思想做了精辟论述和概括，论证了历史唯物主义的基本范畴和规律，大致勾画出了历史唯物主义理论体系的基本框架和主要理论观点，如生产观点、阶级观点和群众观点，还有社会存在和社会意识相互关系理论、社会经济形态理论、社会基本矛盾理论、国家、社会革命和无产阶级专政理论、社会意识形态理论、社会利益理论、人和人的自由全面发展理论……学习、掌握历史唯物主义，要贯彻少而精的原则，最重要的是理解和掌握历史唯物主义的基本观点和基本原理，理解和掌握其中所贯彻的科学世界观方法论，并运用到认识社会、改造社会的社会实践中去。

唯物史观最根本的是三大基本观点。

第一个观点是生产的观点。人类的物质生产劳动实践是一切社会存在的前提和基础。在生产劳动实践中，人与自然发生关系构成生产力，人与人之间发生关系构成生产关系，生产力与生产关系结合成生产方式，生产方式的演变决定社会形态的演变。生产关系的总和构成经济基础，经济基础之上是上层建筑，上层建筑又分为政治的上层建筑和意识形态的上层建筑。生产力与生产关系、经济基础与上层建筑的对立统一关系构成社会基本矛盾，社会基本矛盾运动推动社会历史发展，生产力是社会历史发展的决定性力量。当然，上层建筑相对经济基础来说，生产关系相对生产力来说，具有相对独立性，意识形态上层建筑可以反作用于政治上层建筑，从而反作用于经济基础；生产关系可以反作用于生产力。生产关系一定要适应生产力的发展，上层建筑一定要适合经济基础的需要，这是社会历史的基本规律。

第二个观点是阶级的观点。社会基本矛盾在阶级社会表现为阶级差别、阶级矛盾和阶级斗争。原始社会解体以来的全部历史都是阶级斗争的历史，阶级斗争贯穿阶级社会的全部发展过程，推动了阶级社会的发展。

　　阶级与阶级斗争理论是马克思主义的一个基本观点，然而最早发现阶级和阶级斗争的，既不是马克思，也不是恩格斯。在马克思之前，资产阶级思想家已经发现资本主义社会中有阶级的存在，发现了各阶级之间的斗争。马克思自己就曾说过："无论是发现现代社会中有阶级的存在或发现各阶级间的斗争，都不是我的功劳。在我以前很久，资产阶级历史编纂学家就已叙述过阶级斗争的历史发展，资产阶级经济学家也已对各个阶级作过经济上的分析。"① 英国资产阶级古典经济学的重要代表人物亚当·斯密，第一次从经济上揭示了资本主义社会的阶级结构和阶级分野，他认为，资本主义社会有三大基本阶级：地主阶级、工人阶级和资产阶级，他们分别以土地地租、劳动工资和资本利润为其经济收入。同样也是英国资产阶级古典经济学家代表人物的大卫·李嘉图揭示并说明了阶级以及阶级之间的经济对立。19世纪法国复辟时期的历史学家基佐、梯也里、米涅等，已经叙述了中世纪以来阶级斗争的历史发展，指出这是理解中世纪以来法国历史的钥匙，是当时历史发展的动力。19世纪空想社会主义者也意识到了阶级与阶级斗争，恩格斯认为圣西门"认识到法国革命是贵族、资产阶级和无财产者之间的阶级斗争，这在1802年是极为天才的发现"②。但是，由于他们都是站在唯心史观的立场上，并不认识资本主义生产方式的内在矛盾，不可能揭示阶级产生和消灭的根源和途径。

　　在资产阶级思想家已有的思想成果基础上，马克思在给约瑟夫·魏德迈的信中谈道，关于阶级和阶级斗争，"我所加上的新内容就是证明了下列几点：（1）阶级的存在仅仅同生产发展的一定历史阶段相联系；（2）阶级斗争必然导致无产阶级专政；（3）这个

---

① 《马克思恩格斯选集》第4卷，人民出版社2012年版，第425—426页。
② 《马克思恩格斯选集》第3卷，人民出版社2012年版，第646页。

专政不过是达到消灭一切阶级和进入无阶级社会的过渡……"①

坚持阶级的观点，就要运用阶级分析方法。既然阶级和阶级斗争是一定历史阶段的客观存在，在研究阶级社会的历史现象时，就不能不使用阶级分析方法。如果不承认马克思主义阶级观点和无产阶级专政学说，就是阉割唯物史观，就不是马克思主义。毛泽东同志最初接受马克思主义时说道，"我知道人类自有历史以来就有阶级斗争，阶级斗争是社会发展的原动力，初步地得到认识问题的方法论"，"只取了它四个字：'阶级斗争'"②。正是因为我们党抓住了旧中国社会发展的主要矛盾，找到了解决中国当时问题的社会革命的办法，领导了大规模的疾风暴雨似的群众性的阶级斗争，才推翻了三座大山，建立了新中国。但是，在新的历史条件下，坚持"以阶级斗争为纲"是错误的，不能再犯阶级斗争扩大化的"左"倾严重错误，再犯发动"文化大革命"内乱的严重错误了。因为形势和社会条件已经发生了变化，在我国，社会主义制度确立之后，阶级斗争已经不是我国社会的主要矛盾，主要矛盾是人民内部矛盾，不能把不属于阶级斗争的问题仍然当作阶级斗争，应该主要用解决人民内部矛盾的办法，用民主和法制的手段来处理社会矛盾，把工作重点转移到经济建设上来。但是不要忘记，阶级斗争还将在一定范围内长期存在。当前对历史虚无主义、普世价值、宪政民主、新自由主义、民主社会主义等错误思潮的批判，从根本上说，如果没有唯物史观作指导，没有阶级分析，是批不透彻的。

讲到这里使我想到1961年浙江绍剧《孙悟空三打白骨精》进京，郭沫若观后题诗一首："人妖颠倒是非淆，对敌慈悲对友刁。咒念金箍闻万遍，精逃白骨累三遭。千刀当剐唐僧肉，一拔何亏大圣毛。教育及时堪赞赏，猪犹智慧胜愚曹。"他认为唐僧认敌为友，是非混淆，连猪八戒都不如。毛泽东同志1961年11月17日挥毫

---

① 《马克思恩格斯选集》第4卷，人民出版社2012年版，第425—426页。
② 毛泽东：《关于农村调查》，《毛泽东农村调查文集》，人民出版社1982年版，第21、22页。

写下《七律·三打白骨精·和郭沫若同志》："一从大地起风雷，便有精生白骨堆。僧是愚氓犹可训，妖为鬼蜮必成灾。金猴奋起千钧棒，玉宇澄清万里埃。今日欢呼孙大圣，只缘妖雾又重来。"他认为唐僧糊涂，但可以教育。如果不把妖魔消灭掉，就会成灾，幸亏孙悟空火眼金睛识真伪，透过表面现象，认清白骨精的本质，"奋起千钧棒"，"澄清万里埃"。唯物史观的阶级分析方法就是"火眼金睛""千钧棒"，使人们在错综复杂、扑朔迷离的社会现象中，理出一条清晰的线索，分清是非敌我。

2000年6月，江泽民同志就讲过："我们纠正过去一度发生的'以阶级斗争为纲'的错误是完全正确的。但是这不等于阶级斗争已不存在了，只要阶级斗争还在一定范围内存在，我们就不能丢弃马克思主义的阶级和阶级分析的观点和方法。这种观点与方法始终是我们观察社会主义与各种敌对势力斗争的复杂政治现象的一把钥匙。"①《党章》《宪法》和《关于建国以来党的若干历史问题的决议》都明确并强调了这个观点。习近平总书记也始终坚持马克思主义的政权观点。

第三个观点是群众观点。只有人民才是历史发展的真正动力。人民群众是历史的创造者，是物质财富和精神财富的创造者，是社会变革的决定力量。一切为了群众、一切依靠群众，从群众中来，到群众中去，密切联系群众，是我们党的根本路线。

历史唯物主义的创立，是人类思想史上的一场伟大革命，它将唯心主义从社会历史领域中彻底清除出去，从而彻底地解决了历史观领域唯心主义占统治地位的状况，实现了自然观上的唯物主义与历史观上的唯物主义的统一，使马克思主义哲学成为彻底的和完备的唯物主义学说。

习近平总书记指出，在革命、建设、改革的各个历史时期，我

---

① 《江泽民论有中国特色社会主义（专题摘编）》，中央文献出版社2002年版，第34页。

们党运用历史唯物主义，系统、具体、历史地分析中国社会发展的规律，在认识世界和改造世界过程中不断把握规律、积极运用规律，推动党和人民事业取得了一个又一个胜利。历史和现实都表明，只有坚持历史唯物主义，我们才能不断把对中国特色社会主义规律的认识提高到新的水平，不断开辟当代中国马克思主义发展新境界。

第二，马克思主义政治经济学是经过时间和实践检验的真理，是指导无产阶级政党全部事业的理论指南。

剩余价值理论是马克思又一个伟大发现，奠定了马克思主义政治经济学的基石。习近平总书记强调："马克思主义政治经济学是马克思主义的重要组成部分，也是我们坚持和发展马克思主义的必修课。""现在各种经济学理论五花八门，但我们政治经济学的根本只能是马克思主义政治经济学，而不能是别的什么经济理论。""在我们的经济学教学中，不能食洋不化，还是要讲马克思主义政治经济学。当代中国社会主义政治经济学要大讲特讲，不能被边缘化。"[1]

1. 为什么必须坚持和发展马克思主义政治经济学

首先，马克思主义政治经济学贯穿的立场、观点、方法是我们观察问题和解决问题的最锐利的思想武器。

读《资本论》、学习马克思主义政治经济学，最根本的是要掌握其中一以贯之的立场、观点和方法，这是我们必须掌握的思想武器。毛泽东同志在1941年发表的《改造我们的学习》一文中指出，学习马克思主义，正确的态度是从马克思主义中找立场、找观点、找方法，学会运用马克思主义的立场、观点、方法分析具体问题，从中找出规律，上升到理论，以指导我们的实践。

马克思主义政治经济学：一是提供了认识问题的基本立场。马

---

[1] 习近平：《不断开拓当代中国马克思主义政治经济学新境界》，《求是》2020年第16期。

克思主义政治经济学"经济"前边有"政治"两个字,现在许多人讲经济学不讲政治。政治是什么?在阶级社会,首先就是阶级立场。站在什么人立场上,为什么人说话,这就是立场问题。立场问题非常重要,立场错了,出发点就错了。马克思是站在工人阶级的立场上来看待资本主义经济现象。工人阶级就阶级性来讲,是消灭剥削制度和阶级差别的最后一个阶级,是最大公无私的、代表先进生产力的先进阶级,只有站在工人阶级立场上才能秉持正确的世界观方法论。习近平总书记强调,要坚持以人民为中心的发展思想,部署经济工作、制定经济政策、推动经济发展都要牢牢坚持以人民为中心这个根本立场。马克思17岁时在作文《青年在选择职业时的考虑》中写道:"如果我们选择了最能为人类而工作的职业,那么,重担就不能把我们压倒,因为这是为大家作出的牺牲;那时我们所享受的就不是可怜的、有限的、自私的乐趣,我们的幸福将属于千百万人,我们的事业将悄然无声地存在下去,但是它会永远发挥作用,而面对我们的骨灰,高尚的人们将洒下热泪。"[①] 马克思在还不是马克思主义者时,就已经把为了"千百万人"的幸福作为选择职业的立场取向。马克思写作的《资本论》是站在工人阶级的立场上。恩格斯写作《英国工人阶级状况》,也是站在工人阶级的立场上。今天,我们搞研究、写文章就要站在人民的立场上,而不是少数人的立场上。

二是提供了认识经济社会发展规律的基本观点。劳动价值论和剩余价值论是马克思主义政治经济学的两个根本观点。现在有人讲马克思主义政治经济学,把这两个观点剔除掉了,这就把马克思主义政治经济学变了味、变了性。在马克思之前,英国古典经济学家配第、亚当·斯密和大卫·李嘉图提出了劳动价值论,他们认为劳动是价值的源泉,但是他们的劳动价值论是有缺陷的,他们不知道

[①] 《马克思恩格斯全集》第1卷,人民出版社1995年版,第459—460页。

在商品生产中，劳动具有抽象劳动和具体劳动、活劳动和死劳动、私人劳动和社会劳动的两重性，不懂得劳动和劳动力这两者是有区别的，他们不可能得出剩余价值理论。马克思的劳动价值论是贯彻到底的劳动价值一元论。他告诉我们，劳动过程中的活劳动与生产资料相结合才产生新的价值，即增值，而物化的劳动，即生产资料，其本身并不产生新的价值。当时的庸俗经济学家提出"生产费用决定论"和"边际效益决定论"，认为一切参与到劳动过程的生产要素都产生新的价值，马克思批判了这种观点。

马克思认为，劳动是一个过程，劳动和劳动力是有区别的，在资本主义市场经济中劳动力成为商品，资本家在市场购买了工人的劳动力，而付给工人的工资则是劳动力本身的价值，但是工人在劳动过程中付出的活劳动才会产生新的价值，这与劳动力价值的差额就是剩余价值，被资本家无偿占有了。现在有人又提出，所有参与到劳动过程的要素都产生新的价值，这又回到了马克思批评的庸俗经济学的老调上了。在现实条件下，其他生产要素可以参与剩余价值的分配，但是本身不创造剩余价值。劳动价值论和剩余价值论是密不可分的马克思主义政治经济学的基本原理，有了劳动价值一元论，才有了剩余价值论，也正因为有了剩余价值论，马克思才发现了资本的秘密，才揭示了资本主义不可避免的内在矛盾和经济危机。资本主义发展迄今为止的实践和时间完全证明了马克思主义政治经济学的论断是完全正确的。

三是提供了认识问题、分析问题、解决问题的科学方法。毛泽东同志认为，正确的哲学思维是经济学家写出好的经济学论著的必要条件。他说："没有哲学家头脑的作家，要写出好的经济学来是不可能的。马克思能够写出《资本论》，列宁能够写出《帝国主义论》，因为他们同时是哲学家，有哲学家的头脑，有辩证法这个武器。"[①] 正

---

① 毛泽东：《读社会主义政治经济学批注和谈话》，中华人民共和国国史学会1998年印，第308页。

因为马克思有了唯物论、辩证法的世界观和方法论，才创造了科学的论著。马克思主义政治经济学所贯彻的哲学思维方法是我们必须掌握的。

一是从基本的经济事实出发来分析社会问题的唯物论方法。马克思写作《资本论》，主要依靠大量的数据，从资本主义最基本的细胞——商品开始，从最基本的经济事实出发，收集大量材料，经过深入研究而得出了科学的结论。可以说没有伦敦大英博物馆，马克思写不出《资本论》。二是从具体到抽象，再由抽象到具体的综合分析方法。马克思从最具体最常见的资本主义经济细胞——商品分析入手，上升到对资本主义一般规律的抽象概括。从感性的具体上升到理性的抽象；再运用理性的抽象分析具体的现实，透过现象抓住本质，从而揭示事物的一般规律，这既是人类认识运动的一般规律，也正是马克思对资本主义发展规律和必然灭亡趋势的科学分析方法。三是矛盾分析方法。马克思用矛盾分析方法贯穿对资本主义的分析。他认为，商品二重性的矛盾是由劳动二重性的矛盾决定的，商品二重性的矛盾又是资本主义内在矛盾的萌芽。矛盾分析方法彻底揭示了资本主义不可克服的内在矛盾。四是阶级分析方法。马克思正是通过揭露剩余价值秘密揭示无产阶级和资产阶级两大阶级对抗的经济根源。他认为，正是资本主义社会基本矛盾引发了工人阶级反抗资本主义的阶级斗争，从而导致社会主义和共产主义社会的最后实现。阶级分析法是马克思主义的基本分析方法。没有阶级分析法，就没有马克思主义的历史观。

其次，时代没有变，作为时代精神的马克思主义政治经济学的一般原理依然适用。马克思主义政治经济学的真理性是颠扑不破的，其深刻性是难以超越的。马克思主义政治经济学的魅力和影响在当代有增无减。法国哲学家萨特曾说过："在十七世纪后和二十世纪之间，我看有三个时代可以称为著名的时代：笛卡尔和洛克的时代，康德和黑格尔的时代以及马克思的时代。这三种哲学依次成为任何特定思想的土壤和任何文化的前景，只要它们表达的历史时代未被超越，他们就不会被超越。"①萨特的话同样适用于马克思主义政治经济学。

习近平总书记指出："有些人认为，马克思主义政治经济学过时了，《资本论》过时了，这个论断是武断的，也是错误的。"②就从 2008 年引发的国际金融危机来看，许多资本主义国家经济持续低迷、失业问题严重、两极分化加剧、社会矛盾加深。事实说明，马克思主义政治经济学所揭示的资本主义社会基本矛盾，即资本主义固有的生产社会化和生产资料私人占有之间的矛盾依然存在，只不过表现形式、存在特点有所不同；所揭示的资本主义运行的客观规律及其灭亡的必然趋势仍然是不以人的意志为转移的客观事实，大的趋势和总的逻辑没有改变，只不过出现了许多新变化新情况；所揭示的价值规律和市场经济的运行规律和一般特点仍然存在，并没有根本改变，只不过是出现了许多新内容新特点……总之，当今世界形势发生了根本变化，出现了过去马克思主义经典作家所没有遇到过的新问题，世界时代已经发生阶段性的变化，看不到这个根本变化就不是马克思主义者。当今的时代主题、时代特点虽然发生了阶段性变化，但时代性质并没有根本改变，马克思主义政治经济学作为时代本质的概括和反映，仍然闪烁真理的光辉。

《共产党宣言》指出："我们的时代"，即是"资产阶级时代"③，这说明世界历史的时代本质就是资本主义社会形态占据主导地位。1879—1882 年期间，晚年马克思成功地运用唯物史观，把研究重心和注意力转向俄国乃至东方社会，形成了著名的世界历史理论。马克思主义唯物史观以及世界历史理论揭示了人类社会历史依

---

① [法]萨特：《辩证理性批判》，林骧华、徐和瑾、陈伟丰译，安徽文艺出版社 1998 年版，第 10 页。
② 习近平：《不断开拓当代中国马克思主义政治经济学新境界》，《求是》2020 年第 16 期。
③ 《马克思恩格斯选集》第 1 卷，人民出版社 2012 年版，第 401 页。

次由原始社会到奴隶社会、封建社会、资本主义社会，最终经由社会主义社会发展到共产主义社会的演变规律，指明了自从资本主义代替封建主义以来，人类历史即进入了一个新时代，这就是马克思所揭示的资本主义的世界历史时代。

"资产阶级在历史上曾经起过非常革命的作用"①，资本主义社会，一方面在一开始是进步的，取代了封建社会，带来了生产力和人类社会的巨大发展。"资产阶级在它的不到一百年的阶级统治中所创造的生产力，比过去一切世代创造的全部生产力还要多，还要大"。②资本主义生产社会化发展，带动了市场化，打通了全世界，使全世界连成一片，打破了国与国、地区与地区、民族与民族之间的隔绝与孤立。"资产阶级，由于开拓了世界市场，使一切国家的生产和消费都成为世界性的了。"③资本主义发展使人类历史成为世界历史，这就是"世界性"，今天称为"全球化"。"世界性"也好，"全球化"也好，是一把"双刃剑"，一方面推动了世界的进步与发展，特别是从最近几十年的情况来看，资本主义全球化推动了世界经济发展；另一方面，资本主义内在矛盾又是不可克服的，资本主义越来越走向它的反面，给人类带来了巨大的战争、流血和苦难，从历史上发生的"一战""二战"，直到今天，仍战乱不已，两极分化严重，穷的越穷，富的越富，资本主义通过全球化，不断地掠夺全世界。马克思主义政治经济学的科学论证告诉我们，在资本主义发展的同时，造就了它的对立面和掘墓人，即社会主义新的因素和工人阶级，资本主义不可避免地走向它的反面，资本主义的世界历史进程充满了社会主义与资本主义的博弈。

马克思所判断的资本主义世界历史进程至今已历经三个阶段，即马克思主义产生时的自由竞争资本主义阶段，该阶段一方面是资

---

① 《马克思恩格斯选集》第1卷，人民出版社2012年版，第402页。
② 《马克思恩格斯选集》第1卷，人民出版社2012年版，第405页。
③ 《马克思恩格斯选集》第1卷，人民出版社2012年版，第404页。

产阶级财富的积累，另一方面是工人阶级贫困的积累，两极分化和工人阶级社会主义运动兴起，是该阶段的主题；列宁所判定的垄断资本主义阶段，该阶段的主题是战争与革命，资本主义社会基本矛盾激化引起世界性战争，战争又引起一系列社会主义革命，如十月革命、中国等东方国家的革命；邓小平所判定的美苏两个超级大国冷战结束后的和平与发展为两大世界性问题的新阶段。

时代阶段性主题的转化，虽然没有改变马克思主义经典作家所揭示的总的时代性质，社会主义必然代替资本主义的历史总趋势依然不可逆转，资本主义内在矛盾依然不可调和，但时代主题的阶段性转换却为中国特色社会主义和平发展提供了战略机遇。

再有，马克思主义政治经济学所揭示的关于市场经济一般原理对社会主义市场经济具有指导作用。现在我们正在搞社会主义市场经济，市场经济所具有的一般特性和规律，我们都碰到了。马克思主义政治经济学关于市场经济一般规律的概括，具有指导意义，仍然管用。

在社会主义条件下，要不要搞市场经济，能不能搞市场经济，这是一个重大的理论和现实问题。马克思原来设想社会主义社会实行全社会公有制，搞计划经济，不搞市场经济，没有商品、货币，实行直接的按劳分配。然而，该设想是马克思依据在生产力和市场经济高度发达的资本主义社会条件下，无产阶级革命成功后向更高社会形态过渡的共产主义第一阶段，即社会主义社会的理论分析而形成的，其理论逻辑是，既然其前提条件是生产力和市场经济已经高度发达了，那么就可以不再搞市场经济了，直接过渡到计划经济。同时马克思还论证了人类社会是一个自然历史过程，市场经济是这个自然历史过程的必经阶段。而现实中的社会主义是在落后国家建立的，对于这样的国家，市场经济依然是一个必经的自然过程，不可逾越，但社会主义市场经济与资本主义市场经济有着根本性的区别。马克思主义经典作家关于市场经济一般规律的理论，关于人类社会是一个自然历史过程的论断，为落后国家建设社会主义应该搞市场经济留下了创造性的空间。

在相当长的时间里，人们或者把市场经济同资本主义私有制画等号，认为市场经济是资本主义的专有属性；或者把计划经济同社会主义公有制画等号，认为社会主义只能搞计划经济，不能搞市场经济。列宁在领导第一个社会主义国家实践时，一开始也准备只搞计划经济。经过一段时间实践，列宁开始重新思考，探索在落后的俄国建设社会主义的正确道路。列宁认为，活跃商业就是千百万小农与大工业之间唯一可能的经济联系。[1] 列宁对商业的新认识，是适应和促进俄国商品经济发展和国内市场形成的一个重大发现。他提出新经济政策思想，要搞商品经济，允许商品、货币、自由贸易和私有经济，搞国家资本主义，引进外资，这就是列宁运用马克思主义政治经济学市场经济理论，对在落后的俄国搞什么样的社会主义、怎样搞社会主义的初步设想。

斯大林在主持苏联社会主义建设方面，虽然最终形成僵化的计划经济体制，严重束缚了苏联社会主义生产力的发展，但他也没有完全照搬社会主义不能搞商品经济的原有结论，而是在一定范围内肯定了商品经济和价值规律，这体现在斯大林的《苏联社会主义的经济问题》一书中。他第一次论证了社会主义条件下商品生产、商品交换和价值规律的客观必然性。他认为，由于社会主义公有制存在全民所有制和集体所有制，所以存在社会主义的商品生产。社会主义商品生产与资本主义商品生产是根本不同的，不能把二者混为一谈。在社会主义制度下，价值规律是为社会主义经济服务的。价值规律是很好的实践的学校，利用价值规律的作用对社会主义经济有着重要意义。

毛泽东同志运用马克思主义政治经济学原理，结合苏联42年、

---

[1] 参见《列宁选集》第4卷，人民出版社2012年版，第570页。

新中国 10 年建设经验教训,早在 20 世纪 50 年代就曾对传统计划经济提出质疑,提出了要发展社会主义商品生产,形成了关于社会主义商品经济的理论创新认识,为我们党在改革开放新时期关于社会主义市场经济理论做了重要准备。他认为,我国是一个商品很不发达的国家,要发展商品生产。批评将商品生产与资本主义混为一谈的错误观点。"不能孤立地看商品生产……要看它是同什么经济制度相联系,同资本主义制度相联系就是资本主义的商品生产,同社会主义制度相联系就是社会主义的商品生产。"[1] "现在要利用商品生产、商品交换和价值法则,作为有用的工具,为社会主义服务。"[2] 价值法则"是一个伟大的学校"。对干部要进行教育,使他们懂得价值规律、等价交换,违反就要碰得头破血流。

改革开放以来,中国共产党人继承了列宁、斯大林、毛泽东关于发展社会主义商品经济的独特思想,深刻认识到市场经济既可以同私有制相联系,也可以同公有制相联系,既可以搞资本主义市场经济,也可以搞社会主义市场经济,应该把社会主义制度与市场经济结合在一起。1979 年 11 月 26 日,邓小平同志就说过:"说市场经济只存在于资本主义社会,只有资本主义的市场经济,这肯定是不正确的……社会主义也可以搞市场经济。"[3] 1992 年,邓小平同志再次提道:"计划多一点还是市场多一点,不是社会主义与资本主义的本质区别。计划经济不等于社会主义,资本主义也有计划;市场经济不等于资本主义,社会主义也有市场。计划和市场都是经济手段……"[4] 从 1979 年 11 月邓小平同志首次提出"社会主义的市场经济"这个概念,到 1992 年党的十四大正式宣布我国经济体制改革的目标是建立社会主义市场经济体制,要使市场在社会主义

---

[1]《毛泽东文集》第 7 卷,人民出版社 1999 年版,第 439 页。
[2]《毛泽东文集》第 7 卷,人民出版社 1999 年版,第 435 页。
[3]《邓小平文选》第 2 卷,人民出版社 1994 年版,第 236 页。
[4]《邓小平文选》第 3 卷,人民出版社 1993 年版,第 373 页。

国家宏观调控下对资源配置起基础性作用，再到党的十八届三中全会明确提出使市场在资源配置中起决定性作用和更好发挥政府作用，表明我们党对市场经济作用的认识不断深化，对市场规律的认识和驾驭能力不断提高，表明我们党已经找到了充分发挥社会主义制度优越性的适当有效的体制——社会主义市场经济体制，找到了中国特色社会主义的正确发展道路。

2. 立足我国国情和我国发展实践，构建当代中国的马克思主义政治经济学

坚持马克思主义政治经济学的基本原则，构建中国特色社会主义政治经济学，这是一项摆在中国共产党人面前的迫切的政治任务。

毛泽东同志高度重视对马克思主义政治经济学的学习、研究和运用，重视其指导作用。毛泽东同志在探索社会主义建设道路过程中强调，为了推进中国社会主义经济建设，既要坚持马克思主义政治经济学的基本原理，又要立足中国国情，总结中国经验，不断推进马克思主义理论创新，产生自己的理论家，创造自己的经济学理论，形成具有中国自己特色的政治经济学理论。"马克思这些老祖宗的书，必须读，他们的基本原理必须遵守，这是第一。但是，任何国家的共产党，任何国家的思想界，都要创造新的理论，写出新的著作，产生自己的理论家，来为当前的政治服务，单靠老祖宗是不行的。"[1]

毛泽东同志本人在社会主义政治经济学理论方面做出了重要的理论创新。他在大量调查研究的基础上，于 1956 年 4 月 25 日在中央政治局扩大会议上做了《论十大关系》的报告，全面分析了我国经济建设各种关系，提出解决的总思路。这是从理论上探索适合中国国情的社会主义经济建设和发展道路的理论最初尝试，也是建设

---

[1] 《毛泽东文集》第 8 卷，人民出版社 1999 年版，第 109 页。

中国特色社会主义的第一本经济学著作。1958年以来，毛泽东同志认真研究和深入思考苏联社会主义经济和中国社会主义经济问题，对中国的社会主义政治经济学进行集中的论述，这些思想集中体现在他1958年《读斯大林〈苏联社会主义经济问题〉批注》《读斯大林〈苏联社会主义经济问题〉谈话》和1959—1960年《读苏联〈政治经济学教科书〉的谈话》，为建立适合中国国情的社会主义政治经济学留下了十分丰富而又珍贵的思想财富和理论遗产。

党的十一届三中全会以来，我们党把马克思主义政治经济学基本原理同改革开放新的实践结合起来，不断丰富和发展马克思主义政治经济学，形成了当代中国马克思主义政治经济学的许多重要理论成果。在1984年10月《中共中央关于经济体制改革的决定》通过后，邓小平同志评价说："写出了一个政治经济学的初稿，是马克思主义基本原理和中国社会主义实践相结合的政治经济学。"[1]

党的十八大以来，习近平总书记在一系列重大社会主义经济问题上，提出了很多新思想、新观点，发展了当代中国马克思主义政治经济学，开拓了马克思主义政治经济学的新境界。譬如，把坚持以人民为中心的发展思想、坚持新的发展理念、坚持和完善社会主义基本经济制度、坚持和完善社会主义分配制度、坚持社会主义市场经济改革方向、坚持对外开放基本国策，作为中国特色社会主义政治经济学的重大原则。强调坚持以人民为中心的发展思想，丰富了最大限度地满足人民群众的物质文化需求是社会主义生产的目的的马克思主义政治经济学的基本观点；科学分析国内外经济发展形势、准确把握我国基本国情的基础，针对我国经济发展的阶段性特征，做出了我国经济发展进入新常态的重要判断；坚持马克思主义政治经济学的指导地位，提出发展中国特色社会主义政治经济学的重大任务；提出坚持和完善社会主义基本经济制度，毫不动摇巩固

---

[1] 《邓小平文选》第3卷，人民出版社1993年版，第83页。

和发展公有制经济，毫不动摇鼓励、支持、引导非公有制经济发展，坚持和完善基本分配制度，努力推动居民增长收入和经济增长同步、劳动报偿提高和劳动生产率同步提高的重要思想；还提出关于创新、协调、绿色、开放、共享五大新发展理念，关于促进社会公平正义、逐步实现全体人民共同富裕，关于推动新型工业化、城镇化、农业现代化相互协调，走中国特色新型"四化"道路，关于市场在资源配置中起决定性作用和更好发挥政府作用，关于发展混合所有制，关于推进供给侧结构性改革，关于用好国际国内两个市场、两种资源等重要观点。

习近平总书记指出："要深入研究世界经济和我国经济面临的新情况新问题，为马克思主义政治经济学创新发展贡献中国智慧。"[①] 要按照习近平总书记的要求，坚持和发展马克思主义政治经济学，真正把马克思主义政治经济学作为经济工作和经济研究的指导思想，创造中国特色社会主义政治经济学，为马克思主义政治经济学的创新发展，贡献我们的智慧。

三 养成认真学习马克思主义著作的好习惯

组织大家读书只是开个头，真正养成读马克思主义著作，读习近平总书记系列重要讲话的好习惯，需要在实践工作中、在理论工作中坚持。代表党组给大家讲几点要求：

一是认真读书。为了指导中国实践，中国共产党人历来注重马克思经典著作的学习。毛泽东同志一直主张，领导干部要读一些马克思主义的经典著作，否则就会上当受骗，误导实践。学习马克思主义经典著作要挤时间学，不要总以没有时间为借口而一再耽误读书。要像毛泽东同志那样挤时间，哪怕是分分秒秒，也要挤出来看

[①] 习近平：《立足我国国情和我国发展实践 发展当代中国马克思主义政治经济学》，《人民日报》2015年11月25日。

书学习。

二是认真听课。这次安排的三堂课，大家一定要珍惜机会，认真听讲。

三是认真讨论。切磋琢磨、砥砺求精是求学上进的重要方式。课堂上与老师讨论，做到"教学相长"固然好。学员之间的讨论也很重要，大家平时聚得少，能趁这个机会交流写作经验、分享学习心得、碰撞激荡思想，做到"学学相长"，也算学有所值！

四是认真笔记。好记性不如烂笔头。古往今来，真正"一目十行，过目不忘"的人只怕是一种说法而已。毛泽东同志一生博览群书，经常笔不离手，留下了许多珍贵的笔记和批注。对于做学问的人来说，日积月累做笔记是难能可贵的。

五是认真思考。学以致用，是学习马克思主义的正确态度。读经典著作，一定要结合实际，深入思考，分析问题，解决问题，不能为了学而学。

六是认真守纪。严格请假制度，希望大家要善始善终，坚持到底。

读马列经典是很难的，毛泽东同志在《反对党八股》一文中说："有人要说：《资本论》不是很长的吗？那又怎么办？这是好办的，看下去就是了。"① 读经典就要硬着头皮往下看，不要浅尝辄止。宋代大文豪欧阳修在推行新法时，撰写文章针砭宋初以来靡丽、险怪的文风。他在文中借用了钱思公"余生平所作文章，多在'三上'，乃'马上''枕上''厕上'"这个戏语，以教导后进们学习钱思公惜时如金、刻苦攻读的精神，才能学有所成、学有所获。我们要遵循毛泽东同志的教导，拿出宋代大文豪欧阳修提倡的"三上文章"精神，刻苦研读马列经典。一句话，希望大家静下心来读书！

---

① 《毛泽东选集》第3卷，人民出版社1991年版，第834页。

反对历史虚无主义是一场严肃的斗争[*]

从1840年至1949年的约110年间，中国社会经历了有史以来的剧烈变化，不仅经历了由于帝国主义侵略和封建腐败统治的双重作用，不断向半殖民地半封建社会的"深渊""沉沦"，并且"沉沦"到"谷底"，更经历了冲出"谷底"，为了国家独立、民主和现代化而奋起反抗，向上发展，进而走出半殖民地半封建社会的魔影，走向社会主义现代化的新中国的历程。

谈古论今，知古鉴今，人人都需要历史知识。如何帮助大众正确认识中国近代史，了解近代中国遭受的巨大苦难和屈辱，了解中国人民不懈抗争的伟大精神，是历史学者的责任。

随着互联网技术的不断突破、电子产品与网络服务的日渐普及，公众获取历史知识的渠道开始丰富起来。通过网络、电视、电影，以及在这基础上配套出版的书籍、光盘获取知识，确实对普及历史知识、帮助人们认识历史过程有一定意义。但是，在日渐通俗化的历史知识普及过程中，也确实存在很多受错误历史观主导的错误的历史知识，误导群众，误导青少年。譬如，在一些影视作品、通俗读物、网络视频、讲坛论坛中，甚至在某些历史教材、历史著述中，充斥着稗史逸闻，甚至一度沉浸在戏说、宫斗、穿越之中，把历史的真实演绎成"任人随意打扮的小姑娘"。更有甚者，一些

---

[*] 该文原载《红旗文稿》2018年第18期。

别有用心的人利用某些微信公众号、微博账号，某些讲坛论坛，打着"重新评价""还原历史""揭秘历史"和"告别革命"的旗号，攻击、歪曲、否定中国近代史和中国人民反帝反封建反官僚资本主义的革命历史，否定我国的社会主义革命和社会主义建设，否定中共党史、中华人民共和国国史、中国人民解放军史，直至抹黑我们的党、我们的领袖、我们的英雄、我们的人民，企图以历史为切入口，质疑、削弱中国共产党执政的历史合法性，从历史依据和逻辑前提上否定马克思主义在当代中国的指导地位，否定中国共产党在现实政治中的执政地位，否定中国的社会主义制度。

欲灭其国，必毁其史。历史虚无主义谬说流传，对青年一代乃至广大群众的世界观、价值观、理想信念、人生追求、生活态度造成严重的危害。这就需要历史学界站在正确的立场上，秉持马克思主义唯物史观，切实履行社会责任，向大众宣传科学的历史观，传播正确的历史知识，推广史学研究的科学成果。

历史虚无主义泛滥，严重贻害我们的人民、我们的青年一代。历史虚无主义的种种言行，从根本上说，是背离马克思主义的科学史观的。坚持马克思主义唯物史观、反对历史虚无主义是一场严肃的思想斗争，是一场唯物主义历史观与唯心主义历史观的斗争，更是一场坚持马克思主义、坚持社会主义严肃的政治斗争。

捍卫马克思主义社会形态演变一般规律原理，反对历史虚无主义*

从当前意识形态斗争的态势和需要来看，捍卫和宣传马克思主义社会形态演变一般规律理论，恢复中国社会形态演变历史的本真事实，纠正历史唯心主义特别是其变种——历史虚无主义，对于坚持马克思主义唯物主义历史观的科学性、纯洁性和战斗性，用唯物主义历史观武装我们的干部群众，有着重要的现实价值和深远的历史意义。

一

马克思主义政敌否定和反对马克思主义，往往集中火力否定和反对马克思主义唯物主义历史观。

没有历史唯物主义就没有辩证唯物主义，就没有作为马克思主义哲学的辩证唯物主义和历史唯物主义。恩格斯称赞唯物主义历史观是马克思的"第一个伟大发现"，认为"正像达尔文发现有机界的发展规律一样，马克思发现了人类历史的发展规律"。①辩证唯物主义和历史唯物主义是马克思主义的哲学基石，没有这样一块基石

---

* 该文原载《世界社会主义研究动态》2019年5月14日；《红旗文稿》2019年第9期；《中华魂》2020年第5期。

① 《马克思恩格斯选集》第3卷，人民出版社2012年版，第1002页。

牢固奠定马克思主义理论大厦的基础,就没有马克思主义真理体系的全部。辩证唯物主义与历史唯物主义,是作为一块整钢的马克思主义哲学不可分割的、有机联系在一起的两个重要组成部分,没有辩证唯物主义也就没有历史唯物主义,没有历史唯物主义也就没有辩证唯物主义。马克思主义哲学产生前的一切旧哲学,其唯物主义与辩证法是分离的,马克思主义哲学的一个伟大功绩就是把唯物主义与辩证法结合起来,并率先运用于历史领域,把唯心主义历史观从历史领域彻底清除出去,创立了唯物主义历史观。唯物主义历史观的建立恰恰是辩证唯物主义创立的标志,是马克思主义哲学创立的标志,是马克思主义创立的标志。

唯物主义历史观的一系列基本原理和基本观点,诸如关于社会存在决定社会意识,社会形态演变一般规律,社会基本矛盾,人民史观,阶级和阶级斗争,无产阶级革命和无产阶级专政,社会主义、共产主义必然代替资本主义等,都直接触动了资本主义最敏感的神经,撼摇了资本主义大厦的基础,是一切马克思主义政敌必欲除之而后快的马克思主义真理的根基。

唯物主义历史观是最直接地指导无产阶级及其政党领导人民大众展开反对一切剥削制度和反动阶级的斗争、翻身求解放谋幸福的思想武器。中国共产党人接受马克思主义,首先接受的是历史唯物主义,而接受历史唯物主义必定接受阶级和阶级斗争的观点。中国先进分子学习马克思主义科学理论是为了寻找挽救中国的办法。李大钊特别强调:阶级斗争学说是唯物史观的一个重要内容,要解决经济问题就必须进行阶级斗争、进行革命;如果不重视阶级斗争,"丝毫不用这个学理作工具,为工人联合的实际运动,那经济的革命,恐怕永远不能实现"。① 毛泽东同志说,读了《共产党宣言》这本书,"我才知道人类自有史以来就有阶级斗争,阶级斗争是社

---

① 《李大钊选集》,人民出版社1959年版,第233—234页。

会发展的原动力，初步地得到认识问题的方法论……我只取了它四个字：'阶级斗争'，老老实实地来开始研究实际的阶级斗争"。[①] 正是在中国共产党人领导下开展了工人阶级及其人民大众反对一切反动阶级的阶级斗争，通过革命的手段，才建立了人民民主专政的社会主义中国。

历史唯物主义的对立面是历史唯心主义，当前历史虚无主义是历史唯心主义的典型表现。近年来，反对马克思主义的错误思潮突出表现在用历史虚无主义取代历史唯物主义上。一切反对马克思主义的政敌首先挖掉的是马克思主义的基础——马克思主义哲学，而一切反对马克思主义哲学的政敌又首先搞掉的是历史唯物主义。坚持不坚持历史唯物主义是坚持不坚持马克思主义的试金石，坚持马克思主义必定坚持历史唯物主义，坚持历史唯物主义必定反对历史唯心主义。当前，反对历史唯心主义首要的是反对历史虚无主义。

二

否定和反对历史唯物主义，必定否定马克思主义经典作家所概括的社会形态演变一般规律的科学原理，否定和反对共产主义代替资本主义必然趋势的正确结论。

历史唯物主义关于人类社会经过原始社会、奴隶社会、封建社会、资本主义社会，经过社会主义社会的过渡而达到共产主义社会的"五种社会形态"演变发展的一般规律（以下简称"五形态说"），是人类社会历史发展的普遍规律和必然趋势，是马克思主义唯物主义历史观的一个最基本的观点。

否认和反对历史唯物主义"五形态说"是一切历史唯心主义特别是历史虚无主义的通病。其表现为：有的根本不承认人类社会经

[①] 《毛泽东农村调查文集》，人民出版社1982年版，第22页。

过原始社会、奴隶社会、封建社会、资本主义社会，必将经过社会主义的过渡而发展到共产主义社会这一人类历史发展的普遍规律，认为"五形态说"是马克思主义经典作家臆造出来的，不是科学真理；有的变换手法，故意谎称马克思、恩格斯根本没有提出过"五形态说"，"五形态说"是列宁、斯大林等后来人编造出来并强加给马克思主义经典作家的，制造出马克思主义经典作家与马克思主义的继承和发展者之间的对立和矛盾的假象，以混淆是非；有的则玩弄抽象承认、具体否定的伎俩，抽象地承认"五形态说"，但具体到对中国历史与现状的判断，则认为中国没有经过原始社会、奴隶社会和封建社会……

曾几何时，一些历史课本、历史读物、历史文述、历史展览、历史陈列等不讲人类经过"五种社会形态"的普遍规律，不讲中国已经过原始社会、奴隶社会、封建社会，不讲如果没有外国资本主义的侵入，中国也会缓慢地发展到资本主义，不讲共产主义必然代替资本主义……而是用王朝更替史、或历代艺术品发展史、或五花八门的历史取代社会形态演变史。目前，以宗法组织、政治体制、文化形态演变取代社会形态演变，是史学界一部分人的看法。当然，许多人是避而不谈社会形态演变问题的。更可笑的是有的中国历史课本或读物从三皇五帝讲到末代皇帝，但在讲到近代鸦片战争爆发、中国共产党成立这样大的历史事件时，再也无法回避中国半殖民地半封建的社会现状，突然冒出了一个中国进入"半殖民地半封建社会"。须知没有父母哪来的儿子？历史是连续的，没有封建社会哪来的半封建社会？没有资本主义社会哪来的半殖民地社会？由此再向前追溯，没有原始社会、奴隶社会，哪来的封建社会？历史唯物主义社会形态演变一般规律的科学理论，如同没有父母就没有儿女这样最通俗的道理一样，是不可否定的真理。

更有甚者，不承认社会主义、共产主义必然代替资本主义的历史必然性，高喊"资本主义万岁"，中国走资本主义道路才是修成正果。须知资本主义也是人类社会历史发展必经的一个过程，前有封建社会，后有社会主义社会、共产主义社会。实际上，新的社会形态因素——社会主义社会已经在资本主义社会的母体中孕育产生，将来必定代替资本主义，这是不可阻挡的历史潮流。以往阶级社会历史可以表现为王朝更替的历史，但其实质绝不能归结为王朝更替历史这么简单。这就好比一个人，作为新生婴儿已在母体中孕育，然后出生，经过儿童、少年、青年、壮年到死亡。作为人类历史的某个具体社会形态必然由生到死，这是不可推翻的历史铁律。

还有，一些历史读物、历史展览、历史影视，往往只是从唯美主义角度而不是从唯物史观角度，离开社会形态发展的一般规律，离开社会基本矛盾的运动，离开阶级社会阶级矛盾和阶级斗争的主线，单独展示历代文物和历史人物，把历史仅仅变成精美艺术品的展示史，皇宗贵族、才子佳人的个人英雄史，从而取代社会形态演变的真实历史，取代阶级社会阶级斗争的历史事实，一味地"去政治化""去意识形态化""去阶级斗争化"。罗列王朝更替历史、陈列艺术品、介绍历史文物、展示文明载体，让人们享受美的、艺术的、文明的感受和熏陶是完全必要的，也是不可或缺的，但只有把一定的历史事件、一定的历史人物、一定的历史实物放到一定的社会形态历史条件下认知，才是唯物主义历史观的态度。

三

唯物主义历史观的社会形态演变一般规律理论是不可否定的，否定了就会犯颠覆性的根本错误。一切历史唯心主义特别是历史虚无主义，一般都在这个重大问题上反对马克思主义。

唯物主义历史观是分析说明一切社会历史现象的世界观和方法论。唯物史观分析认识社会历史问题，就是坚持一切从社会存在出发来说明社会问题。社会存在是第一性的，最根本的社会存在就是生产方式的存在，就是"经济的社会形态"的存在。社会发展史说到底就是社会形态发展史。生产力决定生产关系，生产力与生产关系的统一构成社会生产方式，生产关系的总和构成社会经济基础，一切都要从生产力决定生产关系、生产关系决定经济基础、经济基础决定上层建筑，从而必须从生产方式所决定的人类社会形态出发来认识人类社会现象，而不是相反，这是唯物史观不可违背的根本原理。

人类社会形态的演进，根源于生产力的发展。人类的生产工具从旧石器升级到新石器，再到青铜器、铁器，再到机器、电子、信息、互联网、人工智能……生产力逐步提升，促使生产关系、生产方式不断发生变化，从而推动社会形态从原始社会进步到奴隶社会，再进步到封建社会、资本主义社会和社会主义社会。当代资本主义虽强，但已经开始衰落；当代社会主义虽弱，却是必然胜利的新生事物。从长远看，任何新生事物都是不可战胜的。譬如，原始社会生产力的进步，导致人们的分工发生根本变化，进而引起剩余产品出现，产生了私有制，代替了原始共产主义公有制。经济基础决定上层建筑，经济结构的变化引发社会结构从母系社会向父系社会过渡，为私有制社会的形成奠定基础。经济结构的变化引起政治结构、阶级结构、社会结构的变化，从原始社会、奴隶社会、封建社会、资本主义社会，经社会主义社会过渡到共产主义社会，这就是人类社会历史的客观发展规律，这个规律是必然的、不以人的意志为转移的。

有人谬称马克思从来没讲过"五形态说"，企图否定社会形态演变的普遍规律，这显然是站不住脚的。社会形态演变一般规律理论是马克思主义唯物史观的重要内容，是唯物史观的重要组成部分，是马克思主义经典作家以深邃的历史洞察力深刻剖析人类社会历史发展进程而收获的重要理论硕果，是对人类社会发展规律研究、对人类历史观的伟大贡献。马克思虽然没有就社会形态问题撰写过专著,但围绕这一问题留下了大量论述。马克思在 1851 年撰写的《路易·波拿巴的雾月十八日》中提出了"社会形态"(Gesellchaft Formation)概念。马克思写道:"新的社会形态一形成,远古的巨人连同复活的罗马古董——所有这些布鲁土斯们、格拉古们、普卜利科拉们、护民官们、元老们以及凯撒本人就都消失不见了。冷静务实的资产阶级社会把萨伊们、库辛们、鲁瓦耶-科拉尔们、本杰明·贡斯当们和基佐们当作自己真正的翻译和代言人;它的真正统帅坐在营业所的办公桌后面……"①马克思这里使用"社会形态"概念是为了表明资本主义社会是人类历史发展的一个新阶段,是不同于以往的社会形态。根据日本学者大野节夫的考证,"形态"(Formation)一词是马克思从当时的地质学术话语中借用的,该词在当时的地质学中用以表示在地壳发展变化的进程中先后形成的不同岩层,一个形态就是一个不同的岩层单位。可以看出,马克思使用"社会形态"这一概念,意在表明人类社会的发展也是由不同的历史层次、不同的历史阶段、不同的社会样态构成的。

早在马克思主义创立初期,马克思、恩格斯在 1846 年合著的《德意志意识形态》中第一次提出人类社会经过五种所有制形式:(1)部落所有制;(2)古代公社所有制和国家所有制;(3)封建的或等级的所有制;(4)资产阶级的所有制;(5)未来共产主义所有制。马克思、恩格斯在 1848 年发表的《共产党宣言》中说:"在过去的各个历史时代,我们几乎到处都可以看到社会完全划分为各个不同的等级,看到社会地位分成多种多样的层次。在古罗马,有贵族、骑士、平民、奴隶,在中世纪,有封建主、臣仆、行会师傅、帮工、农奴,而且几乎每个阶级内部又有一些特殊的阶层。"②紧接着,他们又说:"从封建社会的灭亡中产生的现代资产阶级社会并没有消灭阶级对立。它只是用新的阶级、新的压迫条

---

① 《马克思恩格斯选集》第 1 卷,人民出版社 2012 年版,第 669—670 页。
② 《马克思恩格斯选集》第 1 卷,人民出版社 2012 年版,第 400—401 页。

件、新的斗争形态代替了旧的。"① 马克思在《1857—1858年经济学手稿》中提出了三大社会形态："家长制的，古代的（以及封建的）状态随着商业、奢侈、货币、交换价值的发展而没落下去，现代社会则随着这些东西同步发展起来。"② 1859年1月，在《〈政治经济学批判〉序言》中，马克思关于五种社会形态的思想表述得十分清晰："大体说来，亚细亚的、古希腊罗马的、封建的和现代资产阶级的生产方式可以看作是经济的社会形态演进的几个时代。资产阶级的生产关系是社会生产过程的最后一个对抗形式……人类社会的史前时期就以这种社会形态而告终。"③ 在1867年出版的《资本论》中，马克思充分论证了共产主义代替资本主义的必然性。到此为止，还不能说马克思已然十分精确地提出"五形态说"。比如，虽然马克思肯定"古代"社会之前还有一个社会形态，但他对原始社会形态的概括只是初步提到"亚细亚"的社会样态。在马克思那里，古代社会显然指古希腊、古罗马的奴隶社会，但"亚细亚"是指什么社会形态，其属性是什么，马克思当时意指原始社会，但尚未明确其科学定义。当然，亚细亚社会是否是原始社会，争论颇多。后来，历史学有了一定发展，特别是历史学家摩尔根的《古代社会》一书，通过田野调查和文献整理，提供了原始社会详尽的研究材料，进行了深入的科学研究，这使马克思对原始社会有了明确的科学界定，这一科学认识集中反映在1880—1881年他对《古代社会》一书的摘要中。最后，恩格斯利用马克思批语，经过研究，于1884年撰写了《家庭、私有制和国家起源》，清晰勾画出人类社会发展"五形态"的历史进程。这说明，"五形态说"内在地包含在马克思、恩格斯在历史唯物主义基础上对社会发展形态的科学分期认识中，构成了系统的社会形态演变一般规律理论，反映了人类

---

① 《马克思恩格斯选集》第1卷，人民出版社2012年版，第401页。
② 《马克思恩格斯全集》第30卷，人民出版社1995年版，第108页。
③ 《马克思恩格斯选集》第2卷，人民出版社2012年版，第3页。

社会形态发展进程最普遍的规律。

还有人试图以马克思曾说的以"人的依赖关系……以物的依赖性为基础的人的独立性……建立在个人全面发展和他们共同的、社会的生产能力成为从属于他们的社会财富这一基础上的自由个性"[①]的"三形态说"为借口,用"三形态说"否定"五形态说"。围绕"三形态说"和"五形态说"的争论曾一度产生某些思想混乱,有人认为"五形态说"不是马克思的本意,不是历史发展的普遍规律。就其实质而言,"三形态说"与"五形态说"是一致的,而不是相互排斥的。

所谓"三形态说",是有人根据马克思"伦敦手稿"对社会历史进程的看法而提出的一种论点。马克思在这部手稿中指出:"人的依赖关系(起初完全是自然发生的),是最初的社会形式,在这种形式下,人的生产能力只是在狭小的范围内和孤立的地点上发展着。以物的依赖性为基础的人的独立性,是第二大形态,在这种形式下,才形成普遍的社会物质交换、全面的关系、多方面的需求以及全面的能力的体系。建立在个人全面发展和他们共同的、社会的生产能力成为从属于他们的社会财富这一基础上的自由个性,是第三个阶段。第二个阶段为第三个阶段创造条件。"[②] 依据马克思关于人的依赖关系、物的依赖关系、个人全面发展这三大阶段的划分可以认为,马克思把自然经济、商品经济和产品经济视为人类社会经过的三个阶段。这就是一些学者概括的社会发展"三形态说"。

事实上,"三形态说"同样反映了马克思根据生产力发展的历史状况对社会发展形态所做的一种科学分期的看法。从马克思表达的整个思想看,第一个阶段的"人的依赖关系"实质上是自然经济社会的特点。自然经济社会横跨原始社会、奴隶社会、封建社会。当然,随着每种社会形态的进一步发展,其自然经济特点就会逐步

---

① 《马克思恩格斯全集》第30卷,人民出版社1995年版,第107—108页。
② 《马克思恩格斯全集》第30卷,人民出版社1995年版,第107—108页。

减弱，商品经济特点会逐步增加。在自然经济条件下，生产力低下，分工不发达，生产的直接目的是生产者的自身需要，必然采取人与人直接互相依赖的办法来克服工具落后的状况。比如，原始人必须依赖于原始群体，帮工必然依附于师傅，这就表现为个人对他人、对社会组织的依赖。第二阶段的"人对物的依赖关系"实质上是商品经济社会的特点。在商品经济社会中，生产发展了，人们生产的目的主要是交换，人与人之间的关系物化成商品，产生了"商品拜物教"，人依赖于商品，处于物化的、异己的关系的统治下。在高度发达的市场经济社会——资本主义社会，人成为商品、货币、资本的奴隶。第三阶段的"个人全面发展"是商品经济消亡以后社会的特点，有人把这个社会概括为产品经济社会。在这个社会，生产力高度发达，消灭了旧式分工，产品极其丰富，人摆脱了物及其外部关系的束缚，成为人自身的主人、社会关系的主人、物的主人，人可以自由、全面地发展。这就是马克思主义经典作家预见的共产主义社会。

不难看出，社会形态发展进程的"三形态说"与"五形态说"这两种划分，都是根据历史唯物主义的基本原理，对社会形态演变进行分析得出的正确结论，二者的理论根据是一致的。[①] 实际上，"五形态说"和"三形态说"是互为补充的。按照马克思的原意，自然经济阶段基本是前资本主义社会，如原始社会、奴隶社会、封建社会，商品经济阶段是资本主义社会，人们概括的产品经济阶段则是共产主义社会，社会主义社会是一个过渡形态的社会。按照马克思最初的预见，社会主义是在资本主义市场经济高度发达的基础上建立起来的，因而作为共产主义第一阶段的社会主义社会，不存在商品和货币，只遗留资本主义的痕迹，如资产阶级法权等。可

[①] 也有不同的看法，有人认为二者的理论根据根本不同。参见卢钟锋《马克思的社会形态学说与历史发展阶段性》一文，载《中国社会形态和历史变迁的探索》，中国社会科学出版社2014年版。

是，现实的社会主义是在相对落后的国家建立的，这样的社会主义必然要经过市场经济充分发展的初级阶段。当然，"五形态说"和"三形态说"也是有区别的。

对于社会历史发展的分期，人们可以根据需要对同一对象按特定标准从不同角度划分。例如，以阶级斗争为线索，可以划分为阶级社会、阶级过渡社会和非阶级社会；以生产资料所有制性质为标准，可以划分为原始公有制社会、私有制社会、私有制向公有制过渡的低级形式的公有制为主体的社会和高级形式的公有制社会……当然，任何科学划分都不能离开以历史唯物主义基本原理为指导，以生产力发展状况为判定标准，根据社会基本矛盾运动的规律，直接考察社会经济关系的性质和特征。"**五形态说**"**是马克思关于社会形态划分的主线索，是马克思主义社会形态演变一般规律理论的主要内容。制造"三形态说"与"五形态说"的对立，以"三形态说"否定"五形态说"，彻底偏离了马克思主义唯物史观关于社会形态演变一般规律理论的正确的轨道**。在20世纪90年代初，我专门就"三形态说"和"五形态说"的争论写过一篇文章——《社会形态理论与社会形态演变规律》，发表于1990年5月7日《光明日报》，对相关错误认识进行了批驳。

马克思主义社会形态演变一般规律理论最核心、最根本的要旨就在于说明，人类社会发展是生产力与生产关系的矛盾运动，由不同的历史阶段构成，表现为不同的"经济的社会形态"的演进，从原始社会到奴隶社会再到封建社会，资本主义社会同以前的其他社会形态一样，只是人类社会历经的一个历史阶段，资本主义社会必然由兴盛走向灭亡，人类社会形态必将驰入一个全新的历史进程。

岁月更替，人世沧桑。马克思主义社会形态演变一般规律理论并不因时代的变迁而丧失真理光彩；相反，它依然以其宏大的世界视野、科学的理论价值，对当今社会发展发挥着重要的指导作用。

四

　　马克思主义社会形态演变一般规律理论在概括社会形态发展本质时，剔除了大量偶然因素，舍去了活生生的事例，只是对历史发展客观逻辑的一种抽象，并不是对全部社会历史现象的总汇，也不排除人类社会历史发展可能出现的某种跨越、倒退等偶然特例，必须科学辩证地认识马克思主义"五形态说"。

　　需要特别指出的是：唯物史观关于人类社会经历了五种社会形态，只是讲的一种总的历史趋势或者说总的历史规律，并不等于说每个国家、每个民族都必须完整地经历这五种社会形态。事实上，迄今为止，有些国家和民族没有完整地经历这五种社会形态。肯定五种社会形态发展的一般规律，并不等于否定历史的跨越，也不等于否定历史可能出现的倒退等特殊情况。从科学角度看，作为人类社会演进的基本历史趋势，马克思主义"五形态说"的概括具有充分的历史依据。但也要看到，理论概括源于实际，但并不等于全部具体的历史实际。"五形态说"只反映了人类历史发展的普遍性规律，而具体的历史发展不是单一的、直线的、绝对的，不是毫无偶发性、毫无特例的。在一定历史条件下，哪个国家、哪个民族、哪个地区是否可以有特例、有偶然的情况发生，是否都要依次经过同样的社会形态发展阶段，马克思主义经典作家从来没有把它绝对化。他们从来不以认识历史过程的一般规律为满足，而是努力进一步探索不同民族、国家和地区符合一般规律的特殊发展道路。

　　马克思主义以"五形态说"为主要内容的社会形态演变一般规律理论本身，也需要结合新的历史事实和现实实际，不断进行新的科学概括、总结和探索。马克思主义经典作家在创立唯物史观和科学社会主义理论的过程中，其注意力和着眼点主要是放在西方发达资本主义国家。但后来的实践发展促使他们开始注意并研究西方国家和东方国家社会主义革命的不同情况，提出了非资本主义国家跨越资本主义制度的"卡夫丁峡谷"、走社会主义道路的可能性问题，修订和发展了原先的看法，进一步丰富和发展了唯物史观和科学社会主义理论。他们通过对东方国家和民族发展道路的研究认为，在一定条件下经济文化比较落后的国家可以不经过资本主义的充分发展，跨越资本主义制度的"卡夫丁峡谷"，进行社会主义革命，走上非资本主义的社会主义道路，实现社会形态的跨越式发展。

马克思主义经典作家认为，一般地说，像英国等资本主义比较发达的国家，资本主义生产方式是通向共产主义的必经阶段。但他们又预言，像俄国那样经济文化比较落后的国家可以不经过资本主义制度的"卡夫丁峡谷"而走向社会主义。也就是说，马克思主义经典作家在阐述资本主义生产力和生产关系的矛盾必然导致社会主义革命这一原理时，并不排除不同国家、不同民族、不同地区依各自具体的历史条件所采取的特殊发展道路，并不排除某些落后国家在一定条件下可以跨越资本主义制度的"卡夫丁峡谷"、实现社会主义革命的可能性。当然，人类社会形态发展是一个自然历史过程，不论任何特殊国家的制度与道路的特殊选择如何，社会制度可以跨越，但生产力的经济发展过程不可跨越。归根到底，这一切皆取决于生产力与生产关系的矛盾运动，由这种运动所决定和表现出来的历史环境，以及客观条件所决定的人的主体能动性的主观条件。这个重要思想具有世界观和方法论的意义，它告诉我们：经济文化比较落后的国家要进入社会主义社会形态，一定要从本国具体国情出发，选择适合本国特殊国情的社会主义模式，走具有本国特色的社会主义发展道路。可见，马克思、恩格斯关于非资本主义道路理论不是对人类社会形态演变一般规律理论的否定，而是对该理论的深化和丰富。

五

　　研究中国社会形态发展历史，要在唯物史观的指导下梳理出中国社会形态演变的清晰脉络，概括、提炼出在遵从人类发展普遍规律基础上中华民族社会形态发展的独特历史和发展道路。

　　人类社会发展的一般规律存在于不同的国家、地区、民族发展的特殊规律之中，对人类社会发展一般规律的概括是从对不同国家、地区、民族发展的具体历史事实中总结、提炼出来的。**人类社会发展"五形态说"是马克思主义唯物史观对不同国家、地区、民族发展的特殊规律的抽象概括。要用唯物史观关于社会形态演变一般规律理论这个正确的"一般抽象"，来指导分析中国特色社会形态的演变规律，分析中国独特的发展道路，梳理、概括出中国社会形态演变历史和中国道路发展的特殊性，而不是把中国社会形态历史和发展道路人为地编造为中国王朝更替史或才子佳人史。**正如毛泽东同志指出的那样："中华民族的发展（这里说的主要地是汉族的发展），和世界上别的许多民族同样，曾经经过了若干万年的无阶级的原始公社的生活。而从原始公社崩溃，社会生活转入阶级生活那个时代开始，经过奴隶社会、封建社会，直到现在，已有了大约四千年之久。"① 在中国封建社会的晚期，民族工商业在一些地区获得规模性发展，促进了中国资本主义萌芽的产生，如果没有西方列强的侵入，中国也能自发地走向资本主义。毛泽东同志指出："中国封建社会内的商品经济的发展，已经孕育着资本主义的萌芽，如果没有外国资本主义的影响，中国也将缓慢地发展到资本主义社会。"② 到了近代，西方资本主义先于中国发展起来，将全世界的殖民地瓜分完毕。资本主义列强不允许中国再按照人类社会形态的一

---

① 《毛泽东选集》第 2 卷，人民出版社 1991 年版，第 622 页。
② 《毛泽东选集》第 2 卷，人民出版社 1991 年版，第 626 页。

般发展规律，独立自主地走西方发达资本主义的发展道路，而迫使近代中国沦为受西方剥削压榨的半殖民地半封建社会。中国社会形态演进既有普遍性又有特殊性，中国的特殊情况决定其既不能走原来发达资本主义国家走过的资本主义道路，也不能直接进入社会主义社会，而要经过新民主主义革命，建立新民主主义社会，再经过社会主义革命而不经过资本主义制度的痛苦，经过社会主义初级阶段，实现跨越性发展，走出一条非资本主义的现代化道路——中国特色社会主义道路。这是中国社会形态和中国道路的独特历史。只有从社会形态演进层面予以理论剖析，才能认清中国社会形态历史和发展道路的特殊性。当然，也决不能因为中国社会形态历史和发展道路的特殊性而否定历史唯物主义"五形态说"的普遍性，否定马克思主义社会形态演变一般规律理论的科学性，进而否定中国已经经历过原始社会、奴隶社会、封建社会，经过新民主主义和社会主义革命进入社会主义初级阶段，最终将向更高的社会形态过渡的必然性。

六

为什么否认唯物史观必定否定社会形态演变一般规律的理论，必定否定"五形态说"的普遍性？

第一，这样做，可以直接否定阶级社会的存在，从而否认阶级和阶级斗争学说。不承认阶级社会阶级和阶级斗争的存在，否定马克思主义阶级观点和阶级分析方法，已经成为否定唯物史观的时髦思潮。在阶级社会中，人是分为阶级的，是存在阶级差别和阶级矛盾的，阶级斗争是阶级社会前进的动力。《共产党宣言》指出，"至今一切社会的历史都是阶级斗争的历史"[①]。恩格斯在《共产党

[①] 《马克思恩格斯选集》第1卷，人民出版社2012年版，第400页。

宣言》1888年英文版序言中加注："从土地公有的原始氏族社会解体以来"的历史"都是阶级斗争的历史"。①这对人类进入阶级社会后阶级斗争这一矛盾主线给予了精确概括。在中国共产党领导下，中国人民解放军疾风暴雨式地打败国民党反动派，推翻"三座大山"，取得中国革命的胜利，这种你死我活的流血战争就是阶级斗争。列宁指出，"阶级关系——这是一种根本的和主要的东西，没有它也就没有马克思主义"②；"必须牢牢把握住社会划分为阶级的事实，阶级统治形式改变的事实，把它作为基本的指导线索，并用这个观点去分析一切社会问题，即经济、政治、精神和宗教等等问题"。③毛泽东同志明确指出，社会主义制度建立以后，"阶级斗争并没有结束"，"社会主义和资本主义之间谁胜谁负的问题没有真正解决"；"如果对于这种形势认识不足，或者根本不认识，那就要犯绝大的错误，就会忽视必要的思想斗争"。④习近平总书记始终强调马克思主义的阶级观点，他的重要观点在《党章》《宪法》上表述得十分坚定、明确。**我们既要反对"以阶级斗争为纲"的错误观点，又要反对"阶级斗争完全熄灭"的错误认识，坚持马克思主义阶级观点和阶级分析方法，实事求是地运用具体问题具体分析的科学方法。当今仍有一些文艺作品和理论著述否定阶级和阶级斗争的历史事实，从而"虚无革命"、"告别革命"、"虚无中国革命历史"、虚无唯物主义历史观。**

第二，这样做，可以直接否认社会革命的伟大意义，从而否认无产阶级社会革命和无产阶级专政学说。按照唯物主义历史观的观点，新的社会形态代替旧的社会形态是一场伟大的社会革命。当旧的生产关系已经严重阻碍生产力的发展，旧的上层建筑已经严重束

---

① 《马克思恩格斯文集》第2卷，人民出版社2009年版，第14页。
② 《列宁全集》第41卷，人民出版社1986年版，第92页。
③ 《列宁选集》第4卷，人民出版社2012年版，第30页。
④ 《毛泽东文集》第7卷，人民出版社1999年版，第230、231页。

缚经济基础的发展，改变生产关系和上层建筑已成为刻不容缓的事情之时，社会革命就将到来。社会革命表现为代表先进生产力的新兴阶级推翻代表落后生产关系的反动阶级的政治统治，表现为一个阶级推翻另一个阶级的政治统治、建立新的社会形态。当然社会革命还有另外一个意义，也就是狭义的社会革命，指在不改变政治制度和社会形态的前提下，通过调整、变革不适合生产力发展的生产关系和上层建筑的某些方面和环节，从而推进生产力的发展和社会的进步。**社会革命是具有历史进步意义的，是代表先进生产力、先进阶级利益的。维持旧利益、旧制度、旧统治、旧秩序、旧思想、旧习俗的一切反动阶级总是贬低、否定、反对社会革命。当前，资产阶级及其政客们总是千方百计地反对无产阶级社会主义革命、反对无产阶级专政，在我国具体表现为"否定社会主义和共产主义""否定人民民主专政"这类历史虚无主义的错误观点。**

第三，这样做，可以直接否认意识形态的阶级性，否定唯物主义历史观的意识形态学说。在阶级社会中，人的思想具有意识形态阶级性质，这是马克思主义的一个重要观点。经济基础决定上层建筑，政治上层建筑决定意识形态上层建筑。在阶级社会，人类思想的相当部分是具有强烈阶级特性的意识形态。阶级社会的统治阶级和被统治阶级的思想都带有鲜明的阶级性、政治性和意识形态性，这决定了阶级社会的意识形态必然分为两大对立阵营，贯穿着正确与错误、先进与落后、真理与谬误、革命与反动的意识形态斗争。新兴的革命阶级要战胜落后的反动阶级不仅要进行政治领域、经济领域、军事领域的斗争，还必须开展意识形态领域的斗争。只有在意识形态领域最终战胜反动落后阶级的意识形态，才能真正取得历史进步的胜利。西方资本主义打出"普世价值"的旗号，抹杀意识形态的阶级性和政治性，实质是企图用资产阶级的腐朽意识形态反对无产阶级的先进意识形态，达到维护旧制度、挽救旧秩序的目的。"淡化意识形态""去意识形态化"是典型的错误观点。

第四，这样做，可以直接否认共产主义的最高理想和中国特色社会主义共同理想，否定科学社会主义学说。一切反动阶级都不承认人类社会发展的"五形态说"的一般演进规律，不承认社会主义替代资本主义的必然性，把自己的政治统治说成是永不灭亡、万年长青。资产阶级从不讳言自己的资本主义社会是亘古不变的"千年王国"，而把社会主义、共产主义说成是虚无缥缈的或不可实现的臆想，认为它的出现不过是过眼烟云，最终历史将在资本主义这里"终结"，从而达到否定科学社会主义学说、摧毁共产党人理想信念追求的目的。

第五，这样做，可以直接否定一切历史进步性，从而否认马克思主义唯物主义历史观是历史进步学说。按照马克思主义的社会形态演变规律理论，人类历史发展总体是向上、向前、向进步方向发展的，尽管有暂时的倒退，但历史前进的步伐是不可逆转、不可阻挡的。凡是有利于社会生产力发展的就是进步的，反之就是反动的，这就是唯物主义历史观的历史进步论。用这样的观点来看待历史就是唯物主义历史观，否则就是唯心主义历史观、就是历史虚无主义。

历史唯物主义是真理，真理是打不倒的。恩格斯认为，在唯物史观发现之前，人们对社会历史的一切认识都是在黑暗中摸索。唯物史观从生产工具、劳动分工的发展，到生产力的发展，到所有制的变化，到生产关系的发展，到整个社会经济基础的变化，从而引起整个社会生产生活的变化，到阶级，到国家，到上层建筑，再到意识形态，形成了一个科学的认识逻辑。正是从这个基本分析线索入手，马克思发现了资本主义剩余价值的秘密，揭示了资本主义不可克服的内在矛盾，说明了资本主义必亡，社会主义、共产主义必胜的道理。必须坚持用历史唯物主义教育我们的人民、教育我们的党员，武装我们的人民、武装我们的党员，才能获得对人类历史认识的全部科学解释和对世界的革命改造。正如习近平总书记所指出的:"历史和现实都表明,只有坚持历史唯物主义,我们才能不断把对中国特色社会主义规律的认识提高到新的水平,不断开辟当代中国马克思主义发展新境界。"①

---

① 习近平:《推动全党学习和掌握历史唯物主义　更好认识规律更加能动地推进工作》,《人民日报》2013年12月5日第1版。

三

坚定思想自信,构建中华思想史当代中国马克思主义学派

传统依然活在世界的历史进程中*

在"首届中美学术高层论坛"上,就这一随历史变迁而常新的话题展开学术探讨与思想交流,意义重大而深远。

美国是目前世界上学术实力很强的发达国家,中国是最大的发展中国家,具有漫长而深厚的学术历史,中美两国之间的学术对话不但有助于两国人民的相互了解,而且具有重要的世界意义。

传统是一个文明国家的文化积淀和历史遗产。一部人类社会史,就是不断继承传统精华、融合时代内容、开启新的发展道路的历史。在从地域历史向世界历史转变的过程中,各个国家在创造物质文明的同时也创造了各自的文化文明和精神文明,为人类文明史的版图增添了独特的色彩。作为文明进步的印记,传统依然活在世界的历史进程中。

我们正处在变革的时代,虽然传统不能从根本上决定一个国家社会转型和变革的走向,但变革中的国家与社会一定不会脱离传统的影响和制约。传统的断裂或延续这类话语,不可能在纯粹主观的意识中表达,而必须置于历史和现实进程之中。传统的复活取决于现代性国家的构建在多大程度上具有历史的创造性。中国的现代转型是在继承和超越传统的过程中实现的,是传统向现代迈进中的变革与升华。五千多年的中华文明绵延不绝,它以其独具特色的文化

---

* 该文系作者 2011 年 10 月 28 日在中国社会科学杂志社"首届中美学术高层论坛"上围绕"传统"话题的发言和笔谈。原载《中国社会科学》2011 年第 4 期。

传统不仅深刻地影响了古代中国,也深刻地影响着当代中国和世界。"鉴古知今",中国这句古话之于我们这次会议的主题则意味着:今天我们讨论传统,并不是要回到过去,而是要开辟未来。

一 具有悠久历史的中国文化传统

认识传统,是深入了解一个国家和民族的基本途径。

我们中华民族在漫长的历史长河中形成了丰富和深厚的文化传统,其中的优秀传统是当代中国前进的基础和出发点。这些优秀传统集中体现为:

"有无相生,难易相成""一物两体""一分为二""和而不同""天人合一""民胞物与""厚德载物"的哲学思想;

"民为邦本,本固邦宁""天地之间,莫贵于人"的民本人本思想;

"三人行,必有我师焉""有教无类""诲人不倦"的教育思想;

"己所不欲,勿施于人""己欲立而立人,己欲达而达人""老吾老以及人之老,幼吾幼以及人之幼"的伦理思想;

"先天下之忧而忧,后天下之乐而乐""天下兴亡,匹夫有责"的忧患意识和爱国主义思想;

"修身齐家治国平天下""经世致用""格物致知"的治学思想;

"天行健,君子以自强不息""路漫漫其修远兮,吾将上下而求索"的人生理想;等等。

还有勤劳勇敢、团结互助、诚实守信等众多优良传统,这里只能略举一二,难免挂一漏万。这些中华民族经数千年形成的优秀传统,既是中国人民弥足珍贵的思想遗产,也是世界各国人民和谐交往的重要思想资源。

当今世界，人类共同面临着前所未有的风险，面临着一系列错综复杂的危机。如何化解这些风险和危机，政治家、思想家都在积极思考应对之策。在我看来，取优良文化传统古为今用不失为一条重要的思想路径。向传统取经，不是倡导复古主义。一方面要挖掘传统中的精华、智慧和当代价值；另一方面则要与今天的现实生活相结合有所创新，在时代变迁和赋予传统时代内涵的过程中，使优良传统造福于当下人类。

全球化已成定式，在这种情形下，没有任何一个国家或民族的传统能够解决其发展过程中遇到的所有问题。因此，这就需要全人类的智慧，就需要不同传统之间的对话交流、取长补短。

二　走向现代化的中国传统

中华民族是灾难深重的民族。1840年英国用大炮强迫中国输入鸦片，中国被外力纳入西方列强开创的世界历史体系。所有那些影响着中国的经济发展、社会风尚、政治结构和社会进步的破坏性因素，不仅瓦解着中华民族的传统，也使中国社会遭遇了史无前例的危机。没有一个根本的革命，中国能不能实现自己的命运转机？在历史重大转折的前夜，中国人民选择以推翻封建专制统治和抵御列强的入侵来实现民族的伟大复兴。辛亥革命、新文化运动、五四运动、马克思主义的传播等，为中华民族的伟大复兴做出了思想准备和组织准备。中国共产党的成立则将这一复兴推向了高潮。

翻开中国的近现代史，不难发现，辛亥革命具有伟大的历史意义，它影响了整个20世纪中国的历史进程，也带来了20世纪中国的思想解放。在这场上下求索的民主革命中，与封建君主专制捆绑在一起的封建传统被请下了"圣殿"，西方的科学精神和民主精神进入中国。但这是一场不彻底的革命。封建君主下台，并不意味着附着其上的封建传统随之消亡，照搬或者套用西方的模式，也并不意味着传统能像西方那样在强盛中再生。传统的变革绝非轻而易举。这也就决定了，它在为中国人带来一丝曙光的同时并不能给人们带来渴望已久的"黎明"，一切又归于沉寂，黑暗依旧笼罩着这个国家。

正是在这样的时代背景下，中国共产党义无反顾地肩负起"实现民族独立和人民解放"的历史重任，走上近代中国的历史舞台。在中国共产党领导的新民主主义革命的征程中，井冈山精神、长征精神、白求恩精神、延安精神……不断被融入中国的优秀传统之中。在随后的社会主义革命和社会主义建设中，在马克思主义的指导下，改革开放的精神、敢为天下先的精神、大胆探索、勇于创新的精神和中国传统文化中的民本思想、大同思想、和谐思想、爱国主义思想等都一同在变革的社会形态的实践中融入中国特色社会主义的新文化传统之中。马克思主义的大众化、时代化和现代化的过程，实际上也就是马克思主义与中国文化传统、和中国改革实践相结合，实现中华民族优秀文化传统升华的过程。事实证明，中国共产党是中国优秀传统的忠实继承者和发展者。

三　文化传统：中国与世界

在本质上和现实性上，中国现代社会转型既是中国社会伟大进步过程，也是中国现代性思想重建的过程。探索中国发展道路和明确中国社会转型方式，需要紧密结合中国社会活生生的实践，围绕中国历史所形成的传统和现实特点来展开，必须针对中国实际，在中国的语境与史境中研究中国问题。如何对中国历史意识、历史经验和历史过程进行综合表达，充分揭示出中国区别于欧洲的社会性质和社会发展，基于中国的历史特质与历史经验来设想中国的现实变革，是中国学者思考的重要维度。

中国的发展，离不开对其他国家优秀传统和文明的借鉴。正如胡锦涛主席2006年4月在耶鲁大学发表演讲中所指出的："文明多样性是人类社会的客观现实，是当今世界的基本特征，也是人类进步的重要动力。历史经验表明，在人类文明交流的过程中，不仅需要克服自然的屏障和隔阂，而且需要超越思想的障碍和束缚，更需要克服形形色色的偏见和误解。意识形态、社会制度、发展模式的差异不应成为人类文明交流的障碍，更不能成为相互对抗的理由。我们应该积极维护世界多样性，推动不同文明的对话和交融，相互借鉴而不是相互排斥，使人类更加和睦幸福，让世界更加丰富多彩。"[1] 这启示我们，文明的对话、传统的对话是相互理解的前提。

没有任何一个民族或国家的传统能够涵盖人类文明的全部。因此，只有各个民族或国家开放、平等、彼此尊重地交流对话，才能共同促进人类传统的相互借鉴与创新发展。我们不仅要借鉴其他国家和民族的传统，也要向世界贡献自己的思想和力量。就像世界的经济发展离不开中国一样，世界的文明发展也离不开中国。

当代中国正以开放的姿态面对世界，以认真的态度对待包括美国在内的其他国家的优秀学术成果，坚持"以我为主，为我所用"。当然，实现成功的学术交流的基本前提是真诚、平等和相互尊重。从传统入手，无疑会为我们开启中美两国知识界彼此深入了解的大门。作为一名哲学工作者，我期待着这次论坛取得成功，同时，也愿意与各位学者分享自己的感受。

---

[1] 《胡锦涛在美国耶鲁大学发表重要演讲》，《人民日报》2006年4月23日。

在继承与超越中推动人类文明的升华[*]

两年前，中美两国学者以"传统"为主题，在中国北京成功举办了"首届中美学术高层论坛"。两年后的今天，我们相聚在美丽的维思里安大学，以"启蒙"为主题举办"第二届中美学术高层论坛"。这是两国学者为推动中美人文社会科学领域交流，共同搭建的一个重要平台。自2010年5月中美人文交流高层磋商机制在北京成立以来，人文交流与政治互信、经贸合作一道已经成为新时期中美关系的三大支柱。作为人文交流的重要组成部分，我相信，由中美两国学者共同推动的中美人文社会科学对话、交流与合作，必将为进一步增进中美两国和两国人民的相互理解做出积极的贡献。在此，我代表中国社会科学院向论坛的胜利召开表示热烈的祝贺。

下面，我就这次论坛的主题发表三点意见，与各位专家做个交流。

一 启蒙运动的历史价值

发端于17世纪的启蒙运动，是由欧洲新兴资产阶级发起的一

---

[*] 该文系作者2013年5月10日在美国新英格兰康涅狄格州米德尔镇维思里安大学与中国社会科学杂志社举办的"第二届中美学术高层论坛"上的讲话。原载《中国社会科学报》2013年5月13日；《传统与启蒙——中西比较的视野》，中国社会科学出版社2015年版。

场波澜壮阔的思想、文化和社会解放运动。它高扬文艺复兴时期反封建、反神学、反迷信、反教会的旗帜，为资产阶级政治革命提供了思想理论武器；它倡导民主、平等、自由的观念，为欧洲发展、北美独立，以及西方社会进步提供了重要的理论支持和思想引领；它所倡导的一系列具有启迪意义的社会政治原则、价值观念，至今仍发挥着广泛的影响，仍是人们向封建专制、独裁统治、愚昧势力宣战的思想武器。三百余年的实践证明，启蒙运动将以伟大的思想解放、社会进步而名载史册。

毋庸讳言，任何一次伟大的思想变革都有其历史的局限性。资产阶级启蒙思想的本质决定了它不可能转化为全人类的共同价值，不可能适用于世界上所有的民族和国家。启蒙运动以来充斥着血腥历史的资本扩张、世界日益严重的两极分化和意识形态领域的严重对立表明，"这个永恒的理性实际上不过是恰好那时正在发展成为资产者的中等市民的理想化的知性而已"，"真正的理性和正义至今还没有统治世界"。这是一百多年前恩格斯在《社会主义从空想到科学的发展》中的科学判断。单纯依靠启蒙思想不可能带来世界的进步与和谐，而一些自以为在道德、文化和意识形态上高人一等的启蒙教师们只会加剧不同民族、国家之间的物质和精神上的鸿沟。在启蒙运动爆发三百年后的今天，世界格局发生了翻天覆地的变化，以信息化为主导的新一轮工业革命，正在西方世界和非西方世界同步进行，人类的交往联系日益紧密。在这同一个"地球村"里，人类既要共同应对生态破坏、能源危机、恐怖主义等一系列挑战，也要共同致力于构建更加公平、更加合理的国际新秩序。而每一个民族、每一个国家，又具有不同的历史传统，面临着不同的发展条件，肩负着不同的发展使命。正是这种错综复杂的客观现实，决定了任何一种特定的时代和地域经验都无法转化为普世经验，任何一种特定的文明都无法遮蔽丰富多彩的人类世界，任何一种特定的社会发展模式都无法规制不同民族和国家的历史途径。没有放诸四海而皆准的终极真理，也没有唯我独尊的现代化范式。多极化的世界格局、多元现代性的世界体系，已是大势所趋、历史所向。和人类历史上其他任何一种伟大思想一样，启蒙思想、启蒙运动，能给人们提供的只是历史的启迪，而不是解决问题的现成方案。

今天我们讨论启蒙，并不是要否定启蒙运动的思想成果，而是要在当今世界，站在历史和时代的制高点，站在人类文明和世界发展的制高点，对启蒙本身进行历史性的、批判性的反思，对启蒙运动的思想遗产进行重新审视和清理，并在此基础上积极总结和归纳启蒙运动以来的思想成果，在对话中求同存异，在互惠中取长补短，最终建构起更加开放、更加包容、更加合乎人类发展趋势的现代思想体系。

二 启蒙的中国经验和历史选择

每一次对历史的深入反思，都会给人们提供新的教益。

当欧洲和西方的启蒙运动如火如荼进行的时候，中国并没有置身事外。在17世纪、18世纪的欧洲，中华文明得到前所未有的传播，在一些国家形成了长达百年的"中国文化热"。中国传统思想与文艺复兴以来欧洲文明的汇流，为启蒙思想的形成与发展提供了独特的思想资源和历史借鉴。尽管以孟德斯鸠为代表的一些启蒙思想家对旧中国的专制政体抱着批判态度，但伏尔泰、莱布尼茨、霍尔巴赫、魁奈、歌德等一大批欧洲思想家，都曾热情地宣传中国传统文化。伏尔泰说："我全神贯注地读孔子的这些著作，我从中汲取了精华，除了最纯洁的道德之外，我没有在其中发现任何别的东西"，"在这个地球上曾有过的最幸福的并且最值得人们尊敬的时期，那就是人们尊崇孔子法则的时期，在道德上欧洲人应当成为中国人的徒弟"。被伏尔泰等启蒙思想家理想化了的中国文化，成为批判专制、独裁，呼唤社会进步的重要理论武器。

而与此同时，18世纪的中国，也出现一系列社会转型的重要迹象。在中国东南和华南地区，商品经济繁荣发达，城市化进程加快，市场经济萌芽获得发展，对于旧的社会制度出现变革倾向，个人自由有了扩大，国家对社会的控制逐渐放松并走向法制化；社会观念发生巨大变迁，程朱理学在知识界的独尊地位结束，以追求个性自由为特征的新文化出现并得到传播。可以说，18世纪的中国，在某种程度上已然开启了中国本土的近代化历程，正如中国已故领导人毛泽东所指出的那样，"中国封建社会内的商品经济的发展，已经孕育着资本主义的萌芽，如果没有外国资本主义的影响，中国也将缓慢地发展到资本主义社会。"① 鸦片战争前的中国思想变革，为鸦片战争后中国社会的进步，提供了原始的但却是不可或缺的文化基础。

19世纪中叶以后的中国，曾长期在启蒙与救亡的道路上艰难行进。一部中国近代史，既是中国人民前仆后继反对西方列强侵略、争取国家独立的历史，也是中国人民争取民主、独立、富强和社会进步的奋斗史。面对深重的民族危机，从"师夷长技以制夷"的洋务运动，到改良政治制度的戊戌维新，再到以西方典章制度为范例的孙中山领导的资产阶级民主革命，无不体现了近代先进的中国人学习西方启蒙思想并力图运用于中国实际的探索历程。然而，这些努力无一不以失败告终，中国人民仍在黑暗中苦苦探索。

从1840年鸦片战争到1919年五四运动爆发的中国历史证明，要抵抗西方列强的侵略，扫除封建主义的残余，真正改变中国积贫积弱、被动挨打的局面，不能一味照搬西方那样的资本主义"启蒙"模式。如果缺乏立足中国历史与国情的科学理论的指导，中华民族的伟大复兴，将永远是无法实现的"自我臆想"。中国人正是从鸦片战争以后半个多世纪的反复探索中明白：中国的发展，不但

---

① 《毛泽东选集》第2卷，人民出版社1991年版，第626页。

要继承启蒙思想的精华，而且要努力探索自己的解放道路。正是在这一特殊的背景下，马克思主义和中国共产党登上了中国历史的舞台，选择了中国特色的前进方向和正确道路，中国的面貌立即为之一新。

三 中国梦和面向未来的启蒙研究

实现中华民族的伟大复兴是鸦片战争以来中国人民孜孜以求的伟大梦想。五四运动，特别是 1921 年中国共产党成立以来中国文化和社会的巨大变革，为当今世界一个国家、一个民族如何继承和超越启蒙，如何走向现代化提供了极其丰富的思想和实践资源。

中国共产党是中华民族优秀文化传统的忠实继承者和发展者，也是启蒙思想的坚定发扬者和超越者。中国共产党从成立之日起，就坚持站在国家独立和民族解放的立场，用唯物辩证的眼光，以开阔的胸怀，看待古代文明和现代文明，在历史与现实、理论和实践的双重结合中，努力探索中国的社会主义现代化道路。在这个过程中，中国共产党提出的新民主主义理论，旗帜鲜明地反对封建专制，努力建立由无产阶级领导的人民民主共和的现代政体，就充分汲取了西方国家，包括启蒙运动的思想资源。1949 年中华人民共和国成立后的社会主义建设，特别是改革开放以来的中国特色社会主义建设，使中国的社会面貌发生了天翻地覆的变化，自由、民主、公平、正义、人权、法制观念逐渐深入人心，古老的中国正焕发出前所未有的活力，中华民族的复兴正在成为现实。

最近一段时间，中国国家主席习近平反复强调中国梦，并指出："我们要实现的中国梦，不仅造福中国人民，而且造福世界人民。"在我看来，习近平主席所阐述的中国梦，不但反映的是中国人民实现民族复兴的期望和追求，也反映了中华民族要为世界的和平与发展、人类文明的进步与升华，做出自己独到贡献的强烈愿望。因此，中国梦具有重要的世界意义。

现代科技、现代市场，特别是信息技术，正将世界紧密联系在一起。每一个国家、每一个民族的生存与发展，都影响着人类共同的命运。从这个意义上讲，"全球史"在我们这个时代不但成为可能，而且正在得到真正实现。人类的未来，取决于今天不同文明的交流与对话。在这个过程中，启蒙思想的精华毫无疑问需要继承与发展，而其他民族的文化资源也需要我们充分重视。国际学术界应该以更加开阔的视野，更加博大的胸怀，更加理性的态度，更加科学的方法，努力建构一个真正具有全球意义的文明对话与交流平台。

围绕启蒙思想研究，我有几点建议。

第一，以发展的眼光对待启蒙。启蒙思想在很大程度上为当代社会思潮提供了直接的重要的思想资源。正如恩格斯所说：现代社会主义"就其理论形式来说，它起初表现为十八世纪法国伟大启蒙学者所提出的各种原则的进一步的、似乎更彻底的发展"。然而，启蒙思想毕竟是17世纪、18世纪的历史产物。300年来，人类社会已经发生了巨大的变化，学术界应该认真总结这三百年的历史经验与教训，认真进行抽象和概括，用经得起检验的思想成果将启蒙思想和精神推向前进。例如，启蒙思想产生于欧洲，不可避免具有自身的局限性。如果要成为一种具有更加广泛影响力的世界思潮，就应该充分吸收其他国家、其他民族的优秀思想资源。

第二，以辩证的眼光对待启蒙。和任何伟大的社会思潮一样，启蒙思想也不可能是完美无缺的。以现代的眼光来看，启蒙思想也存在种种局限性，对这些局限性，我们不但要重视，而且要高度重视其在社会实践中可能出现的弊端。例如，在强调个人权益的同时，我们同样要关注集体的利益；在重视理性的同时，我们也要重视道德的价值与尊严；在一些国家、一些利益集团在世界各地到处推销启蒙思想的时候，我们要重视隐含在其背后的文化霸权心态和狭隘的利益诉求。

　　第三，以平等的眼光对待启蒙。不要把启蒙看成高于其他民族思想和文化的一种特殊社会思潮，不要人为地强加给启蒙以独特的道德优越地位，不要赋予启蒙思想以它不能完成的使命。启蒙确实具有世界影响，但它只是人类古往今来具有世界影响的众多思潮的一种，它承担不起解决所有民族发展问题的重任。理性、自由、平等、人权这些自启蒙运动以来被人们津津乐道的现代文明要素诚然需要得到重视，但也要看到，不同文化背景的人们，对这些要素的理解不尽相同，而这些要素在不同国家、不同文化中的表现方式也各具特色。那种简单地用欧美文明标准来苛求其他民族的做法，是不可取的。在全球文化研究和文明对话中，坚持尊重差异、包容多样是唯一理性和正确的选择。

　　我们正面临着人类有史以来最深刻而复杂的社会变革。人类的未来要求我们认真总结前人留给我们的思想资源，在总结中获得智慧和启迪，在对话中达成共识。我相信，此次围绕启蒙问题进行的学术讨论，一定会激发中美两国学者展开更加深入的沟通和互动。具有不同文化背景的学者，围绕同一主题展开对话交流、切磋砥砺，对于促进认识的深化，建构更加合理、更加和谐的国际秩序，具有独特而重要的意义。作为一位哲学工作者，我期待这次论坛取得圆满成功，并衷心期盼，东西方文明的对话犹如一盏灯点亮另一盏灯，一个梦想照亮另一个梦想，最终照亮我们整个人类世界。

与五千年中华思想史对话：中国特色社会主义理论体系与中国优良思想文化传统一脉相承[*]

思想是文化的灵魂，是文化的内核。中华民族在漫长而曲折的历史长河中，形成了源远流长的优秀思想成果和文化传统，为中华儿女构筑了永久的精神家园。博大精深的中华优秀传统文化是我们在世界文化激荡中站稳脚跟的根基。习近平总书记指出，要讲清楚中华优秀传统文化的历史渊源、发展脉络、基本走向，讲清楚中华文化的独特创造、价值理念、鲜明特色，增强文化自信和价值观自信。

为探寻中华文化绵延不绝的内在动力，推出真正能代表我们这个时代的认识水平，深刻反映中国学术、中国精神和中国道路的标志性成果，中国社会科学院计划启动大型学术项目——《中华思想通史》（以下简称《通史》）。《通史》上溯远古、下迄当今，力图全面揭示中华民族五千年来的思想变迁发展势态。就《通史》项目的实施意义、编纂计划、指导原则、写作特点等问题，记者专访了项目负责人、中国社会科学院院长王伟光教授。

一 一部中华优秀思想文化的集大成之作

《中国社会科学报》：王伟光院长，您好。非常感谢您抽出时间

---

[*] 该文系作者 2014 年 10 月接受《中国社会科学报》记者毛莉的访谈。原载《中国社会科学报》2014 年 10 月 17 日。

接受采访。中国社会科学院此番撰修《通史》的大动作备受学界瞩目。首先能否请您介绍一下《通史》项目的筹备情况和编纂计划？

王伟光：好的。《通史》项目目前正在紧锣密鼓地开展筹备工作，编纂工作计划于2015年正式启动，初步预计在2019年完成。项目的最终成果形式主要有：《中华思想通史资料长编》、《中华思想史绪论》、《中华思想通史》（全本）、《中华思想史纲》、《中华思想通史》（插图本）。在此基础上，还计划推出外文版、在线检索版。编纂《通史》采用集团作战的方式，我们力争拿出一部能够代表中国社会科学院基础学科水平的鸿篇巨制。

《中国社会科学报》：启动如此一项规模宏阔、耗时数载的学术项目，是基于何种考量？

王伟光：一个民族能否实现伟大跨越，归根到底，要从这个民族的思想文化深处去寻找。思想既是社会发展的精神文化成果，也会转化成社会发展的物质动力。决定一个时代走向的终结原因是社会经济形态，而人们的思想观念，特别是被广大群众所接受的正确理念和价值诉求，以及受这些思想观念支配的文化生活方式，反过来会直接影响、导引时代的变迁和进步。

中华民族五千年的发展历程，积淀了丰厚的思想资源，标志着中华民族艰辛探索、不断发展的轨迹。一直以来，学界不乏对中国思想史进行梳理和总结的成果，其中也有精品力作，但实属凤毛麟角。无论是从时间断限还是从思想脉络来看，迫切需要堪称贯通古今的中华优秀思想文化的集大成之作早日问世。编纂《通史》的重要意义之一就在于集成中华民族几千年来形成的优秀思想和文化传统。这既可以继承中华传统优秀思想文化，为我们党总结历史、开创未来提供丰富的思想资源，也能使中华优秀智慧资源走出中国，为世界文明和人类智识的提升做出属于我们中华民族的贡献。

《中国社会科学报》：源远流长、博大精深的中华文化，体现着中国道路的文化底蕴、中国精神的文化根基、中国价值的文化源泉，也承载着中国梦的文化内涵。从优秀传统文化中汲取实现中国梦的精神力量，是我们当前面临的重大理论和实践课题。这是否也是编纂《通史》的目的所在？

王伟光：这正是我要谈的《通史》项目的第二点意义和作用。编纂《通史》，可以深入挖掘中国历史文化宝藏，从历史的深处发掘中华优秀文化的思想内核，为中华民族走向复兴不断注入思想和精神力量。我们也不能忘记，中华文化之所以绵延几千年而不绝，离不开中华思想的开放和包容，离不开对优秀外来思想、外来文化的吸收和融合。历史上，中华文化对外来文化的包容和吸纳，曾经有力地推动了我国封建社会的发展，构成中国封建社会长期维持稳定的重要精神力量；近代以来的中国社会发展变迁，同样揭示了外来思想和文化对中国社会发展的推动和促进作用，并一再雄辩地证明了中国传统的儒家文化和道学传统救不了中国，实现不了中华民族的伟大复兴；唯有马克思主义，唯有与中国本土实践相结合的中国化马克思主义，才能救中国，才能实现中华民族的伟大复兴。

在中华民族走向复兴、中国梦的实现从未如此清晰的今天，挖掘中国传统思想文化精华，融合会通外来先进思想文化，从历史和现实、思想和社会、理论和实践相结合的多重维度，探索总结中华民族五千年来的思想变迁规律，不仅有利于考量我们党90多年来的理论探索在中华文明历史长河中的地位和分量，也有利于在新的历史时期进一步做好马克思主义中国化的工作，为中华文明的提升和中国化马克思主义的进一步发展，筑牢思想文化的根基，提供有益的借鉴。

《中国社会科学报》：中国特色社会主义根植于中华文化沃土。借由《通史》的梳理，是否可以在中华思想史的浩瀚卷帙中明确勾画出中国特色社会主义理论体系的坐标？

王伟光：的确如此。我们从实践和法律的角度确立了中国化马克思主义在党和国家政治生活中的指导地位。我们还需要进一步从学理的角度确立中国化马克思主义，特别是中国特色社会主义理论体系在中华思想文化史上的独特地位。纂修《通史》的又一个重大意义就是弘扬中国化马克思主义的理论成果。

通过编纂《通史》，从五千多年文明历史变迁的角度，审视鸦片战争以来，尤其是中国共产党成立以来中国的思想发展轨迹，对近代以来各种社会思潮进行比较分析，辨异同，明是非，"述往事，思来者"，有助于牢固确立中国化马克思主义在中华思想史上的经典地位；有助于进一步弘扬几千年中国优秀文化和马克思主义相结合所形成的先进思想文化，即中国化马克思主义和中国特色社会主义理论体系。这既是我们中华民族未来前进的基础，又是中华文化屹立于世界民族之林、推动世界文明发展的最可靠、最坚实的力量。

《中国社会科学报》：您刚刚从宏观层面谈了《通史》项目的三大作用。如果仅从学术层面来看，实施《通史》项目有怎样的意义？

王伟光：启动《通史》项目的出发点就是要加强我院的基础学科研究。通过实施大项目，把我院哲学社会科学各基础学科的优秀人才调动起来，形成一个作战集团，把成果推出来，把队伍带出来，把基础学科立起来。

特别值得重视的是，《通史》的编撰，不仅可以集成中华优秀思想成果，还可以造就一大批思想和学术人才。学术进步的前提在于队伍的接续、思想的传承。学术发展史反复证明，组织中青年学者参与重大学术项目，在学术实践中打牢基础、提高水平，不失为培养人才、锻炼队伍的有效途径。《通史》作为重要学术文化工程，既需要学养深厚的资深学者指导、把关，也需要大批中青年学者在第一线攻坚克难、躬行实践。尤其是《中华思想通史资料长编》，是全书的基础性工程，现在看来，中青年学者将是其主力和骨干。通过搜集、整理和甄选重要思想史料，中青年学者将经受一次极其严格的学术史训练，这是治学的基本功。他们将从中汲取思想精华，提高思想认识，体悟先贤治学取向，开阔学术视野，认识学术规律，培养优良学风，深化学养基础，重塑学术研究的严肃性和神圣性，使我们的学术事业和社会科学事业后继有人。

二 以马克思主义为指导是全书的主线和灵魂

《中国社会科学报》：对思想史的写法，学界存在诸多争论。比如，知识史与思想史之间应当如何互相说明？怎样看待哲学史与思想史之间的关系？对这些思想史研究中的重大理论和方法问题，《通史》将如何处理？

王伟光：你提到的这些问题，项目编委会在筹备过程中进行了充分的讨论。学界对思想史写法的论争，很大程度上关涉的是思想史概念和范畴的界定问题。对于思想史，国外主要有三种概念，即观念史、专题思想史和知识史。观念史强调思想家的思想体系与认识；专题思想史强调特定条件下人们的思想表述、方法和观念；知识史接近文化史的范畴。这几个范畴都太窄，局限性较强。《通史》项目要做成大思想史，要体现文史哲多学科集成式的学术大气，要通过中国思想史，把文史哲学科贯穿起来。就具体写作策略来讲，要以占统治地位的主流意识形态为主线，以哲学思想为统领，以政治、经济、军事、文化、宗教、伦理为主要部分，强调每个时代的特点，重要的详写，一般的就少写。

《中国社会科学报》：思想史的不同写作策略背后，往往体现的是不同的观念、思路和方法。《通史》这样一部旨在代表我们这个时代学术水准的思想史巨作，背后秉承的是怎样的指导思想？应该遵循哪些编纂原则？

王伟光：我认为，在《通史》的编纂过程中，至少应坚持六条原则。第一，坚持以马克思主义为指导；第二，坚持思想史与社会史研究相结合的方法；第三，坚持人民思想史的写作思路；第四，坚持开拓创新的原则；第五，坚持以世界的眼光研究中国思想史；第六，坚持古为今用、厚今薄古、努力为现实服务。

其中，鲜明体现以马克思主义为指导，是《通史》的主线和灵魂。要运用并始终坚持唯物史观的立场、观点和方法，从纷繁复杂的史料当中收集、分析、研究中国思想文化，去伪存真、去粗取精，梳理出一条明确的中国思想文化发展脉络和主线，找到中华思想最精华的内核。

《中国社会科学报》：以马克思主义为指导是全书的主线和灵魂。这一点是如何体现的呢？

王伟光：这在其他几条编纂原则中就有充分的体现，就拿第二条来分析。我国著名的马克思主义史学家侯外庐先生主编的《中国思想通史》是中国思想史研究的传世之作，它非凡的创见就是注重思想史和社会史的结合贯通，而思想史和社会史的互动研究则是唯物史观的重要视角。思想来自社会实践。我们要始终坚持经济基础决定上层建筑、社会存在决定社会意识的唯物史观基本思想，以社会形态为依据来考察思想史。从社会形态的深层次出发，揭示出时代思潮的本质和特点，深刻展现思想变迁与社会发展之间的内在逻辑。

编纂《通史》要通过社会史来看思想史，将思想史和社会史相结合，坚持社会形态史的分期方法。据此，我们对《通史》的体例做了一个初步的设计，按照社会形态分为中国原始社会思想史编、中国奴隶社会思想史编、中国封建社会思想史编、中国半殖民地半封建社会思想史编、中国社会主义初级阶段思想史编。

《中国社会科学报》：民众思想要不要写入思想史是近年来在思想史研究领域讨论较多的话题。有学者认为，人民群众的思想一般说来缺乏理论概括，在历史上也很少被保存下来，研究民众思想是不现实的。《通史》为什么坚持人民思想史的写作思路？

王伟光：正是在马克思主义的指导下，《通史》要坚持人民思想史的写作思路。我们既高度重视主流意识形态的变迁，高度重视杰出思想家们的精神成果，也重视普通百姓共同性的社会思潮、文化倾向、情感诉求和价值取向，也就是普遍社会观念；既重视学者们"十年磨一剑"的精致成就，也重视真正能影响生活方式、时代变迁的精神力量，反映人民群众的所思所想。关注人民的观念与诉求，"把思想的历史还给人民"是本书在方法论上的重要创新，写一部人民群众的真正思想史是本书的基本追求。因此，从这个意义上说，这部《通史》不仅仅是某些思想家的思想史，也不仅仅是帝王将相的思想史，而是一部人民群众的思想史。

《中国社会科学报》：说到方法论的创新问题，开拓创新是《通史》的编纂原则之一。《通史》还在哪些方面有所创新？

王伟光：在《通史》的编纂过程中，坚持解放思想、实事求是，努力推动学科理论、研究方法、写作方式的创新。解放思想、实事求是是马克思主义的精髓，也是分析中国思想文化应当遵循的基本原则。在此基础上，我们希望全面实现学术观点与思想理论创新，在研究方法和写作方式上有新突破，创造出经得起实践、人民和历史检验的代表国家水准的创新性成果。

在我看来，《通史》应具备思想性、系统性、集成性、传承性和创新性。全书展现中华民族五千年的思想变革历程和历史风貌；全书突出一条主纲，即中华民族的传统文化是一脉相承、一以贯之、不断继承发展的，中国化马克思主义、中国特色社会主义理论体系，就是对中华传统思想文化的继承和发展；全书通过对中华思想历史资料的搜集、整理和研究，将成为传承中华民族优秀思想传统和智慧的基础平台，是一部融合多学科、发挥多学科所长的学术集成之作，具有一定的学术参考价值。

《中国社会科学报》：接下来请您谈谈第五条原则，为什么要坚持用世界的眼光研究中国思想史？

王伟光：编纂《通史》，既要考虑到中国传统思想文化与外来文化的结合问题，也要阐明中华民族传统文化是一脉相承、不断发展的。中华传统思想和马克思主义高度结合，包含着中国传统哲学的优秀思想，如辩证法思想、唯物论思想等。因此，要从中华传统思想文化与外来思想文化结合的角度来写，以世界的视域考察中国思想史。要把中华传统思想史中创新的、结合外来思想文化的成分，并能用于指导今天中国现代化实践的思想线索梳理出来。

《中国社会科学报》：从您以上的分析我们不难看出，《通史》不仅是在论史，更是为了观照现实。经世致用是中国史学的优良传统，中国人更有在思想中解决根本问题的传统，思想史研究中的现实关怀因此显得尤为重要。

王伟光：对。所以编纂《通史》要坚持古为今用，厚今薄古，努力为现实服务。坚持以史经世，服务党和国家工作大局。重点展现鸦片战争以来特别是我们党的思想探索历程，充分发掘对中华民族伟大复兴具有重要借鉴意义的思想资源，为中国梦的实现提供智力支持。

三　集中体现中华民族一脉相承、一以贯之的主流精神

《中国社会科学报》：我们知道，思想史研究在中国学术界一直充满活力，此前有不少思想史研究的成果。中国社会科学院版《通史》将呈现怎样的特色？

王伟光：我们一定要突出中国社会科学院搞《通史》项目的特色。一是要成为我们这个时代的一个重要学派，代表我院主流学术思想。二是在时间、空间跨度上，视野要更开阔。三是要站在中国特色社会主义这一新的时代历史高度上，有时代性。四是对中华思想灵魂的挖掘、对中华精神文明和时代文明的认识要更深入。五是

对资料和数据等材料的掌握要更丰富、丰满。

我认为，实施《通史》项目的关键是一个"通"字。一是要着重勾勒中华民族延绵不断的思想史，在时空上要通。二是中华民族内生的动力和生生不息的价值观要通，中华传统文化的核心内容在古今先进思想家的有关著作中都能体现出来。三是中华文化与外来文化的联系要通，中华民族在发展过程中不断吸收外来文化，同时不断向外释放、影响外来文化。四是中华文化有着巨大的包容性，兼容并蓄要通，在历史的长河中始终包容众多的外来优秀文化。五是在中华文化裂变、转型的过程中，中华思想没有产生断层，要保证其延续性也要通。中华思想史是从中华民族社会存在发展基础上产生的。正如马克思所言，社会意识是社会存在的反映，思想是时代的反映。思想是人民创造的，是通过思想家的历史活动反映出来的，我们要把人民思想史与著名思想家、政治家的思想史结合起来。

《中国社会科学报》：通史写作之难，有目共睹。加之研究对象的复杂性，思想通史的写作难度更是可想而知。既要求高度浓缩材料，又要寻找思想史的连续性脉络。《通史》如何确保对中国思想史连续性的把握？

王伟光：马克思有一句名言，统治阶级的思想在每一时代都是占统治地位的思想。主流意识形态和主流价值观是思想史的主要脉搏，《通史》项目要特别突出主流思想和主流价值观，重点研究在特定历史条件下对社会发展产生过重要影响的主流观念形态或理论体系。要集中体现中华民族一脉相承、一以贯之的主流精神，并努力梳理出中华民族文化基因的密码，用它作为贯穿全书的灵魂。中华民族从古代文明发展至今，靠的是内在的、不断继承的中国精神、中国思想。我们要致力于构建中华民族的精神自信、信仰自信、价值观自信。在我看来，从最古老的思想到今天的中国特色社会主义理论、社会主义核心价值观，中国精神都是一脉相承的，必须始终突出这一主流精神，不要割裂。

让马克思主义史学走进人民群众[*]

——中国历史影视化作品创作谈

由中国社会科学院监制并撰稿，中央电视台电影频道拍摄制作的百集纪录片《中国通史》已试播14集，获得广泛好评，也吸收了来自各方面的意见，对做好下一步的制作工作十分有利。这是我院以影视化手段向社会推出的一部坚持马克思主义历史观、弘扬马克思主义史学理论、传播历史知识的力作，也是我院史学工作者与全国史学、文博工作者贴近大众，共同合作，将史学研究成果以形象化、通俗化的方式介绍给社会的有益尝试。这里我以百集纪录片《中国通史》的创作与试播为契机，就史学研究成果应当贴近人民群众的问题谈几点看法。

一

史学研究成果服务于人民群众是马克思主义史学应有的品格。中国传统史学历史悠久，根基深厚，在记录、传承与弘扬中华文化上做出了杰出贡献，但究其本质来说是以资政服务于剥削阶级的统治需要、维护其统治的长治久安为目的的。因此，在服务于人民群众这一点上，传统史学因其历史的局限性，是不可能做到的。

---

[*] 该文原载《马克思主义史学理论研究》第4辑，中国社会科学出版社2015年版。

以唯物史观为指导的马克思主义史学,无疑吸收并继承了传统史学的精华,但在历史观上与传统史学又有着本质的区别。唯物史观从生产力决定生产关系,经济基础决定上层建筑的基本理论出发,在承认杰出历史人物历史贡献的同时,提出人民群众是历史的创造者,是历史的主体。肯定人民群众是历史的创造者,是马克思主义史学与旧的传统史学相区别的一个根本标准。历史观不同,研究的视角不同,决定了研究的目的不同。20世纪以来,特别是中华人民共和国成立以来,中国马克思主义史学工作者秉持这一理论,不仅重新解释了中国历史的发展道路、阶段性等重大问题,而且开辟了史学研究的许多新领域,深化了许多具体问题的认识。这些都是传统史学无法达到的。但这些优秀成果,许多还仅仅局限于在专业研究者内部传播,局限于在专业性非常强的刊物上刊登,普通大众既难以读懂,也难以读到,这对研究者和普通大众而言都是一件非常遗憾的事情。马克思主义史学的本质目的在于服务人民大众,其研究成果,应当贴近人民群众,走进人民群众。老一辈史学家郭沫若、范文澜、翦伯赞、吴晗等人,都重视历史普及,写了不少历史普及读物,影响很大,是我们学习的榜样。

今天,我们的史学研究的条件更好了,成果更丰富了,传播方式也更多样了,历史研究与人民群众的关系也应该更密切。许多史学工作者也都在感慨史学大众传播环节的缺失,呼吁加强历史普及工作,正是对我们史学研究宗旨回归的反映。百集纪录片《中国通史》以中国社会科学院历史研究所为主,凝聚了全国众多的史学与文博工作者的智慧,它的创作与播出,是一个空前的巨制,是史学最新研究成果与影视传播手段相结合,以贴近人民群众、满足人民群众需要的一次有益尝试。

二

史学研究成果要真正能够服务于人民群众,必须在正确的历史观引导下，将科学的历史知识传播给大众。坚决反对错误的历史观，杜绝人为杜撰的虚假历史。当前，以历史事件、历史过程、历史人物为题材的影视作品在各电视台的频道中占据十分重要的地位，推动并形成了全民上下的"历史热"。总体上看，这些影视作品为传播与弘扬中华民族优秀传统文化做出了重要贡献，也是社会大众获取历史知识，认识历史过程，树立正确的历史观、价值观的一条重要渠道。但无疑也存在着一些问题，归纳起来主要有以下几个方面：

宣扬错误的历史观。某些历史题材影视作品竭力淡化阶级分析方法，淡化马克思主义关于生产力与生产关系，经济基础与上层建筑的矛盾运动是推动人类社会历史前进动力的观点，从而使历史发展的动力观、阶级观、社会形态观等许多牵涉唯物史观的重大基本理论问题受到挑战。某些影视作品淡化主流意识形态，在这些影视作品中，封建主义沉渣泛起，资本主义价值观得到弘扬，客观上形成了与当前建设社会主义先进文化的冲突。某些影视作品肆意曲解中国历史的发展道路，某些影视作品不顾历史背景、历史事实，颠倒是非，甚至盲目宣传某些在历史上曾经对中国犯有侵略行为的历史事件、人物等。

盲目拔高统治阶级人物。某些影视作品任意拔高某些统治阶级人物，如把历史上某些曾经有过积极作用的帝王、有为人物的行为上升到代表广大人民利益的高度；夸大个别封建帝王、人物的人格魅力；把当代处理民族关系、社会关系的原则安放在封建政治家的身上；把封建史学家歌颂的所谓"盛世"，即历史上某些社会相对稳定的时期夸大为"国泰民安""社会和谐"，甚至用一些热辣的词语如"你燃烧自己，温暖大地"，"愿烟火人间，安得太平美满"等来歌颂封建帝王将相。相反，对帝王将相的腐朽性、阶级局限性则避而不谈。

肆意虚构、解构历史。撇开某些标明"戏说""虚构"的历史剧不论，很多以历史"正剧"形象出现的影视作品，为了迎合某些观众的心理，置有明确史实记载的历史发展线索、历史人物活动于不顾，任凭主观意志剪裁、编造，从而导致历史题材影视作品所展示的历史环境、人物关系或过于片面，或与历史事实严重不符。

热衷权谋宣传。某些影视作品大加渲染封建帝王的"统治经"，封建官僚的"做官经"等尔虞我诈、不择手段的权谋权术；忽视对中华传统文化中美好、和谐、智慧思想的歌颂；忽视人民群众在推动历史前进中的贡献；热衷于帝王将相题材的选择，忽视思想家、科学家，特别是中下层劳动人民的形象展示；热衷于表现情爱的床戏场面，竭力宣扬色情，忽视了对人物品质的歌颂与揭露。

宣扬封建迷信思想。不少历史题材影视作品，接受或部分接受封建史家历史观的情况并不罕见。历史循环论、天人感应论、宿命论、因果报应论等在不少作品中都不同程度地存在，有的甚至很严重。

传递虚、假、错、伪的历史知识。有的作品将不同时期的历史人物错乱安排，出现"关公战秦琼"的笑话；有的作品不顾不同时期的政治、经济、法律、职官、行政、文化、礼仪、风俗等制度的重大差别，只凭编剧的主观想象或编剧者本人的知识结构而任意张冠李戴；有的作品在语言使用上现代化，错字、错语、错音情况比较严重；有的作品对有明确记载的历史过程进行无原则的篡改，对某些没有明确历史记载的地方又进行不负责任的虚构；等等。这些情况在社会上产生了十分不良的影响。

百集纪录片《中国通史》是一部以中国古代历史发生、发展过程为线索的多集纪录片，上自中国境内远古人类的起源，下迄清王朝灭亡，以统一多民族国家形成与发展的历程、历代治乱兴衰的历史经验与教训、中华文明的灿烂辉煌为三条主线，以丰富的历史资料为基础，充分吸收当代考古学和历史学研究的最新成果，以时代演进纵向贯通，以问题分析横向展开，以宏阔的视野回顾中国古代历史的发展道路，展示中华文明的灿烂与辉煌。这部纪录片的作者是各研究领域中的专家，他们以科学严谨的态度，全景式地展示出中国历史的发展历程，保证了基本历史知识的真实性。可以说，这是一部由史学专家撰写的影视化的《中国通史》，它对广大观众接受科学的历史知识，纠正当前历史题材影视作品中存在的各种弊端很有帮助。

三

史学研究成果贴近并服务于人民群众，还需要在多种形式上下功夫，不应只限于厚重的史学专著。过去吴晗同志主编的《中国历史小丛书》汇集了一批著名学者，用通俗的语言和清新的文风，将严谨的学术成果转化为大众读物，在社会上产生了广泛影响，普及了几代人的历史知识。今天我们的传播手段更加丰富，表现形式更加多样，我们史学工作者应当重视并利用这些传播手段和形式，用科学的历史知识占领这些先进的传播高地，将胡编乱造、充满错误历史观的伪史学、假史学赶出大众舞台。百集纪录片《中国通史》在这方面做了有益尝试。这部纪录片是迄今为止规模最为宏大的一部中国历史影视化作品，它不仅在艺术表现形式上充分采纳了新的技术手段，也较好地处理了以下几个方面的关系：

第一，历史观与学术性的关系。本片坚持以辩证唯物主义和历史唯物主义的理论与方法来观察和分析中国历史，广泛吸收一切对中国历史有深入研究的学者的观点，客观对待有学术争议的问题，既反对历史虚无主义，又注重防止唯我独尊的民族意识，体现出严谨的学术态度。

第二，大众化与科学性的关系。大众化、通俗化不是要放弃科学性。本片文字通俗易懂，简单明了，充分考虑到了受众的接受程度。把所要阐述和思考的历史问题，通过大众化的方式表述出来。

从人物、事件的细节入手，引发大众对历史变迁的看法；从问题意识入手，从当代人对历史的关注点入手，引导大众做出正确的历史判断。全片不空论，不戏说，不虚论，不妄言，论从史出，在尊重历史事实的基础上，力求有较高的观赏性。

第三，通与专、点与面的关系。全片既有中国通史的贯通意识，又有各集突出的问题意识。所谓贯通意识是使观众在看完本片后，对中国历史纵向过程有基本了解；所谓问题意识是抓住了各时段最为重要的历史问题，从问题引入，使观众对中国历史的横向深入有充分了解。全片既有对中国历史的宏观思考，又有各集的微观深入；既有近距离的放大，又有远距离的透视，从而把牵涉整个中国史的大问题，统筹合理地安排开来。

第四，文本与影像的关系。本片较好地处理了文本影像化的问题，尽可能利用了历史遗迹、遗存，尽可能避免了复杂的、大段的过程描述，把复杂的问题通过自己的语言通俗明了地表现出来，情节感、节奏感强，抓住了主要问题，舍弃了不必要的烦琐，使观众在欣赏中潜移默化地接受了历史知识。

总之，全片站在 21 世纪的历史高度来把握、透视与思考我们民族所走过的历程，同时把中国历史放到世界史的大背景下考察，通过与不同国家和民族历史的比较，勾画出中国历史发展的特色。观看本片，完全能够帮助观众从历代治乱兴衰的经验教训中，从统一的多民族国家所创造的辉煌文明中，科学地认识中国历史发展的独特道路。

把资政育民作为自身的最高职志[*]

值此中国史学界第九次代表大会召开之际,我谨代表中国社会科学院,代表中国社会科学院学部主席团,向大会表示衷心的祝贺!

我国具有悠久的史学传统,中国史学会与新中国同年诞生,是1949年以来我国最为活跃的人文社会科学学术团体之一。在郭沫若、吴玉章、范文澜、刘大年、邓广铭、周谷城、白寿彝、郑天挺、戴逸、金冲及、李文海等前辈带领下,中国史学会为中国历史学的发展发挥了重要作用。

成立至今已66年的中国史学会,既具有厚重的底蕴、坚定的理念,又具有开拓创新精神,因而成为具有很高学术权威性、广泛影响力的群众性学术团体。66年来,中国史学会坚持正确的政治方向和学术导向,凝聚科研机构、高等院校的史学工作者,组织编纂整理历史资料,举办各种形式的学术活动,广泛开展国际学术交流,努力培养青年史学人才,在促进中国史学繁荣发展进程中发挥了无可替代的作用。

在老一辈史学家前驱先路的引领下,新中国的史学工作者坚持唯物史观指导,代代传承严谨求实的优良学风,不为一时风潮所惑,仍然得以保持正确科学、健康发展的中国史学主流。学术发展

---

* 该文系作者2015年11月6日在中国史学界第九次代表大会上的讲话。原载中国社会科学院《院内通报》2015年第21期。

需要先因而后创，否则必成无源之水。以马克思主义基本立场观点方法为指南的马克思主义史学理论的传承和坚持，是中国史学会得以发展的灵魂和动力。

习近平主席在致第二十二届国际历史科学大会的贺信中指出："历史是人类最好的老师"；"历史研究是一切社会科学的基础"。这一崇高而准确的定位，充分体现出我们党和国家领导人对史学的高度重视。这对于中国史学会及其所代表的史学界来说，无疑是一个巨大的鼓舞。

史学发展的根源在于现实生活，也只有在对历史和现实的连贯考察中，才能建立起对历史的深刻认识。中国史学会历来强调研究历史不能脱离现实关怀，以培育民族精神、传承传播中华优秀历史文化、资政育民作为自身的最高职志。尤其在事关民族国家利益等大是大非的问题上，中国史学会从不含糊。近年来一股以否定党的历史合法性、否定党的领导为核心内容的历史虚无主义一度在学界泛滥，中国史学会组织学者撰写文章，从学理上对之进行针锋相对的批驳。日本右翼势力泛起，力图否认、掩盖日本侵华史实，中国史学会组织召开座谈会，对之予以严厉谴责。在钓鱼岛和南海问题上，中国史学会也组织力量加以研究，获得了丰富的研究成果，为维护我国领土主权提供了扎实可靠的学术支持。

近代以来，中国积贫积弱，学术亦多模仿、追赶居于领先地位的西方。中国史学虽然源远流长、博大精深，但在汹涌西潮的冲击之下，有的史学研究在"西方中心"的笼罩之下一定程度地失去了自身的根本，不自觉地走上了对西方亦步亦趋之路。中华人民共和国成立，建立了强有力的社会主义国家，为史学发展奠定了坚实基础。新中国的史学前辈们致力于建立一套唯物史观指导下的马克思主义史学话语体系，虽然不尽完善，但功不可没。改革开放以后，特别是21世纪初以来，中国特色社会主义事业取得重大成功，国力日益提升，史学界也增添了无穷的自信心。如何坚持史学研究的正确方向，增强历史研究的主动性，与一百多年来一直居于优势地位的西方学界展开平等的交流与对话，进而掌握中国史学解释的话语权，这一任务被迫切地提上了日程。中国史学会成功申办并于2015年8月圆满举办第二十二届国际历史科学大会，在向世界史学界传达中国声音、展示中国道路方面迈出了可贵的一步。我希望并相信新一届中国史学会，能够延续正确的路向，以精深扎实的史学研究，形成以马克思主义唯物史观为指导的，具有中国特色、中国风格、中国气派的史学理论体系和话语体系，注重"从历史中汲取智慧"，为实现中华民族伟大复兴中国梦做出应有的贡献。

各位代表，各位学者：

建设中国特色的马克思主义史学理论体系，提高中国特色史学在国际上的话语权，是时代的呼唤，是时代赋予我们这一代史学工作者的历史重任。我希望中国史学会继续保持优良传统，在新的历史阶段做出新的贡献！

预祝中国史学界第九次代表大会获得圆满成功！

让史学研究成果服务于人民群众[*]

中国社会科学院监制并组织撰稿的五卷本《中国通史》已由华夏出版社编辑出版。这是我院向社会推出的一部坚持马克思主义历史观、弘扬马克思主义史学理论、传播历史知识的力作。这里我以《中国通史》的创作与出版为契机，就史学研究成果应当贴近人民群众的问题谈几点看法。

一

史学研究成果服务于人民群众是马克思主义史学应有的品格。中国传统史学历史悠久，根基深厚，在记录、传承与弘扬中华文化上做出了杰出贡献，但不论旧的历史上的史学家主观意愿如何，客观来看，传统史学究其本质来说是以资政服务于统治阶级的统治需要、维护其统治的长治久安为目的的。因此，在服务于人民群众这一点上，传统史学因其历史的局限性，是不可能做到的。

以唯物史观为指导的马克思主义史学，无疑吸收并继承了传统史学的精华，但在历史观上与传统史学又有着本质的区别。唯物史观从生产力决定生产关系，经济基础决定上层建筑的基本理论出发，在承认杰出历史人物历史贡献的同时，提出人民群众是历史的

---

[*] 该文系作者为华夏出版社 2016 年 5 月出版的《中国通史》（五卷本）撰写的序。原载《人民日报》2016 年 5 月 24 日。

创造者，是历史的主体。肯定人民群众是历史的创造者，是马克思主义史学与旧的传统史学相区别的一个根本标准。历史观不同，研究的视角不同，决定了史学服务的目的不同。20世纪以来，特别是中华人民共和国成立以来，中国马克思主义史学工作者秉持这一理论，不仅重新解释了中国历史的发展道路、阶段性等重大问题，而且开辟了史学研究的许多新领域，深化了对许多具体问题的认识，这些都是传统史学无法达到的。但这些优秀成果，许多还仅仅局限于在专业研究者内部传播，局限于在专业性非常强的刊物上刊登，普通大众难以读到、读懂，这对研究者和普通大众而言都是一件非常遗憾的事情。马克思主义史学的本质目的在于服务人民大众，其研究成果，应当贴近人民群众，走进人民群众。老一辈史学家郭沫若、范文澜、翦伯赞、吴晗、白寿彝等人，都重视历史普及，写了不少历史普及读物，影响很大，是我们学习的榜样。

今天，我们的史学研究的条件更好了，成果更丰富了，传播方式也更多样了，历史研究与人民群众的关系也应该更密切。许多史学工作者也都在感慨史学大众传播环节的缺失，呼吁加强历史普及工作，这是对我们史学研究宗旨回归的反映。五卷本《中国通史》以中国社会科学院历史研究所为主，凝聚了全国众多的史学与文博工作者的智慧，它将史学最新研究成果以贴近人民群众、满足人民群众需要的方式展示出来，是一次成功的探索与实践。

二

史学研究成果要真正能够服务于人民群众，必须在唯物史观的指导下将正确的历史观告诉人民，将科学的历史知识传播给大众。坚决反对错误的历史观，杜绝人为杜撰的虚假历史。当前，以历史事件、历史过程、历史人物为题材的作品在图书出版中占据十分重要的地位，推动并形成了全民上下的"历史热"。总体来看，这些作品为传播与弘扬中华民族优秀传统文化做出了重要贡献，也是社会大众获取历史知识，认识历史过程，树立正确的历史观、价值观的一条重要渠道，但无疑也存在着一些问题。

宣扬错误的历史观。某些历史题材竭力淡化唯物史观，淡化阶级分析方法，淡化马克思主义关于生产力与生产关系、经济基础与上层建筑的矛盾运动是推动人类社会历史前进动力的观点，淡化人民群众是历史的主人的观点，从而使历史发展的动力观、阶级观、社会形态观等许多牵涉唯物史观的重大基本理论问题受到挑战。某些作品淡化主流意识形态，客观上形成了与当前建设社会主义先进文化的冲突。某些作品肆意曲解中国历史的发展道路，某些作品不顾历史背景、历史事实，颠倒是非，甚至盲目宣扬某些在历史上曾经对中国犯有侵略行为的历史事件、人物等。

盲目拔高统治阶级人物。某些历史题材作品任意拔高某些统治阶级人物，如把历史上某些曾经有过积极作用的帝王、有为人物的行为上升到代表广大人民利益的高度；夸大个别封建帝王、人物的人格魅力，对帝王将相的腐朽性、阶级局限性则避而不谈。

传递虚、假、错、伪的历史知识。很多以历史"正说""正剧"形象出现的作品，为了迎合某些观众的心理，置有明确史实记载的历史发展线索、历史人物活动于不顾，任凭主观意志剪裁、编造，从而导致历史题材作品所展示的历史环境、人物关系或过于片面，或与历史事实严重不符。

《中国通史》是一部以中国古代历史发生、发展过程为线索的历史学作品。这部作品的作者是各研究领域中的专家，他们以科学严谨的态度，全景式地展示出中国历史的发展历程，保证了基本历史知识的真实性。可以说，这是一部由史学专家撰写的大众化的通史，它对广大读者接受科学的历史知识，纠正当前历史题材作品中存在的各种弊端很有帮助。

三

　　史学研究成果贴近并服务于人民群众，还需要在多种形式上下功夫，不应只限于厚重的史学专著。过去吴晗同志主编的《中国历史小丛书》汇集了一批著名学者，用通俗的语言和清新的文风，将严谨的学术成果转化为大众读物，在社会上产生了广泛影响，普及了几代人的历史知识。今天我们的传播手段更加丰富，表现形式更加多样，我们史学工作者应当重视并利用这些传播手段和形式，用科学的历史知识占领这些先进的传播高地，将胡编乱造、充满错误历史观的伪史学、假史学赶出大众图书市场。五卷本《中国通史》在这方面做了有益尝试。它不仅在艺术表现形式上充分采纳了新的技术手段，也较好地处理了以下几个方面的关系：

　　历史观与学术性的关系。本书坚持以辩证唯物主义和历史唯物主义为指导来观察和分析中国历史，广泛吸收一切对中国历史有深入研究的学者的有益的学术观点，客观对待有学术争议的问题，既反对历史虚无主义，又注重防止唯我独尊的民族意识，体现出严谨的学术态度。

　　大众化与科学性的关系。大众化、通俗化不是要放弃科学性。本书文字通俗易懂，简单明了，充分考虑到了受众的接受程度。把所要阐述和思考的历史问题，通过大众化的方式表述出来。在尊重历史事实的基础上，力求能够被最广大的读者接受。

　　通与专、点与面的关系。全书既有中国通史的贯通意识，又有各章节突出的问题意识。所谓贯通意识是使读者在看完本书后，对中国历史纵向过程有基本了解；所谓问题意识是抓住了各时段最为重要的历史问题，从问题引入，使读者对中国历史的横向深入有充分了解。

　　总之，全书站在21世纪的历史高度来把握、透视与思考我们民族所走过的历程，同时把中国历史放到世界史的大背景下考察，通过与不同国家和民族历史的比较，勾画出中国历史发展的特色。本书能够帮助读者从历代治乱兴衰的经验教训中，从统一的多民族国家所创造的辉煌文明中，科学地认识中国历史发展的独特道路。

坚定文化自信　传承和弘扬
中华优秀传统文化[*]

习近平总书记在"七一"重要讲话中指出："文化自信，是更基础、更广泛、更深厚的自信。"① 党的十八届六中全会强调，要坚定对中国特色社会主义的道路自信、理论自信、制度自信、文化自信。中国人民的理想和奋斗，中国人民的价值观和精神世界，中国人民的自信心，始终植根于中华优秀传统文化沃土，随着历史前进而不断与日俱新、与时俱进。中华优秀传统文化是中华民族的精神命脉，是中华民族的突出优势，是我们的文化自信的重要来源。坚定文化自信，要求我们深入学习贯彻习近平总书记关于传承和弘扬中华优秀传统文化的系列重要论述，珍惜价值，古为今用，弘扬精华，创新发展。

一　充分认识传承和弘扬中华优秀
传统文化的重大意义

坚定文化自信，就要充分认识传承和弘扬中华优秀传统文化的重大意义。对此，我们党的几代领导人均有过重要论述。毛泽东同

---

* 原载《求是》2016年第24期。
① 习近平：《在庆祝中国共产党成立95周年大会上的讲话》，《人民日报》2016年7月2日第2版。

志说:"我们这个民族有数千年的历史,有它的特点,有它的许多珍贵品。对于这些,我们还是小学生。今天的中国是历史的中国的一个发展;我们是马克思主义的历史主义者,我们不应当割断历史。从孔夫子到孙中山,我们应当给以总结,承继这一份珍贵的遗产。"① 邓小平同志曾经指出:"我们要用历史教育青年,教育人民。"②"要懂得些中国历史,这是中国发展的一个精神动力。"③ 江泽民同志、胡锦涛同志对此也有过多次深刻的论述。

党的十八大以来,习近平总书记多次强调,中国共产党人不是历史虚无主义者,不是文化虚无主义者,而是中华优秀传统文化的传承者和弘扬者。他说:"人类已经有了几千年的文明史,任何一个国家、一个民族都是在承先启后、继往开来中走到今天的。"④ 当代中国是历史中国的延续和发展,当代中国思想文化也是中华传统思想文化的传承和升华,要认识今天的中国、今天的中国人,就要深入了解中国的文化血脉,准确把握滋养中国人的文化土壤。中国思想文化体现着中华民族世世代代在生产生活中形成和传承的世界观、人生观、价值观、审美观等,其中最核心的内容已经成为中华民族最基本的文化基因。这些最基本的文化基因,代复一代融入中华儿女的血液中,表现在风度气质上,表现在言谈举止上,是中国人民在修齐治平、尊时守位、知常达变、开物成务、建功立业过程中逐渐形成的有别于其他民族的独特标志。博大精深的中华传统文化积淀着中华民族最深沉的精神追求,是中华民族生生不息、发展壮大的丰厚滋养,也是中华民族的突出优势,是我们最深厚的文化软实力。只有坚持从历史走向未来,从延续民族文化血脉中开拓前进,我们才能做好今天的事业。坚定文化自信,就是要努力从中华

---

① 《毛泽东选集》第 2 卷,人民出版社 1991 年版,第 533 页。
② 《邓小平文选》第 3 卷,人民出版社 1993 年版,第 205 页。
③ 《邓小平文选》第 3 卷,人民出版社 1993 年版,第 358 页。
④ 习近平:《在纪念孔子诞辰 2565 周年国际学术研讨会暨国际儒学联合会第五届会员大会开幕会上的讲话》,人民出版社 2014 年版,第 7 页。

民族世世代代形成和积累的优秀传统文化中汲取营养和智慧，延续文化基因，萃取思想精华，展现精神魅力，以时代精神激活中华优秀传统文化的生命力。

马克思说："人们自己创造自己的历史，但他们是在既定的、制约着他们的环境中，是在现有的现实关系的基础上进行创造的。"① 中华优秀传统文化无疑就是中国人民既定的历史条件和现实条件。列宁说过："只有了解人类创造的一切财富以丰富自己的头脑，才能成为共产主义者。"② 因此，中华优秀传统文化是我们建设社会主义先进文化不可缺少的基础和起点。这种对于中华优秀传统文化的深刻认识，是代表中国最广大人民根本利益的一个重要方面，是赢得人民群众拥护的文化战略方针，是中国特色社会主义的重要组成部分。

二 科学评价中华优秀传统文化的内在价值

坚定文化自信，就要科学评价中华优秀传统文化的内在价值。习近平总书记用历史唯物主义眼光、站在实现中华民族伟大复兴的高度来看待中华优秀传统文化，把它看作中华民族的"根"和"魂"。

中华优秀传统文化是中华民族的"根"和"魂"。习近平总书记指出："文明特别是思想文化是一个国家、一个民族的灵魂。无论哪一个国家、哪一个民族，如果不珍惜自己的思想文化，丢掉了思想文化这个灵魂，这个国家、这个民族是立不起来的。"③ 对于中华民族而言，我们的优秀传统文化就是我们中华民族的"根"和"魂"。中华文明之所以历经五千多年而不衰，是世界几大古代文明

---

① 《马克思恩格斯选集》第4卷，人民出版社2012年版，第649页。
② 《列宁选集》第4卷，人民出版社2012年版，第285页。
③ 习近平：《在纪念孔子诞辰2565周年国际学术研讨会暨国际儒学联合会第五届会员大会开幕会上的讲话》，人民出版社2014年版，第9页。

中唯一没有中断的文明，就是因为没有抛弃传统，没有割断精神命脉，其"根"其"魂"一直延绵至今。经过几千年的沧桑岁月，把我国 56 个民族、13 亿多人紧紧凝聚在一起的，是我们共同经历的非凡奋斗，是我们共同创造的美好家园，是我们共同培育的民族精神，而贯穿其中的、最重要的是我们共同坚守的理想信念。中华优秀传统文化强调人在社会中的地位与责任，注重自强不息、厚德载物、刚健有为的理想信念和道德追求，这是中华民族最根本的精神基因。中华优秀传统文化所倡导的讲仁爱、重民本、守诚信、崇正义、尚和合、求大同等思想理念，牢固积淀在中国人的思维模式和行为方式中，深刻影响了一代又一代中华儿女。中华优秀传统文化是海内外华人共有的精神家园，是中华民族生命力、凝聚力、创造力的重要源泉。因此，我们务必珍视这个"根"和"魂"。

中华优秀传统文化是中华文明发展进步的精神力量。习近平总书记在纪念孔子诞辰 2565 周年国际学术研讨会暨国际儒学联合会第五届会员大会开幕会上的讲话中指出："儒家思想同中华民族形成和发展过程中所产生的其他思想文化一道，记载了中华民族自古以来在建设家园的奋斗中开展的精神活动、进行的理性思维、创造的文化成果，反映了中华民族的精神追求，是中华民族生生不息、发展壮大的重要滋养。中华文明，不仅对中国发展产生了深刻影响，而且对人类文明进步作出了重大贡献。"[①] 中华传统文化，尤其是作为其核心的思想文化，在两千多年的形成和发展进程中表现出三个特点：一是儒家思想与其他学说既对立又统一，既相互竞争又相互借鉴，虽然儒家思想长期居于主导地位，但始终和其他学说处于和而不同的局面之中；二是儒家思想与其他学说都是与时迁移、应物变化、不断更新的；三是儒家思想与其他学说都坚持经世致用原则，注重发挥以文化人的教化功能，把对个人、社会的教化同对

---

① 习近平：《在纪念孔子诞辰 2565 周年国际学术研讨会暨国际儒学联合会第五届会员大会开幕会上的讲话》，人民出版社 2014 年版，第 4 页。

国家的治理结合起来，达到相辅相成、相互促进的目的。中华优秀传统文化对中华文明形成并延续发展几千年而从未中断，对形成和维护中国团结统一的政治局面，对形成和巩固中国多民族和合一体的大家庭，对形成和丰富中华民族精神，对激励中华儿女维护民族独立、反抗外来侵略，对推动中国社会发展进步、促进中国社会利益和社会关系平衡，都发挥了十分重要的作用。

中华优秀传统文化是治国理政、安邦济世的思想资源。习近平总书记指出："中国传统文化博大精深，学习和掌握其中的各种思想精华，对树立正确的世界观、人生观、价值观很有益处。"[①] 他提炼出了许多有助于治国理政、安邦济世的思想。比如，关于道法自然、天人合一的思想，关于天下为公、大同世界的思想，关于自强不息、厚德载物的思想，关于以民为本、安民富民乐民的思想，关于为政以德、政者正也的思想，关于脚踏实地、实事求是的思想，关于经世致用、知行合一、躬行实践的思想，关于清廉从政、勤勉奉公的思想，关于俭约自守、力戒奢华的思想，关于和而不同、和谐相处的思想，关于安不忘危、存不忘亡、治不忘乱、居安思危的思想等，进而指出这些哲学思想、人文精神、教化思想、道德理念等，可以为人们认识和改造世界提供有益启迪，可以为治国理政提供有益启示，也可以为道德建设提供有益启发。同时，要解决当代人类面临的贫富差距持续扩大、物欲追求奢华无度、个人主义恶性膨胀、社会诚信不断削减、伦理道德每况愈下、人与自然关系日趋紧张等突出难题，不仅需要运用人类今天发现和发展的智慧，而且需要运用人类历史上储存的智慧和力量。因此，对传统文化中适合于调理社会关系和鼓励人们向上向善的内容，我们要结合时代条件加以继承和发扬，赋予其新的含义，使之造福人类。

中华优秀传统文化是涵养社会主义核心价值观的道德源泉。中

[①] 习近平：《在中央党校建校80周年庆祝大会暨2013年春季学期开学典礼上的讲话》，人民出版社2013年版，第9页。

华传统文化素以道德教化为特色而闻名于世。习近平总书记在北京大学师生座谈会上揭示了核心价值观的真谛："古人说：'大学之道，在明明德，在亲民，在止于至善。'核心价值观，其实就是一种德，既是个人的德，也是一种大德，就是国家的德、社会的德。"① 他进而指出："国无德不兴，人无德不立。如果一个民族、一个国家没有共同的核心价值观，莫衷一是，行无依归，那这个民族、这个国家就无法前进。"② 我国是一个有着13亿多人口、56个民族的大国，必须确立反映全国人民共同认可的价值观"最大公约数"，使全体人民同心同德、团结奋进，其功在当代，利在千秋。他深情地指出："中华文明绵延数千年，有其独特的价值体系。""今天，我们提倡和弘扬社会主义核心价值观，必须从中汲取丰富营养，否则就不会有生命力和影响力。"③ 他如数家珍，列举了"民惟邦本""和而不同""天行健，君子以自强不息""大道之行也，天下为公""天下兴亡，匹夫有责""言必信，行必果""仁者爱人""与人为善""己所不欲，勿施于人""扶贫济困"等思想理念，指出："像这样的思想和理念，不论过去还是现在，都有其鲜明的民族特色，都有其永不褪色的时代价值。"④ 我们提倡的社会主义核心价值观，富强、民主、文明、和谐，自由、平等、公正、法治，爱国、敬业、诚信、友善，把涉及国家、社会、公民的价值要求融为一体，既体现了社会主义本质要求，又充分体现了对中华优秀传统文化的传承和升华。

中华优秀传统文化是发展和平外交战略思想的文化基石。习近

---

① 习近平：《青年要自觉践行社会主义核心价值观——在北京大学师生座谈会上的讲话》，人民出版社2014年版，第4页。
② 习近平：《青年要自觉践行社会主义核心价值观——在北京大学师生座谈会上的讲话》，人民出版社2014年版，第4页。
③ 习近平：《青年要自觉践行社会主义核心价值观——在北京大学师生座谈会上的讲话》，人民出版社2014年版，第7页。
④ 习近平：《青年要自觉践行社会主义核心价值观——在北京大学师生座谈会上的讲话》，人民出版社2014年版，第7页。

平总书记明确指出:"中国走和平发展道路的自信自觉的一个重要原因,来源于中华文明的深厚根基。"中华民族历来是一个爱好和平的民族,始终追求和平、和睦、和谐。中国人自古就推崇"协和万邦""亲仁善邻,国之宝也""四海之内皆兄弟也""亲望亲好,邻望邻好""国虽大,好战必亡"等和平思想。爱好和平的思想深深嵌入了中华民族的精神世界,今天依然是中国处理国际关系的基本理念。习近平总书记还特别将"亲、诚、惠、容",作为睦邻、安邻、富邻的我国周边外交方针的"四字箴言"。他更从打造人类命运共同体的战略高度,提出文明相处需要和而不同的精神。提出文明之间要对话,不要排斥;要交流,不要取代,因为人类历史就是一幅不同文明相互交流、互鉴、融合的宏伟画卷。我们要尊重各种文明,平等相待,互学互鉴,兼收并蓄,推动人类文明实现创造性发展。在国际和区域层面建设全球伙伴关系,走出一条"对话而不对抗,结伴而不结盟"的国与国交往新路。他向世界承诺,中国将始终做全球发展的贡献者,坚持走共同发展道路,继续奉行互利共赢的开放战略,将自身发展经验和机遇同世界各国分享,欢迎各国搭乘中国发展"顺风车",一起来实现共同发展。这些重要思想表达了中国人民共同的心声。

三 大力弘扬中华优秀传统文化

坚定文化自信,必须大力弘扬中华优秀传统文化。对待传统文化有两种错误的做法:一种是把传统文化说得一团漆黑的文化虚无主义,认为中国传统文化是封建文化,是为封建统治阶级服务的,是一种历史包袱,是拖累时代前进的惰性力量,是应该彻底抛弃的糟粕。另一种是死守旧有文化传统的文化保守主义。20世纪80年代末,苏联解体、东欧剧变,国际共运跌入低潮,当时国内开始有复兴儒学之说,尔后逐渐发展,特别是近年来有人企图用儒学取代马克思主义，或者将马克思主义儒学化，这就走向了极端，走向了复古主义，这种开历史倒车的做法无疑是不可取的。

习近平总书记对传统文化坚持取其精华、去其糟粕、批判改造、推陈出新、古为今用的方针，强调"要处理好继承和创造性发展的关系，重点做好创造性转化和创新性发展"。① 要求科学对待文化传统，提出不忘历史才能开辟未来，善于继承才能善于创新。要善于把弘扬优秀传统文化和发展现实文化有机统一起来，紧密结合起来，在继承中发展，在发展中继承。要求在学习、研究、应用传统文化时坚持古为今用、推陈出新，结合新的实践和时代要求进行正确取舍，而不能一股脑儿都拿到今天来照套照用。要坚持古为今用、以古鉴今，坚持有鉴别的对待、有扬弃的继承，而不能搞厚古薄今、以古非今，努力实现传统文化的创造性转化、创新性发展，使之与现实文化相融相通，共同服务于以文化人的时代任务。为此，需要加强对中华优秀传统文化的挖掘和阐发，把跨越时空、超越国度、富有永恒魅力、具有当代价值的文化精神弘扬起来，把继承优秀传统文化又弘扬时代精神、立足本国又面向世界的当代中国文化创新成果传播出去。

要实现传统文化的创造性转化、创新性发展，还必须吸收借鉴其他文明的精华。在如何对待外国文化问题上，习近平总书记表明了开明开放的态度。一是尊重各国各民族文明，维护文明多样性。他指出："世界万物万事总是千差万别、异彩纷呈的……每一个国家和民族的文明都扎根于本国本民族的土壤之中，都有自己的本色、长处、优点……不要看到别人的文明与自己的文明有不同，就感到不顺眼，就要千方百计去改造、去同化，甚至企图以自己的文明取而代之。"② 我们应该维护文明的多样性，理性处理本国文明与

---

① 《习近平谈治国理政》，外文出版社2014年版，第164页。
② 习近平：《在纪念孔子诞辰2565周年国际学术研讨会暨国际儒学联合会第五届会员大会开幕会上的讲话》，人民出版社2014年版，第8—9页。

其他文明的差异，不搞自我封闭，更不搞唯我独尊。不同文明之间不应该相互隔膜、相互排斥、相互取代，而应相互交流、相互学习、相互借鉴，这样世界文明之园才能万紫千红、生机盎然。二是正确与其他文明交流互鉴。文明因交流而多彩，文明因互鉴而丰富。进行文明相互学习借鉴，要坚持从本国本民族实际出发，坚持取长补短、择善而从，讲求兼收并蓄，但兼收并蓄不是囫囵吞枣、莫衷一是，而是要去粗取精、去伪存真。

具有悠久历史的中华优秀传统文化是一笔巨大的精神财富，是中华民族自立于世界民族之林的力量支撑。坚定中国特色社会主义的道路自信、理论自信、制度自信、文化自信，就要努力实现传统文化的创造性转化、创新性发展，充分发挥中华优秀传统文化的巨大作用。站立在960万平方公里的广袤土地上，吸吮着中华民族漫长奋斗积累的文化养分，拥有13亿中国人民聚合的磅礴之力，我们走自己的路，具有无比广阔的舞台，具有无比深厚的历史底蕴，具有无比强大的前进定力。中国人民满怀自信地走在人类文明的大道上，去创造新的辉煌！

文化自信：在改革开放中砥砺坚定[*]

文化自信是最根本的民族自信，是社会进步不可或缺的精神动力。中国人民的当代文化，其内涵包括当今时代最先进的马克思主义和中国化马克思主义文化；中国共产党领导中国人民所创建的革命战争年代的红色传统文化和建设、改革年代的社会主义文化；为中华民族所吸纳并与中国文化相融合的世界优良文化；源远流长、博大精深的中华民族优秀传统文化，这四种文化因素的有机融合，构成了中国人民的精神特质、思想动力和文化坚守，是中国人民的当代文化自信的坚定内容。改革开放四十年，既是中国共产党带领中国人民以坚定的文化自信走出一条中国特色社会主义新路，建设社会主义现代化强国的伟大历程，又是中国共产党带领中国人民，不断推进马克思主义中国化、时代化和大众化，承继和弘扬中华优秀传统文化、红色传统文化和社会主义文化，兼收并蓄世界先进文化，建设中国特色社会主义先进文化，文化自信愈加坚定的伟大历程。

一　以坚定的文化自信推进改革开放

物质变精神，精神文明生产随着物质文明生产的改造而改造。

---

[*] 该文原载《世界社会主义研究动态》2018 年 11 月 2 日；《求是》2018 年第 23 期。

自中国共产党成立以来领导中国人民所建立起来的文化自信，在改革开放进程中得到进一步充实、光大和巩固。改革开放四十年，伟大的祖国发生了突飞猛进的物质文明大跃进，已跃居世界第二大经济体，正高歌猛进于强国建设之路。改革开放极大地解放了生产力，物质文明大发展引起了生产关系的深刻变革，经济、政治、文化、社会发生了深度转型，推动人民的思想观念也发生了深刻变化，进入了思想大活跃、观念大碰撞、文化大交融的时代，代表中国先进文化前进方向的当代中国马克思主义不断创新，开阔思路和视野的中华优秀文化吸纳和融合了世界优良文化，继承和弘扬了中国优秀传统文化，中国人民文化自信的内容更加丰富、更加充实，基础更加巩固、底气更加坚定。

精神变物质，发展了的精神文明又反作用于物质文明，物质文明随着精神文明的发展而发展。在改革开放进程中，砥砺坚定的文化自信构成了中国经济社会全面发展的强大精神动力，中国人民的文化自信焕发了改造世界的巨大物质力量，创造了物质文明建设的伟大成就。

坚定的文化自信是改革开放不断取得胜利的思想保证。在改革开放进程中构建中国特色社会主义先进文化，坚定文化自信，一要坚持和巩固马克思主义在思想文化领域的指导地位；二要坚守中国优秀传统文化的根基；三要摒弃反动、腐朽、落后的文化糟粕；四要承继弘扬中国共产党带领中国人民百年构筑的红色传统文化和社会主义文化；五要兼收并蓄世界优良文化。

党领导的改革开放是一场史无前例的伟大的社会革命，它不仅面临着严峻的政治挑战、经济挑战和军事挑战，还面临着严峻的思想文化挑战。为有效应对这些挑战，从思想文化上保证改革开放顺利推进，坚定文化自信，对实现中华民族伟大复兴中国梦尤为重要且必要。

改革开放伊始，中共中央就指出，建设高度的社会主义精神文明，是社会主义现代化的重要目标，也是实现四个现代化的必要条件。邓小平同志反复强调，必须抓紧社会主义精神文明建设，坚决纠正一手硬、一手软的状况。1982年9月，党的十二大报告对社会主义精神文明做了全面的论述，把建设高度的精神文明，作为党的一个战略方针，把社会主义精神文明建设的内容概括为思想建设和文化建设两大方面。1986年，党的十二届六中全会通过《关于社会主义精神文明建设指导方针的决议》，把"精神文明建设"作为我国社会主义现代化建设"三位一体"总体布局的重要组成部分。1996年，党的十四届六中全会通过《中共中央关于加强社会主义精神文明建设若干重要问题的决议》，明确指出社会主义精神文明建设的指导思想和根本任务。1997年，在党的十五大上，江泽民同志全面阐述了中国特色社会主义文化，要求全党从社会主义事业兴旺发达和民族振兴的高度，充分认识文化建设的重要性和紧迫性。2002年，在党的十七大上，胡锦涛同志提出了"坚持社会主义先进文化前进方向，兴起社会主义文化建设新高潮"的号召，并在党代会报告中第一次使用了"国家文化软实力"的概念。2011年，党的十七届六中全会通过《中共中央关于深化文化体制改革　推动社会主义文化大发展大繁荣若干重大问题的决定》，再次强调增强国家文化软实力，并提出"努力建设社会主义文化强国"的战略目标。改革开放自始至终，我们党都将筑牢思想文化根基作为战略举措狠抓不放。

党的十八大以来，以习近平同志为核心的党中央高度重视文化自信、文化自觉和文化建设，他在党的宣传思想文化等一系列工作座谈会上发表重要讲话，站在全局和战略的高度凝练地提出文化自信的概念，反复强调文化是一个国家、一个民族的灵魂，文化自信是更基础、更广泛、更深厚的自信，是更基本、更深沉、更持久的力量。没有高度的文化自信，没有文化的繁荣兴盛，就没有中华民族伟大复兴。习近平总书记亲自谋划部署、亲自指导大力培育中国人民的文化自信。他明确指出："增强文化自觉和文化自信，是坚定道路自信、理论自信、制度自信的题中应有之义。"①"我们说要坚定中国特色社会主义道路自信、理论自信、制度自信，说到底是要坚定文化自信。"② 在庆祝中国共产党成立九十五周年大会上，他第一次把道路自信、理论自信、制度自信和文化自信并列提出。在党的十九大报告中，强调全党要更加自觉地增强和坚定道路自信、理论自信、制度自信、文化自信，建设社会主义文化强国，文化自信成为习近平新时代中国特色社会主义思想的重要内容。在以习近平同志为核心的党中央领导下，文化建设的密度之大、力度之强、目标之明、效果之好前所未有。主旋律更加响亮，正能量更加强劲，思想共识更加凝聚，精神支撑更加坚实，文化自信更加坚定，国家文化软实力和中华文化影响力大幅提升。

正确的思想、先进的文化是在斗争中确立起来的。文化自信要在批评各种错误思想文化的基础上才能牢固树立起来。百余年前，鸦片战争的炮声震醒了"天朝上国"迷梦里的中国人，在西方列强的殖民攻势下，中国沦为半殖民地半封建的劣等弱国，在众多中国人心中的"文化自大"沦为"文化自卑"。在逆境中救亡图强的中国先进分子失去了对自己传统文化的信心，中国传统文化救不了中国，何种文化可以解救中国？中国先进分子苦苦追寻。十月革命一声炮响，送来了马克思列宁主义。中国先进分子接受了马克思主义这一崭新的先进思想，并与中国实际和中国优秀传统文化相结合，建立了中国共产党，创造了中国化的马克思主义，努力构建以马克思主义为灵魂的民族的科学的大众的文化，即中华民族的新文化，中国人民就从精神上由被动转入主动。正是怀着如此坚定的文化自信，中国共产党领导中国人民取得了革命、建设、改革的伟大胜利。与此同时，在革命、建设、改革的历史进程中，中华民族的文

---

① 习近平：《在文艺工作座谈会上的讲话》，人民出版社2015年版，第25页。
② 习近平：《在哲学社会科学工作座谈会上的讲话》，人民出版社2016年版，第17页。

化自信又得以重构和牢筑。

改革开放以来,历史虚无主义、全盘西化主义、文化复古主义等错误思潮对我们的文化自信形成了严峻的挑战。有的借"反思历史"之名,行"虚无历史"之实,拿中国革命史、新中国历史做文章,攻击、丑化、污蔑革命领袖和英模人物,意图反对共产党领导、搞乱人心、颠覆社会主义国家政权;有的借实现"现代化"之名,行"全盘西化"之实,从鼓吹资产阶级自由化,到鼓噪新自由主义,贬低中华优秀文化,否定中华民族的历史贡献,宣扬"全盘西化"才是现代化之正途;有的大肆宣扬西方"普世价值"、"以洋为尊""以洋为美""唯洋是从",热衷于"去思想化""去价值化""去历史化""去中国化""去意识形态化"那一套;有的借"继承传统"之名,行"文化复古"之实,摒弃辩证唯物主义和历史唯物主义,企图"儒化中国",用儒教来代替马克思主义的指导地位,试图"回归孔孟道统",策动传统文化中的糟粕泛滥开来,贻害百姓。今天我们的文化自信正是在与这些错误思想的坚决斗争中砥砺坚定,从而保证改革开放的社会主义方向不动摇。

二 坚守中华民族的文化自信不动摇

改革开放四十年来,中华民族的文化自信之所以能栉风沐雨、砥砺歌行、自得坚定,得益于始终坚持马克思主义的指导,得益于始终坚持中国共产党的领导,得益于始终坚持中国特色社会主义的正确道路,得益于始终坚持海纳世界优良文化的中华优秀传统文化的丰厚滋养,得益于始终坚持发挥红色传统文化和社会主义文化的支撑作用。

第一,马克思主义和中国化马克思主义是文化自信的精髓灵魂,必须始终不渝地坚持。

思想是文化的灵魂,马克思主义是迄今为止世界最先进的思想文化。马克思主义深刻揭示了自然界、人类社会、人类思维发展的普遍规律，为我们坚定文化自信指明了方向；马克思主义以实现人的自由而全面的发展和全人类解放为己任，为我们坚定文化自信提供了价值支撑；马克思主义作为"伟大的认识工具"和分析问题的有力思想武器，为我们坚定文化自信提供了方法论指导。马克思主义不是排斥或贬低中华传统文化，而是与中国优秀传统文化相结合，形成中国特色、中国风格和中国气派，从而提升中华优秀文化在世界文化中的地位。

中国人民接受了马克思主义并将其与时代特征和中国实际相结合、与中国优秀传统文化相结合，创造了毛泽东思想、邓小平理论、"三个代表"重要思想、科学发展观等中国化的马克思主义，特别是创立了21世纪当代中国马克思主义——习近平新时代中国特色社会主义思想，促使近代以来至今中国发生了翻天覆地的变化。马克思主义和中国化马克思主义是中华优秀文化的灵魂和精髓。坚定文化自信，丢掉了马克思主义这个根本，就会失去灵魂、迷失方向。坚持文化自信，必须坚持马克思主义指导地位不动摇。

第二，中国特色社会主义道路自信、理论自信、制度自信是文化自信的核心要义，必须始终不渝地坚持。

改革开放之初，我们党发出了走自己的路、建设有中国特色社会主义的伟大号召，中国特色社会主义成为改革开放以来党的全部理论和实践的主题。中国共产党团结带领全国各族人民经过四十年的不懈奋斗，始终高举中国特色社会主义伟大旗帜，取得了举世瞩目的成就，推动我国经济实力、科技实力、国防实力、文化实力等综合国力进入世界前列，我国国际地位实现前所未有的提升。当前，同一些发达国家受困于金融危机、债务危机相比，同一些发展中国家政治动荡、社会混乱、陷入发展陷阱相比，我国发展尽管面临诸多困难和挑战，但我们仍可以自信地说"风景这边独好"。中华民族迎来了从站起来、富起来到强起来的伟大飞跃，在世界上高高举起了社会主义大旗,为解决人类问题贡献了中国智慧和中国方案。正如习近平总书记所言:"当今世界,要说哪个政党、哪个国家、哪个民族能够自信的话,那中国共产党、中华人民共和国、中华民族是最有理由自信的。"[1] 中国特色社会主义道路的正确性、理论的指导性和制度的优越性决定了我们的道路自信、理论自信和制度自信,从而构成了我们文化自信的核心内容,极大地增强了文化自信的底气。坚定文化自信,必须始终坚持中国特色社会主义不动摇。

第三,中国共产党的领导是文化自信的根本保证,必须始终不渝地坚持。

中国共产党作为中国革命、建设和改革的领导力量,是马克思主义和中国化马克思主义的领导者和创新者,是中国人民革命文化的创立者和发扬者,是世界优良文化的吸收者和融合者,也是中华优秀传统文化的传承者和弘扬者,是坚定文化自信的中流砥柱。我们不仅要对自己民族的优秀传统文化充满自信,而且对中国共产党人创建的中国化马克思主义、创建的红色传统文化和社会主义文化同样满怀自信。中国共产党人的文化自信既是一种对民族文化的自信,也是一种对党的力量的自信。历史和事实雄辩地证明,中国共产党从中华民族的文化血脉之中和人民的拥护爱戴之中汲取力量,代表了社会主义先进文化的前进方向。改革开放以来,在中国共产党的领导下,中国的快速发展与和平崛起,打破了长期处于主导地位的"西方中心论",使中华民族的文化自信力得以重新振兴焕发。面对贬低、诋毁中华优秀传统文化,质疑、反对马克思主义,反对红色传统文化和社会主义文化的错误思潮,如果没有中国共产党的领导,就无法坚守我们的文化自信。削弱或否定中国共产党的领导,中华民族会再度丧失文化自信的勇气,甚至会犯不可挽回的历

---

[1] 习近平:《在庆祝中国共产党成立95周年大会上的讲话》,人民出版社2016年版,第12页。

史性错误。坚定文化自信,必须坚持党的领导不动摇。

第四,中华优秀传统文化是文化自信的深厚基础,必须始终不渝地坚持。

中华优秀传统文化是中华民族的突出文化优势,也是今天中国特色社会主义的先进文化之源。五千多年连绵不断、博大精深、和而不同的中华优秀传统文化,包含着中华民族最根本的精神基因,是坚定文化自信取之不尽、用之不竭的源泉。历史上,中华传统文化中的优秀成分,对形成和维护中国团结统一的政治局面,对形成和丰富中华民族精神,对激励中华儿女维护民族独立、反抗外来侵略,对推动中国社会发展进步,发挥了不可替代的作用。中华优秀传统文化所蕴含的中国精神和中国智慧,对开展社会主义改革开放,对推进中国特色社会主义伟大事业,对解决当代人类面临的共同难题都具有重要的价值意义。习近平总书记指出:"中华民族生生不息绵延发展、饱受挫折又不断浴火重生,都离不开中华文化的有力支撑。中华文化独一无二的理念、智慧、气度、神韵,增添了中国人民和中华民族内心深处的自信和自豪。"[1] 中华优秀传统文化奠定了我们文化自信的前提和基础,必须坚持中华优秀传统文化的滋养。

第五,红色传统文化和社会主义文化是文化自信的坚强基石,必须始终不渝地坚持。

党领导人民创建的红色传统文化和社会主义文化植根于中华优秀传统文化,立足于中国革命、建设、改革实际,继承了中国传统的爱国主义精神,体现了自强不息的民族精神,高扬共产主义的理想风帆,吸纳了世界优良文化,是中华民族精神的集中表现形式。为中华优秀文化注入了新鲜的内容,极大增强了中国人民的文化实力和文化定力,具有强大的历史和现实价值。

---

[1] 习近平:《在中国文联十大、中国作协九大开幕式上的讲话》,人民出版社 2016 年版,第 4 页。

每个时代都有每个时代的精神文化，每个时代都有每个时代的价值观念。社会主义先进文化体现了当代中国的社会性质，体现了当代中国的价值追求。人类社会发展的历史表明，对一个民族、一个国家来说，最持久、最深层的力量是全社会共同认可的核心价值观。社会主义核心价值观是当代中国精神的集中体现，是凝聚中国力量的思想道德基础，是决定社会主义文化性质和方向的最深层次要素。进入21世纪以来，积极培育和践行社会主义核心价值体系，切实把社会主义核心价值观贯穿社会生活方方面面，使社会主义核心价值观内化于心，外化于行，最大限度地把全社会意志和力量凝聚起来，是坚定文化自信的价值依据。坚定文化自信，必须坚持红色传统文化、社会主义文化和社会主义核心价值观不动摇。

三　大力构建中国特色社会主义先进文化

坚定文化自信，必须大力构建中国特色社会主义先进文化，建设社会主义文化强国。中国特色社会主义先进文化，是以马克思主义和中国化马克思主义作灵魂、为指导，根植于中国特色社会主义伟大实践，源自中华民族五千多年文明历史所孕育的中华优秀传统文化，熔铸于党领导人民在革命、建设、改革中创建的红色传统文化和社会主义文化，兼收并蓄世界优良文化。中国特色社会主义进入新时代，中国特色社会主义文化建设也进入新时代，必须立足新方位，找准新坐标，抓住新机遇，把统一思想、凝聚力量作为中心环节，以坚定的文化自信与自觉，建设中国特色社会主义先进文化。

一要建设具有强大凝聚力和引领力的社会主义意识形态。

意识形态工作是一项极端重要的工作，是为国家立心、为民族立魂的工作，关乎旗帜、关乎道路、关乎国家政治安全、关乎人心向背。没有意识形态的自信，就没有文化自信。中国人民的文化自信，就是马克思主义理论自信、社会主义意识形态自信。检验意识形态工作做得好坏，不是看口号喊得响不响，关键要看凝聚人心、引领人心的效果好不好。要把社会主义意识形态凝聚力和引领力强不强作为判断意识形态工作效果的重要标尺，重在建设，以立为本，破立结合。通过锻造理想认同、确立信仰认同、增强理论认同、汇聚价值认同、凝聚利益认同、形成话语认同、营造情感认同等途径，运用个性化制作、可视化呈现、互动化传播等方式，加强传播手段和话语方式创新。用社会主义意识形态凝聚引领人心，要抓好马克思主义和中国化马克思主义特别是习近平新时代中国特色社会主义思想的理论武装，筑牢马克思主义的指导地位，把红色传统文化和社会主义文化融入主流意识形态建设，把红色资源利用好、把红色传统发扬好、把红色基因传承好。要以培养担当民族复兴大任的时代新人为着眼点，强化教育引导、实践养成、制度保障，发挥社会主义核心价值观的引领作用，把社会主义核心价值观融入社会发展各方面，转化为人们的情感认同和行为习惯。

二要深入挖掘中华优秀传统文化精华，重视吸收外来优良文化，做好我国优秀传统文化的创造性转换和发展，做好世界优良文化的创新性吸收和融合。

要加强对中华优秀传统文化的挖掘和阐发，使中华民族最基本的文化基因与当代文化相适应、与世界先进文化相结合，把优秀传统文化的精神标识提炼出来、展示出来，把优秀传统文化中具有当代价值、世界意义的文化精髓提炼出来、展示出来。把跨越时空、超越国界、富有永恒魅力、具有当代价值的中国文化精神弘扬起来。始终坚持不忘本来、吸收外来、面向未来，既向内看，又向外看；既向前看，又向后看，在推动中华文明创造性转化、创新性发展、创建性结合的过程中，激活其生命力，坚定文化自信。

三要繁荣发展社会主义文化，推动文化事业和文化产业发展。

要引导广大文化工作者坚持以人民为中心的文化发展导向，书写中华民族新史诗。要坚持把社会效益放在首位，引导文化工作者坚定文化自信，树立正确的历史观、民族观、国家观、文化观，自觉讲品位、讲格调、讲责任，坚决抵制低俗庸俗媚俗，用健康向上的文化作品和做人处事陶冶情操、启迪心智、引领风尚。要推出更多健康优质的网络文化产品。推动公共文化服务标准化、均等化，完善公共文化服务体系，提高基本公共文化服务的覆盖面和适用性。推动文化产业高质量发展，健全现代文化产业体系和市场体系，推动各类文化市场主体发展壮大，培育新型文化业态和文化消费模式，以高质量文化供给增强人们的文化获得感、幸福感，坚定中国人民的文化自信。

从中华优秀传统思想中汲取时代智慧*

中国特色社会主义进入新时代，时代呼唤中华思想史的创新研究。思想是对历史与实践的深刻把握、理论反映和精神传承。人类思想史与人类社会发展史相一致，人类思想史是人类历史的记忆与精粹。学习历史理应学习思想史，研究历史必须研究思想史。

一　中华优秀传统思想是中国文化软实力的深厚基础

"推古验今，所以不惑。先揆后度，所以应卒。"不了解中国的历史及其思想，难以全面把握当代中国的社会状况，难以全面把握当代中华民族的初心、抱负和梦想，难以全面把握中国人民选择的发展道路和奋斗目标。对于中华优秀传统思想，中国共产党历来高度重视。毛泽东同志说："学习我们的历史遗产，用马克思主义的方法给以批判的总结，是我们学习的另一任务。我们这个民族有数千年的历史，有它的特点，有它的许多珍贵品。对于这些，我们还是小学生。今天的中国是历史的中国的一个发展；我们是马克思主义的历史主义者，我们不应当割断历史。从孔夫子到孙中山，我们应当给以总结，承继这一份珍贵遗产。这对于指导当前的伟大的运

---

* 原载《紫荆》2019年2月号。

动,是有重要的帮助的。"①

习近平主席接任历史重担,继承了毛泽东等中国共产党的历代领导人对中国历史及其优秀传统思想的科学态度,特别强调中国共产党人不是历史虚无主义者,不是文化虚无主义者,是中华优秀传统思想的传承者和弘扬者,鲜明地表达了中国共产党对中华优秀传统思想的正确立场和基本原则。他认为:"人类已经有了几千年的文明史,任何一个国家、一个民族都是在承先启后、继往开来中走到今天的。"② "当代中国是历史中国的延续和发展,当代中国思想文化也是中国传统思想文化的传承和升华,要认识今天的中华民族、今天的中国,就要深入了解中国的思想血脉,准确把握滋养中华民族的思想土壤。"③ 中华优秀传统思想文化"体现着中华民族世世代代在生产生活中形成和传承的世界观、人生观、价值观、审美观等,其中最核心的内容已经成为中华民族最基本的文化基因"④。"在五千多年文明发展中孕育的中华优秀传统文化,在党和人民伟大斗争中孕育的革命文化和社会主义先进文化,积淀着中华民族最深层的精神追求,代表着中华民族独特的精神标识。"⑤ "要加强对中华优秀传统文化的挖掘和阐发,使中华民族最基本的文化基因同当代中国文化相适应、同现代社会相协调,把跨越时空、超越国界、富有永恒魅力、具有当代价值的文化精神弘扬起来,激活其内在的强大生命力,让中华文化同各国人民创造的多彩文化一道,为人类提供正确精神指引。"⑥

---

① 《毛泽东选集》第2卷,人民出版社1991年版,第534页。
② 习近平:《在纪念孔子诞辰2565周年国际学术研讨会暨国际儒学联合会第五届会员大会开幕会上的讲话》,人民出版社2014年版,第7页。
③ 习近平:《在纪念孔子诞辰2565周年国际学术研讨会暨国际儒学联合会第五届会员大会开幕会上的讲话》,人民出版社2014年版,第12页。
④ 习近平:《在纪念孔子诞辰2565周年国际学术研讨会暨国际儒学联合会第五届会员大会开幕会上的讲话》,人民出版社2014年版,第12页。
⑤ 习近平:《在庆祝中国共产党成立95周年大会上的讲话》,人民出版社2016年版,第13页。
⑥ 习近平:《在中国文联十大、中国作协九大开幕式上的讲话》,人民出版社2016年版,第15—16页。

中华优秀传统思想积淀着中华民族最深沉的精神追求，是中华民族生生不息、发展壮大的丰厚滋养，也是中华民族的突出优势，是我们文化软实力的深厚基础。"只有坚持从历史走向未来，从延续民族文化血脉中开拓前进，我们才能做好今天的事业。"[①] 中国共产党成立以来，始终是中国优秀传统思想的继承者和弘扬者，注意汲取其中积极的养分。我们不能割断历史，也不能隔断与世界优秀思想的联系。

二 习近平新时代中国特色社会主义思想汲取了丰富的中华优秀传统思想

习近平主席站在唯物主义历史观的高度，充分肯定了中华优秀传统思想的内在价值，为研究中华思想史提供了理论指南。

第一，中华优秀传统思想是中华民族的不朽灵魂。

思想是一个国家、民族的灵魂。无论哪一个国家、民族，如果不珍惜自己的思想，丢掉了思想这个灵魂，这个国家、民族是立不住、发展不起来的。中华民族的优秀传统思想就是中华民族的"魂"。中华民族所创造的文明之所以历经五千多年而不衰，就是因为没有抛弃优秀传统思想，没有割断精神命脉，其"魂"一直延绵至今。中华优秀传统思想对中华文明的形成、维系和发展起着至关重要的作用，务必珍视。

习近平主席站在时代高度，纵览历史，深情地说："中华民族具有五千多年连绵不断的文明历史，创造了博大精深的中华文化，为人类文明进步作出了不可磨灭的贡献。经过几千年的沧桑岁月，把我国56个民族、13亿多人紧紧凝聚在一起的，是我们共同经历的非凡奋斗，是我们共同创造的美好家园，是我们共同培育的民族

[①] 习近平：《在纪念孔子诞辰2565周年国际学术研讨会暨国际儒学联合会第五届会员大会开幕会上的讲话》，人民出版社2014年版，第14页。

精神,而贯穿其中的、最重要的是我们共同坚守的理想信念。"① 中华优秀传统思想强调人在社会中的位置与责任,注重自强不息、厚德载物、刚健有为的理想信念和道德追求,这是中华民族最根本的精神基因。中华优秀传统思想所倡导的大一统、讲仁爱、重民本、守诚信、崇正义、尚和合、求大同等思想理念,牢固积淀在中华民族的思维模式和行为方式中,深刻影响着一代又一代中华儿女。中华优秀传统思想是中华民族共有的精神家园,是中华民族生命力、凝聚力、创造力的重要源泉和内在动力。

第二,中华优秀传统思想是中国社会发展进步的精神力量。

中华优秀传统思想对中华民族和中国社会的进步产生了深刻影响,记载了中华民族自古以来在建设家园的奋斗中开展的精神活动、进行的理性思维、创造的思想成果,反映了中华民族的精神追求,是中华民族生生不息、发展壮大的思想滋养。习近平主席深刻指出:"包括儒家思想在内的中国传统思想文化中的优秀成分,对中华文明形成并延续发展几千年而从未中断,对形成和维护中国团结统一的政治局面,对形成和巩固中国多民族和合一体的大家庭,对形成和丰富中华民族精神,对激励中华儿女维护民族独立、反抗外来侵略,对推动中国社会发展进步、促进中国社会利益和社会关系平衡,都发挥了十分重要的作用。"②

第三,中华优秀传统思想是中国共产党治国理政的智慧资源。

习近平主席系统地梳理了中华优秀传统思想,提炼出了许多安邦济世、治国理政的优秀思想。比如,关于道法自然、天人合一的思想,关于天下为公、大同世界的思想,关于自强不息、厚德载物的思想,关于以民为本、安民富民乐民的思想,关于为政以德、政

---

① 习近平:《在第十二届全国人民代表大会第一次会议上的讲话》,人民出版社2013年版,第3页。

② 习近平:《在纪念孔子诞辰2565周年国际学术研讨会暨国际儒学联合会第五届会员大会开幕会上的讲话》,人民出版社2014年版,第5页。

者正也的思想，关于脚踏实地、实事求是的思想，关于知行合一、经世致用、躬行实践的思想，关于清廉从政、勤勉奉公的思想，关于俭约自守、力戒奢华的思想，关于和而不同、和谐相处的思想，关于安不忘危、存不忘亡、治不忘乱、居安思危的思想，等等。他指出这些"哲学思想、人文精神、教化思想、道德理念等，可以为人们认识和改造世界提供有益启迪，可以为治国理政提供有益启示，也可以为道德建设提供有益启发"。[①] 这些重要思想为中国共产党长期执政、执好政，领导人民夺取中国特色社会主义伟大胜利提供了重要的思想借鉴。要解决今日中国和当代人类面临的许多难题，不仅需要运用中华民族和全人类今天创造和发展的思想智慧，而且需要运用中华民族和全人类历史上储存的思想智慧，使之造福中国、造福人类。

第四，中华优秀传统思想是涵养社会主义核心价值观的道德源泉。

中华传统思想博大精深，学习和掌握其中的各种优良精华，对树立正确的世界观、人生观、价值观大有益处。中华优秀传统思想素以道德教化为特色而闻名于世。习近平主席指出："古人说：'大学之道，在明明德，在亲民，在止于至善。'核心价值观，其实就是一种德，既是个人的德，也是一种大德，就是国家的德、社会的德。"[②] 他进而指出："国无德不兴，人无德不立。如果一个民族、一个国家没有共同的核心价值观，莫衷一是，行无依归，那这个民族、这个国家就无法前进。"[③] 中国是一个有着13亿多人口、56个民族的大国，必须确立反映全国人民共同认可的价值观，使全体人

[①] 习近平：《在纪念孔子诞辰2565周年国际学术研讨会暨国际儒学联合会第五届会员大会开幕会上的讲话》，人民出版社2014年版，第7页。

[②] 习近平：《青年要自觉践行社会主义核心价值观——在北京大学师生座谈会上的讲话》，人民出版社2014年版，第4页。

[③] 习近平：《青年要自觉践行社会主义核心价值观——在北京大学师生座谈会上的讲话》，人民出版社2014年版，第4页。

民同心同德、团结奋进，其功在当代，利在千秋。习近平主席指出："中华文明绵延数千年，有其独特的价值体系，"①"植根在中国人内心，潜移默化影响着中国人的思想方式和行为方式。今天，我们提倡和弘扬社会主义核心价值观，必须从中汲取丰富营养，否则就不会有生命力和影响力。"②他如数家珍，列举了"民惟邦本""和而不同""天行健，君子以自强不息""大道之行也，天下为公""天下兴亡，匹夫有责""言必信，行必果""仁者爱人""与人为善""己所不欲，勿施于人""扶贫济困""爱国爱民"等思想理念。习近平总书记提出党员干部要做到的"三严三实"，即严以修身、严以用权、严以律己，谋事要实、创业要实、做人要实，也是从儒家几千年来倡导的"修身、齐家、治国、平天下""吾日三省吾身"等理念中提炼、改造而来。他认为："像这样的思想和理念，不论过去还是现在，都有其鲜明的民族特色，都有其永不褪色的时代价值"，"我们提倡的社会主义核心价值观，就充分体现了对中华优秀传统文化的传承和升华。"③

第五，中华优秀传统思想是当代中国马克思主义的理论营养。

毛泽东同志在《唯心历史观的破产》一文中指出："即从一八四〇年的鸦片战争到一九一九年的五四运动的前夜，共计七十多年中，中国人没有什么思想武器可以抗御帝国主义……一九一七年的俄国革命唤醒了中国人，中国人学得了一样新的东西，这就是马克思列宁主义。"④马克思主义是解救中国、推动中国走向繁荣富强的中国特色社会主义道路的指导思想和理论基础。然而，马克思主义如果不与中国的实际相结合，不从中华优秀传统思想中汲取养分、

---

① 习近平：《青年要自觉践行社会主义核心价值观——在北京大学师生座谈会上的讲话》，人民出版社2014年版，第7页。

② 习近平：《青年要自觉践行社会主义核心价值观——在北京大学师生座谈会上的讲话》，人民出版社2014年版，第7页。

③ 习近平：《青年要自觉践行社会主义核心价值观——在北京大学师生座谈会上的讲话》，人民出版社2014年版，第8页。

④ 《毛泽东选集》第4卷，人民出版社1991年版，第1514页。

汲取精华，就会变成形而上的空中楼阁，在中国的大地上发挥不了现实作用。中华优秀传统思想既是中国化马克思主义的"源"，同时也是"流"。中华优秀传统思想是中国化马克思主义的理论养料，它的血管里始终流淌着中华优秀传统思想。譬如，毛泽东思想，其中蕴含着丰富的中华优秀传统思想，实事求是思想路线就是马克思主义认识论的中国化表达。习近平新时代中国特色社会主义思想汲取了丰富的中华优秀传统思想。

三 为优秀传统思想注入新的时代内涵和现实价值

中华思想史研究与编撰的出发点和落脚点应当是：为中华思想的发展理出一条清晰、明确的脉络和主线，挖掘出中华思想的精华，结合当今时代特点实现创造性结合、创造性转换、创新性发展，为实现"两个一百年"奋斗目标和中华民族伟大复兴的中国梦服务。

因此，中华思想通史的研究与编撰，一是要贯通古今。无论从时间断限还是从思想脉络来看，都要上溯远古，下迄中共十九大，将中华民族在漫长历史长河中形成的优秀思想挖掘总结、提炼集成起来，为中国共产党总结历史、开创未来提供丰富的思想资源，为世界文明和人类智识的提升做出属于中华民族的奉献。

二是既要挖掘传承中国优秀传统思想，又要融合会通外来先进思想。要深入探寻中国历史上的思想宝藏，同时注意中华思想对优秀外来思想的吸收融合，从中国和世界、历史与现实的双重维度深入发掘中华优秀传统思想的精髓内核，探索中华民族绵延不绝的内在精神，为中华民族走向复兴不断注入精神力量。

三是明确中国化马克思主义，特别是习近平新时代中国特色社会主义思想在中华思想史上的崇高地位。从中华文明历史变迁的角度,审视鸦片战争以来,尤其是中国共产党成立以来中华思想发展轨迹,从学理上牢固确立中国化马克思主义、习近平新时代中国特色社会主义思想在中华思想史上的地位,弘扬几千年中国优秀传统思想和马克思主义相结合所形成的先进思想,即中国化马克思主义、习近平新时代中国特色社会主义思想。

英国哲学家罗素曾经指出:"中国至高无上的伦理品质中的一些东西,现代世界极为需要。"经过多年努力和积累,中华思想史的研究已经渐渐抵近中华思想的核心,开始向中华优秀传统思想的内核发起攻坚探索,希冀发掘出中华民族最深层的精神追求,提炼出中华优秀思想的精神标识。这既是中国发展的需要,也将是中国人民对世界发展的贡献。这是一项艰巨的学术任务,必须拿出跨越古今的气魄、百炼成钢的毅力、玉汝于成的精神,在注重思想史连续性与广阔性的同时,充分注意世界先进思想与中华传统优秀思想的结合,马克思主义与中华传统优秀思想的对接,为当代中国化的马克思主义找到中华传统优秀思想的原始基因和发展动力,进而在服务国家和民族的进程中,在中华民族奉献于世界的进程中,凸显中华思想的时代价值和伟大意义。

如何对待中国历史上的传统思想,近代中国以来存在两种极端的做法:一种是把传统思想看作一团漆黑的文化虚无主义;另一种是固守传统思想不分精华与糟粕的文化保守主义。这都是不对的。习近平主席要求必须坚持辩证取舍、批判改造、推陈出新、古为今用、洋为中用的正确方针和科学态度。他指出:"要加强对中华优秀传统文化的挖掘和阐发,努力实现中华传统美德的创造性转化、创新性发展,把跨越时空、超越国度、富有永恒魅力、具有当代价值的文化精神弘扬起来,把继承优秀传统文化又弘扬时代精神、立足本国又面向世界的当代中国文化创新成果传播出去。"[①]"要处理

---

① 《习近平谈治国理政》,外文出版社2014年版,第106页。

好继承和创造性发展的关系,重点做好创造性转化和创新性发展。"[①] 因为中华传统思想在其形成和发展过程中,不可避免会受到当时历史条件、社会制度和民众认识水平的局限、制约和影响,难免夹杂一些陈旧过时或糟粕性的东西。这就要求我们在今天不能简单地照套照用。必须运用科学的立场观点方法,厘清哪些是应该汲取的精华,哪些是必须剔除的糟粕;同时立足新的实践,对优秀传统思想做出合乎逻辑的新阐释,为优秀传统思想注入新的时代内涵和现实价值。

要实现研究中华思想史的初衷,拿出经得起历史与时代检验的精品之作,就要经历恩格斯所说的痛苦的"脱毛"过程。"虑天下者,常图其所难"。推进中华思想史研究,既是思想史研究者树论立说的重要机遇,更是主动回应时代关切,以自身所学贡献于中华文明不断繁盛的使命担当。我们要深刻把握新时代中国哲学社会科学的地位与任务,通古今之变化、发思想之先声,为深入贯彻落实习近平新时代中国特色社会主义思想,坚定文化自信、思想自信,更好地构筑中国精神、中国价值、中国力量,做出中华思想史当代马克思主义学派应有的贡献。

---

① 《习近平谈治国理政》,外文出版社2014年版,第164页。

构建中华思想史当代中国马克思主义学派[*]

——关于研究编撰《中华思想通史》的若干问题

中国社会科学院2014年10月启动大型科研项目——《中华思想通史》（以下简称《通史》）编撰工程。这是一项重头精品学术创新工程，上溯远古、下迄当今，其目的就是通过研究编撰中华思想史，构建中华思想史当代中国马克思主义学派，全面揭示中华民族五千年的思想变迁发展历程，挖掘、总结、概括、弘扬中华优秀思想的精髓要义和核心基因，揭示中华民族一脉相承、一以贯之的优秀思想的源与流，展现支撑中华民族生生不息、奋发图强的思想源泉、精神动力和道德遵循，为实现中华民族伟大复兴做出无愧于历史和时代的思想贡献。

一 站在时代高度，把握时代主题，梳理、提炼中华优秀思想的脉络和精华

纵观人类思想发展史，一切划时代的思想都在于它回应了那个时代最迫切的问题。正如马克思所说："问题是时代的格言，是表现时代自己内心状态的最实际的呼声。"[①] 时代、时代问题、主流意

---

[*] 原载《中国社会科学》2019年第11期。
[①]《马克思恩格斯全集》第1卷，人民出版社1995年版，第203页。

识形态，这是研究思想史必须搞清楚的三个关键词。任何思想都是时代的产物，都是根据时代需要对重大时代问题的理论应答。每个时代都有每个时代占统治地位的思想，任何占统治地位的思想都是回答该时代问题的主流意识形态。研究一定历史条件下的思想成果，全面阐释其价值意义与精神实质，必须首先搞清楚该思想成果之所以能够形成的时代条件，搞清楚它回答了什么样的时代问题，与之相对立的思想是什么，必须把该思想成果放在一定的时代背景下来认识。

思想是在一定历史条件下产生的，同时又受到一定时代历史条件的制约。一切思想都是历史的、具体的，从来不存在什么抽象的、超历史的、超时代的、永恒不变的思想。思想变化的原因，归根结底要到历史时代的物质生产方式的变化中去寻找。时代的变迁，社会形态的更替，决定着观念的转变和新思想的形成，研究编撰《通史》一定要遵循这样一个逻辑。

研究编撰《通史》，创建中华思想史当代中国马克思主义学派，不仅要了解大的历史时代背景，还要了解今天中国处在一个什么历史方位上。只有从世界所处大的历史时代和中国所处历史方位两个角度，才能真正吃透研究中华思想史的意义与价值，才能搞清楚中华思想史"源"自何方、"流"向何处，梳理出其发展逻辑与实质要义。

第一，站在马克思主义时代观的高度，研究编撰中华思想史。

研究编撰《通史》，创建中华思想史当代中国马克思主义学派，从事这样一项学术创新的大工程，应当搞清楚当下处在一个什么样的时代，面临着什么样的时代问题，怎样站在时代的高度梳理、总结、概括中华思想史的脉络和精粹。

习近平总书记2017年9月29日在主持中共中央政治局集体学习时指出："时代在变化，社会在发展，但马克思主义基本原理依然是科学真理。尽管我们所处的时代同马克思所处的时代相比发生了巨大而深刻的变化,但从世界社会主义 500 年的大视野来看,我们依然处在马克思主义所指明的历史时代。这是我们对马克思主义保持坚定信心、对社会主义保持必胜信念的科学依据。"① 从历史时代的根本性质和社会形态发展的历史进程来判断,我们现在仍然处于马克思主义经典作家所揭示的资本主义社会形态占统治地位的历史时代。从世界范围来看,现在仍然是资本主义社会形态占主导地位,但又是经过社会主义社会过渡,最终取代资本主义社会而进入共产主义社会的历史时代,在该历史时代充满了社会主义与资本主义两条道路、两种制度、两个力量的博弈,这就是马克思主义时代观的科学判断。必须从这样的时代观出发,认清每一历史时代的时代精神的历史价值、现实意义和发展逻辑。

马克思、恩格斯在《共产党宣言》中指出:"至今的一切社会的历史都是在阶级对立中运动的,而这种对立在不同的时代具有不同的形式。""但是,不管阶级对立具有什么样的形式,社会上一部分人对另一部分人的剥削却是过去各个世纪所共有的事实。因此,毫不奇怪,各个世纪的社会意识,尽管形形色色、千差万别,总是在某些共同的形式中运动的,这些形式,这些意识形式,只有当阶级对立完全消失的时候才会完全消失。"② 社会存在决定社会思想,社会思想反映并反作用于社会存在。阶级社会的社会思想是该社会的阶级、阶级矛盾和阶级斗争的意识形态反映。在中国封建社会历史时代,通过农民起义所反映出来的农民阶级代表人物的主张与封建地主阶级代表人物的主张反映着阶级之间的思想分歧与斗争。在资本主义社会历史时代,无产阶级与资产阶级的阶级矛盾和阶级斗争必然反映在意识形态领域,表现为社会主义和资本主义两种思想的斗争。毛泽东同志鲜明地指出:"无产阶级要按照自己的世界观

---

① 《习近平谈治国理政》第 2 卷,外文出版社 2017 年版,第 66 页。
② 《马克思恩格斯选集》第 1 卷,人民出版社 2012 年版,第 420—421 页。

改造世界，资产阶级也要按照自己的世界观改造世界。"① 两种世界观的斗争就是资本主义社会历史时代阶级之间的思想斗争。列宁在《卡尔·马克思》一文中明确教导我们："马克思主义提供了一条指导性的线索，使我们能在这种看来扑朔迷离、一团混乱的状态中发现规律性。这条线索就是阶级斗争的理论。"② 只有遵循马克思主义时代观的基本原则，站在马克思主义关于历史时代科学判断的高度，学会运用阶级观点和阶级分析方法研究中国历史上的思想演变，探寻中国历史上每一个大的历史时代占统治地位的主流思想，梳理出该历史时代的思想斗争史，才能深刻把握研究《通史》的意义和价值，才能编撰出无愧于时代的中华思想史力作。

第二，从中国特色社会主义新时代的视域出发，创新研究中华思想史。

习近平总书记指出："中国特色社会主义进入新时代，在中华人民共和国发展史上、中华民族发展史上具有重大意义，在世界社会主义发展史上、人类社会发展史上也具有重大意义。"③ 研究中华思想史，不仅要从大的历史时代背景下来考量，也要从大的历史时代条件下中国特色社会主义新时代的背景下来考量，换言之，要从国际和国内两个历史视角来认识中华思想发展史。只有站在大的历史时代背景下和中国特色社会主义进入新时代这一特定历史方位上观察研究，才能科学确定中华思想史的学科定位和学术特色。只有站在马克思主义经典作家所判断的大的历史时代的广阔视野上，站在中国特色社会主义进入新时代的特定角度上，将两种观察角度结合起来，才能牢牢把握中华思想的过去、现在和未来，才能充分认清源远流长的中华思想的伟大意义，才能深刻理解研究中华思想史

---

① 《毛泽东著作选读》下册，人民出版社1986年版，第785页。
② 《列宁专题文集·论马克思主义》，人民出版社2009年版，第15页。
③ 习近平：《决胜全面建成小康社会 夺取新时代中国特色社会主义伟大胜利——在中国共产党第十九次全国代表大会上的报告》，人民出版社2017年版，第12页。

的历史和现实价值。

第三，为中华思想发展理出一条清晰、明确的脉络和主线，挖掘和弘扬中华思想的精华。

结合大的历史时代和当今中国特色社会主义发展新时代的特征，实现中华优秀传统思想创造性转化、创新性发展，为实现"两个一百年"奋斗目标和中华民族伟大复兴的中国梦服务，是研究编撰《通史》的出发点和落脚点。

思想是对历史与实践的深刻把握、理论反映和精神传承。与人类社会发展史相一致，人类思想史是人类历史的记忆与精粹。认知当今现实，必须学习历史，学习历史理应学习思想史，研究历史必须研究思想史。"推古验今，所以不惑。先揆后度，所以应卒。"[①]不了解中国的历史及其思想史，就不能全面把握当代中国的社会现状，不能全面把握当代中华民族的初心和理想，不能全面把握中国人民选择的发展道路和时代任务。

对于中华优秀传统思想，中国共产党历来高度重视。毛泽东同志说："学习我们的历史遗产，用马克思主义的方法给以批判的总结，是我们学习的另一任务。我们这个民族有数千年的历史，有它的特点，有它的许多珍贵品。对于这些，我们还是小学生。今天的中国是历史的中国的一个发展；我们是马克思主义的历史主义者，我们不应当割断历史。从孔夫子到孙中山，我们应当给以总结，承继这一份珍贵的遗产。这对于指导当前的伟大的运动，是有重要的帮助的。"[②]

习近平总书记特别强调，中国共产党人既不奉行历史虚无主义，也不奉行文化虚无主义，而是继承和光大中华优秀传统思想，鲜明地表达了中国共产党人对待中华优秀传统思想的科学态度、正

---

① 黄石公：《素书·求人之志》，张商英注，《丛书集成初编》第940册，中华书局1985年版，第6页。

② 《毛泽东选集》第2卷，人民出版社1991年版，第533—534页。

确立场和基本原则。他指出:"人类已经有了几千年的文明史,任何一个国家、一个民族都是在承先启后、继往开来中走到今天的。"① "当代中国是历史中国的延续和发展,当代中国思想文化也是中华传统思想文化的传承和升华,要认识今天的中国、今天的中国人,就要深入了解中国的文化血脉,准确把握滋养中国人的文化土壤。"② 中国思想文化"体现着中华民族世世代代在生产生活中形成和传承的世界观、人生观、价值观、审美观等,其中最核心的内容已经成为中华民族最基本的文化基因"③。"在5000多年文明发展中孕育的中华优秀传统文化,在党和人民伟大斗争中孕育的革命文化和社会主义先进文化,积淀着中华民族最深层的精神追求,代表着中华民族独特的精神标识。"④ "要加强对中华优秀传统文化的挖掘和阐发,使中华民族最基本的文化基因同当代中国文化相适应、同现代社会相协调,把跨越时空、超越国界、富有永恒魅力、具有当代价值的文化精神弘扬起来,激活其内在的强大生命力,让中华文化同各国人民创造的多彩文化一道,为人类提供正确精神指引。"⑤ 中华优秀传统思想积淀着中华民族最精粹的精神基因,是中华民族生生不息、发展壮大的丰厚的思想道德基础,也是中华民族文化软实力的突出优势。"只有坚持从历史走向未来,从延续民族文化血脉中开拓前进,我们才能做好今天的事业。"⑥ 在带领中国人民进行革命、建设、改革的伟大历史实践中,中国共产党人始终是

---

① 习近平:《在纪念孔子诞辰2565周年国际学术研讨会暨国际儒学联合会第五届会员大会开幕会上的讲话》,人民出版社2014年版,第7页。
② 习近平:《在纪念孔子诞辰2565周年国际学术研讨会暨国际儒学联合会第五届会员大会开幕会上的讲话》,人民出版社2014年版,第12页。
③ 习近平:《在纪念孔子诞辰2565周年国际学术研讨会暨国际儒学联合会第五届会员大会开幕会上的讲话》,人民出版社2014年版,第12页。
④ 习近平:《在庆祝中国共产党成立95周年大会上的讲话》,人民出版社2016年版,第13页。
⑤ 习近平:《在中国文联十大、中国作协九大开幕式上的讲话》,人民出版社2016年版,第15—16页。
⑥ 习近平:《在纪念孔子诞辰2565周年国际学术研讨会暨国际儒学联合会第五届会员大会开幕会上的讲话》,人民出版社2014年版,第14页。

中华优秀传统思想的忠实传承者和坚定弘扬者，高度重视汲取其中积极的养分。要发扬光大中华民族优秀传统思想，用社会主义意识形态战胜资本主义意识形态，就不能割断历史，丢弃中华优秀传统思想。我们今天的思想是从几千年中华优秀传统思想发展过来的。当然，也不能隔断与世界优秀思想的联系，对世界优秀思想也要兼容并蓄。

研究编撰《通史》：一是无论从时间断限还是从思想脉络来看，都要贯通古今。要上溯远古，下迄党的十九大，将中华民族在漫漫历史长河中形成的优秀思想挖掘总结、提炼集成起来，为中国共产党总结历史、开创未来提供丰富的思想资源，为世界文明和人类智识的提升做出属于中华民族的奉献。

二是既要挖掘传承中国优秀传统思想，又要融合会通外来先进思想。要深入探寻中国历史上的思想宝藏，同时注意中华思想对优秀外来思想的吸收融合，从中国和世界、历史与现实的双重维度，深入发掘中华优秀传统思想的精髓内核，探索中华民族绵延不绝的内在精神，为中华民族走向伟大复兴不断注入精神力量。

三是明确马克思主义中国化理论成果，特别是习近平新时代中国特色社会主义思想在中华思想史上的地位和作用。从中华文明历史变迁的角度，审视鸦片战争以来，尤其是中国共产党成立以来中华思想发展轨迹，从学理上阐明马克思主义中国化理论成果在中华思想史上的价值作用，弘扬几千年中华优秀传统思想和马克思主义相结合所形成的先进思想，即作为当代中国马克思主义、21世纪马克思主义的习近平新时代中国特色社会主义思想。

英国哲学家罗素曾经指出："中国至高无上的理论品质中的一些东西，现代世界极为需要。"[①] 经过多年努力和积累，中华思想史的研究已经渐渐抵近中华思想的核心，开始向中华优秀传统思想的

---

① ［英］罗素：《中国问题》，秦悦译，学林出版社1996年版，第151页。

内核发起拷问与探索，希冀发掘出中华民族最深层的精神追求，提炼出中华优秀思想的精神标识。完成《通史》编撰工程既是当代中国发展的需要，也是中国人民对世界发展的贡献。这是一项艰巨的学术任务，必须拿出跨越古今的气魄、百炼成钢的毅力、玉汝于成的精神，在注重思想史连续性与广阔性的同时，充分注意中华优秀传统思想与马克思主义的结合，为当代中国化马克思主义找到中华优秀传统思想的原始基因和发展动力，进而凸显中华思想的时代价值和伟大意义。

如何对待中国历史上的优秀思想，近代中国以来有两种极端的做法：一是把传统思想看作一团漆黑的文化虚无主义；二是固守旧有传统思想糟粕的文化保守主义。习近平总书记要求必须坚持辩证取舍、批判改造、推陈出新、古为今用、洋为中用的正确方针和科学态度。他指出，"要处理好继承和创造性发展的关系，重点做好创造性转化和创新性发展"①，把跨越时空、超越国度、富有永恒魅力、具有当代价值的文化精神弘扬起来，把继承优秀传统文化又弘扬时代精神、立足本国又面向世界的当代中国文化创新成果传播出去。"要善于把弘扬优秀传统文化和发展现实文化有机统一起来，紧密结合起来，在继承中发展，在发展中继承。"② 必须运用马克思主义的立场观点方法，厘清哪些是应该汲取的精华，哪些是必须剔除的糟粕；同时立足新的实践，对中华优秀传统思想做出合乎逻辑的新阐释，为中华优秀传统思想注入新的时代内涵和现实价值。

推进《通史》研究编撰，既是思想史研究者树论立说的重要机遇，更是主动回应时代关切，以自身所学贡献于中华文明不断繁盛的使命担当。要深刻把握新时代中国哲学社会科学的使命与任务，通古今之变化、发思想之先声，为深入贯彻落实习近平新时代中国

---

① 《习近平谈治国理政》，外文出版社 2014 年版，第 164 页。
② 习近平：《在纪念孔子诞辰 2565 周年国际学术研讨会暨国际儒学联合会第五届会员大会开幕会上的讲话》，人民出版社 2014 年版，第 11 页。

特色社会主义思想，坚定文化自信、思想自信，更好地构筑中国精神、中国价值、中国力量，做出中华思想史当代中国马克思主义学派应有的贡献。

中国特色社会主义伟大实践不断激发理论创新、学术创造的活力，为思想史研究打开了世界性的宏阔视野，奠定了中华思想走向世界的理论与现实根基。思想是时代的精华，学派是思想的果实。研究编撰《通史》要适应时代需要，不断回应重大时代关切，不断提出有客观依据、经得起实践和历史检验的原创性思想和学术观点，推出具有时代思想高度、代表国家学术水准的思想史研究成果。在与国际学术界平等对话的过程中，努力塑造和形成思想史研究的中国学派，为打造具有中国特色、中国风格、中国气派的哲学社会科学学术创新体系做出不懈努力。

二　一以贯之地把历史唯物主义的立场、观点和方法贯穿到中华思想史研究的全过程

当前，中华民族正处于走向伟大复兴的历史节点上，处于夺取中国特色社会主义伟大胜利的关键时期。打造具有鲜明中国特色、中国风格、中国气派的中华思想史学科创新体系，必须坚持正确的政治方向和学术导向，这是中华思想史研究出成果、出人才、出影响力的根本保证。

马克思主义是当代中国学术理论的旗帜和灵魂。"坚持以马克思主义为指导，是当代中国哲学社会科学区别于其他哲学社会科学的根本标志，必须旗帜鲜明加以坚持。"[1] 在思想史研究领域，必须始终坚持马克思主义的指导地位，始终高扬唯物史观的旗帜。

思想是行动的先导，理论是研究的指南。唯物史观是当代中国

---

[1] 习近平：《在哲学社会科学工作座谈会上的讲话》，人民出版社 2016 年版，第 8 页。

史学的旗帜和灵魂，也是中华思想史学科的本旨和指南。唯物史观的创立是人类思想史上的一场伟大革命，赋予了人类正确认识社会及历史的唯一科学的世界观和方法论。它把唯心主义从社会历史领域中彻底清除出去，从而根本解决了历史观乃至历史学领域唯心主义长期占统治地位的问题。如果没有马克思创立唯物史观，人们对社会生活及其历史的认识还会在黑暗中摸索。正如列宁所言："马克思的历史唯物主义是科学思想中的最大成果。过去在历史观和政治观方面占支配地位的那种混乱和随意性，被一种极其完整严密的科学理论所代替……它把伟大的认识工具给了人类。"[1] 运用唯物史观开展中华思想史研究，"若排云雾而顿见太清，若登泰山而所视廓如"（《六祖坛经》）；背离了唯物史观，则似"以折锥探地而浅地，以屋漏窥天而小天"（《六祖坛经》）。研究编撰《通史》，创建中华思想史当代中国马克思主义学派，离开唯物史观的指导，就会流于表面，变成一纸空言，甚至走向反面。

五四新文化运动最大的贡献，就是给中国知识分子带来了新的思想武器——马克思主义。从思想史研究来看，正因为有了马克思主义的立场、观点和方法，有了唯物史观，研究中华传统思想才有了根基，才能分清楚哪些是精华，哪些是糟粕。中华人民共和国成立后，特别是改革开放以来，中华思想史研究领域异彩纷呈、硕果累累，但思想史研究在回应重大时代关切、形成具有鲜明中国特色的思想史马克思主义学派方面，离国家和人民的要求还有不小的距离；思想史研究领域的一些错误观点，特别是近年来以历史虚无主义、历史复古主义为代表的错误思潮，严重败坏正常的学术生态，造成人们的思想混乱，尤为值得警惕。史学本身具有鲜明的意识形态性，思想史研究更离不开意识形态视域。当前存在的历史虚无主义、历史复古主义，其错误倾向集中体现为"三化"：一是把马克

---

[1] 《列宁选集》第2卷，人民出版社2012年版，第311页。

思主义、唯物史观"边缘化",把马克思主义唯物史观的指导地位和作用"虚位化";二是主张离开党的领导、离开正确政治方向的所谓"纯学术"化,误入学术研究"去政治化"的治学歧途;三是否定哲学社会科学具有鲜明的意识形态性,主张学术研究"去意识形态化"。这"三化"集中表现为"告别革命"。所谓"告别革命",不仅要告别中国共产党领导的新民主主义革命和社会主义革命,历史上一切推动社会进步的革命都要告别。这实际上是一种逆历史进步趋势而动的历史唯心主义,是否定唯物史观指导的错误历史观。这股错误思潮,最终是要否定中国共产党的领导,否定社会主义制度。这股错误思潮也侵入了思想史研究领域,造成了某些不良的研究倾向。如研究思想史,离开具体时代条件、社会形态和经济基础,离开社会形态一般发展规律,离开有文字记载以来人类历史都是阶级斗争历史的史实,离开阶级和阶级斗争这条主线,离开阶级社会占统治地位的主流意识形态,把思想史碎片化,将其编排成为一个个毫无任何历史联系、毫无阶级关系的单个思想史人物及其观点的罗列堆砌。

魏徵在《谏太宗十思疏》中说道:"求木之长者,必固其根本;欲流之远者,必浚其泉源。"[①] 五四运动以来,一批中国先进知识分子选择以马克思主义作为哲学社会科学研究的理论指南和方法论基础,这是由中国历史条件所决定的中国哲学社会科学的正确选择。当时中国先进分子所面临的首要问题是正确认识中国社会,找到解救中国的药方,这就必须掌握改造中国社会的先进思想武器,唯物史观理所当然地成为中国先进分子所最先接受的思想武器。在史学研究领域,一批史学家自觉接受唯物史观,开始运用唯物史观指导史学研究,试图运用唯物史观的立场、观点、方法梳理中华思想史的学术脉络,涌现出一批重要学者,留存下一批经典著作。李大钊

[①] 《旧唐书》卷71《魏徵传》,中华书局1975年版,第2551页。

等人处于中华思想史马克思主义学派的开创阶段，主要成就是提出必须运用马克思主义唯物史观来分析研究中华思想史，坚持了不同于其他学派的、具有鲜明马克思主义唯物史观特色的思想史研究基本立场；到郭沫若等人的中华思想史马克思主义学派的确立阶段，运用唯物史观对中华思想史的基本线索进行了梳理，奠定了思想史研究马克思主义学派基础；再到侯外庐等人的中华思想史马克思主义学派的推进阶段，运用唯物史观，坚持思想史与社会史相结合，对中华思想史进行了系统的研究，形成了鲜明的马克思主义学派；改革开放新时期，步入中华思想史马克思主义学派的创新阶段。尽管受当时的历史条件和环境限制，以往的马克思主义学派有这样或那样的局限，但中华思想史马克思主义学派的基本学科体系已经确立。现在，历史已经把中华思想史马克思主义学派的创新任务赋予我们这一代学人肩上。

马克思主义哲学既是认识问题的世界观，又是解决问题的方法论。将马克思主义哲学世界观运用到对世界的思考认识上，为思想方法；运用在解决实际问题上，为工作方法。马克思主义的思想方法和工作方法是马克思主义世界观和方法论在实际工作中的具体运用。把马克思主义思想方法和工作方法运用于中华思想史研究，就有了锐利的思想武器和共同的语言，就能统一思想、统一认识、统一方法。只有掌握马克思主义思想方法和工作方法，建立共同的语境，才能确保《通史》的政治方向和研编质量。研究编撰《通史》的过程，就是运用马克思主义的思想方法和工作方法展开对中华思想史上的人物、流派及其论点的研究分析，从而得出科学、正确结论的过程。在中华思想史研究领域，坚持马克思主义思想方法和工作方法，说到底就是坚持唯物史观的思想方法和工作方法，也就是坚持唯物史观的立场、观点和方法。

第一，必须坚持唯物史观的基本立场。

立场问题，说到底就是为什么人的问题。从根本上讲，一定要站在人民的立场上，而不是站在少数人的立场上研究思想史。站在人民的立场上，就能够看清历史上的思想家是站在什么立场上说话、著述的，就能辨清思想史上的是非曲直、先进落后。百余年前，梁启超批评旧史学"知有朝廷而不知有国家"，"知有个人而不知有群体"。①悉览近百年思想史研究成果，许多都没有摆脱以精英人物为主的窠臼，也没有摆脱历史唯心主义的局限，有意或无意地过分夸大思想家的个人作用，忽视人民群众的主体地位。开展中华思想史研究，构建中华思想史当代中国马克思主义学派，必须彻底扭转这种趋势，客观、全面、辩证地分析各个时代的思想，把研究主体放在人民群众身上，把研究重点放在真正代表人民大众的进步思想上，撰写出一部真正属于人民的思想史，书写一部无愧于时代、人民，经得起历史检验的精品力作。

第二，必须坚持唯物史观的基本观点。

唯物史观是由一系列基本原理、基本观点构成的科学体系，生产的观点、阶级的观点和群众的观点是唯物史观最基本的观点。用这些基本观点分析中华思想史，就会搞清楚中华思想史上的各个流派、各种观点是从哪儿来的，为什么人说话，说什么样的话，起什么样的作用。唯物史观认为，物质经济根源是思想的本因，生产力是历史发展的根本动力。强调物质经济的最终原因，强调生产力的决定作用，并非主张片面的僵死的经济决定论和庸俗的唯生产力论，而是在客观地看待经济和生产力因素的决定、基础作用的同时，看到生产关系对于生产力、上层建筑对于经济基础的相对独立性和反作用力，辩证地把握物质与精神、存在与思维、实践与认识、经济基础与上层建筑的相互作用，把握各种因素的交互作用，认识隐藏于偶然性背后的历史必然性，认识社会历史发展的客观规律，认识思想于历史发展的积极或消极作用，从而科学地说明中华

---

① 梁启超：《新史学》，《梁启超史学论著四种》，岳麓书社1985年版，第242—243页。

优秀传统思想的产生、发展及于中华民族历史进步的作用。

理解一定时代的阶级和阶级关系,成为理解那个时代的要枢。如果不承认奴隶社会以来的历史都是阶级斗争的历史,不认可阶级观点和阶级分析方法,不承认阶级斗争必然导致无产阶级专政,那就阉割了唯物史观的核心要义,唯物史观就变成唯心史观。必须坚持按照阶级分析的方法进行思想史研究与编撰。统治阶级的思想是什么,被统治阶级的思想又是什么,对于唯物主义、唯心主义,形而上学、辩证法,儒、道、墨、法、经、释、玄、理、心、实等学说,都要站在阶级分析的高度来认识和弄清。譬如,中国封建社会贯穿了地主阶级和农民阶级的思想斗争,存在地主阶级内部改革派和保守派之间的思想斗争,研究中国封建社会的思想史,就要做这样的阶级分析。

唯物史观认为,推动历史进步的真正动力是人民群众,强调人民群众是历史的真正主人和根本力量,并不是否认个人和英雄人物的历史作用,而是站在更加宏大的基础上,辩证地把握人民群众与少数历史人物的关系,看到整体社会发展的真正主人。在思想史研究中,要坚持人民创造历史的理念,同时也要注重思想家、理论家、学问家的作用。诚如恩格斯所说:"如果要去探究那些隐藏在——自觉地或不自觉地,而且往往是不自觉地——历史人物的动机背后并且构成历史的真正的最后动力的动力,那么问题涉及的,与其说是个别人物,即使是非常杰出的人物的动机,不如说是使广大群众、使整个整个的民族,并且在每一民族中间又是使整个整个阶级行动起来的动机;而且也不是短暂的爆发和转瞬即逝的火光,而是持久的、引起重大历史变迁的行动。"[①] 总体上说,唯物史观揭示了生产力与生产关系、经济基础与上层建筑这一社会基本矛盾的运动规律,揭示了历史真正动因与历史活动主体(个人、阶级、人

[①] 《马克思恩格斯选集》第 4 卷,人民出版社 2012 年版,第 255—256 页。

民群众）的辩证关系，揭示了人民群众与个别历史人物的辩证关系，为把握人类思想运动的轨迹和逻辑提供了有效的认识视野，为研究编撰《通史》开启了科学之门。

第三，必须坚持唯物史观的基本方法。

经济分析、阶级分析、利益分析是唯物史观的基本分析方法。用这些基本方法分析中华思想史，就能够分清不同思想的所属阵营。一切社会历史问题，包括社会意识问题，都是由经济根源引发的，一定要从经济入手才能认清为什么会产生各种思想，才能分清哪家思想是为哪家经济、政治需求服务发声的；在阶级社会，经济利益关系表现为阶级利益关系，进行阶级分析就要分析思想背后的阶级利益需求。一切阶级的意识形态都是由阶级利益决定的，受阶级利益所支配，坚持阶级分析必须进行利益分析。只有这样，才能把唯物史观分析方法彻底贯穿到中华思想史的研究中，把中华思想发展的线索厘清、弄透、搞明白。

三　研究编撰中华思想史必须始终坚持的重要原则

以唯物史观为指导，就必须学会运用唯物史观立场、观点、方法，即马克思主义思想方法和工作方法，指导中华思想史的研究和编撰。

第一，坚持从社会存在出发的原则，实现思想史与社会史相结合。

马克思指出："不是人们的意识决定人们的存在，相反，是人们的社会存在决定人们的意识。"[①] "意识在任何时候都只能是被意识到了的存在，而人们的存在就是他们的现实生活过程。"[②] 从社会

[①] 《马克思恩格斯文集》第2卷，人民出版社2009年版，第591页。
[②] 《马克思恩格斯文集》第1卷，人民出版社2009年版，第525页。

存在看思想，从社会史看思想史，就可以看出，有什么样的社会存在就有什么样的思想，有什么样的社会发展史就有什么样的思想史。思想史上的一切范畴、概念、观点都是当时社会关系的理论反映，是人们为了反映这种社会关系而制造出来的范畴、概念和观点。按照马克思的说法，是移入人脑的观念化的外部事物的反映。从社会存在看思想，从社会发展史看思想史，这是研究思想史必须遵循的一个重要原则。任何一个社会占统治地位的思想都是由该社会时代条件所决定的。原始社会占统治地位的思想是由原始社会条件所决定的，奴隶社会、封建社会都是如此。资本主义社会条件决定资本主义社会占统治地位的思想，社会主义社会条件决定必须建立强大的、占主导地位的社会主义意识形态。

恩格斯指出："历史从哪里开始，思想进程也应当从哪里开始。"[1] 思想是存在的反映，人类思想的历史轨迹是人类社会历史轨迹的再现，社会发展的规律和思想发展的规律大体上是相吻合的。思想史上的每一个重要概念和范畴，都有当时历史时代条件下的特定内涵。人类思想是由社会存在决定的，但又具有相对独立性和反作用力，表现为超前性或滞后性、被动性或主动性。要通过社会存在找到思想是怎样产生的，反映什么，又要看到思想对社会存在产生怎样的作用及怎样发挥作用，看看哪些思想是先进的、有益于社会进步，哪些是落后的、阻碍社会发展。探索原始社会人们思想的萌发，要注意到公有制这一原始社会的经济基础。正是在原始社会公有制这一经济关系中，人们从事社会实践活动，进行集体劳动、集体生活、集体分配，这是观察原始社会思想起源的出发点。人们的集体劳动实践催生了原始社会人们的公有观念和集体观念。在与自然的斗争中，在生产劳动实践中，在人与人的交往中，产生了原始的思想萌芽，并影响了人们各方面的认识。

---

[1] 《马克思恩格斯选集》第 2 卷，人民出版社 2012 年版，第 14 页。

研究思想史的范畴概念，必须注意当时的社会历史条件。以"天下为公"为例，奴隶社会奴隶主讲的"公""公田"，与"普天之下，莫非王土"含义相通，是奴隶主阶级的公有观；封建社会帝王讲的"公""朕即国家"，实质上是封建统治阶级的公有观；孙中山讲的"公""天下为公"，代表了中国民族资产阶级替代封建地主阶级的意愿，是民族资产阶级的公有观。在不同的社会历史条件和背景下，"公"的内涵是不一样的。当然，不同社会的"公"又都具有普遍性因素，不同时代先进的中国人身上具有先公后私、公而忘私的品质，是值得继承和提倡的。

社会形态发展史是人类社会史的基础。唯物史观提出了"经济的社会形态"概念，建构了社会形态演变一般规律的理论。从社会存在出发看思想，就要坚持运用马克思主义关于社会形态的分期理论，科学划分思想史的分期。社会历史分期与思想史分期大体是一致的。

一定要坚持从马克思主义关于社会形态分期的视域出发考察人类思想史，同时考量每个历史时代中华思想史的主流意识形态及其对立面的意识形态，即占统治地位的统治阶级的思想及其对立面被统治阶级的思想。这是马克思主义史学学派必须坚持的研究原则，是同其他史学流派的基本区别。从不同类型社会形态的条件、状况和性质出发，揭示出思想产生的时代本质和历史特征，探求思想演变与社会变迁之间的内在关系，拷问思想是怎样反映社会存在的，对社会发展又起到了怎样的作用。

人的本质是社会关系的总和。研究社会史就要研究人与人的社会关系史。研究思想，研究思想史，就要研究思想关系史。人类思想不是一个一个孤立的、毫无联系的单个人的思想，而是互相联系的人的思想。研究思想不是单纯就思想而研究思想，而是要研究思想关系；研究思想不是单独研究哪个人物、哪个流派、哪个观点，而是要从社会关系看思想关系，即研究人物间、流派间、观点间由社会关系所决定的思想关系。思想关系不是从思想上寻找,而是从社会关系中寻找,从物质关系中寻找。

人的思想是从哪里来的呢？是社会存在决定的,从社会实践中来的。社会存在决定人的思想要经过一个复杂的社会实践过程。毛泽东同志在《人的正确思想是从哪里来的?》这篇文章中指出:"人的正确思想,只能从社会实践中来,只能从社会的生产斗争、阶级斗争和科学实验这三项实践中来。"[①] 人的思想来自社会实践,这就是马克思主义的认识论。中华优秀传统思想是中华民族在长期的生产、生活和阶级斗争实践中形成的。人的社会思想是人的社会物质生产、生活过程及其条件的反映。一个人具有什么样的社会思想,主要由其生活的社会环境条件所决定,既与他所处的社会地位、社会关系和受到的社会教育等密切相关,更与他的社会实践密不可分。研究中华思想史的人物、流派及其观点,一定要将其放在特定的历史条件、历史环境、历史背景下考量,从他们所处的社会关系、阶级地位来考量,从他们所从事的广泛的社会实践中来挖掘,看一看他们背后的利益驱动,才能搞清他们所持思想的真实意图。

当然,人们的思想并不是社会存在的被动反映,人的思想对社会发展起着能动的反作用。社会史决定思想史,思想史反映社会史,同时思想史也体现了思想对社会能动的反作用。思想史研究的一项重要任务就是要揭示思想与社会存在的互动关系和互动作用,对思想史与社会史的互动过程做出符合历史事实和历史规律的描述及解释。

第二,坚持从人民立场出发的原则,书写人民思想史。

人民是历史的真正主人、真正主体、真正创造者,人民既创造了物质财富,又创造了精神财富。人民群众是伟大思想家的母亲,

[①] 《毛泽东文集》第 8 卷,人民出版社 1999 年版,第 320 页。

是人类优秀思想的真正源头。研究思想史，如果离开了对人民群众及其实践的关注，就无法深入探求人类思想的精华。不能把思想史写成才子佳人的思想史，而是要把对人民思想史的研究与对思想家思想成果的研究结合起来，在重视思想家们思想成果的同时，必须关注人民群众的社会思潮、文化风俗、情感需求和价值取向，编撰出代表中国人民的中华思想史，把思想的历史重新还给人民。

要站在唯物主义历史观的立场上来认知思想史，深刻理解人民创造思想的真正意义。人民思想应该是代表人民根本利益、反映历史进步趋势的思想，这是人民思想史的核心要义。正确认识人民思想史，就要正确理解人民的科学内涵。一般来说，人民是指对社会历史发展起推动作用的人们，是指社会中占绝大多数的人们，其中最稳定的主体部分是从事物质资料生产的劳动群众。在阶级社会中，人民包含不同的阶级、阶层和集团。人民是一个历史的范畴，在不同的历史条件下，实际内涵是不同的。奴隶社会的人民，主要指奴隶，还包括一部分受奴隶主压迫的被统治阶级，比如自由民等。在封建社会代替奴隶社会的转变时期，代表先进生产力的地主阶级属于人民范畴。在新民主主义革命时期，民族资产阶级属于人民的范畴。中华各民族人民直接或间接创造了中华思想，要为中华各民族人民的思想创造树碑立传。思想家个人的思想成果要流传下来，起到历史进步作用，必须有利于社会前进，归根到底必须反映人民的愿望，体现历史的前进方向。人民赞成不赞成、支持不支持、拥护不拥护，是判断是不是人民思想的重要标准。

这里所指的人民思想，是在这样的意义上讲的：一是一切直接或间接地产生于人民群众所提供的素材的思想。也就是说，有些思想直接取之于民，有的思想本身就是人民的一员提出来的，如毛泽东、邓小平、习近平等共产党的领袖人物，就是人民的一员，他们的思想就是人民的思想。二是一切产生于人民群众实践，对人民群众实践有正面反映的思想。三是一切反映历史进步、有利于生产力发展的思想。人民思想应当代表人民群众意愿，体现人民群众的要求。有的思想虽然不是人民直接提出来的，但经由当时先进知识分子的概括、提升，反映了人民的呼声，代表了人民的要求，如"水能载舟，亦能覆舟"的思想、民本思想等。四是一切人民群众在民间直接或间接地表达出来的思想。有的思想是人民直接提出来的，如陈胜吴广起义时喊出"王侯将相，宁有种乎"的口号。所谓人民的思想史，就是站在人民的立场上，体现人民的实践需要、利益诉求和价值观念，代表社会历史的前进方向，打上人民的烙印，体现中华思想变迁的发展轨迹和内在规律的思想史。思想是人民创造的，同时也是通过思想家的历史活动反映出来的，要把研究人民的思想与研究思想家、理论家、政治家的思想有机地结合起来。

撰写人民思想史，一方面要高度重视历史上人民群众的创造与实践，重视历史上被统治阶级的思想创造。要特别细心搜集和整理历史上人民群众的思想观念，尤其是注意挖掘在历史上普通中国人心中绵延几千年而不绝如缕，并在当今时代仍然发挥着积极作用的精神追求、道德观念和思想认识。另一方面也要高度重视历史上统治阶级的思想，既要看到历史上统治阶级思想落后的一面，也要注意其上升时期进步的一面，从历史正反两方面的经验教训中总结当代思想建设可资借鉴的思想资源。中国封建社会的朝代更替，是由当时社会矛盾的激化引起的，人民大众特别是农民群众，在推动王朝更替过程中发挥了重要的历史作用，他们的思想需要我们进一步收集整理。人民思想不完全等同于哪个具体老百姓个人口中说出来的思想。不同时代思想家的思想，只要体现人民的根本长远利益，具有历史进步价值，同样也可以认定为人民的思想。总之，对于人民思想史，要历史地看待、科学地分辨，并在研究中不断深化认识。

第三，坚持从占统治地位思想出发的原则，提炼主流意识形态脉络和线索。

马克思、恩格斯指出："统治阶级的思想在每一时代都是占统治地位的思想。这就是说,一个阶级是社会上占统治地位的物质力量,同时也是社会上占统治地位的精神力量。"[①] 所谓主流意识形态,当然是在某一历史时代"占统治地位"的"统治阶级的思想"。主流意识形态首先是占主导地位的政治思想。梳理主流意识形态,除了政治思想外,还要注意梳理哲学思想和宗教思想。当然,经济思想、文化思想、军事思想等其他思想也要挖掘,但不一定面面俱到。

以主流意识形态为统纲,政治思想为重点,哲学思想为主脉,兼顾经济、文化、军事、教育、宗教等思想,梳理出中华思想的精华与糟粕,以把握思想发展的内在逻辑。在不同的社会形态中,主流意识形态是由当时的社会存在条件、人们的社会实践所决定的。在原始社会,以公有观念和集体观念作为主流意识形态,同时存在原始宗教崇拜以及其他思想萌发,如原始的哲学意识的萌发。原始社会向奴隶社会的过渡时期,同时也是非阶级社会向阶级社会的转变时期,家庭、私有制、阶级和国家在这一时期产生,随之产生家庭观念、私有观念、王权观念、国家观念、阶级(等级)观念等。尽管这些观念存在一定的历史局限性,但与原始社会相比,这是人类从愚昧到文明的思想进步,是人类思想史上的重要转折与发展,是人类思想的深化与提升。

恩格斯的《家庭、私有制和国家的起源》是唯物史观的经典之作,也是思想史研究者的必读经典。学习恩格斯这部经典著作,学会运用贯穿全书的马克思主义思想方法和分析方法研究思想史,可以清晰地看出中华思想史的大体脉络。中华思想史上第一个成体系的主流意识形态——"礼治"思想,是随着中国奴隶社会的形成而发展的,"礼治"思想是奴隶社会等级制度的理论反映,具备一整套系统的理论构架,对奴隶社会制度起着非常重要的精神维护和固

[①] 《马克思恩格斯选集》第 1 卷,人民出版社 2012 年版,第 178 页。

化作用。奴隶主阶级用礼制和烦琐的仪式将社会等级固定下来，并用"礼治"思想论证等级压迫的合法性，证明奴隶社会制度的合理性，使之成为奴隶社会统治阶级的思想。"礼治"思想体系构成中国奴隶社会的思想主线。春秋战国时期是中国封建社会代替奴隶社会的社会转型时期，"百家争鸣"是这一时期现实矛盾和斗争的思想表现。

历朝历代的封建统治阶级都经过由夺取政权到执政，从大治到兴盛，再到衰落，直至最后垮台的"历史周期"。法家学说在封建地主阶级登上政治舞台的过程中发挥了积极作用。商鞅变法所秉持的法家思想，是对"礼治"思想的否定，实质上是为封建制度开路，为新兴地主阶级张目，是为奴隶制度向封建制度的变革服务的。在封建地主阶级夺取政权初期，实行法家思想黄老之术以稳定社会秩序是必需的。儒学开始强调"克己复礼"，是为了适应维护奴隶社会制度的需要。到封建社会，儒学转变为封建社会的统治阶级思想，是为巩固封建秩序和政权服务的，它用"亲亲尊尊"迷惑民众，用"温情脉脉的面纱"掩盖封建专制统治的实质。法家思想逐步退出统治阶级主流思想的历史舞台，被封建社会的主要理论支撑——儒学取而代之。在中国封建社会漫漫历史长河中，国家哲学思想说到底就是儒家哲学思想。从经学到玄学，从玄学到理学，从理学到心学，为维护封建统治，儒学越发朝着唯心主义理性化、精致化的方向发展，越来越顽固地维持封建地主阶级的统治地位。心学已经使儒学发展到了登峰造极的地步，编制得非常精美、非常理性、非常系统。这一方面反映出封建主流思想理性思维和辩证思维的提升，另一方面也反映出维护封建统治的强烈的阶级意识。儒学既有精华也有糟粕。完全否定它，不是历史唯物主义观点，但把它捧得过高，也是片面的，应当历史地、辩证地看待儒学。

中国封建社会能够维持两千年左右的时间不发生根本性、制度性、颠覆性的变化，只是改朝换代，与儒学思想的维系作用关系极大。研究中华思想史的一个目的,是要摒弃儒学反动的、唯心的成分,把它所包含的中华优秀传统思想的精华保留下来,为实现中华民族伟大复兴的中国梦服务,为建设强大的社会主义主流意识形态和核心价值观、建设中国特色社会主义文化强国、建设中国特色社会主义服务。

编撰中华思想史一要"通",二要"贯"。"通"即一脉相承,"贯"即一以贯之。要从阶级状况、经济基础和社会形态的演变来把握"通贯"。从阶级状况、经济基础和社会形态的演变来看每一历史时代占统治地位的思想的变化,就会搞清楚儒学"克己复礼"的实质,儒学又为什么转变为封建儒学,由封建儒学变成经学、玄学,进而变成理学、心学,到明清时期又为什么产生与之对立的实学。主流意识形态内在地反映了一个社会的主流价值观。要集中梳理体现中华民族一脉相承、一以贯之的主流意识形态和核心价值观。

中华文明是世界上罕见没有中断的古老文明。在五千多年的历史长河中,中华民族所创造的物质文明、制度文明与精神文明源远流长,博大精深。编撰《通史》的一个基本要求,就是要运用唯物史观的立场、观点和方法,从纷繁复杂的思想史料当中搜集、整理、分析、研究中华思想发展演进历程,通过对思想史料的去伪存真、去粗取精,梳理出一条明确的中华思想发展主流脉络,梳理出中华民族思想基因的密码,作为贯穿全书的灵魂。

思想是文化的灵魂、核心。对待中华传统思想,必须抱持尊重和继承的科学态度。尊重是继承的前提,但仅有尊重是不够的,必须对其作科学分析,对其进行批判性继承和创新性发展。习近平总书记指出:"我们要对传统文化进行科学分析,对有益的东西、好的东西予以继承和发扬,对负面的、不好的东西加以抵御和克服,取其精华,去其糟粕,而不能采取全盘接受或者全盘抛弃的绝对主义态度。"① 中华优秀传统思想积淀着中华民族最深厚的精神财富，体现了中华民族优良的精神标识。从中华民族最古老的思想，到今天的中国特色社会主义理论体系和社会主义核心价值观，它们都是一脉相承、一以贯之的。要始终突出这一主流，不能割裂。

从中华思想中吸收的优秀成分很多，究竟哪些属于中华思想最精华的内核？中华文明延续数千年，自有其内在的最基本的精神基因。要发掘、梳理和弘扬中华思想基因，就要关注中华思想中的世界观、人生观、价值观和审美观等核心观点。从原始社会到封建社会，一切代表当时先进生产力，代表社会进步的阶级阶层，都具有"天行健，君子以自强不息"这一共有的精神基因，展现了中华民族生生不息的精神。这就从思想层面上解释了中华民族为什么能够跌倒了再站起来，这就是文化自信。文化自信说到底是思想自信。中华民族从古代文明发展至今，靠的是内在的、赓续传承的中国精神、中国思想、中国道德、中国文化，研究中华思想史要致力于构建中华民族的文化自信和思想自信。

第四，坚持从具体问题具体分析出发的原则，把思想史人物及其思想成果放在一定的历史条件下研究。

列宁指出："在分析任何一个社会问题时，马克思主义理论的绝对要求，就是要把问题提到一定的历史范围之内。"② 历史上任何人和事都离不开其存在的历史条件，任何思想史人物及其思想都离不开特定的历史环境。要始终坚持具体问题具体分析的原则，把思想史人物及其思想放在特定的历史环境中来认识，避免把思想史研究归于一种碎片化、微观化、细节化、非政治化、非意识形态化的所谓超越历史的抽象的实证考据；避免从历史细节中挑出一些片段，不顾前因后果，不讲时间地点，不问大是大非，做出一些违背

---

① 《牢记历史经验历史教训历史警示　为国家治理能力现代化提供有益借鉴》，《人民日报》2014 年 10 月 14 日第 1 版。
② 《列宁专题文集·论马克思主义》，人民出版社 2009 年版，第 302 页。

历史事实和历史规律的判断。研究思想史上的历史人物，与研究其他重要历史人物一样，一定要依据当时特定的历史条件，用历史唯物主义的科学态度来认识，既不能人为拔高，也不必故意贬抑，而要实事求是地回到历史场景之中，全面充分地掌握材料，认真分析材料之间的内在联系，既充分把握人物所处的历史背景，又充分把握人物及其思想在中华思想史上的位置和作用。

第五，坚持从思想斗争史出发的原则，梳理中华思想对立与斗争、借鉴与融合的主线索。

马克思主义哲学辩证法告诉我们，对立统一规律是宇宙间的根本规律。矛盾无处不在、无时不有、贯穿始终，是一切事物发展变化的根本原因。社会史如此，思想史也如此。列宁一针见血地指出："思想史就是思想的更替史，因此，也就是思想的斗争史。"[①] 研究思想史，就要研究思想更替史、思想斗争史。思想永远是在对立斗争中发展的。如果不讲对立，只讲调和，是不符合思想史发展内在逻辑的。在人类思想发展进程中，正确与错误的斗争是永远不会完结的，正确思想是在不断斗争中发展起来的。

这里讲的斗争是一个哲学范畴，是就对立统一的根本规律，就对立的绝对性、统一的相对性而言的。在思想斗争中，既有争论也有相互借鉴、融合发展。研究中华思想史，不能惧怕对错误思想的批判。要坚信真理，就要坚持正确的战胜错误的思想斗争原则。从总体和主线索上来说，有文字记载以来的人类思想史也是阶级之间的思想斗争史。思想的、意识形态的、文化的斗争是社会矛盾的反映，真理是在斗争中发展起来的。要正确分析中华思想史中先进与落后、正确与错误、科学与愚昧、善与恶、美与丑的思想矛盾与斗争。以先进与落后思想的分野为例，任何时期的统治阶级处在上升时期都是革命、先进的，而到了没落时期则转向保守和落后。要用

---

① 《列宁全集》第 25 卷，人民出版社 2017 年版，第 117 页。

阶级分析的方法，科学运用史料，分清思想的先进与落后、精华与糟粕，分清某思想属于哪个阶级、阶层、利益集团，属于哪个阵营。梳理中华思想史，要把每一时期主流意识形态及与之对立的意识形态的较量作为中心线索来研究。任何一个历史时代都存在新旧两种社会形态的较量与斗争，也必然展现为新旧两种思想的较量与斗争。新思想起着推动社会进步的作用，旧思想起着阻碍社会进步的作用。当然也不能简单贴标签、搞对号入座，而要实事求是。

创建中华思想史当代中国马克思主义学派，研究编撰经得起时间、历史、实践和人民检验的扛鼎之作，是弘扬中华优秀传统思想，巩固马克思主义在思想文化领域指导地位，建设中国特色社会主义文化强国的重要举措，也是一项光荣而艰辛的哲学社会科学学科体系、学术体系和话语体系创新工程。中华思想历史悠久、博大精深、包容并蓄，既是中国的又是世界的，既是中国人民弥足珍贵的精神财富，又是世界文明的思想瑰宝。研究编撰《通史》，构建中华思想史当代中国马克思主义学派，既要继承传统更要勇于创新，既要立足中国又要放眼世界，从主流意识形态的视角，挖掘出蕴含在中华优秀传统思想中的主流精华，为中国特色社会主义现实服务。

四 按照中国社会形态历史发展的真实顺序，科学划定中华传统思想的历史分期

根据马克思主义关于原始社会、奴隶社会、封建社会、资本主义社会、共产主义社会的"五种社会形态"演变规律理论和共产主义必经无产阶级专政的社会主义过渡原理，按照我国历史发展大体上的原始社会、奴隶社会、封建社会、半殖民地半封建社会和社会主义初级阶段的发展顺序，中华思想通史大体分为"五大历史时代""四大转型时期""三大历史段"。

"五大历史时代"为中国原始社会思想史时代、中国奴隶社会思想史时代、中国封建社会思想史时代、中国半殖民地半封建社会思想史时代、中国社会主义初级阶段思想史时代。"四大转型时期"是指中国不同社会形态变化之间的思想史转型期。夏王朝的建立标志着中国原始社会的结束和奴隶社会的开端,是奴隶社会代替原始社会的思想史转型时期;春秋战国是奴隶社会逐步解体和封建社会逐步形成、封建社会代替奴隶社会的思想史转型时期;鸦片战争后,我国进入半殖民地半封建社会,是由封建社会向社会主义初级阶段发展的思想史转型时期;中华人民共和国成立,经过短暂的国民经济恢复和向社会主义过渡,进入社会主义初级阶段,这是向未来社会主义高级阶段发展的思想史转型时期。"三大历史段"包括:从原始社会早期到封建社会晚期1840年鸦片战争为止是中华古代思想历史大段;从1840年鸦片战争至1949年中华人民共和国成立之前是中华古代传统思想向中华现代思想转折的中华近代思想历史大段;从1949年中华人民共和国成立至今是中华现代思想历史大段。

中国社会发展到今天,每一个历史节点的转变都是惊心动魄的。要把几个主要节点写清楚,把主要节点上思想产生、转变背后的生产力、生产关系、经济基础、政治的上层建筑都发生了哪些变化,与之相关的社会形态发生了哪些变化写清楚,如此,思想的转变就呼之欲出了。

与中华思想史"五大历史时代""四大转型时期"和"三大历史段"相一致,迄今为止的中华思想发展史,大致经历了"起源""形成""发展""转型"和"创新"五个发展阶段。

第一,原始社会及向奴隶社会过渡的原始社会晚期是中华思想的起源阶段。

最早在原始社会的旧石器时期,中华先民的原始意识即已萌发,发展到新石器时期,中华先民的原始观念初步形成。与十分低下的社会生产力及其原始公社公有制相适应，中华先民孕育了原始的公有观念、集体观念和平等观念，孕育出了原始信仰、原始巫术、图腾崇拜和神话传说。

到了由母系社会发展到父系社会的原始社会晚期，陶器、青铜器等工具的发明，生产力的进一步发展，使得人们生产的劳动产品，除维持自身最低生活需要之外，开始有了一定剩余，于是私有财产开始出现。随着旧的劳动分工、私有制、阶级分化的出现以及向奴隶社会的转型，孕育了私有、家庭、等级（阶级）、王权、国家等观念，反映奴隶社会生产关系、阶级关系和奴隶主利益的"礼治"思想开始萌生，出现了萌芽状态的唯物主义与唯心主义、辩证法与形而上学的哲学意识，产生了最原始的天文、地理、宗教、算术、文学、艺术等观念。

第二，奴隶社会及向封建社会过渡的春秋战国时期是中华思想的形成阶段。

青铜器的广泛应用，推进社会生产力长足发展，奴隶社会生产方式逐步成熟，其经济基础及上层建筑逐步确立，奴隶主阶级与奴隶阶级分野对立鲜明，大量考古发现证明了我国奴隶社会的生成、成熟、发展和衰落。经过夏、商与西周奴隶社会的建立和发展，萌生于原始社会晚期的代表奴隶主阶级的"礼治"思想逐渐发展成为奴隶社会中占统治地位的主流意识形态，君、臣、父、子，贵贱、上下、尊卑、亲疏各有名分和区分，体现了奴隶社会严格的阶级等级制度。

春秋战国时期，社会生产力得到较大提高，尤其是铁器的发明与使用，井田制逐步瓦解，产生了新的剥削阶级——地主阶级和新的被剥削阶级——农民阶级，奴隶社会开始向封建社会转变。在社会结构、阶级结构发生重大转折的背景下，夏、商与西周以"礼治"为核心的奴隶社会主流意识形态和"礼乐征伐自天子出"的社会统治秩序崩衰，"礼崩乐坏"已成为当时的社会常态。与此同时，随着学在官府的打破和私人讲学之风的兴盛，产生了一个被称为"士"的新的阶层，他们从各自依附并所代表的阶级、阶层和利益集团的立场出发，就社会转型以及社会、人生的种种问题提出看法与主张，形成"诸子百家"及其学说，相互间展开激烈论争，这就是历史上的"百家争鸣"，中华思想即形成于这一阶段。此后两千多年的中华传统思想，大都是这一阶段所形成的诸子百家及其学说的传继和取舍。

儒法之争是春秋战国时期中华思想斗争史的主线索，是新兴封建地主阶级与没落奴隶主阶级思想斗争的理论反映。法家学说主张用封建制度代替奴隶制度，儒家学说则极力维护奴隶制度。儒家的创立者孔子虽然是春秋时期的鲁国人，但在孔子之前，被称为儒家"五经"的典籍即已存在。孔子时期的儒家学说及其哲学依据是力图维护奴隶制的意识形态，孔子一生的最大理想就是恢复周礼。然而，"礼崩乐坏"、奴隶社会向封建社会的转型以及国家从分裂走向统一已是那一时期社会的发展趋向，尽管孔子一生周游列国，传播他的所谓"仁学"思想，然而没有几个统治者愿听。春秋战国到汉初，儒家只是诸子百家中的一家，它不仅没有得到官方的认同，而且还遭到秦始皇"焚书坑儒"那样的打压，支持新兴封建地主阶级的法家学说被当时的统治阶级奉为主导思想。

第三，封建社会是中华思想的发展阶段。

铁制工具的广泛使用与推广，极大地带动了封建社会生产力的发展，造就了封建社会的生产方式。占统治地位的封建土地所有制和自给自足的自然经济，封建地主阶级与农民阶级的严重分化对峙，构成中国封建社会的主要特点。以此为经济基础的中国封建社会的政治制度，是高度集权的封建君主专制制度。作为中华传统思想的占统治地位的儒学是服从和服务于这一经济制度和政治制度的官方意识形态。

由于法家学说反对守旧，主张变革，适应了从奴隶制度向封建制度转化的时代需要，因而成为新兴地主阶级的思想政治武器。依据法家思想的治理下，落后的秦国强盛起来，统一了中国，建立了第一个中央集权的封建制国家。秦朝作为中国历史上第一个"大一统"的封建制国家始终奉行法家学说。

西汉立国之初，统治集团实际奉行的是道家、法家提倡的黄老之术。但是，随着汉王朝封建统治的逐步稳固，统治阶级需要调整统治方式及思想。为适应"大一统"的中央集权封建制国家的政治需要，西汉武帝时期，董仲舒提出"罢黜百家，独尊儒术"和设立"五经博士"的建议，受到统治者赞赏。武帝死后，经过不太长的时间，儒学成为西汉王朝的统治思想，并被此后的历代封建王朝所崇奉。经过封建社会长期的凝练、打磨和融合，儒学成为两千年间在中国封建社会占统治地位的地主阶级的统治思想。尽管历代封建统治阶级也吸收利用了法家治理国家的有益主张，甚至有些统治阶级的思想政治人物提出"外儒内法"的设想，但总体上法家学说逐渐暗淡下来，不再被地主阶级尊奉为统治思想。

为什么代表奴隶主阶级利益的孔子儒学会转变成封建社会地主阶级的主流意识形态呢？

一是奴隶社会的统治思想与封建社会的统治思想，其剥削阶级的本质是一致的，这是孔子儒学转化为封建地主阶级统治思想的社会阶级原因。

孔子的思想政治主张是对统治阶级有利的。奴隶主阶级欢迎它，稳定了政权的地主阶级照样欢迎它。孔子的"天命"论，奴隶主阶级需要，地主阶级同样需要。在半殖民地半封建的旧中国，凡是逆历史潮流而动的势力都大树特树儒学，将其作为统治阶级维护统治地位的思想。即使在资本主义社会，虽然阶级结构发生了变化，但剥削阶级与被剥削阶级的对立结构没有改变，儒学仍在统治阶级思想范畴意义上受到吹捧，儒学也会转而为资本主义制度服务。由于儒学政治主张与历代统治者的政治主张具有共同的阶级立场，因此，一切维护剥削制度的剥削阶级都会把孔子奉为"至圣先师"。

只有到了社会主义社会，由于剥削制度被彻底拔除，作为统治阶级统治思想的儒学，其社会存在基础不复存在。但是，由于传统的惯性，在人们的思想意识中，传统儒学的影响依然不同程度地存在。一些顽固的复古主义者，还会利用儒学的顽固性，试图替代社会主义的指导思想。当然，这是枉费心机的倒退行为。社会主义对待儒学的态度，是从建设社会主义新文化的立场出发，剔除其糟粕，汲取其精华，实现创造性转化和创新性发展，为实现中华民族伟大复兴服务。这与历代统治者把儒学尊奉为统治阶级的统治思想，在根本性质上是完全不同的。

二是秦汉以后，随着封建制度的稳固，地主阶级成为掌握政权的统治者，日益走向反动，这是孔子儒学转化为封建地主阶级统治思想的社会历史条件。

春秋时期，孔子站在没落奴隶主阶级立场，主张倒退，反对进步；主张保守，反对革新。这对于处在奴隶制度向封建制度转型过程中的新兴地主阶级来说，是不能接受的。因此，新兴有为的地主阶级所运用的思想武器是法家思想。然而，随着奴隶社会复辟危险的消失，地主阶级政权日益稳固，地主阶级和农民阶级的矛盾日益尖锐，维护封建统治秩序成为地主阶级的第一需要，而农民阶级的反抗斗争，直至农民革命，成为地主阶级竭力防止的要务。受历史辩证法规律支配，地主阶级从春秋战国时期新兴有为、积极进取的革命阶级，成为守成落后的反动阶级。地主阶级中的极端保守派，率先抛弃了其上升时期的革命性，自觉地向反面方向转化。在这种历史条件下，法家学说不再成为统治阶级的主流意识形态，孔子儒学逐渐适应地主阶级的需要，受到了地主阶级的推崇。

三是孔子之后，儒学发生分化，不同阶级利益的代表对儒学纷纷进行改造，提出新的阐释，产生新样态儒学，以适应时代的发展变化，这是孔子儒学转化为封建地主阶级统治思想的社会思想基础。

如前所述，从春秋到西汉中期，儒家只是诸子百家中的一家。随着社会急剧变化，儒家也发生着变化。孔子之后，儒分为八，又主要发展演变为两派：一派是以孟子为代表的与法家相悖而行的唯心主义儒学；另一派是以荀子为代表的吸纳法家思想的唯物主义学派。支持新兴地主阶级的法家通过荀子的学生韩非、李斯等人，为封建制度的建立做出很大贡献。清末时期的一些学者甚至认为，两千年之儒学实际是荀学。这样的观点虽未必确切，但反映了荀学的重要历史地位与作用。随着封建统治的巩固，儒学不断地向占主导地位的统治思想逼近。到汉武帝时期，董仲舒对儒学进行了彻底的唯心主义改造，消除了其中荀子学派的积极内容，使之成为与封建统治完全相适应的意识形态。孟子所代表的唯心主义儒学，以心性之学为根本，到了宋代以后，由于理学的倡导而得到弘扬。儒学的不断变化，对法家学说有利于统治阶级需要的内容的吸收，对朴素唯物主义因素的唯心主义改造，都是它能够成为封建社会统治思想的重要思想前提。

在漫长的封建社会，儒学经过了不同的发展时期，展现了不同的理论形态，涌现出一大批著名的思想家和学问家，为中华传统思想的形成和发展做出重大贡献。两汉经学是儒学成为封建社会统治思想的第一个发展形态。两汉经学又有今、古文之分，以儒为主，融合了道家、法家思想，是具备一定理论形态的统治思想。魏晋玄学受到佛和道的影响与渗透，但其本质上仍然具有儒学的内核，只是失去了儒学某些进取性，反映了战乱背景下人们的消极避世想法。宋明理学，适应封建统治需要发展成为精致化的、系统化的以唯心主义哲学为根据的封建统治思想。随着封建统治越来越走向反动，理学也越来越向唯心主义精致化方向发展，越发主观唯心主义化了。此后，心学成为中国封建社会历史上编制得最系统、最精致的封建儒学。儒学再发展，产生了代表新兴的工商业社会阶层的实学,是从儒学阵营分化出来的反儒学唯心主义的唯物主义学派。但是,作为中华思想主体的儒家思想始终是两千多年封建社会的主流意识形态。

中国封建社会存在了两千多年,大致可分为前期、中期和晚期。在前期和中期,作为封建社会统治者的地主阶级处于上升和发展阶段,具有一定的思想活力,代表地主阶级利益的某些思想、主张及其措施在某种程度上体现了时代的需要。发展到中国封建社会晚期,地主阶级日益走向没落,封建制度弊端逐渐暴露无遗。明中叶以后,随着新的社会形态因素的逐步孕育与增长,中华传统思想中以儒学为主要代表的封建正统思想逐渐走向衰落;反映工商阶层利益和要求的新思想逐步萌发,为中华传统思想注入了新鲜内容。

地主阶级是封建社会的统治阶级,农民阶级是封建社会的被统治阶级,中国封建社会的经济剥削和政治压迫方式,决定了农民阶级和地主阶级之间的矛盾始终是封建社会的主要矛盾。由于地主阶级对于农民阶级的残酷经济剥削和政治压迫,农民阶级反抗地主阶级剥削和压迫的斗争异常尖锐和激烈。中国历史上的农民起义和农民战争的次数之多,规模之大,世界各国无出其右者,它们沉重打击了地主阶级的统治,或多或少推动了封建社会的向前发展。农民起义的代表性人物,如陈胜吴广提出的"王侯将相,宁有种乎"、黄巢提出的"天补均平"、钟相杨幺提出的"均贫富,等贵贱"、李自成提出的"均田免粮",直到太平天国提出的"天朝田亩制度"等反映平等要求和大同社会的思想,极大地丰富和充实了中华优秀传统思想的内涵。

第四,半殖民地半封建社会是中华思想的转型阶段。

鸦片战争失败致使中国沦为半殖民地半封建社会。资本主义工商业的发展,在一定程度上冲击了中国封建社会的生产关系,催生出新的生产力和生产关系,导致新生资产阶级和工人阶级的形成。由于中国特殊的国情,资产阶级又分为官僚资产阶级和民族资产阶级，官僚资产阶级同封建地主阶级和帝国主义势力一道构成中国社会的反动阶级，是中国革命的对象。民族资产阶级又可分为上层和中、下层，上层民族资产阶级对帝国主义和封建主义的软弱性和妥协性更为明显，而中、下层民族资产阶级对帝国主义和封建主义的革命性更多一些。但无论上层，还是中、下层，民族资产阶级都属于人民的范畴，是革命团结和争取的对象。毛泽东同志在《中国革命和中国共产党》一文中指出，半殖民地半封建社会的性质，决定了帝国主义与中华民族的矛盾、封建主义与人民大众的矛盾是中国近代社会的主要矛盾，反对帝国主义侵略和封建主义压迫是中国革命的主要任务。1919年以前，领导革命的是民族资产阶级，革命在性质上属于旧民主主义革命；1919年五四运动之后，领导革命的是无产阶级及其先锋队中国共产党，革命在性质上属于新民主主义革命。

中华近代思想发展与中国近代的特殊国情是一致的。1840年鸦片战争爆发后，出现了"西力东侵"和"西学东渐"，在这股力量和思潮的冲击影响下，开始了从中华古代传统思想向近现代思想的转型，这一过程是极其艰难、曲折和复杂的。中西思想的冲突与融合，是旧民主主义革命时期中华思想演变的一个重要特征。1919年五四运动之后，尤其是1921年中国共产党成立，受马克思主义传入的影响，中华传统思想开始发生新的质变。

伟大的资产阶级民主革命先行者孙中山先生曾设想通过改良的道路来实现国家的富强，然而甲午战争的失败，使他认识到了清政府的顽固腐朽，毅然决然地抛弃了改良主义方案，力图通过武装革命推翻清王朝统治，发动了辛亥革命。辛亥革命是中国民族资产阶级领导的以推翻封建君主专制制度、建立资产阶级共和国为目的的资产阶级旧民主主义革命。辛亥革命集中反映了中华民族争取民族独立、振兴中华的深切愿望，结束了在中国延续几千年的君主专制制度，适应了近代中国社会发展的要求，促进了民众的思想觉醒和解放。然而，由于中国民族资产阶级的天生软弱和其两重性，它不能胜任中国革命的领导重任，辛亥革命未能完成中国民主革命的任务，中国社会性质并没有得到实质性改变。

资产阶级思想不能解救中国，那么中国传统儒学是否还能起到复兴中华的作用？经过与西方思想的冲突与融合，中华传统思想的主体构成和价值取向开始发生根本变化。近代以来，儒学再也不能适应历史发展，无法成为解决中国现实问题的思想武器。曾经作为主流意识形态的儒学，先是被中国民族资产阶级的旧民主主义思想所超越，后被马克思主义思想所取代。当封建君主专制制度进一步把儒学强化为束缚人们思想解放、阻碍社会发展进步的严重思想桎梏时，服从和服务于封建君主专制制度的儒学也不可避免地出现了危机。尤其是鸦片战争后，面对西方近代思想和文化的挑战与冲击，儒学的危机日益严重起来。人们在反思中国何以落后挨打、遭受资本主义列强的欺凌和侵略时，深刻认识到儒学作为思想武器早已不适应现代社会进步的需要，甚至起到思想阻力作用。加之民国初年袁世凯、康有为等人为复辟帝制而对儒学加以利用，随着五四新文化运动的兴起，儒学也就自然成了人们批判的主要对象，不少思想家和学者纷纷投身"打倒孔家店"的行列。尽管"九一八"事变后也有现代新儒学以及其他一些思想家和学者积极致力于儒学的发掘和弘扬，但总的来看，儒学的危机并没有完全消解，人们在寻找中国落后的根源时，往往将其归结为儒学的消极影响。中华人民共和国成立后很长一段时间，儒学依然日渐衰落。直到改革开放新时期，人们才真正清醒认识到，作为中华传统思想的核心内容，儒学是精华与糟粕并存，正确的态度和做法是汲取精华，弃其糟粕，对其精华加以发扬光大，以助力文化自信心的增强和中华民族的伟大复兴，儒学逐步得到科学、公正、客观的历史评价。

毛泽东同志指出："十月革命一声炮响，给我们送来了马克思列宁主义。十月革命帮助了全世界的也帮助了中国的先进分子，用无产阶级的宇宙观作为观察国家命运的工具,重新考虑自己的问题。走俄国人的路——这就是结论。"① 十月革命的成功对中国先进知识分子产生了巨大的震撼和影响,开阔了他们的眼界,使他们探索中国民主民族解放之路的思想方向发生了根本转折。经过对西方各种思潮、各种社会主义思想的比较,中华民族的先进分子认识到决定中国人民命运的不是资产阶级,不是资本主义,不是资产阶级思想武器,而是工人阶级、中国共产党、科学社会主义和马克思主义。中国先进知识分子冲破了资产阶级民主思想的藩篱,冲破了旧民主主义民主、科学、爱国的精神局限,接受了马克思主义。历史潮流不可阻挡。以马克思主义为指导、代表工人阶级这一新生先进阶级的中国共产党应运而生,担负起领导中国革命、建设和改革,建设社会主义强国的伟大使命,中国的面貌、中华民族的面貌、中国人民的精神面貌焕然一新。在中国革命、建设和改革的伟大历程中,在马克思主义中国化的过程中,马克思主义与中国实际相结合,与中国优秀传统思想精华相结合,是马克思主义中国化的特征之一。新民主主义革命时期马克思主义中国化最显著的成果,是毛泽东思想的形成。毛泽东思想是马克思主义中国化的第一个理论形态,是马克思主义与中国实际的第一次伟大结合,是中华现代思想的第一次伟大飞跃。

第五,中华人民共和国成立至今是中华思想的创新阶段。

1949 年中华人民共和国成立后,社会主义制度逐步建立和完善,社会主义道路的艰辛探索,推动毛泽东思想不断充实和丰富。党的十一届三中全会开启了社会主义改革开放新时期,创立和发展了以邓小平理论、"三个代表"重要思想和科学发展观为主要内容的中国特色社会主义理论体系。中国特色社会主义理论体系是马克思主义中国化的第二个理论形态,是马克思主义中国化的创新成

---

① 《毛泽东选集》第 4 卷,人民出版社 1991 年版,第 1471 页。

果，是马克思主义与中国实际的第二次伟大结合，是中华现代思想的第二次伟大飞跃。中国特色社会主义进入新时代，形成了习近平新时代中国特色社会主义思想。这一思想是中国特色社会主义理论体系的组成部分，是21世纪当代中国马克思主义的新的理论形态，是马克思主义与时代特征和中国实际的又一伟大结合，是中华现代思想的又一伟大飞跃。中华现代思想的伟大飞跃推进了中华思想的发展、创新和繁荣。

五 重在提炼中华思想一以贯之、一脉相承的思想精要

每个时代总有属于它自己的社会主题。每一时代统治阶级中的政治人物和思想家围绕所处时代面临的社会主题而提出的思想、观念和主张，构成社会的主流意识形态，构成思想史的主要线索。每一个时代的主流意识形态，居于支配地位的是政治思想。在考察和研究中华思想的"形成""发展""转型"和"创新"阶段时，重点考察和研究的是政治思想，同时考察哲学思想、宗教思想以及其他思想。除主流思想外，非主流思想，尤其是那些具有进步倾向的非主流思想，如唯物主义、辩证法、反神学反宗教和被统治阶级思想，也是思想史研究的重要内容之一。

第一，中华优秀传统政治思想主要是"大一统"国家政治观念及其意识形态。

"大一统"作为维护国家在政治和文化上高度统一的主流意识形态，起源和形成于奴隶社会以及向封建社会过渡的春秋战国时期，到了秦汉时期已发展成为官方的意识形态。建立和巩固"大一统"国家是秦始皇、汉武帝时期的基本国策。此后的两千多年中，尽管有时也出现过数个政权并立的局面，如南北朝时期和五代十国，但"大一统"国家观念及其意识形态则已深深根植于中华民族

的心灵之中。构建"大一统"国家、维护国家统一和民族团结不仅是中国传统社会的主流意识，也是历代政治人物和思想家的不懈追求。这是中华民族历经磨难而国脉始终不绝，中华文明从未中断的精神内因。当然，"大一统"国家观念及其意识形态也给中华民族的发展造成过消极的影响，这就是在"大一统"国家观念及意识形态的影响下，封建君主专制制度的建立和强化，束缚了人们的思想。如果说在封建社会的前期和中期，封建君主专制制度对于维护国家统一和社会稳定、兴修大型水利工程、促进和保护社会生产力发展等方面发挥过积极作用的话，那么，到封建社会晚期，封建君主专制制度的进一步强化，则成了束缚人们思想解放、阻碍社会发展进步的严重枷锁。与此相一致，鸦片战争爆发后半殖民地半封建社会时期的进步政治思想，是反思和批判封建君主专制制度，以及对西方资产阶级民主思想和制度的引进、学习和实践。五四运动后，在马克思主义和十月革命的影响下，走俄国人的路，引进、学习、实践马克思主义和科学社会主义的政治思想和制度，又成了以中国共产党人为代表的中国人民的选择。中华人民共和国成立后，建立了符合中国国情的社会主义制度，中华优秀传统思想的"大一统"国家观念及其意识形态的合理成分，必然成为当代中国马克思主义的重要传承。

第二，中华优秀传统价值观主要是自强不息的奋斗精神。

中华思想之所以绵延数千年而仍有其强大的生命力，中华民族之所以历经数度劫难而转危为安、浴火重生，并从1840年后遭受西方列强侵略的沉沦中走向复兴，这与中华思想一以贯之的优秀传统价值观是分不开的，这就是自强不息的奋斗精神。"自强不息"一词虽然最早出现于成书战国时期的《周易》，但其思想源头则可追溯到远古时期的神话和传说，这些神话和传说反映了中华先民与自然、与天神、与命运的顽强搏击和英勇抗争，表现出知难而进、坚韧不拔、自强不息之奋斗精神和精神基因。

春秋战国时期是中华思想的形成阶段，作为中华思想之优秀传统价值观念的"自强不息"之奋斗精神也形成于这一时期。形成于这一时期的中华传统思想元典中就包含有丰富的刚健有为、勇猛精进的思想。其他儒家经典同样提倡刚健自强、日新精进。秦汉以后，人们在诠释、解读中华传统思想元典过程中，不断传承、发挥和弘扬着"自强""弘毅""日新""健动"等思想，从而使自强不息的奋斗精神在中华思想发展过程中不断延续，一直激励着中华儿女奋发向上，敬业进取。

进入近代，外国资本主义列强的入侵，民族危机的日益加深，更进一步拓展了"自强不息"的含义，即从个人的自强，拓展到民族和国家的自强，以自强不息的奋斗精神来挽救民族危亡，成为半殖民地半封建社会中华民族的时代最强音。1840年鸦片战争失败后不久，面对以英国为首的西方资本主义列强的侵略，魏源提出了"师夷长技以制夷"的主张，他要人们相信，中国虽然在鸦片战争中失败，但只要"厉精淬志"，发愤图强，奋起直追，就一定会"风气日开，智慧日出，方见东海之民，犹西海之民"，赶上甚至"反甲西洋"。[①]

中国共产党自1921年成立之日起，就把实现共产主义作为党的最高理想和最终目标，义无反顾肩负起实现中华民族伟大复兴的历史使命，团结带领人民进行了艰苦卓绝的斗争，谱写了气吞山河的壮丽史诗。她之所以能由小变大、由弱变强，领导中国人民夺取反帝反封建的最后胜利、建立起中华人民共和国，也正是继承和发扬了自古以来中华民族自强不息的奋斗精神。正如毛泽东同志所说："我们中华民族有同自己的敌人血战到底的气概，有在自力更生的基础上光复旧物的决心，有自立于世界民族之林的能力。"[②] 这就是民主主义革命时期中国共产党人的自强不息之奋斗精神的

---

① 魏源:《海国图志》卷2，岳麓书社2011年版，第39页。
② 《毛泽东选集》第1卷，人民出版社1991年版，第161页。

写照。

中华人民共和国成立后，面临一穷二白的处境和外敌入侵的威胁，我们又在中国共产党领导下经过二十几年的艰苦奋斗，经过40年的改革开放，建成了经济总量居世界第二的社会主义国家，这同样是自强不息之奋斗精神的结果。与此同时，自强不息的奋斗精神，也得到了更进一步的弘扬与提升。党的十八大以来，习近平总书记在多个场合的讲话中引用儒学经典中的"天行健，君子以自强不息"，激励国人自强不息、创新创造。习近平总书记强调："中华文明源远流长，孕育了中华民族的宝贵精神品格，培育了中国人民的崇高价值追求。自强不息、厚德载物的思想，支撑着中华民族生生不息、薪火相传，今天依然是我们推进改革开放和社会主义现代化建设的强大精神力量。"[①] 党的十九大宣告中国特色社会主义进入新时代。进入新时代，要有新气象、新作为。要实现"两个一百年"奋斗目标和中华民族伟大复兴中国梦，必须继承和发扬自古以来中华民族自强不息之奋斗精神。

第三，中华优秀传统经济思想主要是在先的"重农""强国富民"和其后的"以农立国""以商富国""以工建国"等主张。

中华优秀传统经济思想源远流长。中华文明主要发源于黄河流域和长江流域，受地理环境和气候条件的影响，农业、农村、农民状况的好坏直接关系到国家的安危和社会的稳定。中国自古以来的经济思想就围绕"重本抑末"而展开，"以农为本""重本抑末"，发展农业，强国富民的"重农"思想自奴隶社会尤其是奴隶社会向封建社会过渡的春秋战国时期已经形成。早在殷周时期就出现了重视农业的观念，这在相关甲骨卜辞、青铜铭文等材料中都有体现。《国语·周语上》说："夫民之大事在农，上帝之粢盛于是乎出，民之蕃庶于是乎生，事之供给于是乎在，和协辑睦于是乎兴，财用

[①] 《习近平谈治国理政》，外文出版社2014年版，第158页。

蕃殖于是乎始,敦庬纯固于是乎成,是故稷为大官。""义利之辨"成为经济思想领域的主要争论,重利观成为"重农"观念的重要理论支撑。战国中后期,多数思想家都提到"重本"和"强国富民"的主张,其中以荀子较有代表性。他说:"强本而节用,则天不能贫;养备而动时,则天不能病;修道而不贰,则天不能祸。"(《荀子·天论》)他强调了加强农业生产的必要性,认为只有农业才是创造物质财富的唯一部门,"士大夫众则国贫,工商众则国贫,无制数度量则国贫。下贫则上贫,下富则上富。故田野县鄙者,财之本也;垣窌仓廪者,财之末也。"(《荀子·富国》)发展农业是商鞅变法的重要内容,商鞅说,"国之所以兴者,农战也"(《商君书·农战》),认为,"入使民尽力,则草不荒;出使民致死,则胜敌。胜敌而草不荒,富强之功可坐而致也"(《商君书·算地》),强调农业是衣食之本,发展农业生产是国家富强的途径。管仲认为,"国多财则远者来,地辟举则民留处","仓廪实则知礼节,衣食足则知荣辱"(《管子·牧民》),体现了重农的思想。孟子、韩非子及《吕氏春秋》都主张重农。韩非子提出"富国以农,距敌恃卒"(《韩非子·五蠹》),强调要"富国"必须使民众专力于农业。在两千多年的封建社会里,重农、强国、富民观点始终是占统治地位的传统经济思想。

南宋期间,随着江南商品经济和工商业阶层的发展,作为对重农思想的补充和修正,重商思想逐步彰显。南宋永嘉学派集大成者叶适,在坚持重本、坚持农本是"王业"基础的前提下,清醒认识到发展工商业对国家和社会的重要作用。他讲究"功利之学",以事功理论为支撑,主张"通商惠工,以国家之力扶持商贾、流通货币",[1] 反对传统的重本抑商,即重视农业、轻视工商业的政策。他将民富作为国富的基础,主张重民富民,通过推进工商业发展以富

---

[1] (宋)叶适:《习学记言序目》卷19《史记》,中华书局1977年版,第273页。

民。从南宋以来，叶适事功重商思想是商品经济在意识形态上的反映。明中叶以后，虽然随着新的经济因素的萌生，有些思想家和政治家对"重农"思想提出过批评或修正，但"以农为本""重农""强国""富民"始终是历代封建王朝所遵奉的基本国策，其在经济思想上的主导地位也从来没有发生过动摇。进到半殖民地半封建社会后的19世纪70—90年代，由于中国自给自足的自然经济在西方商品经济冲击下的解体与近代资本主义工商业经济的产生，加上受传入的西方近代经济思想的影响，中国传统的"重农"思想先后受到具有"重商主义"性质的"以商立国"思想和具有"重工主义"性质的"以工立国"思想的冲击，一些先进的中国人相继提出了"商战"和"实业救国"的主张。尽管如此，无论是重农主张还是重工、重商主张都没有离开"强国富民"这一目的。20世纪20年代初，受第一次世界大战后"西方文化没落"论和英国"重农学派"理论的影响，建立在对西方资本主义工业化及其结果之反思基础上的"以农立国"论被提了出来，然而这并不是传统"重农"思想的简单回归。"九一八"事变后的20世纪30年代，为了探索民族危机下中国经济的发展道路，思想界曾围绕中国应该"以农立国"还是"以工立国"展开过激烈讨论。通过思想论争，人们对于中国经济发展道路的认识上升到了一个新水平，形成发展农业与发展工业相辅相成、互为条件的认识，提出了"以农立国，以工建国"的具有中国特色的经济思想。

当然，真正理解中华优秀传统经济思想并吸收世界经济思想积极成果的当数中国共产党人。毛泽东同志在领导中国社会主义经济建设实践中，形成了一系列关于社会主义经济建设的思想，构成毛泽东思想的重要组成部分，如"以农业为基础，以工业为主导"，实现"四个现代化"和重视价值规律作用、发展社会主义商品经济实现强国富民的伟大目标等重要思想。改革开放以来，中国共产党人提出和发展了社会主义市场经济理论和中国特色社会主义政治经济学，成为中国特色社会主义理论体系的有机组成部分。

第四，中华优秀传统哲学思想主要是唯物主义和辩证法思想。

在与古希腊时期大体相当的中国春秋战国时期，道家、儒家、法家、墨家等哲学观点百家争鸣，开启了中国哲学的一个鼎盛时期，并为后来中国哲学的发展确立了基本的理论范式与风格。与"大一统"的国家观念及其意识形态一样，儒家哲学也成为中国封建社会的官方哲学。儒家哲学以唯心主义为主要内容，当然其中也不乏唯物主义和辩证法精粹。在中国古代，既产生了素朴的唯物主义和辩证法思想，也出现了早期的唯心主义和形而上学思维方式。随着封建社会的衰落，儒家哲学越发进入唯心主义和形而上学的死胡同。与唯心主义学派、形而上学思维方式相对应，中国哲学在其发展进程中形成了具有相当实力的唯物主义学派和丰富的辩证法思想，当然也包括儒学的唯物主义和辩证法因素，构成了中国古代哲学的精华。中华古代哲学思想始终贯穿着唯物主义与唯心主义、辩证法与形而上学的争辩，中华古代优秀哲学思想就是在论辩与争鸣的进程中发展起来的。

在中国殷周时期，已经产生了素朴的唯物主义思想。《周易》从自然界与人类社会复杂多变的事物、现象、属性中概括出阴与阳两种事物、现象和属性，以此作为天地万物的本原。《尚书·洪范》认为构成物质世界的是五种基本元素——"五行"。用"五行"这些当时人们在生产和生活中常见的具体物质形态作为世界万物的本源，在自然物质本身中寻求事物的根据，当作自然现象无限多样统一的基础，概括世界上复杂的事物，揭示自然万物的生成变化，表现出一种朴素、直观的唯物主义。素朴唯物主义是在与信奉上帝创世说和天命论的唯心主义的斗争中形成的。

春秋战国时期，正是中国封建制度代替奴隶制度的社会大变革时期，封建地主阶级与奴隶主阶级之间的斗争反映在哲学思想上，表现为唯物主义和唯心主义两条主线的斗争。以孔、孟为代表的儒家唯心主义，主张畏"天命"，维护唯心主义天命论，在认识论方面主张"生而知之"的唯心论先验论。以老、庄为代表的另一派唯心主义宣扬宿命论，主张人在自然面前无所作为，从另一角度宣扬唯心主义先验论。荀子和他的学生韩非代表了唯物主义，反对把"天"说成主宰一切的有意志的上帝的唯心主义，把天解释为物质的天，即自然界，认为"气"才是构成万物和人的最根本的物质。他们否认人们必须服从"天命"，提出"制天命而用之"的"戡天"思想，主张发挥人的能动性。在认识论上，反对唯心主义先验论，主张唯物论的反映论，提出知识和才能是后天学习得来的。墨子承认外部物质世界的实在性，主张唯物论的经验论，强调"耳目之实"的感性认识，把对外部事物的直接感觉看作认识的来源和根据，但他过分夸大了感性认识的作用。

为适应封建地主阶级巩固统治地位的需要，汉代董仲舒把谶纬迷信神学与哲学结合起来，建立了目的论的唯心主义哲学体系。他歪曲唯物主义"五行说"，把阴阳五行说成是天的恩德刑罚的表现，与封建社会的三纲五常伦理关系联系起来，认为五行的运转是有道德的，整个自然万物都是为了体现上帝的意志。东汉唯物主义哲学家王充针锋相对地反对董仲舒的目的论唯心主义，提出元气自然论理论。他认为，世界万物的发生、消灭都是由于元气的自然运动聚散的结果，并不是天有意识有目的地创造出来的。天没有意志、没有目的，事物产生都出于自然。他一方面继承了朴素唯物主义传统，另一方面又发展了朴素唯物主义，坚持无神论，把中国古代哲学唯物主义推向一个新的高度。

魏晋玄学主张"贵无论"，以抽象的"本体"代替了神学的"上帝"和目的论的"天人感应"，使中国古代唯心主义哲学更狡猾、更隐蔽、更思辨、更精巧。在他们看来，具体的万事万物都是某种看不见的精神性本体的体现。魏晋玄学的代表人物王弼把这个精神本体称为"无"或"本"（本体）。"无""本"是第一性的，而一切具体事物和现实世界是"无""本"的派生物，是第二性的。著名的唯物主义哲学家范缜提出"神灭论"，有力驳斥了"神不灭论"和佛教因果报应说，对形神关系做了唯物主义分析。范缜的唯物主义和无神论思想是这一时期唯物主义思想的代表。

宋明理学则把孔孟哲学和魏晋玄学以来的唯心主义发展到中国古代唯心主义哲学的顶峰。他们把"道""理""太极"等作为世界万物的本体，并与整个封建伦理道德密切联系起来，由它来囊括整个自然和社会，为封建社会的"四条绳索"（政权、族权、神权、夫权）提供了哲学依据。宋明理学分为两大派，一派是二程（程颐、程颢）、朱熹的客观唯心主义理学，另一派是陆九渊、王阳明的主观唯心主义心学。

王安石、张载、陈亮、叶适、王夫之、颜元、戴震等在与宋明理学的唯心主义哲学斗争的过程中，把中国古代唯物主义哲学向前推进了一大步。他们强调，物质的"气""器"是第一性的，是本源，而"道""理"只是第二性的，是派生的，坚决反对和驳斥以超越事物之上的"道""理"为本体的唯心主义本体论。他们针对唯心主义本体论提出的体用、心性等问题，做了针锋相对的解答，从而把自然观、认识论、方法论等哲学各个方面贯通起来，构成了中国古代比较完整的唯物主义哲学体系。应当指出的是，中国古代唯物主义虽然在自然观方面坚持了唯物论，但他们在社会历史领域仍然是唯心主义。

到了近代，由于中国国情所致，中国资产阶级具有严重的两面性，中国资本主义没有条件发展起来。中国近代资产阶级政治家、思想家倾向于机械唯物主义、庸俗进化论，唯物主义不彻底，而且缺少革命辩证法。

辩证法和唯物主义本来应该是一家，但在中国古代哲学史中却长期分离。往往辩证法与唯心主义结合在一起，一些唯心主义哲学家有着丰富的辩证法思想，而其辩证法思想又为唯心主义体系所闷死。有些唯物主义哲学家兼有辩证法的思想，而有些较为坚决的唯物主义哲学家却又往往陷入形而上学的泥坑。

辩证法思想是中国优秀传统哲学的精华。《易经》《洪范》就包含素朴的辩证法思想，认为阴、阳两种势力的变化矛盾是推动世界万事万物变化发展的推动力，提出阴阳对立谋和的思想。春秋战国诸子百家的思想也包含大量的辩证法思想。老庄的道家、孔孟的儒家，还有墨家、兵家、辩家、阴阳家都包含富有价值的辩证法思想。《道德经》《孙子兵法》是辩证法的上乘之作。汉初的《黄帝内经》、唐朝李筌的兵书，含有较为丰富的辩证法思想。中国古代佛教思想也包含大量的辩证法思想。宋明理学仍内含一定的辩证法思想。王安石、张载到王夫之等则在唯物主义立场上把中国古代素朴辩证法思想提高到一个新的水平。"穷则变、变则通、通则久"的变易思想，贯穿在中国古代哲学的辩证法思想中。当然，在中国封建社会辩证法思想发展进程中，也长期存在与辩证法思想对立的"天不变，道亦不变"的形而上学观。

真正继承发展中华优秀传统哲学思想的是中国共产党人。中国共产党人把马克思主义哲学与当代中国实际、中华优秀传统哲学思想相结合，形成了中国化的马克思主义哲学，产生了毛泽东哲学思想、邓小平哲学思想、习近平关于中国化马克思主义哲学重要论述等重要思想成果，把马克思主义哲学与中国优秀传统哲学的结合不断推向前进。

中华优秀传统思想一以贯之、一脉相承的精神基因极其丰富，如厚德载物、安贫乐道的人生修养，民为邦本、强国富民的政治信念，天下兴亡、匹夫有责的爱国责任，海纳百川、兼收并蓄的博大胸怀，道法自然、天人合一的自然生态观，知行合一、躬行实践的实践观点，协和万邦、和而不同的大同理想，苟日新、日日新、又日新的创新精神，仁爱、诚信、正义、忠孝的伦理道德，清正廉洁、勤勉为公的从政理念，以法治国、德法相辅的治国理念，天下为公、公而忘私的远大志向，等等。

六 外来宗教必须走中国化的道路，宗教要与主流社会相适应是中华宗教思想的要义

自古以来，中国就没有形成一个全国性的一统天下的宗教。因为中华传统思想自萌生那天起，便重人文而轻鬼神。这是中华传统思想不同于世界其他一些民族思想的最显著特点之一。标志着中华传统思想形成的诸子百家及其学说，无论是儒家，还是道家，抑或法家、墨家、名家、农家、阴阳家以及其他各家，都是思想或学术而非宗教，当然也不可否认墨家还是有某些宗教因素。

中国的本土宗教是道教，道教产生于东汉时期，道教产生后虽然尊老子为教主，但老子是春秋战国时期道家的创始人，其学说与宗教风马牛不相及，道学与道教不是一码事。

佛教是西汉末年从印度传入中国的，是外来宗教。在魏晋时期，无论是佛教，还是道教，其影响都非常有限。佛教和道教的大规模传播，与魏晋之后南北朝时期的社会战乱有着非常密切的直接联系。社会战乱使人们无法把握自己的生死和命运，只好求助于菩萨或神仙的保佑，希望在佛教或道教那里获得安身立命之所。加之信仰佛教成为僧人，可逃避兵役和徭役，佛家田产亦可逃税，这更增强了佛教对人们的吸引力，佛教因而得到迅速发展。但佛教作为外来宗教，它与中国本土思想、宗教和文化不可避免地存在矛盾甚至冲突，更何况佛教的发展还严重影响封建王朝的兵役、徭役和税收，影响社会的安定，所以南北朝时期曾发生过两次大规模的由封建王朝所发动的灭佛运动，一些进步的思想家也对佛教的教义进行过批判。

到了唐代，无论佛教，还是道教，都有了进一步发展，形成道教、佛教和儒学三者并立的局面。佛教经过与中国本土思想、文化和宗教的长期冲突与融合，开始中国化，最终成为中国化的宗教，这便是禅宗的出现。佛教和道教的发展，尤其是佛教的中

国化，对儒学构成了严重的挑战。在道教发展和佛教中国化的同时，反佛教、反神学的思想也在兴起和发展，一些思想家从维护儒学之正统性的立场出发，批判佛教及其学说。经过五代十国的动乱，进入宋代后，道教尤其是佛教对儒学的挑战更加严重。佛教提出的有关宇宙和人生的许多命题，都是儒学不曾论及或论及不多的问题，如果对这些问题不能给予回答，要维护儒家学说的正统地位，并使儒学在与佛教、道教的竞争中得到发展是根本不可能的。加上受佛教之中国化经验的启迪，一些思想家开始援佛、道入儒，引用道教尤其是佛教的心性学说、理事论等有关宇宙和人生的看法，对儒学做出新的阐发，这是产生宋明理学的一个重要内因。程朱一派建立起以理为本体的形而上学的理论体系，汲取了华严宗理事论某些理念；陆王一派注意吸收了禅宗心性学说，建立了以心为本体的形而上学的理论体系。从南北朝时期大规模的灭佛运动，到唐代的儒佛道"三足并立"，再到宋明时期的儒佛道"三者合流"，儒学、佛教和道教终于从激烈冲突走向了融合发展。外来的佛教虽然丰富了中华传统思想，但外来宗教不实现中国化必将被中华文明淘汰，它不仅没有从根本上改变儒家作为中华主体思想的基本内容和价值取向，相反还被中华传统思想逐渐同化，走上外来宗教中国化的道路，成为中华传统思想的重要组成。儒学、佛教和道教从冲突走向融合的历史说明，中华思想具有很强的包容性和开放性，这也是中华思想之所以生生不息、绵延数千年依然有其强大生命力的重要原因。

进入半殖民地半封建社会后，宗教方面的一个重要变化是，儒学、佛教和道教的融合进一步扩展到学术领域，晚清民国的不少思想家和学者都是儒、佛、道兼通，尤其儒、佛兼通，既是著名的儒学学者，也是著名的佛学学者，儒学和佛教成了他们从事学术研究、阐发自己学术思想的重要来源。特别是佛教进一步学术化，这是晚清民国佛教发展的一个重要取向。与佛教学术化的取向相反，儒学则发生了宗教化的取向。戊戌变法期间，康有为有感于西方有国教而强、中国无国教而弱的原因，主张改儒学为国教，立孔子为教主，他自己则当中国的"马丁·路德"。面对帝国主义掀起的瓜分中国的狂潮，他提出了保国、保种、保教的主张。康有为所提出的保国，即保以爱新觉罗氏为皇族的大清国；保种，即保以汉族为主体的中华民族；保教，即保以孔子为教主的孔教。民国初年，他又发起了一场颇具声势的孔教运动，要求将孔教纳入宪法，立为国教，结果遭到以陈独秀为代表的进步思想家的反对。这也是五四新文化运动兴起的一个重要原因。

宗教方面的另一个重要变化，是西方基督教或天主教的大量传入和影响。早在1840年鸦片战争之前，一些西方传教士就来到中国，从事传教活动，但那时的传教是非法的，规模也不大。鸦片战争后，特别是第二次鸦片战争后，西方列强用大炮轰开了中国大门，并通过1860年签订的《北京条约》取得了在中国传教的合法性。于是，传教士们纷纷来到中国，他们受所在国教会的派遣，深入中国的城市村镇和民族边疆地区，传播上帝"福音"。一方面，由于传教士在传播所谓上帝"福音"的同时，又创办了不少教会学校和报刊，翻译和出版了一些西学书籍，从而将西方先进的科学文化知识和教育理念传入中国，在客观上促进了中国近代科学教育事业的产生和发展，促进了人们思想和文化观念的变革；另一方面，传教士所传播的上帝"福音"不仅与中国传统的思想和文化格格不入，而且不少传教士是一身二任，既是传播上帝"福音"的传教士，又是西方列强侵略中国的急先锋，他们为西方列强侵略中国绘制地图，搜集情报，制造舆论，有的还与当地土豪恶棍相勾结，强占民产，武断乡曲，干预诉讼，甚至左右地方官吏的升迁，这就不可避免地激起了以儒学为价值依归的广大士绅和下层民众的反对。自西方传教士大规模进入中国那天起，反"洋教"运动的"教案"就不断发生，规模最大、影响最大的是发生在19世纪末20世纪初的义和团运动。义和团运动本质上是一场以反"洋教"为旗帜的反帝爱国运动,但在运动中又表现出了较为浓厚的愚昧落后和盲目排外的倾向。既爱国又愚昧和排外,这可以说是中国近代反"洋教"运动的一个显著特点。

进入20世纪20年代,随着新民主主义革命运动的兴起,在中国共产党的领导下,中国人民在废除不平等条约的斗争中,又掀起了反对帝国主义利用宗教进行文化侵略的非基督教运动和收回教会教育权运动,沉重打击了帝国主义在华的侵略势力。

中国宗教包括中国化的外来宗教,除了包容性、开放性的特点外,还兼具守法爱国、利乐众生等优点。例如,周恩来在抗战时期给佛教人士的题词中写道:"上马杀敌、下马学佛",赞扬了中国佛教人士的爱国壮举。这也是中国宗教能融入中华思想文明大潮中的重要原因。

中华人民共和国成立,社会主义制度确立,党和国家一方面在群众中加强无神论教育和宗教管理;另一方面主张宗教自由,引导外来宗教走中国化的道路,引导宗教与社会主义相适应,提倡宗教爱国守法、自主自立办教,依法取缔异教异端,推动了佛教、道教、伊斯兰教、基督教、天主教等宗教的健康发展。

创建中华思想史当代中国马克思主义学派,是中华思想史研究的一项重要任务。当然,创建中华思想史当代中国马克思主义学派不可能一蹴而就。"博学切问,所以广知。高行微言,所以修身。"[①] 中华思想史当代中国马克思主义学派需要更多兼具史学家和思想家气质的学者,需要更多将思想与时代、历史与现实勾连、对接起来的思想史家,需要更多站在思想和时代的制高点上,对当代中国和世界的发展做出更多哲学思考,并为国家和民族的未来提供科学的战略决策建议的真正的马克思主义思想史学家。

---

① 黄石公:《素书·求人之志》,《丛书集成初编》第940册,第5页。

传承中华文脉　构筑传承体系[*]

在承受疫情之困的当下，在全面建成小康社会的决胜之年，举办第四届中华藏书文化论坛，有现实意义，有文化价值。

藏书文化的兴衰与否，维系着中华民族文脉传承的历史命运。 和莎士比亚同时代的英国思想家史美尔斯说："书籍把我们引入最美好的社会，使我们认识各个时代的伟大智者。"藏书文化对于任何一个具有深厚文化传统的民族都意义重大。中国的藏书文化源远流长，从公家到私人，从机构到个体，藏书文化的历史过程艰难而顽强，中华文明之所以能具有五千年绵延不绝的韧性，和藏书文化有着直接关系。正如习近平总书记所说："中华民族精神，既体现在中国人民的奋斗历程和奋斗业绩中，体现在中国人民的精神生活和精神世界中，也反映在几千年来中华民族产生的一切优秀作品中。"[①]

经典藏书中的中华文化积淀着中华民族最深沉的精神追求，是中华民族生生不息、发展壮大的丰厚滋养，是中华民族的突出优势，是中华民族最深厚的文化软实力。举办藏书文化论坛就要讲清楚中国特色社会主义植根于中华文化沃土，反映中国人民意愿、适应中国和时代发展进步要求，有着深厚历史渊源、广泛现实基础和

---

[*] 该文系作者 2020 年 9 月 7 日在中国藏书文化论坛上的致辞。
[①] 习近平：《在中国文联十大、中国作协九大开幕式上的讲话》，人民出版社 2016 年版，第 6—7 页。

优秀传统文化滋养。

藏书文化的建设体现了中国特色社会主义文化建设的兴旺发达。文化是民族的血脉、人民的精神家园。习近平总书记多次强调指出，"一个民族、一个国家的核心价值观必须同这个民族、这个国家的历史文化相契合，同这个民族、这个国家的人民正在进行的奋斗相结合，同这个民族、这个国家需要解决的时代问题相适应。"[①] "优秀传统文化是一个国家、一个民族传承和发展的根本，如果丢掉了，就割断了精神命脉。"[②] 中国的优秀传统文化一方面通过动态的文化传承，活在世代相因的言行之中；另一方面，甚至更多的方面，都以文字的形式，记录在浩如烟海的书籍中，其中被称为文化经典的书籍，正是优秀传统文化的主要载体。

党的十八大以来，以习近平同志为核心的党中央高度重视文化建设，围绕加快建设社会主义文化强国、提高国家文化软实力，提出了一系列新思想新论断，做出具有深远影响的战略部署。藏书文化建设是中国特色社会主义文化建设的重要组成部分，举办藏书文化论坛正是为推动藏书文化建设营造良好的舆论氛围，以期能够激发全民族文化创造活力，更好地构筑中国精神、中国价值、中国力量。

藏书文化的宣传为国家治理体系和治理能力现代化提供深厚的文化支撑。文化兴国运兴，文化强民族强。发挥文化特别是核心价值观的引领作用，建设具有影响力、凝聚力的主流意识形态，始终是国家治理体系和治理能力现代化的重要课题。文化和国家治理有非常紧密的关系，文化是国家和民族的魂，也是国家治理的魂，在国家治理当中发挥着不可替代的重要作用。"发展社会主义先进文

[①] 习近平：《青年要自觉践行社会主义核心价值观——在北京大学师生座谈会上的讲话》，人民出版社2014年版，第8页。

[②] 习近平：《在纪念孔子诞辰2565周年国际学术研讨会暨国际儒学联合会第五届会员大会开幕会上的讲话》，人民出版社2014年版，第11页。

化、广泛凝聚人民精神力量，是国家治理体系和治理能力现代化的深厚支撑。"[①] 党的十九届四中全会决定对文化与国家治理之间的关系进行了具体的阐释。坚持和完善繁荣发展社会主义先进文化，巩固全体人民团结奋斗的共同思想基础，是中华民族实现"两个一百年"奋斗目标进而实现伟大复兴的重要保证。

以文化建设促进国家治理体系和治理能力现代化，不能只挂在口头上，而要落实到行动上。举办藏书文化论坛，就是希望以实际行动推广宣传藏书文化，以文化自信提升治理效能，把精神力量淬炼成治理能力，进而持续推进国家治理体系和治理能力现代化。

当前，在党和国家的号召下，在社会有识之士的共同努力下，多读书，读好书，正在成为普遍的社会共识。多藏书，藏好书，也正在成为多读书，读好书，传承优秀传统文化，弘扬优秀传统文化的支撑。今天，来自不同领域的嘉宾、具有代表性的专家学者，围绕藏书文化，经典传承，济济一堂，展开深入探讨和交流，对于引导人们藏经典，读经典，对于推动全民阅读的健康发展，倡导更高品质的书香生活，无疑具有重要的启示意义和典型的示范作用。"中华藏书文化论坛"以"传承中华文脉，构建传承体系"为宗旨，久久为功，持续深耕，体现出强烈的历史责任感和热诚的文化担当。

习近平总书记指出："文化自信，是更基础、更广泛、更深厚的自信"，是更基本、更深沉、更持久的力量。中华民族已经不可阻挡地日益走近世界舞台的中心，随着中国在国际社会地位的提升，中国文化也日益走向世界。在这样伟大的历史进程中，14亿中国人民只有吸吮着中华民族漫长奋斗积累的文化养分，才能形成全面聚合的磅礴伟力，才能坚强地矗立于世界民族之林。社会主义文化建设是一个需要几代人甚至十几代人不断努力、不断积淀，持之

[①] 《中国共产党第十九届中央委员会第四次全体会议公报》，人民出版社2019年版，第12页。

以恒，不懈努力的漫长历史征程，这正是中华民族文化复兴的伟大征程，是实现中华民族伟大复兴中国梦的题中之义。让我们携起手来，共同为之奋斗吧！

让中国特色社会主义文化在当代世界文化百花园里吐蕊争芳[*]
——访全国政协常务委员、民族和宗教委员会主任王伟光教授

习近平总书记说:"任何一个国家、一个民族都是在承先启后、继往开来中走到今天的,世界是在人类各种文明交流交融中成为今天这个样子的。推进人类各种文明交流交融、互学互鉴,是让世界变得更加美丽、各国人民生活得更加美好的必由之路。"今天,中国特色社会主义进入新时代,建设社会主义文化强国是全面建设社会主义现代化强国的题中之义。为了实现这一目标,正确对待不同国家和民族的文明,正确对待传统文化和现实文化,是我们必须把握好的一个重大课题。围绕这一主题,记者就学术界关心的一些问题,采访了全国政协常务委员、民族和宗教委员会主任王伟光教授。

记者郝书翠: 今天的中国已成长为世界瞩目的一个关键大国,在全人类探讨文化事业的进步发展、探讨不同文明之间的合作、探讨文化发展上面临的挑战、探讨文化的进步性与多样性问题上,中国的文化选择自然也备受瞩目。您能谈谈中国的文化价值立场吗?

王伟光: 这个问题具有特别重大的时代价值与理论价值。中国

---

[*] 原载《马克思主义文化研究》第1期,社会科学文献出版社2018年版。

的文化价值观有着十分鲜明的特点，其中一个重要的特点就是坚持和谐共处理念，推进和谐发展方式。

我们知道，没有文化支撑的发展，只能是一种没有灵魂的经济增长。中国近四十年经济高速发展，追求人与自然、人与社会、人与人之间和谐共处的理念是其重要文化支撑。"天人合一"与"和而不同"是中华文明的重要价值理念。"天人合一"阐释了人与自然的和谐关系，包含着生态文明思想；"和而不同"阐释了人与社会、人与人之间，人类不同文明之间的多元互补关系，反映出多元一体、多元共生的文化发展规律。矛盾运动是人类社会发展的基本动力，这是辩证法的基本原理。和谐共处理念引导人们注重在认识矛盾、解决矛盾的过程中，促进人与人、人与社会、人与自然的和谐发展；引导人们在妥善处理各种矛盾中促进社会的不断进步，不断消除社会不和谐因素。在中国，由于发展的不同步性和不平衡性使得城乡之间、区域之间、人与人之间存在较大的社会差距，发展不平衡的矛盾突出，缩小差距，促进社会和谐发展是我们面临的紧迫任务。和谐的发展方式在处理人与自然的关系上，强调人与自然和谐发展，走一条生态与经济"双赢"的道路；在处理人与人的关系上，强调共同发展，提倡宽容协作、平等竞争、共同富裕；在处理城乡、区域之间发展的不平衡问题上，强调协调发展、统筹兼顾。以和谐共处为价值取向，尊重差异、承认矛盾、化解矛盾，着眼于发展，对于差异和矛盾，用统筹协调的办法去认识、去对待、去处理，最大限度地推进和谐发展，最大限度地减少不和谐因素。这种和谐的发展方式是要调动一切积极的因素，凝聚全国人民的力量，形成合力，共同为人的全面发展、社会的全面协调进步而努力。

记者郝书翠： 中华优秀传统文化坚持"和而不同"，这一理念对于多元文化的并存发展有何启示呢？

王伟光： "和而不同"的理念就是要坚持多元文化的互补共荣，

抵制文化霸权主义，坚持文化生态平衡，建立国际文化新秩序。

当今世界，东西方之间、南北半球之间存在经济、科技发展的不平衡和文明的差异，表现为强势的西方发达国家和西方文明与弱势的发展中国家和文明的冲突。经济上的支配性力量衍生出文化强势。经济全球化在某种程度上是以美国等西方发达国家资本为主导的，他们为全球化进程制定规则和秩序，向发展中国家施加影响和压力，使其接受有利于西方资本的国际经济政治秩序。特别是美国强势文化利用其资本、科技和市场优势对其他弱势文化进行渗透，提出"以美国价值观为价值观"的一系列文化"新干涉主义"理论。通过向其他国家尤其是发展中国家输出美国的"普世价值"观念和生活方式，占领对方的文化市场和信息空间，使美国文化成为世界的"主流文化"。美国的文化扩张不仅引起许多发展中国家的忧虑，也遭到一些发达国家的抵制，他们把美国的文化扩张行为称为"文化霸权主义""文化帝国主义""文化殖民主义"。这些国家以"文化例外"的主张，来抵制美国在"贸易自由"名义下的文化扩张和渗透。文化交流是文化得以进步和发展的动力。在人类文明的历史进程中，各民族文化、各区域文化是在相互学习、相互借鉴、相互交融中得到发展和提高的。中西方的文化交流由来已久，特别是中国进入近现代社会以来，这种交流日渐频繁。中国决不做民族的自大狂，中国超越了狭隘的民族主义视域，自觉到人类要在一个多元化的世界中共处，标志着在确保民族文化主体地位的同时，已经将视野放宽到全人类，从人类命运共同体出发来思考不同文明之间的借鉴发展。顺应全球化的国际潮流，追求一种与全球化相适应的新的文化观念与思维方式，既保留民族意识，又大胆承认人类不同文化之间的某些共同性，与之沟通对话而非对立，扩大中国文化的国际影响力。中国坚持在求同存异的基础上，展现中华文化的独特魅力。超级大国以文化为"软实力"，将它的价值观进行"普世性"的包装在全球传播，而理论家们又为这种霸权的合理性做论证。"文明冲突论"为人类未来勾勒了一幅充满冲突、争斗以至战争的动荡不安的图景。其潜在逻辑是，世界文化和文明多样性所需要的和平共存的土壤毫不存在，弱势文化和文明只能是接受被淘汰的命运。"历史终结论"说得更为直接：世界文化和文明的多样性是一个完全不需要讨论的问题，单边主义的文化和文明已经一统天下，历史到此终结。"民主和平论"则是在维持世界和平的旗号下，将西方民主国家与所谓非民主国家对立起来。这些思潮都为美国对社会主义国家和其他非西方国家推行文化遏制政策提供了理论依据。对此，我们应该有充分的认识以及恰当的应对。

当今世界性的重大文化转折是：国际间的军事与经济技术竞争同时伴随着文化竞争，或者说那种可见的国家"硬实力"竞争，正逐渐被文化"软实力"的竞争所渗入。世界文化应该是包容众多特殊性的、具有丰富多样性的、允许多元发展的文化生态平衡态势。而全球化背景下，文化霸权威胁和破坏着世界文化生态平衡，世界文化以强势文化对弱势文化的挤压和吞噬为特征，这是一种不合理的国际文化秩序。因此，必须建立国际文化新秩序，改变以冷战为主题而形成的世界文化秩序，在新的国际文化关系格局的巨大变动中实现重建，才能确保各民族国家的文化发展与文化安全。

当然，全球化不只给各国带来挑战，也带来机遇。关键在于能否抓住有利时机变被动为主动，积极进取地参与国际竞争，在认清世界潮流的前提下主动融入现代文明主流。中国从20世纪90年代以来，紧紧抓住全球化时机，在经济和社会发展上取得了举世瞩目的成就。中国的文化"走出去"战略，就是要让具有"中国特色、中国风格、中国气派"的文化品牌，走向世界，展现当代中国的最新思想和中国文化的最新发展。面对各国的普通大众，展示一个真实直观的中国形象。中国文化在国际舞台上不能仅限在汉语教学，也不应把视野仅限在歌唱家、演奏家、艺术家，而是要把中华文明的精髓充分地反映出来。文化价值观的"走出去"，更具有长远的文化影响力。

记者郝书翠：请您谈谈中国在反制文化霸权主义做了哪些工作？

王伟光： 21世纪是一个多元文化并存共荣的时代，中国不赞成"文明冲突"论和"历史终结"论，主张尊重和维护世界文化和文明的多样性。中国的文化价值观所具有的战略意义在于，不采取以冲突应对冲突，而是进入人类命运共同体的思想层面，尊重人类文化的多样性，推动不同文化之间的取长补短和创新发展，贯穿着一种具有当代世界眼光的创新的思维方式，为人类思考和解决不同文化之间的冲突和对立，提供了新的思路和新的愿景。中国力主促进世界各国间的文化交流和文明融合，弱化国际关系中文明与文化的对立，使得人们对不同的文明和文化有更深入、客观的了解，从而减少对抗的盲目性，增进宽容的自觉性。中华文化正以积极的态度寻求文明对话，促进文明之间的相互理解与宽容，这是适应全球化趋势、打破保守和自我封闭，走向世界的正确途径。中国政府及民间组织积极创造条件共同推动对外文化交流，通过与多个国家协议举办互惠的"文化节""文化周""文化季""文化年"等活动，展现了中国文化的丰富内涵和独特魅力，比如，中俄文化艺术交流、中欧文化高峰论坛、中美文化交流、中非文化交流、中国和阿拉伯国家的文化交流合作，均取得了良好的效果，增加了与周边国家的相互信任，增加了与西方发达国家之间的相互了解，巩固了与发展中国家的传统友谊，为中国文化走向国际文化市场打开了新局面。

如何抓住全球化机遇，把握好国际贸易规则和市场机制，利用政府宏观调控的高效率的竞争优势合理地配置国家资源，扬长避短地积极参与国际文化竞争与发展，同时又要确保国家文化安全，这是包括社会主义国家在内的广大发展中国家当前面临的一个重大课题，这无疑将决定着国际文化未来的基本战略格局。中华民族历来爱好和平。中华五千年文明永远启示我们同世界各国人民友好相处，相互尊重、和平发展、共同繁荣。在当前复杂多变的国际关系中，中国人民将牢固树立人类命运共同体意识，努力为人类的可持续发展做出应有的贡献。

记者郝书翠： 是不是可以说，和而不同的理念与反制文化霸权是一致的，我们在不同文化上的立场就是要坚持文化的先进性，推进文化的先进性与多样化的统一？我们如何才能做到这一点呢？

王伟光： 是的。坚持文化的先进性，推进文化的先进性与多样化的统一是我们在多元文化背景下建设好中国特色社会主义文化的必然选择。要做到这一点，需要把握以下几个方面。

首先，多元性中存在一元的共同性。世界文化虽然存在多样性和差异性，但又具有共同性的一面，世界文明秩序在一定程度上也依赖文明的共识来维系。按照马克思的观点，在全球化进程中，正在出现一种新的世界性文明。其次，多元文化不仅有冲突而且有融合。经济全球化、政治多极化、文化多样化构成当今时代的基本特征。一方面，经济全球化的呼声越来越高；另一方面，文化多样性的呼声也越来越高。全球化使某些强势文化遍及全世界，大有将其他文化"同化"和"吞并"之势，似乎全球化与文化的多元发展很难两全。但是，当今世界文化并未因世界经济和科技的一体化而"趋同"，反而是向着多元的方向发展。一方面是趋同，另一方面是多元，两者同时并存。多元文化之间的冲突、碰撞、博弈，是一个客观现象。有冲突，就有融合，再冲突，就会再融合。有些人深感文化多元发展遇到的种种冲突、对立和挫折，对前景充满悲观，唯恐自身民族文化有被"融合"掉的危险，于是奋起突出本民族文化，这对于保护和发展世界文化多样性无疑具有重要意义。遗憾的是在这一潮流中，封闭、倒退的文化孤立主义、文化保守主义也随机而生。如此必将导致对外采取文化上的隔绝和孤立政策，对内压制本土文化内部求新、求变的积极因素，文化将失去活力而停滞。

另外，必须警惕某种依仗自己的经济政治文化优势，处处强加于人，企图以自己的意识形态一统天下的文化霸权主义存在的威胁。我们承认世界文明的多元发展，并不是要走向文化相对主义，在"存异"的同时还要"求同"，坚持文化上的先进性标准。文化多样性并不意味着隔膜甚至冲突。在维护文化多样性的基础上，寻求文化多样性中的统一性，寻求多样性中存在的共同性，加强不同文明之间的交流对话，积极应对全球化带来的挑战，是中国文化所具有的品质。再次，文化多样化不是失去方向的"自由化"。提倡文化多样化是坚持先进文化前进方向原则下的多样化，是坚持正确的思想导向和价值观引导前提下的多样化。文化模式的核心是价值取向问题。世界上不同价值观虽各具特色，但有先进落后之分。坚持什么样的文化方向，推动建设什么样的文化，是一个国家、一个民族、一个政党在思想上精神上的一面旗帜。在中国，社会主义先进文化的本质要求，是建立社会主义核心价值体系，坚持马克思主义在文化建设上的指导地位，巩固全党全国人民共同的思想基础，如果动摇了这些根本，就会导致思想混乱和社会动荡，也就谈不上文化的发展。同时，必须尊重文化发展自身的规律，将先进性与多样性、民族性与开放性统一起来，达到弘扬主旋律与提倡多样化的统一。

记者郝书翠：那么，在坚持文化的先进性方面，我们应该坚持什么样的原则呢？

王伟光：在中国，社会主义先进文化的本质要求，就是要坚持马克思主义在文化建设上的指导地位。

马克思主义文化基本原理是中国特色社会主义文化理论的基石。从性质上说，中国特色社会主义文化是社会主义的文化。之所以说它是社会主义文化，原因就在于它坚持以马克思主义为指导，以马克思主义文化基本原理作为其理论基石。中国特色社会主义文化坚持以马克思主义为指导，是近代以来我国发展历程赋予的规定性和必然性。在我国，不坚持以马克思主义为指导，中国特色社会主义文化就会失去灵魂、迷失方向，最终也不能发挥应有作用。中国特色社会主义文化理论以马克思主义文化基本原理作为其理论基石并不断创新，主要表现在它坚持和发展了以下一些马克思主义文化基本原理。

第一，坚持和发展马克思主义关于文化地位和作用的原理。马克思主义将文化与经济、政治的关系纳入唯物史观的社会有机体理论中进行考察，认为作为意识形态上层建筑的文化的发展虽然以经济发展为基础，但文化并不是消极的被动的，具有对社会经济发展的反作用，并具有自己相对独立的发展过程和内在规律。中国特色社会主义文化理论也反复强调，文化建设一方面必须与经济发展相适应，必须反映我国社会主义经济和政治的基本特征；另一方面，文化建设又对经济社会发展和民族生命力、创造力和凝聚力起巨大促进作用和重要支撑作用，必须把文化建设放在与经济建设、政治建设、社会建设、生态建设同等重要的位置，必须将文化视作凝聚和激励全国各族人民的重要力量，视作综合国力的重要标志，等等。

第二，坚持和发展马克思主义关于文化发展目标任务的原理。马克思主义认为，文化是人的有目的活动——劳动实践的产物，是人的全面自由发展的精神要素，它在深层本质上是围绕人且指向人的，文化发展的正确目标应该是促进人的全面而自由的发展。中国特色社会主义文化理论也坚持马克思主义"以人民为中心"的文化发展观，强调发挥人民在文化建设中的主体作用和坚持马克思主义的文化服务人民大众的基本价值取向，强调坚持文化发展为了人民、文化发展依靠人民、文化发展成果由人民共享，促进人的全面发展，建设强大的社会主义意识形态，培育有理想、有道德、有文化、有纪律的社会主义公民。

第三，坚持和发展马克思主义关于文化发展多样性的原理。马克思主义认为，不同的民族文化由于环境、风俗、语言、传统习惯等不同而具有差异性和特殊性，这使得由不同民族文化构成的世界文化的发展呈现出多样性的特点。搞文化霸权主义，就是无视和否认世界文化发展的多样性特点。正如马克思指出的："你们赞美大自然令人赏心悦目的千姿百态和无穷无尽的丰富宝藏，你们并不要求玫瑰花散发出和紫罗兰一样的芳香，但你们为什么却要求世界上最丰富的东西——精神只能有一种存在形式呢？"世界文化发展的多样性也就决定了不同民族的文化必然相互影响、相互交流、相互融合。不同文化之间的相互交融，是人类文明发展的重要动力。

记者郝书翠：中国是一个社会主义国家，同时也是一个具有五千年历史的国家。中国共产党负有的新的历史使命，是中华民族的伟大复兴。习近平总书记在党的十九大报告中深刻阐明，"没有高度的文化自信，没有文化的繁荣兴盛，就没有中华民族伟大复兴"。在中国特色社会主义文化建设中，我们应该如何理解中华优秀传统文化的地位呢？

王伟光：这是一个十分重要的问题，对此，我们应该首先明确，中华优秀传统文化是中国特色社会主义文化理论之基。文化是民族生存和发展的重要力量。人类社会每一次跃进，人类文明每一次升华，无不伴随着文化的历史性进步。在几千年的历史流变中，中华民族从来不是一帆风顺的，遇到了无数艰难困苦，但我们都挺过来、走过来了，其中一个很重要的原因就是世世代代的中华儿女培育和发展了独具特色、博大精深的中华文化，为中华民族克服困难、生生不息提供了强大精神支撑。优秀传统文化是一个国家、一个民族传承和发展的"根"和"源"，如果丢掉了，就割断了精神命脉。历史和现实都表明，一个抛弃了或者背叛了自己历史文化的民族，不仅不可能发展起来，而且很可能上演一场历史悲剧。在五千多年文明发展中孕育的中华优秀传统文化，积淀着中华民族最深沉的精神追求，代表着中华民族独特的精神标识，是中华民族生生不息、发展壮大的丰厚滋养和永远不能离别的精神家园。事实证明，中华优秀传统文化对中华文明形成并延续发展几千年而从未中断，对形成和维护中国团结统一的政治局面，对形成和巩固中国多民族和合一体的大家庭，对形成和丰富中华民族精神，对激励中华儿女维护民族独立、反抗外来侵略，对推动中国社会发展进步、促进中国社会利益和社会关系平衡，都发挥了十分重要的作用。

中国共产党人不是历史虚无主义者，也不是文化虚无主义者，而是中华优秀传统文化的忠实传承者和弘扬者。这决定了中国特色社会主义文化理论以保持和发扬自己的民族文化特色，以忠实传承和弘扬中华优秀传统文化为根本，也决定了中华传统优秀思想文化资源是涵养中国特色社会主义文化理论的不竭泉源与深厚根基。实践也证明，只有扎根中华优秀传统文化，中国特色社会主义文化才能在世界文化激荡中站稳脚跟，才能汇聚中国人民胜利前行的强大精神力量。所谓扎根中华优秀传统文化，绝不是简单复古，也不是盲目排外，而是高度重视中华优秀传统文化永不褪色的价值，努力从优秀传统文化的丰富哲学思想、人文精神、教化思想、道德理念和规范中，获得认识和改造世界的有益启迪，获得治国理政和解决当代人类面临的难题的有益启示，获得道德建设的有益启发，同时使中国人民的理想和奋斗，中国人民的价值观和精神世界，始终深深植根于中华优秀传统文化沃土之中，并随着历史和时代前进而不断与日俱新、与时俱进。扎根中华优秀传统文化，必须处理好继承性和创造性发展的关系，推动中华优秀传统文化的创造性转化和创新性发展，加强对中华优秀传统文化的挖掘和阐发，努力使中华民族最基本的文化基因与当代文化相适应、与现代社会相协调，把跨越时空、超越国界、富有永恒魅力、具有当代价值的文化精神弘扬起来，激活其生命力，让中华文明同各国人民创造的多彩文明一道，为人类提供正确精神指引。

记者郝书翠：习近平总书记多次提到文明交流互鉴，您前面也提到这一点。能不能请您系统谈谈西方优秀思想文化资源在中国特色社会主义文化体系中的地位？

王伟光：西方优秀思想文化资源是中国特色社会主义文化理论的"他山之石"。文明因交流而多彩，文明因互鉴而丰富。世界各民族文化互鉴共进是人类文明的基本特征，也是人类文明发展的重要动力。中国特色社会主义文化虽然坚持忠实传承和弘扬中华优秀传统文化，但不是要把中国特色社会主义文化的发展搞成自我封闭式的发展，更不是要把传承和弘扬中华优秀传统文化搞成唯我独尊。相反，中国特色社会主义文化理论坚持认为，各国各民族都应该虚心学习、积极借鉴别国别民族思想文化的长处和精华，以便增强本国本民族思想文化自尊、自觉、自信、自立。鉴于此，中国特色社会主义文化理论坚决反对文化排外主义，主张尽量吸收进步的外国文化，包括西方优秀思想文化资源，尤其是西方文化中的科学理性精神、现代人文精神与人道主义、近代民主政治与法制思想、现代市场经济理论、西方现代理论、可持续发展的思想和战略等，以为发展中国特色社会主义文化的"他山之石"。

当然，我们要特别注意，中国特色社会主义文化理论把西方优秀思想文化资源视作"他山之石"，绝非意味着迷信西方文化，盲目搬用西方优秀思想文化资源，而是意味着从本国本民族实际出发，坚持取长补短、择善而从，坚持以我为主、为我所用，坚持兼收并蓄、博采众长，使西方优秀思想文化资源的精华，同我们党领导人民在长期革命和建设中形成的优良传统和革命精神有机地结合在一起，并在新的实践基础上不断创新，建设和发展中国特色社会主义文化。在拓展中国特色社会主义文化发展道路的新征程中，我们不仅要长期坚持经济上的对外开放方针，而且要长期坚持文化上的对外开放，要通过对外文化交流，大胆吸收和借鉴包括西方优秀文化的人类思想和文化发展中一切有价值的东西。只有在这种正确的文明学习借鉴中，中国特色社会主义文化才能不断丰富、完善和发展自身。这里，我们不妨引用列宁的一段名言："马克思主义这一革命无产阶级的思想体系赢得了世界历史性的意义，是因为它并没有抛弃资产阶级时代最宝贵的成就，相反的却吸收和改造了两千多年来人类思想和文化发展中一切有价值的东西。只有在这个基础上，按照这个方向……才能认为是发展真正的无产阶级文化。"

记者郝书翠：能不能这样理解：中国特色社会主义文化体系是马、中、西的融合？这一融合的价值旨归何在？

王伟光：这个问题非常好！中国特色社会主义文化理论，虽然以马克思主义文化基本原理为理论基石，但它不是简单套用马克思主义文化基本原理的模板；虽然它以中华传统优秀思想文化资源为来源基础，但它不是简单延续我国历史文化的母版；虽然它以西方优秀思想文化资源为"他山之石"，但它也不是西方优秀文化资源的翻版。中国特色社会主义文化理论，不是这个版那个版，那它究竟是什么？我们的答案很简单，中国特色社会主义文化理论就是以马克思主义为指导，以培育有理想、有道德、有文化、有纪律的公民为目标，发展面向现代化、面向世界、面向未来的，民族的科学的大众的社会主义文化理论。这种文化理论指导下的中国特色社会主义文化实践，既坚守本根又不断与时俱进，使中华民族保持了坚定的民族自信和强大的修复能力，培育了共同的情感和价值、共同的理想和精神。习近平总书记在第十三届全国人民代表大会第一次会议上的讲话中指出，中国人民是具有伟大创造精神的人民，中国人民是具有伟大奋斗精神的人民，中国人民是具有伟大团结精神的人民，中国人民是具有伟大梦想精神的人民。有这样伟大的人民，有这样伟大的民族，有这样的伟大民族精神，是我们的骄傲，是我们坚定中国特色社会主义道路自信、理论自信、制度自信、文化自信的底气，也是我们风雨无阻、高歌行进的根本力量！我们的中国特色社会主义文化就是要讴歌这样的人民，凝聚这样的力量，让全体中国人民和中华儿女在实现中华民族伟大复兴的历史进程中共享幸福和荣光！

记者郝书翠：大家都知道，习近平总书记高度重视文化建设，从您刚才的谈话中，我们也能清楚地感受到习近平总书记关于文化的重要论述的强大理论力量。能不能请您概括谈谈习近平总书记关于文化的重要论述？

王伟光：的确，党的十八大以来，中国特色社会主义文化建设呈现出崭新局面，思想文化建设取得重大进展。马克思主义在意识形态领域的指导地位更加鲜明，社会主义核心价值观和中华优秀传统文化广泛弘扬，文化体制改革进一步深化，文化事业文化产业持续健康发展，文艺创作日益繁荣，主旋律更加响亮，正能量更加强劲，文化自信得到彰显，人民群众精神文化生活更加丰富多彩，国家文化软实力和中华文化影响力大幅提升，全党全社会思想上的团结统一更加巩固。中国特色社会主义文化建设取得的这一系列巨大的新成就，使我们更有信心和能力开创全民族文化创造活力持续迸发、社会文化生活更加丰富多彩、人民基本文化权益得到更好保障、人民思想道德素质和科学文化素质全面提高、中华文化国际影响力不断增强的新局面。这个新局面，是伴随着习近平总书记关于文化的重要论述实践的过程而不断呈现出来的。

党的十八大以来，习近平总书记深刻把握世界文化多样化深入发展的大趋势和中国特色社会主义文化强国建设实践面临的新形势新要求，紧紧围绕坚持和发展中国特色社会主义，实现中华民族伟大复兴的中国梦，深刻阐述了坚定文化自信，增强文化自觉，奋力开创中国特色社会主义文化建设新局面的重大意义，深刻阐述了文化引领风尚、教育人民、服务社会、推动发展的重要作用，深刻阐述了不忘本来、吸收外来、面向未来，提高文化开放水平，广泛参与世界文明对话，增强国际话语权，展示中华文化独特魅力，增强国家文化软实力，促进文化繁荣发展的原则要求和具体路径，形成了内涵丰富、思想深刻、体系完整的文化思想。习近平总书记关于文化的重要论述是中国特色社会主义文化理论的最新成果，在文化的地位和作用，文化建设的内涵，文化改革发展的目标、要求、路径等各个方面，进一步丰富和发展了中国特色社会主义文化理论，是新时期我们推动文化改革发展、创造中华文化新辉煌的基本遵循。

记者郝书翠： 习近平总书记在国际上也经常谈论文化问题，这是不是也可以看作习近平总书记人类命运共同体思想的一部分？

王伟光： 这个理解非常准确！需要特别指出的是，习近平总书记高度重视维护世界文化文明的多样性，尊重各国各民族文明。为了世界文明之园的万紫千红、生机盎然，习近平总书记坚持每个国家、每个民族不分强弱、不分大小，其思想文化都应该得到承认和尊重，强调不同国家、民族的思想文化各有千秋，只有姹紫嫣红之别，而无高低优劣之分，主张文明因交流而多彩，文明因互鉴而丰富，反对不同文化、文明的相互隔膜、相互排斥、相互取代。中国特色社会主义文化理论坚持马克思主义文化发展多样性的原理，强调文化、文明虽存在差异，但没有优劣之分，人类文明可以多彩并存，可以在多样性当中和平共处；强调理性处理本国文明与其他文明的差异，"不要看到别人的文明与自己的文明有不同，就感到不顺眼，就要千方百计去改造、去同化，甚至企图以自己的文明取而代之"。习近平总书记关于文化的重要论述，既是我们维护世界文化、文明多样性贡献的中国智慧，也是我们为促进世界文化多样化发展和世界更加美丽、各国人民生活更加美好而提供的强劲正能量。

在党的十九大报告中，习近平总书记又一次指出，要"推动中华优秀传统文化创造性转化、创新性发展"，这句话为今后我国文化建设事业的发展指明了方向。要想让中国特色社会主义文化在当代世界文化百花园里吐蕊争芳，我们就要以更大的力度、更实的措施加快建设社会主义文化强国，培育和践行社会主义核心价值观，推动中华优秀传统文化创造性转化、创新性发展，让中华文明的影响力、凝聚力、感召力更加充分地展示出来。

四

立足中国社会形态发展规律，概括中华思想演变逻辑和核心基因

构建思想史研究的中国学派[*]

《中华思想通史》项目是中国社会科学院重头学术工程，目的是深入贯彻党的十八大以来中央有关精神和习近平总书记有关宣传思想工作系列重要讲话精神，全面落实中央对中国社会科学院的"三个定位"要求，深入实施哲学社会科学创新工程，推出真正能代表我们这个时代认识水平，深刻反映中国学术、中国精神和中国道路的标志性成果，通过对中华思想史的研究揭示中华民族一脉相承、一以贯之的先进文化和优秀思想的源与流，揭示支撑中华民族生生不息、奋发图强的精神基因和道德遵循，为中华民族的伟大复兴做出不负于历史和时代的思想文化贡献。

"中华思想史高峰论坛"以"中华思想史"冠名，是《中华思想通史》编委会着力打造的高端的前沿性品牌学术论坛，目的在于通过集体亮相，主动走向学术界，问计于学术界，推动中华思想史研究的繁荣与发展，打造思想史研究的中国学派。

一 历史和时代呼唤新的思想史研究

"欲知大道，必先为史。"中华民族有着五千多年自强不息、薪

---

[*] 该文系作者2015年10月24日在云南昆明《中华思想通史》编委会主办的"首届中华思想史高峰论坛"开幕式上的讲话。原载《中国社会科学报》2015年11月12日；《中华思想史研究集刊》第1集，中国社会科学出版社2016年版。

火相传的悠久历史,有着三千年治史、学史、用史的优良传统。我们党一贯重视学习历史,在领导革命、建设和改革的过程中,注重从历史中总结经验、汲取智慧,在自觉把握历史潮流中开辟事业成功之路。习近平总书记曾多次强调,历史是最好的教科书,是最好的老师,可以把历史智慧告诉人们,可以启迪后人。他说:"历史记述了前人积累的各种科学文化知识,记述了他们治理国家和社会的思想与智慧,记述了他们经历的成功和失败的经验与教训";"在中国的史籍书林之中,蕴涵着十分丰富的治国理政的历史经验。"[①]

思想源于对现实的深刻把握。回顾人类思想史,一切划时代的思想体系都在于它回应了时代最响亮、最迫切的问题。正如马克思所说,"问题是时代的格言,是表现时代自己内心状态的最实际的呼声"。[②]中华人民共和国成立以来,特别是改革开放以来,我国思想史研究领域异彩纷呈、硕果累累,但思想史研究在回应重大时代关切、形成具有鲜明中国特色的思想史学派方面,离国家和人民的要求还有不少距离;思想史研究领域的一些错误观点、错误思潮,特别是近年来以历史虚无主义,以及历史复古主义为代表的错误思潮,严重干扰了正常的学术生态,造成人们的思想混乱,尤其值得警惕。

历史和时代都在呼唤新的思想史研究。新的思想史研究,第一,无论从时间断限还是从思想脉络来看,都要堪称贯通古今,要上溯远古,下迄党的十九大,将中华民族在漫长历史长河中形成的优秀思想和文化传统集成起来,为我们党总结历史、开创未来提供丰富的思想资源,为世界文明和人类智识的提升做出属于我们中华民族的奉献。

第二,既要挖掘中国传统思想文化精华,又要融合会通外来先进思想文化。思想是文化的灵魂,是文化的内核。要深入挖掘中国

[①] 习近平:《领导干部要读点历史——在中央党校2011年秋季学期开学典礼上的讲话》,《党建研究(北京)》2011年第10期。

[②] 《马克思恩格斯全集》第1卷,人民出版社1995年版,第203页。

历史文化宝藏，同时注意中华思想对优秀外来思想、外来文化的吸收和融合，从中国和世界、历史与现实的双重维度深入发掘中华优秀思想文化的精髓内核，探寻出中华文化绵延不绝的内在动力，为中华民族走向复兴不断注入思想力量和精神动力。

第三，要进一步明确中国化马克思主义，特别是中国特色社会主义理论体系在中华思想文化史上的独特地位。从中华文明历史变迁的角度，审视鸦片战争以来，尤其是中国共产党成立以来中国的思想发展轨迹，从学理上牢固确立中国化马克思主义在中华思想史上的高峰地位，进一步弘扬几千年中国优秀文化传统和马克思主义相结合所形成的先进思想文化，即中国化马克思主义。

二　思想史研究必须坚持正确的政治方向和学术导向

当前，中华民族正处于伟大复兴的历史节点上，同时也处于改革开放和社会转型的关键期，坚持正确的政治方向和学术导向，是打造具有鲜明中国特色、中国风格、中国气派的思想史研究创新体系的根本保证，是思想史研究出好成果、出好人才、出好影响的关键一着。

第一，坚持以唯物史观为指导。唯物史观是当代中国史学的旗帜和灵魂，也是思想史研究的本旨和指南。要学会运用社会存在决定社会意识、经济基础决定上层建筑的唯物史观的基本原则来认识思想史，要站在人民的立场上，掌握唯物的、辩证的、实践的、历史的、生产的、阶级的、群众的观点，运用经济的、阶级的、利益的唯物史观分析方法观察、研究、分析、梳理、集成、提炼思想史，全面占有纷繁复杂的史料，去伪存真、去粗取精，梳理出一条明晰的中华思想文化发展脉络和主线，找到中华思想文化最精华的核心内核和基因密码。

第二，坚持思想史与社会史研究相结合的方法。人类思想的发展是人类社会发展的反映、体现和缩影，社会的逻辑和思想的逻辑大体上是统一的，社会史发展到哪一步，思想史就发展到哪一步。人类思想既具有超前性，又具有滞后性，既要通过社会史看到中华思想是从哪里产生的，是为谁说话的，是反映什么、说明什么的，又要看到思想对社会的反作用，提炼出哪些思想是先进的、有益于社会发展的，哪些是落后的、阻碍社会进步的。将思想史和社会史研究相结合，就是要通过社会史来看思想史，坚持社会形态史的马克思主义的思想史分期。坚持用社会形态的视域考察人类历史、观察人类思想史，是马克思主义史学和其他史学流派的本质区别。我们要从社会形态的深层次出发，揭示出时代思潮的本质和特点，深刻展现思想变迁与社会发展之间的内在逻辑。侯外庐等人的《中国思想通史》，将思想史与社会史研究相结合，坚持社会形态的正确分期，开创了中国思想史研究的新境界，影响很大，推崇者众，至今仍是一座难以逾越的学术高峰。我们要以侯外庐为典范，坚持思想史与社会史研究相结合，写出一部融通多样、包罗广泛但又深刻揭示中华思想主流的大思想史。

第三，坚持人民思想史的写作思路。思想是人民创造的。人民，只有人民，才是历史的创造者；人民，只有人民，才是社会实践的直接从事者，也是人类物质财富和精神财富的创造者。人民群众的丰富实践是产生伟大思想家、理论家、学问家的摇篮，人民群众的丰富实践是一切伟大思想、伟大文化的取之不竭的源泉，人民群众是人类优秀思想文化的基础创造者。汉代著名唯物主义哲学家王充在《论衡》中讲道："知屋漏者在宇下，知政失者在草野。"思想史研究一旦离开了对人民群众实践的考察，不关注人民的愿望与诉求，不关注人民的思想泉源，必将脱离现实的土壤而陷入空虚，无法深入人类思想的深处。写思想家、理论家、政治家的思想史都要建立在人民实践史的基础上，要建立在人民创造的丰富的思想文化的基础上。要把人民思想史与著名思想家、政治家的个人思想史结合起来，既高度重视主流意识形态的变迁，高度重视杰出思想家们的精神成果，也重视普通人民群众的社会思潮、文化倾向、情感诉求和价值取向，"把思想的历史还给人民"，要写出一部真正代表人民群众的思想史。

三　打造中国学派是思想史研究走向世界的重要途径

伟大的时代催生伟大的精神产品。中国特色社会主义伟大实践不断激发理论创新、学术创造的活力，为思想史研究打开了世界性的宏阔视野，奠定了中国思想走向世界的理论与现实根基。思想是时代的精华，学派是修史的果实。中华思想史研究要适应时代需要，不断回应重大时代关切，不断提出有客观依据、经得起实践和历史检验的原创性思想理论和学术观点，推出具有时代思想高度、代表国家学术水准的思想史研究精品成果。在与国际学术平等对话的过程中，努力塑造和形成思想史研究的中国学派，为打造具有中国特色、中国风格、中国气派的哲学社会科学学术创新体系和话语体系做出自己的独特贡献。具体来说，要做到以下几点：

第一，认真总结、研究学术历史，尤其是近代以来的学术发展史，继承和弘扬中华民族源远流长的优秀学术传统，特别是五四运动以来的马克思主义指导下的优秀学术传统。魏徵在《谏太宗十思疏》中说道："求木之长者，必固其根本；欲流之远者，必浚其泉源。"五四运动以来，一批先知先觉的中国先进知识分子选择以马克思主义作为哲学社会科学研究的理论指南和方法论基础，这是由中国历史条件所决定的中国哲学社会科学的正确选择。我们要用科学的态度对待马克思主义，要用发展的马克思主义指导中国哲学社会科学研究。当代中国思想史研究必须在这一理念下进一步构建自身的创新体系和话语体系，这也是当代中国思想史研究创新体系和话语体系赖以形成的主体和基石。

第二，坚持把人才建设放在重要位置，加强中华思想史研究的人才队伍建设。有什么样的人才，就会有什么样的成果。打造思想史研究的中国学派，关键是要有一支高素质的思想史研究人才队伍。在中华思想史的编研过程中要加强人才建设，要通过聚集人才，特别是组织中青年学者参与中华思想史研究，努力造就一批坚信马克思主义、能自觉运用马克思主义立场观点方法进行思想史研究的高端学术人才，推出一批博通古今、学贯中西、坐得了冷板凳、思想史研究功底扎实的跨学科、复合型人才，培育一批具有国际视野和世界眼光、能够在国际交流中直接对话、有实力争夺思想史研究国际话语权的国际型学术英才，最终形成马克思主义思想史学派的人才队伍。

第三，打造一流的学术交流、传播平台，坚持学术"走出去"，与其他国家和民族的思想史学界开展平等的、有尊严的对话，从中汲取有益的智慧和营养，同时又为人类文明的提升贡献中国思想的智慧。就当前来说，我们要打造好中华思想史高峰论坛这个平台，建设好中华思想通史网站，并通过更多的新媒体平台，以及中国社会科学院众多权威学术期刊，把我们的思想史研究成果和专家学者推介出去。

马克思曾在《政治经济学批判〈序言〉》中写道："我的见解，不管人们对它怎样评论，不管它多么不合乎统治阶级的自私的偏见，却是多年诚实研究的结果。但是在科学的入口处，正像在地狱的入口处一样，必须提出这样的要求：'这里必须根绝一切犹豫；这里任何怯懦都无济于事。'"[①] 构建思想史研究的中国学派将是一个长期的、艰难的过程，但只要我们坚持以唯物史观为指导，坚持理论和方法的创新、学派和话语创新，就将前途光明、灿烂而充满

---

① 《马克思恩格斯选集》第 2 卷，人民出版社 2012 年版，第 5 页。

希望，就一定能形成有品格、有尊严的当代中华思想史中国学派创新体系和话语体系，就一定能在新的历史条件下有所发现、有所突破、有所创造，做出具有世界意义的重要贡献。

高扬唯物史观旗帜，创建中华思想史当代中国马克思主义学派[*]

今天，第二届中华思想史高峰论坛在美丽的榕城隆重开幕。我代表中国社会科学院党组和《中华思想通史》编委会，对会议的召开表示热烈祝贺，向与会专家、学者表示热烈欢迎，向为会议的召开提供宝贵支持的福建省委宣传部，以及为会议的筹办付出辛勤努力的福建师范大学，表示衷心感谢！

中华思想史高峰论坛是《通史》编委会着力打造的高端前沿性品牌学术论坛。2015年10月，在云南昆明召开的首届中华思想史高峰论坛上，我提出"构建思想史研究的中国学派"的倡议，得到了与会代表和学界的积极响应。今天，以《通史》项目组成员为主体的专家学者再次聚首，以"唯物史观视域下的思想史研究"为主题，目的就是要在首届论坛的基础上，深化对"构建思想史研究的中国学派"这个命题的认识，探讨如何推动创建中华思想史当代中国马克思主义学派，为落实习近平总书记关于哲学社会科学重要讲话精神，加快构建中国特色哲学社会科学创新体系，做出更多、更大的贡献。

下面我就本届论坛的主题，谈三点意见，供大家参考。

---

[*] 该文系作者2016年12月20日在福建福州《中华思想通史》编委会主办的"第二届中华思想史高峰论坛"开幕式上的讲话。原载《中华思想史研究集刊》第2集，中国社会科学出版社2017年版。

一 创建中华思想史当代中国马克思主义学派须高扬唯物史观的伟大旗帜

马克思主义是当代中国理论学术的旗帜和灵魂。"坚持以马克思主义为指导，是当代中国哲学社会科学区别于其他哲学社会科学的根本标志，必须旗帜鲜明加以坚持。"① 在史学研究领域，坚持以马克思主义为指导，最重要、最紧迫的就是要始终坚持以唯物史观为指导。

唯物史观是指引史学研究的科学指南。在史学研究领域，唯物史观"若排云雾而顿见太清，若登泰山而所视廓如"②，使历史破天荒地第一次置于它的真正的基础之上，使史学成为了真正意义上的科学。唯物史观开辟了从社会存在出发对历史进行科学研究的道路，把对历史的认识真正建立在科学的基础上。唯物史观的创立，是人类思想史上的一场伟大革命，它将唯心主义从社会历史领域中彻底清除出去，从而彻底地解决了历史观领域唯心主义占统治地位的状况，实现了自然观上的唯物主义与历史观上的唯物主义的统一，使马克思主义哲学成为彻底的和完备的唯物主义学说，历史唯物主义与辩证唯物主义一道构成人类思想史上最先进、最完整、最科学的哲学世界观和方法论体系。

思想是行动的先导。"以折锥探地而浅地，以屋漏窥天而小天。"③ 加强中华思想史研究，创建中华思想史当代中国马克思主义学派，离开唯物史观的指导，就会流于表面，变成一纸空言，甚至走向反面。

在中华思想史研究中，坚持以唯物史观为指导，最主要的就是

---

① 习近平：《在哲学社会科学工作座谈会上的讲话》，人民出版社2016年版，第8页。
② 契嵩：《六祖大师法宝坛经赞》。
③ 契嵩：《六祖大师法宝坛经赞》。

要做到坚持生产的观点、阶级的观点和群众的观点。唯物史观认为：物质经济根源是思想的本因，历史的动力是人民群众而非少数人物的创造。强调物质经济因素，强调生产力的因素，并非片面的僵死的经济决定论和庸俗唯生产力论，而是在客观地看待经济和生产力因素的决定作用、基础作用的同时，看到生产关系对于生产力、上层建筑对于经济基础的相对独立性和反作用力，辩证地把握物质与精神、存在与思维、实践与认识、生产力与生产关系、经济基础与上层建筑的相互作用，把握各种因素的交互作用，看到隐藏于偶然背后的历史必然性，认识到社会历史发展的客观规律。强调人民群众是历史的主人，并不是否认个人和英雄人物的历史作用，而是站在更加宏大的基础上，看到整体社会发展的真正主人。诚如恩格斯所说："如果要去探究那些隐藏在——自觉地或不自觉地，而且往往是不自觉地——历史人物的动机背后并且构成历史的真正的最后动力的动力，那么问题涉及的，与其说是个别人物，即使是非常杰出的人物的动机，不如说是使广大群众、使整个整个的民族，并且在每一民族中间又是使整个整个阶级行动起来的动机；而且也不是短暂的爆发和转瞬即逝的火光，而是持久的、引起重大历史变迁的行动。"[①] 从有文字记载以来的人类历史，都是阶级斗争的历史。正是生产力的发展、生产工具的发展，导致了生产关系、经济关系的变化，导致了阶级的产生和阶级关系的演变，导致了政治的和思想的上层建筑的发展和变化。因此，理解一定时代的阶级和阶级关系，成为理解那个时代的要枢。如果不承认奴隶社会以来的社会都是阶级斗争的历史，不承认阶级观点和阶级分析方法，不承认阶级斗争必然导致无产阶级专政，那就阉割了唯物史观的核心要义，唯物史观就变成唯心史观了。总体上说，唯物史观清楚地揭示了生产力与生产关系、经济基础与上层建筑的辩证关系，揭示了历

---

① 《马克思恩格斯文集》第4卷，人民出版社2009年版，第304页。

史真正动因与历史活动主体（个人、阶级、人民群众）的辩证关系，为我们把握思想运动的轨迹和逻辑提供了有效的认识视野和分析方法。

在具体的研究工作中，坚持以唯物史观为指导，坚持生产的观点、阶级的观点和群众的观点，就是要贯彻落实唯物史观的经济分析、阶级分析、利益分析的基本分析方法。一切社会问题，包括思想问题，其最根本的原因都发端于经济，经济原因是最根本的原因，要从经济入手来分析思想为什么会产生，要分清思想站在谁的经济需求上为谁说话、为谁发声；这就从经济分析进入阶级分析，阶级分析也就是分析思想背后的阶级利益需要。以唯物史观为分析武器，就必须贯彻好唯物史观阶级分析的方法。一切阶级意识都是阶级利益所决定，由阶级分析进入利益分析，就能把唯物史观分析方法真正贯彻到中华思想史的研究中，把中华思想史发展的主线索写清楚、写透，把中华思想的核心基因真正揭示出来。

二 以唯物史观为根本遵循，挖掘中华思想的精华和核心基因

历史研究是一切社会科学的基础，承担着"究天人之际、通古今之变"的使命。中华民族具有五千多年连绵不断的文明历史，创造了博大精深的中华文化，为人类文明进步作出了不可磨灭的贡献。"推古验今，所以不惑。先揆后度，所以应卒。"（《素书》）不了解中国优秀的历史和文化，尤其是不了解近代以来的中国历史和文化，就很难全面把握当代中国的社会状况，很难全面把握当代中国人民的抱负和梦想，很难全面把握中国人民选择的发展道路。

习近平总书记2016年11月30日在中国文联十大、中国作协九大开幕式上的讲话中深刻指出，"中华民族生生不息绵延发展、饱受挫折又不断浴火重生，都离不开中华文化的有力支撑。中华文化

独一无二的理念、智慧、气度、神韵,增添了中国人民和中华民族内心深处的自信和自豪。在 5000 多年文明发展中孕育的中华优秀传统文化,在党和人民伟大斗争中孕育的革命文化和社会主义先进文化,积淀着中华民族最深沉的精神追求,代表着中华民族独特的精神标识。""要加强对中华优秀传统文化的挖掘和阐发,使中华民族最基本的文化基因同当代中国文化相适应、同现代社会相协调,把跨越时空、超越国界、富有永恒魅力、具有当代价值的文化精神弘扬起来,激活其内在的强大生命力,让中华文化同各国人民创造的多彩文化一道,为人类提供正确精神指引。"①

习近平总书记的上述讲话,为我们进行中华思想史研究指明了方向,提供了遵循。我们要以习近平总书记系列重要讲话精神为指引,高扬唯物史观的旗帜,以唯物史观的立场、观点、方法来研究分析中华思想文化,为中华思想的发展理出一条清晰、明确的脉络和主线,从中华优秀传统文化中挖掘出中华思想的精华和核心基因,并结合当今时代特点实现创造性结合、创造性转换、创新性发展,为实现"两个一百年"奋斗目标和中华民族伟大复兴的中国梦服务。这是我们开展中华思想史研究的出发点和落脚点。

从中华优秀传统文化中挖掘中华思想的精华和核心基因,一方面要继续高度重视历史上人民群众的创造与实践,重视历史上被统治阶级的思想创造。要特别细心搜集和整理历史上人民群众的思想观念,尤其是要注意挖掘在历史上普通中国人心中绵延几千年而不绝如缕,并在当今时代仍然发挥着作用的精神追求、道德观念。另一方面也要高度重视历史上统治阶级的思想,既要看到历史上统治阶级思想中落后、腐朽的一面,也要注意历史上统治阶级思想在具体时代特别是上升时期的进步作用,从历史正反两方面的经验教训中总结当代思想文化建设可资借鉴的思想资源。

---

① 习近平:《在中国文联十大、中国作协九大开幕式上的讲话》,人民出版社 2016 年版,第 4—5 页。

可喜的是，经过近两年的努力，《通史》项目的专家学者已经从思想史研究的外围切入，渐渐抵近中华思想的核心，开始尝试向中华优秀传统思想文化的内核发起拷问与探索，希冀在遵循唯物史观的基础上，发掘出中华民族最深层的精神追求，提炼出中华优秀思想文化的精神标识。这是一项艰巨的学术任务。我们必须拿出跨越古今的气魄，来考量中华民族的思想文化史，在注重思想史连续性与广阔性的同时，充分注意马克思主义与中华传统优秀思想文化的对接，为当代中国化的马克思主义找到中华传统优秀思想文化的原始基因和发展动力，进而在服务国家和民族的过程中，凸显中华思想的时代价值和伟大意义。

三 创建中华思想史当代中国马克思主义学派是弘扬唯物史观的重要举措

面对社会思想观念和价值取向日趋活跃、主流和非主流同时并存、社会思潮纷纭激荡的新形势，巩固马克思主义在意识形态领域，在哲学社会科学领域，在史学研究领域的指导地位，就要高扬唯物史观的伟大旗帜，并将之真正贯彻到学科体系建设、理论学术创新、学术话语体系建设中来。

创建中华思想史当代中国马克思主义学派，撰写一部经得起时间、历史和人民检验的扛鼎之作，是巩固马克思主义在意识形态领域指导地位的重要举措，也是一项光荣的学术创新工程。我们非常荣幸能参与到这一伟大的学术实践中。

以侯外庐为代表的老一辈马克思主义史学家，在思想史研究领域中做出了不少探索，但是在史料的搜集广度、理论思考的深度等方面，仍有突破和发展的空间。构建中国思想史的马克思主义当代学派，既要继承传统，更要勇于创新。我们绪论中的第四章专门讨论社会形态的演变，第五章讨论中华思想的流变，两者相互观照、相互补充、相得益彰，这是我们开展中华思想史研究的匠心独运之处，目的是通过思想史与社会史的结合，从中华大传统、大文化的视角，挖掘出蕴含在中华传统优秀思想文化中的精华和核心基因，为中国特色社会主义建设服务。

理论学术进步的一个重要条件在于研究群体的接续、思想的传承。创建中华思想史当代中国马克思主义学派不可能一蹴而就。它首先要求我们要具有高度的学术自觉，努力实现从思想史研究学者到思想家的积极转变和内涵升华。正如简单地知识归集与分析并不足以称为思想史研究一样，单纯地以思想史研究者为定位的学者并不足以完整理解历史与现实的思想接续，主动回应时代诉求，难以在更高层面开展思想探索，形成兼具"通""贯"风格的中华思想史研究力作。"博学切问，所以广知。高行微言，所以修身。"（《素书》）中华思想史当代中国马克思主义学派需要更多具有思想家气质的学者，需要更多将思想与时代、历史与现实勾连、对接起来的思想史家，需要更多站在思想和时代的制高点上，对当代中国和世界的发展做出更多哲学思考，并为国家和民族的未来提供科学的战略决策建议的真正马克思主义思想家。

中华思想史当代中国马克思主义学派要坚持为人民做学术的立场，要坚持人民是历史创造者的观点，尊重人民主体地位，聚焦人民实践创造。百余年前，史学家梁启超就批评旧史学"知有朝廷而不知有国家""知有个人而不知有群体"。然而，悉览近百年思想史研究成果，许多都没有摆脱以精英人物为主的窠臼，有意或无意地忽视了人民群众的伟大作用。中华思想史研究、中国思想史马克思主义当代学派要彻底扭转这种趋势，要站在人民的立场上，运用唯物史观，客观、全面、辩证地分析各个时代的思想，将研究的重点放在真正代表人民大众的思想上，撰写出一部真正属于人民的思想史。

书写一部无愧于时代、人民，经得起历史检验的精品力作，是

《通史》的目标所在。2016年，在《通史》项目全体成员的共同努力下，《通史》项目取得了阶段性的胜利，基本实现了年度的工作目标。最重要的成果主要有两项：一是资料长编第一稿的撰写。目前各编资料长编的撰写进度不错，初步的规模在1亿字左右，只多不少。现在的关键是要把握质量，要达到出版的标准，要经得起学界的检验。二是《绪论》初稿的撰写。绪论提纲经过多轮讨论，已在2016年8月的第20次工作会上通过。当时规定的目标是到年底每章不少于5万字，第五章不少于10万字。目前来看任务已基本完成。

对下一步工作，我提三点要求：

一是各编要做好资料长编的统稿和审查工作。"蚤虱虽细，困于安寝；鼷鼠虽微，犹毁郊牛。"[①] 各编要先行自我检查，从材料到体例，从内容到思想，都要严格把关、层层检查。先是资料长编作者的自我检查，再是各卷主编的把关，再是各编主编和顾问的把关。在各编把好关的基础上，编委会要召开系列专题会议，一卷一卷地审查、过关，争取在2017年年底这项工作全部完成，保证全部资料长编达到出版要求和标准。

二是绪论要抓紧修改和完善。各章要在数量的基础上，进一步提高质量，要把编委会的思想贯彻、落实到绪论中去。近期编委会将召开专题会议，就绪论初稿进行讨论，提出修改意见，各位作者要按照编委会意见，尽快修改完善，待编委会审议通过后，作为《通史》正本的撰写指导。

三是各编要抓紧提交《通史》正本的写作提纲。正本的提纲及写作要坚持思想性第一，要坚持唯物史观的指导，要把撰写思想统一到绪论提纲上来。我的《关于中华思想通史的谈话》，可以供大家参考。

---

① 《初学记》二十九《鼠》。

在通史项目进一步推进的过程中，编委会办公室要按照编委会的要求，既要做好项目的保障，又要做好项目的督促，一丝不苟、扎扎实实地做好统筹协调、推进落实。编委会办公室人员不多，压力很大，希望项目组成员和各编多理解、多支持。

这次会议是个新的尝试，项目成员不仅提交论文、参加讨论，参会的编委还要做主旨报告，各编还将就项目工作进行经验交流。大家要充分利用这一难得的平台，砥砺思想，切磋交流，在统一思想的基础上，为《通史》项目的顺利推进，为创建中华思想史当代中国马克思主义学派而继续努力。

以习近平新时代中国特色社会主义思想为指导追溯中华思想核心基因，坚定文化自信[*]

在党的十九大闭幕不久，在改革开放 40 周年开启之际，第三届中华思想史高峰论坛在美丽温润的中山隆重开幕了。岁末年初，公事繁忙，大家能够聚到一起非常难得。很多同志是远道而来，有的还专门为出席会议调整了日程，我首先代表中国社会科学院和《中华思想通史》编委会，向与会专家、学者表示热烈的欢迎；向为会议提供宝贵支持的中山市委、市政府，以及在会议筹办中付出辛勤努力的相关工作人员，表示衷心的感谢！

本届论坛的主题是"中华思想史的核心基因与发展脉络"，希望大家以习近平新时代中国特色社会主义思想为指导，砥砺思想，深入互动，为挖掘、追溯中华思想的核心基因、厘清中华思想的发展脉络凝神聚力，不断坚定文化自信。

下面，我就论坛主题谈三点意见，供大家参考。

一 继承发扬马克思主义史学理论传统，旗帜鲜明地坚持唯物史观在中华思想史研究中的指导地位

唯物史观是马克思一生的两大发现之一，也是人类思想史上全

---

[*] 该文系作者 2018 年 1 月 22 日在广东中山《中华思想通史》编委会主办的"第三届中华思想史高峰论坛"开幕式上的讲话。原载《世界社会主义研究动态》2016 年 9 月 22 日；《中华思想史研究集刊》第 3 集，中国社会科学出版社 2019 年版。

新的历史观，它揭示了人类社会历史发展的客观规律，是关于社会发展一般规律的科学。历史唯物主义彻底地克服了旧历史观对人类社会认识的谬误观点和根本缺陷，创立了科学的历史观，唯物地、辩证地说明了社会意识与社会存在的关系，找到了揭示历史发展秘密的钥匙。马克思主义唯物史观的基本立场、观点和方法是指导中华思想史研究的锐利武器。只有在中华思想史研究、编撰中鲜明确立唯物史观的指导地位，将其作为指导思想、基本原则和主要遵循，始终坚持马克思主义唯物史观的立场、观点、方法，将思想史与社会史有机地结合起来，才能从根本上做好对中华思想的梳理、挖掘和提炼。

　　运用唯物史观研究中华思想史，首先要坚持唯物史观的立场。立场问题，说到底就是为什么人的问题。从根本上讲，一定要站在人民的立场上，而不是站在少数人的立场上研究思想史。站在人民的立场上，就会看到群众不仅是物质财富的创造者，也是精神财富的创造者，就能看清历史上的思想家是站在什么立场上说话、著述的，就能辨清中华思想史上的是非对错、先进与落后。还要坚持唯物史观的观点。生产的、群众的、阶级的观点是唯物史观的三大基本观点，坚持唯物史观的基本观点就是在研究中坚持"生产的、群众的、阶级的观点"，突出社会存在决定社会意识，社会意识反作用于社会存在的基本原理。用这个基本观点分析中华思想史，就会搞清楚中华思想史上的各个流派、各种观点是从哪儿来的，为什么人说话，说什么样的话，起什么样的作用。也要坚持唯物史观的方法。经济分析、利益分析和阶级分析是唯物史观的三大基本方法，坚持唯物史观的方法就要运用唯物史观的方法论分析思想史实史料，运用经济分析、利益分析和阶级分析来研究人类思想史中的先进与落后的思想，分析人类思想如何产生，怎样产生能动的反作用。用这个基本方法分析中华思想史，就能够分清不同思想的所属阵营，精华是什么，糟粕又是什么。

习近平总书记在党的十九大报告中指出："实现伟大梦想，必须进行伟大斗争。"坚持唯物史观，必须自觉抵制历史虚无主义。在我国历史研究领域，包括思想史研究中，一个时期以来，存在否定马克思主义唯物史观指导地位，否定唯物史观关于社会形态演变规律的观点，否定关于"五种社会形态"普遍规律的观点，否定关于阶级和阶级斗争的观点，否定关于阶级社会中人类思想具有意识形态性质的观点，等等。有些著述站在错误的历史观立场上，恣意剪裁历史，将历史切割成彼此孤立不能相连甚至相斥的碎片，用碎片化的结论否定唯物史观对整个历史规律的揭示。这实质上是一种逆历史规律而动的唯心主义历史观，其根本目的是为"告别革命"的错误思潮张目。历史虚无主义的反动恰恰表明唯物史观的真理性，表明坚持唯物史观真理是一场意识形态领域的伟大斗争，表明阶级社会的两大对立阵营始终贯穿着正确与错误、先进与落后、真理与谬误的思想斗争。历史虚无主义就是一种历史唯心主义。反对历史虚无主义，捍卫历史唯物主义是一场长期的政治斗争。我们所着力构建的中华思想史当代中国马克思主义学派，就是要始终坚持运用唯物史观指导中华思想史的研究，延续老一代马克思主义史学家的光荣传统，讲真理，讲事实，反对唯心主义历史观，从学理层面反击历史虚无主义，遵从思想史的本来面貌，将马克思主义史学理论的精神实质真正体现出来。

二　抓住历史关键节点，突出主流意识形态，探明中华思想的核心基因与发展脉络

　　优秀思想是历史与时代的精华。中华民族五千余年文明史孕育了丰富而深邃的中华思想，凝结成中华民族强韧不散的精神纽带。中华民族之所以每次面临历史艰难抉择时，都能坚定信念、化解危机，开创中华民族发展的新篇章，关键在于中华民族的优秀思想滋

养的精神命脉延绵不衰、勇于自新。

第一，科学界定时代概念，明确中华思想发展的历史背景。

揭示中华民族一脉相承、一以贯之的核心思想的源与流，首先应问鼎于对时代概念的科学界定和对历史趋势的准确判定。习近平总书记在党的十九大报告中宣告，中国特色社会主义进入新时代，并全面阐述了中国特色社会主义新时代的科学内涵，明确了新时代党和国家事业发展的新定位、新目标和新要求。

当然，时代概念具有广义和狭义之分。广义的时代概念是从历史观的角度对人类社会形态发展大的"历史时代"的判定。狭义的时代概念是从某个特定的角度对社会发展某个历史阶段的判定。马克思主义唯物史观关于时代的概念，是从生产力所决定的生产关系出发，以社会经济形态为标准对大的历史时代的判定。要把历史观上从社会形态出发判断的时代与从其他角度出发判断的时代区别开来。

习近平总书记告诉我们，时代在变化，社会在发展，但马克思主义基本原理依然是科学真理。尽管我们所处的时代同马克思所处的时代相比发生了巨大而深刻的变化，但从世界社会主义500年的大视野来看，我们依然处在马克思主义所指明的历史时代。习近平总书记在这里对马克思主义所指明的历史时代的判断与《共产党宣言》的观点是一脉相承的，这就是马克思、恩格斯在《共产党宣言》中所判定的"我们的时代，资产阶级时代"，也就是列宁所说的大的"历史时代"，即资本主义生产方式在全世界占统治地位、资本主义社会形态在全世界成为主导社会形态的历史时代。从1640年英国资产阶级革命至今，资本主义社会时代有近400年的历史，资本主义历经革命兴盛阶段，已进入衰落下降阶段；尽管社会主义这一新的社会形态从1917年成为现实，到如今中国特色社会主义成功发展，但社会主义社会形态在世界上仍不占统治地位。资本主义社会形态一确立，就充满了社会主义与资本主义两种社会制度、两条发展道路的斗争，且历史越前行，这种斗争越激化。资本主义基本矛盾没有改变，人类社会演进的历史趋势没有改变，社会主义这一新的社会形态必然代替资本主义的历史必然性没有改变。

人类社会演进的历史趋势和必然性是什么呢？邓小平同志说："封建社会代替奴隶社会，资本主义代替封建主义，社会主义经历一个长过程发展后必然代替资本主义。这是社会历史发展不可逆转的总趋势。"① 这是从马克思主义唯物史观角度，按照社会形态演变理论及其揭示的演变规律，对大的"历史时代"所做的唯物史观的判断，也就是说，人类由原始社会时代，到奴隶社会时代，到封建社会时代，到资本主义社会时代，再经过社会主义的长过程，到共产主义社会时代，这是一个不可逆转的历史趋势。马克思主义关于大的"历史时代"的判断是绝对不能否定的，如果否定了，就会否定马克思主义，否定社会主义代替资本主义的历史必然性，就会误认为资本主义的基本矛盾不存在了，误认为马克思主义过时了。正如邓小平同志所说："不要认为马克思主义就消失了，没用了，失败了。哪有这回事！"②

中国特色社会主义新时代所使用的时代概念不是唯物史观所讲的大的"历史时代"概念，是从我们党和国家事业发展的角度提出来的时代概念。这两种时代概念在唯物史观基础上既有区别，又是辩证统一的：从党和国家事业出发认定的时代服从于广义的大的"历史时代"，大的"历史时代"又是由狭义的具体的时代所组成。依据唯物史观所得出的大的"历史时代"的结论是正确的；新时代特指中国特色社会主义已经站在一个新的历史起点上，进入一个新的历史阶段，处在一个新的历史方位上，这个重大政治判断也是正确的。

习近平总书记指出："中国特色社会主义进入新时代，在中华

---

① 《邓小平文选》第3卷，人民出版社1993年版，第382—383页。
② 《邓小平文选》第3卷，人民出版社1993年版，第383页。

人民共和国发展史上、中华民族发展史上具有重大意义,在世界社会主义发展史上、人类社会发展史上也具有重大意义。"① 在全世界仍然处于资本主义时代背景下,中国已经迈入了社会主义初级阶段的社会形态,中国特色社会主义的发展已经进入了新时代。大的"历史时代"和"中国特色社会主义新时代"构成了中华思想发展的时代背景,为中华思想史的研究提供了基本的历史方位。只有站在马克思主义唯物史观关于大的"历史时代"的广阔视野中,站在中国特色社会主义进入新时代的特定角度上,将两种时代判断角度结合起来,才能真正理解中国特色社会主义进入新时代的伟大意义。也只有深刻理解新时代的伟大意义,才能深刻理解习近平新时代中国特色社会主义思想的伟大价值。

第二,抓住历史关键节点,提炼中国社会形态演进主要线索。

"欲知大道,必先为史。"只有把握中国社会形态演进的主线索,才能认清中国历史的发展逻辑,才能梳理清楚中华思想史发展的主脉络。要在产生思想变化的历史条件和时代背景的基础上,着重分析经济基础的根本性变化引发社会形态变化的内在关联,从而为从社会史看思想史提供历史根据。

2017年是毛泽东同志《实践论》《矛盾论》发表80周年。我们要读懂学好"两论",充分发挥思想指导作用。"两论"明确指出,人的正确思想只能从实践中来,人类的思想发展史,如同人类社会一样,是在对立统一中发展起来的,是在正确与错误、先进与落后的斗争中发展起来的。这就要求我们在研究中华思想史的过程中,不仅要探讨每个历史节点上生产工具变化引发的生产力、生产关系、社会生产方式乃至社会形态等一系列变化;还要分析当时的生产斗争实践、科学创新实践、阶级斗争实践所引发的社会生产生活的一系列变化;更要分析中国历史各个时期的特殊社会矛盾所

---

① 习近平:《决胜全面建成小康社会 夺取新时代中国特色社会主义伟大胜利——在中国共产党第十九次全国代表大会上的报告》,人民出版社2017年版,第12页。

引发的阶级、阶层等各种社会关系的一系列变化，努力发现思想发展的原因及其分野和对立，从而提炼出社会思想演进的主要线索。

史学理论与历史发展的脉搏紧密相连。必须科学地认识"一般"与"特殊"的辩证关系，要用唯物史观这个正确的"一般"认识来指导分析中国特色的社会形态演变规律，分析出中国社会形态发展和中国道路的基本规律、基本线索、基本特点，将各个时期社会形态演变的必然联系挖掘出来，只有这样才能挖掘出思想史的主要线索。

中国发展到今天，每一个历史节点的转变都是惊心动魄的，要把主要节点上为思想转变提供历史支撑的背景材料以"论"的形式提炼出来，要回答中华思想产生、转变背后的经济利益纷争、阶级阶层分野、主要矛盾转化和社会形态变化。譬如，从原始社会到奴隶社会，再到封建社会、半殖民地半封建社会的转型，从公有观念、集体观念转变到私有观念、家天下观念，从"礼"到"儒"的转变，等等，要将这些重大转折点的思想轨迹梳理得清楚明白。

第三，突出主流意识形态，探明中华思想的核心基因与发展脉络。

中华文明绵延至今，是历史的发展过程。中华文明的核心是文化，文化的核心是思想。一个国家或民族的发展道路决定该国家与民族的思想发展；反之思想发展又指导道路发展。中国独特的发展道路孕育着中国独特的思想发展。

中华思想的强大生命力源于中华思想的核心基因一脉相承。习近平总书记多次讲到中华优秀传统文化思想，比如，关于道法自然、天人合一的思想，关于天下为公、大同世界的思想，关于自强不息、厚德载物的思想，关于以民为本、安民富民乐民的思想，关于脚踏实地、实事求是的思想，关于经世致用、知行合一、躬行实践的思想，关于和而不同、和谐相处的思想，关于安不忘危、存不忘亡、治不忘乱、居安思危的思想，等等。他进一步指出:"中华优秀传统文化是中华民族的精神命脉,是涵养社会主义核心价值观的重要源泉,也是我们在世界文化激荡中站稳脚跟的坚实根基。"①

中华思想的核心基因是中华优秀传统文化的灵魂所在,牢固积淀在中国人的思维模式和行为方式中,成为中华民族生命力、凝聚力、创造力的重要源泉。在党的十九大报告中,习近平总书记强调,要"深入挖掘中华优秀传统文化蕴含的思想观念、人文精神、道德规范,结合时代要求继承创新,让中华文化展现出永久魅力和时代风采"②。

习近平总书记的讲话为我们立足新时代研究中华思想史,探明中华思想史的核心基因与发展脉络指明了方向。在中华思想史的研究与写作中,一定要突出各个时期社会的主流意识形态,抓住主流意识形态转变的关节点。对于时代提出的问题,要注意观察思想层面是如何予以回应、解答的,要分析各个时期的思想形态、理论观点,剖析主流意识形态及其对立面,充分体现出中华思想的"通"与"贯"。

三 坚定文化自信,构建中华思想史学科体系,推进创建中华思想史当代中国马克思主义学派

文化自信是一个国家、一个民族发展中更基本、更深沉、更持久的力量。文化兴则国运兴,文化强则民族强。博大精深的中华优秀传统文化是我们在世界文化激荡中站稳脚跟的根基。深挖中华优秀传统文化中的思想内核,推出经得起历史与时代检验的过硬成果和传世之作,是《中华思想通史》项目的初衷所在。为此,必须将学术研究、学科建设、学派创建三者有机统一,协调推进。

---

① 习近平:《在文艺工作座谈会上的讲话》,人民出版社2015年版,第25页。
② 习近平:《决胜全面建成小康社会 夺取新时代中国特色社会主义伟大胜利——在中国共产党第十九次全国代表大会上的报告》,人民出版社2017年版,第42页。

第一，坚定文化自信，以精深过硬的思想史研究成果推动中华思想的当代创新。

习近平总书记指出："要讲清楚中华优秀传统文化的历史渊源、发展脉络、基本走向，讲清楚中华文化的独特创造、价值理念、鲜明特色，增强文化自信和价值观自信。"[①]

时代是思想之母，实践是理论之源。历史表明，社会大变革的时代，一定是哲学社会科学大发展的时代。当代中国正经历着我国历史上最为广泛而深刻的社会变革，也正在进行着人类历史上最为宏大而独特的实践创新。这种前无古人的伟大实践，必将给理论创造、学术繁荣提供强大动力和广阔空间。这是一个需要理论而且一定能够产生理论的时代，这是一个需要思想而且一定能够产生思想的时代。从事中华思想史研究的学者，更要以"为天地立心，为生民立命，为往圣继绝学，为万世开太平"的宏阔志向，奋力开拓思想史研究新局面，以精深的思想史研究成果推动中华思想的当代创新。

创新是哲学社会科学发展的永恒主题，文化自信的核心是思想自信。立足中国社会形态的历史发展道路研究中国思想，本身就是创新性的学术路径，更是文化自信的体现。马克思曾深刻指出："主要的困难不是答案，而是问题。"[②]"问题就是时代的口号，是它表现自己精神状态的最实际的呼声。"[③] 可以说，经典著作都是历史与时代相结合的产物，都是思考和研究当时当地社会突出矛盾和问题的结果。《中华思想通史》要成为深刻反映中国学术、中国精神和中国道路的标识性成果，为中华思想史的创新性研究树立学术范本，为当代中国马克思主义的发展提供思想支撑，为实现中华民族伟大复兴的中国梦奠定精神根基。

[①] 《习近平谈治国理政》，外文出版社 2014 年版，第 164 页。
[②] 《马克思恩格斯全集》第 1 卷，人民出版社 1995 年版，第 203 页。
[③] 《马克思恩格斯全集》第 40 卷，人民出版社 1995 年版，第 289 页。

第二，精确把握中华思想史的学科定位和学术特色，构建中华思想史学科体系。

思想是人通过社会实践对社会存在的能动反映。不论人类历史如何发展，真正能够留存下来影响人们精神世界进而影响人们的社会生活的，不是帝王将相，不是名利金钱，而是用文字记载下来并持续产生作用的思想。

中华思想史学科以思想为研究对象，主要研究历史学中形而上的部分，即意识形态上层建筑。中华思想史当代中国马克思主义学派，要站在辩证唯物论、历史唯物论的立场、观点、方法上来研究中华思想的发展、演变及作用。要从社会存在、社会实践出发研究思想的形成、本质、作用及其规律，要研究阶级社会中思想的阶级性、政治性和意识形态性。要仔细斟酌，从学科建设的角度对思维、思想、意识、意识形态等概念予以清晰界定，对思想史、中国思想史、中华思想史的定位予以准确定义，提炼出标识性的概念和语言。

正如毛泽东同志所说："我们的态度是批判地接受我们自己的历史遗产和外国的思想。我们既反对盲目接受任何思想也反对盲目抵制任何思想。我们中国人必须用我们自己的头脑进行思考，并决定什么东西能在我们自己的土壤里生长起来。"[①] 只有立足中国实际，提出具有主体性、原创性的理论观点，构建具有当代马克思主义特质的中华思想史学科体系，才能推动建设体现中国特色、中国风格、中国气派的思想史学术体系、话语体系。

我们要时刻注意，不要离开时代背景、经济基础、社会形态来研究思想史，不要把思想史碎片化、拼盘化、个别化，变成一个个毫无历史联系的、毫无逻辑关系的单独个人和事件的思维记录。要搞清楚每个历史节点上的思想史在整个思想史进程中处于什么样的

---

① 《毛泽东文集》第 3 卷，人民出版社 1996 年版，第 192 页。

地位，达到了什么程度，有什么好的地方，存在什么问题。可以先从思想史重要节点着手，从小到大，逐步整合，为构建完整的中华思想史学科体系打下坚实基础。

第三，厘清学术源流，推进创建中华思想史当代中国马克思主义学派。

创建中华思想史当代中国马克思主义学派，撰写一部无愧于人民与时代，经得起历史检验的精品力作，是《通史》项目和中华思想史学科的目标所在，是巩固马克思主义在意识形态领域指导地位的重要举措，也是一项光荣的学术创新工程。突出"马克思主义"，是指要用马克思主义的立场、观点、方法来研究分析中华思想史；突出"当代中国"，是与以往的马克思主义中国学派有所区别，意味着学术的创新。

在中华思想史的学术长河中，产生了一批重要学者，留存下一批经典著作，要仔细梳理思想史的学术脉络。特别要把中华思想史马克思主义学派的发展历程梳理清楚，把处于源头的、主要节点的代表性人物、代表作挖掘出来，确定关键节点，概括出思想史重要流派的主要观点及其演变规律，并将中华思想史最为精华的内容予以提升。通过这一系列去伪存真、去粗取精的整理过程，中华思想史马克思主义学派的发展脉络就清晰了。

概括来讲，李大钊等人处于中华思想史马克思主义学派的酝酿阶段。这一阶段的主要成就是提出必须要运用马克思主义唯物史观来分析研究中国思想史，提出了不同于其他学派的、具有鲜明马克思主义唯物史观特色的思想史研究基本立场。到了郭沫若等人的马克思主义学派的创建阶段，运用唯物史观对中国思想史的基本线索进行了梳理，形成了学派基础。到了侯外庐的马克思主义学派的确立阶段，对中国思想史尝试进行了系统的研究。尽管以往的中华思想史马克思主义学派是受当时的历史条件和环境限制，尚具有一定的局限性，但中华思想史马克思主义学派的基本学科体系已经确立下来了。

在首届中华思想史高峰论坛上，我提出"构建思想史研究的中国学派"的倡议，得到了与会专家和学界的积极响应。在第二届中华思想史高峰论坛上，我们以"唯物史观视域下的思想史研究"为主题，在"创建中华思想史当代中国马克思主义学派"这一定向上深化了共识。一年以来，《通史》项目成员不断推进"绪论"写作、资料长编编纂和《通史》正本提纲的拟定工作，部分编已开始正本写作。中国社会科学院大学为研究生开设了"中华思想史"课程。下一步，我们要进一步统一思想，提质增效，及早实现"绪论"、长编和提纲定稿，将主要精力转到《通史》正本的写作上来，将项目工作推向新的阶段。

总体来看，要实现《通史》项目的初衷，拿出经得起历史与时代检验的精品之作，还要经历恩格斯所说的痛苦的"脱毛"过程。"虑天下者，常图其所难"。推进中华思想史的研究，既是思想史研究者树论立言的重要机遇，更是学者主动回应时代关切，以自身所学贡献于中华文明不断繁盛的使命担当。要深刻把握新时代我国哲学社会科学的地位与任务，通古今之变化、发思想之先声，为深入贯彻落实党的十九大精神，坚定文化自信，更好地构筑中国精神、中国价值、中国力量做出中华思想史当代中国马克思主义学派应有的贡献。

立足中国特色社会主义新时代，科学探索中华思想发展阶段与演变规律*

本届论坛的主题是"中华思想发展的阶段与规律"，希望大家立足中国特色社会主义新时代，为探索中华思想的发展阶段与演变规律深入交流，展开思想交锋，取得新的学术成果。

下面，我就论坛主题谈三点意见，供大家参考。

一 深刻认识中国特色社会主义新时代在人类社会发展史及中华思想史上的重大意义

有什么样的时代，就会产生什么样的时代主题，就会产生什么样的时代人物，解答历史提出的时代课题，产生代表时代前进方向的先进思想。回顾人类思想史，一切划时代的思想都在于它回应了当时时代最迫切的问题。正如马克思所说，"问题是时代的格言，是表现时代自己内心状态的最实际的呼声"①。研究编撰中华思想通史，创建中华思想史当代中国马克思主义学派，从事这样一件学术创新的大事情，应当对所处的时代有清晰的定位，时代、时代问题、主流意识形态，这是研究思想史必须搞清楚的三个关键词。唯

---

* 该文系作者 2018 年 12 月 28 日在海南海口《中华思想通史》编委会主办的"第四届中华思想史高峰论坛"开幕式上的讲话。原载《世界社会主义研究动态》2019 年 1 月 11 日。

① 《马克思恩格斯全集》第 1 卷，人民出版社 1995 年版，第 203 页。

物史观大的"历史时代"和在该时代大的历史框架下的中国特色社会主义新时代，为我们梳理、总结、概括中华思想通史提供了宏大的时代背景和历史条件。

马克思主义唯物史观关于广义时代的概念，是从生产力所决定的生产关系出发，以社会经济形态为标准对大的历史时代的判定。马克思、恩格斯按照唯物史观关于社会形态演变理论，根据"经济的社会形态"的根本性质来划分历史时代，把历史时代划分为原始社会、奴隶社会、封建社会、资产阶级社会等时代，现在正在经过无产阶级专政的社会主义社会过渡，将来进入消灭阶级剥削、压迫与阶级斗争的新时代，即进入共产主义社会时代。唯物史观的社会形态演变规律理论告诉我们，人类社会经过原始社会、奴隶社会、封建社会、资本主义社会等时代，最终经过社会主义社会过渡而将进步到共产主义社会时代，这是人类社会发展的一般规律。各个国家、各个民族、各个地区在社会形态演变的具体历史进程上，可能会有跨越、有特例、有偶发，但就整个人类历史发展的普遍性和必然性来说，古今中外，概莫能外、普遍如此。

《共产党宣言》明确指出，我们的时代，即"资产阶级的时代"。从时代的根本性质和大的历史进程来看，目前仍然处于马克思主义经典作家所揭示的资本主义社会形态占统治地位的历史时代。从全球范围来讲，现在仍然是资本主义社会形态占主导地位的历史时代，而这个时代又是经过社会主义社会过渡，逐步最终取代资本主义社会而进入共产主义社会的历史时代。

习近平总书记指出："中国特色社会主义进入新时代，在中华人民共和国发展史上、中华民族发展史上具有重大意义，在世界社会主义发展史上、人类社会发展史上也具有重大意义。"[①] 编撰中华思想史，创建中华思想史当代中国马克思主义学派，不仅要从大的

[①] 习近平：《决胜全面建成小康社会　夺取新时代中国特色社会主义伟大胜利——在中国共产党第十九次全国代表大会上的报告》，人民出版社2017年版，第12页。

"历史时代"背景下来考量，也要从大的"历史时代"条件下中国特色社会主义新时代的背景下来考量，要从国际和国内两个历史视角出发来认识。只有站在马克思主义唯物史观关于"历史时代"的广阔视野中，站在中国特色社会主义进入新时代的特定角度上，将两种时代判断结合起来，才能真正理解中国特色社会主义进入新时代的伟大意义。也只有深刻理解新时代的伟大意义，才能牢牢把握中华思想的过去、现在和未来，才能充分认清源远流长的中华思想的历史价值和伟大意义，才能深刻理解编撰中华思想通史的当下价值和深久影响。

中国特色社会主义进入新时代，意味着科学社会主义在 21 世纪的中国焕发出强大生机活力。在习近平新时代中国特色社会主义思想指引下，中国共产党以顽强的战略定力，牢牢坚持科学社会主义基本原则，坚定不移地走中国特色社会主义道路，经受住了社会主义低潮的考验，西方敌对势力搞"颜色革命"的考验，资本主义世界经济危机的考验，抵制了西方所鼓吹的"普世价值""宪政民主""民主社会主义"等错误思潮，有力地打破了所谓的"共产主义失败论""历史终结论"，有力地回击了"社会主义低潮综合征"，不断战胜腐朽落后的资产阶级意识形态，发展了社会主义意识形态。

如果说 20 世纪是社会主义拯救了中国，那么 21 世纪则是中国救了社会主义。正是中国在 21 世纪扛起了社会主义大旗，以新时代的伟大成就和伟大目标再次证明了科学社会主义的正确性和社会主义制度的优越性，为科学社会主义注入了新的原创性成果。正如十月革命在 20 世纪初开辟了人类历史和世界社会主义发展新纪元一样，中国特色社会主义新时代在 21 世纪初揭开了世界社会主义运动走出低谷走向复苏发展的新局面，将为人类思想文明创造了新的辉煌。

马克思晚年研究东方社会，研究非资本主义发展道路，提出落后国家可以不经过资本主义制度的"卡夫丁峡谷",走出一条非资本主义的发展道路,即落后国家可以不经过资本主义制度的苦难,而通过社会主义制度实现现代化,这就是著名的"跨越卡夫丁峡谷"的设想。中国特色社会主义的成功发展使这个设想成为现实,为落后国家实现现代化和赶超世界先进国家提供了新希望、新选择、新方案、新思想,人们进一步看到了经由社会主义而进入共产主义的历史必然曙光。俄国十月革命的例证,中国特色社会主义的例证,说明了马克思晚年关于非资本主义道路的设想,要成为现实需要满足一定的历史条件,在基本的客观条件已经具备时,主观条件就成为关键。

如何开辟出一条新路,既实现快速发展又保持社会稳定,既对外开放吸收世界先进文明又保持自身的独立自主,既同发达资本主义国家在竞争中合作又不成为他们的附庸,既与外国先进思想文化融合发展,又坚持自己的文化自信、思想自信,成为世界上发展中国家共同追索的重大问题。中国特色社会主义成功地破解了这个难题。它把市场经济与社会主义制度、经济快速发展与保持社会稳定、对外开放与独立自主、世界先进思想与本国优秀传统思想有机地结合起来,开辟了一条在改革开放中实现社会主义现代化的新路,实现了从站起来、富起来,到强起来的历史性跨越。中国特色社会主义的成功发展表明,中国作为一个曾经相对落后的半殖民地半封建国家,不经过资本主义制度的折磨,走出一条非资本主义的中国特色社会主义道路,一跃成为世界第二大经济体,极大地拓展了发展中国家通向现代化的途径,给世界上那些既希望加快发展又希望保持自身独立的国家和民族提供了新选择,为解决人类问题提供了中国智慧、中国思想和中国方案,为中华民族的发音、中国特色社会主义的发展,世界社会主义的发展,全人类的发展做出历史性贡献。

二 以唯物史观为指导，系统掌握马克思主义思想方法和工作方法，坚持思想史研究的正确方向

当前，中华民族正处于伟大复兴的历史节点上，处于夺取中国特色社会主义伟大胜利的关键时期。打造具有鲜明中国特色、中国风格、中国气派的中华思想史研究创新体系，必须坚持正确的政治方向和学术导向，这是中华思想史研究出成果、出人才、出影响力的根本保证。

马克思主义是当代中国理论学术的旗帜和灵魂。"坚持以马克思主义为指导，是当代中国哲学社会科学区别于其他哲学社会科学的根本标志，必须旗帜鲜明加以坚持。"[①] 在思想史研究领域，坚持正确的政治方向和学术导向，就必须坚持马克思主义的指导地位，而坚持以马克思主义为指导，最重要、最紧迫的就是始终高扬唯物史观旗帜，坚持以唯物史观为指导。

思想是行动的先导，理论是研究的指南。唯物史观是当代中国史学的旗帜和灵魂，也是中华思想史学科的本旨和指南。唯物史观的创立是人类思想史上的一场伟大革命，赋予了人类正确认识社会及历史的唯一科学的世界观和方法论。它把唯心主义从社会历史领域中彻底地清除出去，从而彻底地解决了历史观乃至历史学领域唯心主义占统治地位的状况。如果没有马克思创立唯物史观，人们对社会生活及其历史的认识还会在黑暗中摸索。正如列宁所言："过去在历史观和政治观方面占支配地位的那种混乱和随意性，被一种极其完整严密的科学理论所代替……它把伟大的认识工具给了人类。"[②] 运用唯物史观开展中华思想史研究，"若排云雾而顿见太清，若登泰山而所视廓如"[③]。背离了唯物史观，则似"以折锥探

[①] 习近平：《在哲学社会科学工作座谈会上的讲话》，人民出版社2016年版，第8页。
[②] 《列宁选集》第2卷，人民出版社2012年版，第311页。
[③] 《六祖坛经》，契嵩本。

地而浅地，以屋漏窥天而小天"①。研究编撰中华思想史，创建中华思想史当代中国马克思主义学派，离开唯物史观的指导，就会流于表面，变成一纸空言，甚至走向反面。

以唯物史观为指导，就必须学会运用唯物史观立场、观点、方法，即马克思主义思想方法和工作方法，指导中华思想史的研究、编撰和学科建设工作。学会运用社会存在决定社会意识、经济基础决定上层建筑的基本原则，站在人民的立场上，掌握唯物的、辩证的、实践的、历史的、生产的、阶级的、群众的观点，运用经济的、阶级的、利益的分析方法观察、研究、分析、梳理、集成、总结思想史，全面占有纷繁复杂的史料，去伪存真、去粗取精，梳理出一条明晰的中华思想发展脉络和主线，提炼出中华思想最精华的核心内核和基因密码。

创建中华思想史当代中国马克思主义学派，撰写一部经得起时间、历史和人民检验的扛鼎之作，是巩固马克思主义在意识形态领域指导地位的重要举措，也是一项光荣的学术创新工程。我们来自各个不同的研究机构、不同的学科、不同的专业，为了一个共同的目标走到一起。只有掌握马克思主义的思想方法和工作方法，建立共同的语境，才能够确保讲到一起，写到一起。撰写《通史》的过程就是运用马克思主义的思想方法和工作方法展开对中华思想史上的人物、流派及其论点的研究分析，从而得出科学、正确的结论的过程。在中华思想史研究领域，坚持马克思主义思想方法和工作方法，说到底就是要坚持唯物史观指导，坚持唯物史观的基本立场、方法和观点，坚持唯物史观的思想方法和工作方法。

马克思主义哲学，即辩证唯物主义和历史唯物主义，就是马克思主义世界观方法论，就是马克思主义立场、观点、方法。将辩证唯物主义和历史唯物主义用在对世界、对问题的思考认识上，叫作思想方

---

① 《六祖坛经》，契嵩本。

法，将世界观方法论用在解决实际问题上，叫作工作方法。马克思主义的思想方法和工作方法是马克思主义世界观和方法论的具体化、实践化。毛泽东同志说："马克思主义有几门学问：马克思主义的哲学，马克思主义的经济学，马克思主义的社会主义——阶级斗争学说，但基础的东西是马克思主义哲学。这个东西没有学通，我们就没有共同的语言，没有共同的方法，扯了许多皮，还扯不清楚。有了辩证唯物论的思想，就省得许多事，也少犯许多错误。"[1] 马克思主义的思想方法和工作方法是我们观察问题、认识问题、分析问题的共同语言和思想武器。运用马克思主义的思想方法和工作方法于中华思想史研究，就有了共同语言，才能统一思想、统一认识、统一方法。

毛泽东同志指出，要造就"一个又有集中又有民主，又有纪律又有自由，又有统一意志，又有个人心情舒畅、生动活泼，那样一种政治局面"。[2] 对《通史》项目而言，《中华思想通史绪论·导论》是集体智慧的结晶，经过反复研究与修改，对研究编撰中华思想史的指导思想、时代价值、阶段划分、特色要点等重大问题，形成了比较一致的看法。以《导论》统一认识，有益于造就既有集中统一、又有生动活泼的研究氛围。编撰上下几千年的中华思想通史，思想不统一，认识不统一，观点不统一，语言不统一，各吹各的号，各鸣各的调，甚至互相"打架"，就会失败。统一认识，统一观点，统一语言，是编好思想史的重要基础。

三 牢牢把握中华思想史的发展脉络、精神实质和未来走向，科学探索中华思想的发展阶段与演变规律

恩格斯指出："历史从哪里开始，思想进程也应当从哪里开

---

[1] 《毛泽东文集》第 6 卷，人民出版社 1999 年版，第 396 页。
[2] 中共中央文献研究室编：《建国以来重要文献选编》第 10 册，中央文献出版社 2011 年版，第 429—430 页。

始。"① 人类思想的发展是人类社会发展的反映、体现和缩影,社会发展的逻辑和思想发展的逻辑大体上是一致的,社会史发展到哪一步,思想史就发展到哪一步,每一个思想史上的重要概念和范畴,都有当时历史时代条件的特定内涵。

唯物史观提出了"经济的社会形态"或"社会经济形态"概念,建构了社会形态演变一般规律的理论。从社会存在出发看思想,就要坚持运用马克思主义关于社会形态的分期理论,科学划分思想史的分期。社会历史分期与思想史分期大体是一致的。根据马克思主义人类社会历经原始社会、奴隶社会、封建社会、资本主义社会,经由社会主义社会必然发展到共产主义社会的社会形态演变规律理论,与我国历史发展大体上的原始社会、奴隶社会、封建社会、半殖民地半封建社会和社会主义初级阶段的发展顺序相一致,中华思想史大体分为"五大历史时代、四大转型时期、三个大历史段"。

"五大历史时代"为中国原始社会思想史时代、中国奴隶社会思想史时代、中国封建社会思想史时代、中国半殖民地半封建社会思想史时代、中国社会主义初级阶段思想史时代。"四个转型时期"是指中国不同社会形态变化之间的思想史转型期,夏王朝的建立标志着中国原始社会的结束和奴隶社会的开端,是奴隶社会代替原始社会的思想史转型时期;春秋战国是奴隶社会逐步解体和封建社会逐步形成、封建社会代替奴隶社会的思想史转型时期;鸦片战争后,我国进入半殖民地半封建社会,是由封建社会向社会主义初级阶段的思想史转型时期;中华人民共和国成立,经过短暂的国民经济恢复和向社会主义过渡,进入社会主义社会初级阶段,这是向未来社会主义高级阶段发展的思想史转型时期。"三个大历史段"从原始社会早期到封建社会晚期,到 1840 年爆发的鸦片战争为止是中华古代思想历史段;从 1840 年爆发的鸦片战争至 1949 年中华人

---

① 《马克思恩格斯选集》第 2 卷,人民出版社 2012 年版,第 14 页。

民共和国成立之前是中华古代传统思想向中华现代思想转折的中华近代思想历史段；从1949年中华人民共和国成立至今是中华现代思想历史段。

迄今为止的中华思想发展历史，大致经历了"萌生""形成""发展""转型"和"繁荣"等阶段，这与中华思想史"五大历史时代""四个转型时期"和"三个大历史段"是一致的。概括来讲，原始社会及向奴隶社会过渡的原始社会晚期是中华思想的"萌生"或"起源"阶段；奴隶社会及向封建社会过渡的春秋战国时期是中华思想的形成阶段；封建社会是中华思想的发展阶段；半殖民地半封建社会是中华思想的转型阶段；中华人民共和国成立至今是中华思想的繁荣阶段。

编撰中华思想史要注意把所有的思想史转型期上移到上一个社会形态时代来写。通过社会形态演变来考察思想史的演变，可以看到原始社会向奴隶社会转型过程中，最重要的是产生了私有制，从而产生了私有观念、家庭观念、王权观念、国家观念、阶级（等级）观念等与私有制出现相关的思想。从公有观念、集体观念转变到私有观念、家天下观念、王权观念、国家观念、阶级（等级）观念，是因为经济基础、社会生产和生活方式发生了根本变化。奴隶社会的知识分子将私有观念、王权观念、国家观念、阶级（等级）观念概括为反映奴隶社会严格等级制度，即反映阶级对立制度的"礼"的思想体系。"礼"的思想体系是私有制的奴隶社会制度的反映，是奴隶制社会阶级关系、社会关系的反映，反映了当时奴隶主统治阶级的主流意识形态。中国社会发展到今天，每一个历史节点的转变都是惊心动魄的，要把几个主要的节点写清楚，要把主要节点上思想产生、转变背后的生产力、生产关系、经济基础、政治的上层建筑都发生了哪些变化，与之相关的社会形态发生了哪些变化写清楚，思想的转变就呼之欲出了。例如，把春秋战国之交奴隶社会到封建社会的社会转型、结构变化写清楚，对诸子百家思想产生的根基就交代清楚了，有的思想主张推动社会前进，有的思想主张维持现状，有的思想主张有所作为，有的思想主张无为而治，有的思想主张折中主义，有的思想主张逃避主义，就会看得很清楚。

人的本质是社会关系的总和。研究社会史就要研究人与人的社会关系史。研究思想，研究思想史，就要研究思想关系史。人类思想不是一个一个孤立的、毫无联系的单个的思想，而是互相联系的人的思想。研究思想不是单纯就思想而研究思想，而是要研究思想关系，研究思想不是单独研究哪个人物、哪个流派、哪个观点，要从社会关系看思想关系，要研究人物间的、流派间的、观点间的由社会关系所决定的思想关系。思想关系不是从思想上寻找，而是从社会关系中寻找，从物质关系中寻找。

一定要坚持从社会形态的马克思主义分期的视域出发考察人类思想史，同时考量每个历史时代中华思想史的主流意识形态及其对立面的意识形态，即占统治地位的统治阶级的思想及其对立面的思想。这是马克思主义史学学派和其他史学流派的重要区别。从不同类型社会形态的性质和状况的深层次出发，揭示出思想的时代本质和特点，展现思想变迁与社会发展之间的内在逻辑，拷问思想是怎样反映社会存在的，对社会发展又起到了怎样的作用。

《通史》项目已经开展四年多了，要完成这样一个艰巨的、庞大的人文社会科学工程，书写一部经得起历史与实践检验，代表中华思想史当代中国马克思主义学派学术水准的精品力作，必须凭借坚韧不拔的毅力，拿出头悬梁、锥刺股的精神，不断统一思想，统一认识，统一语言，统一写法，将通史项目推进到底。当前，通史项目已经进入攻坚克难，并逐步收获成果的新阶段。经过项目成员的协同努力，《绪论》已接近定稿，资料长编电子版出版工作已经启动，各编正本提纲正逐卷交付讨论修改。这是所有项目成员共同努力所取得的成果。

伟大的时代催生伟大的精神产品。中国特色社会主义伟大实践不断激发理论创新、学术创造的活力，为思想史研究打开了世界性的宏阔视野，奠定了中国思想走向世界的理论与现实根基。思想是时代的精华，学派是思想的结晶。中华思想史研究要适应时代需要，不断回应重大时代关切，不断提出有客观依据、经得起实践和历史检验的原创性思想和学术观点，推出具有时代思想高度、代表国家学术水准的思想史研究成果。在与国际学术平等对话的过程中，努力塑造和形成思想史研究的中国学派，为打造具有中国特色、中国风格、中国气派的哲学社会科学学术创新体系和话语体系做出自己的独特贡献。

立足中国社会形态演变，科学探索中华思想发展[*]

2019年恰逢我们伟大祖国成立70周年，第五届中华思想史高峰论坛如期在天津隆重开幕了。我谨代表《中华思想通史》编委会，向与会专家、学者表示热烈的欢迎；向为会议提供宝贵支持的天津市滨海新区区委宣传部，以及在会议筹办中付出辛勤努力的中华思想史研究院、《中华思想通史》编委会办公室的工作人员，表示衷心的感谢！

本届论坛的主题是"社会形态演变与中华思想发展"，希望大家立足中国特色社会主义新时代，深入贯彻落实党的十九届四中全会精神，为探索中国社会形态演变与中华思想发展的互动关系进行深入交流，展开思想碰撞，不断收获新的学术成果。

下面，我就论坛主题谈三点意见，供大家参考。

一 一以贯之地将历史唯物主义的立场、观点和方法贯穿到中华思想史研究的全过程

马克思主义是当代中国理论学术的旗帜和灵魂。"坚持以马克思主义为指导，是当代中国哲学社会科学区别于其他哲学社会科学

---

[*] 该文系作者2019年12月7日在天津滨海新区《中华思想通史》编委会主办的"第五届中华思想史高峰论坛"开幕式上的讲话。原载《天津日报》2020年1月13日。

的根本标志，必须旗帜鲜明加以坚持。"① 没有历史唯物主义就没有辩证唯物主义，就没有作为马克思主义哲学的辩证唯物主义和历史唯物主义。恩格斯称赞唯物主义历史观是马克思的"第一个伟大发现"，认为"正像达尔文发现有机界的发展规律一样，马克思发现了人类历史的发展规律"。② 在中华思想史研究领域，坚持正确的政治方向和学术导向，就必须坚持马克思主义的指导地位，而坚持以马克思主义为指导，最重要、最紧迫的就是始终高扬唯物史观旗帜，坚持以唯物史观为指导。

中华人民共和国成立后，特别是改革开放以来，中国思想史研究领域异彩纷呈、硕果累累，但思想史研究在回应重大时代关切、形成具有鲜明中国特色的思想史马克思主义学派方面，离国家和人民的要求还有不小的距离；思想史研究领域的一些错误观点，特别是近年来以历史虚无主义、历史复古主义为代表的错误思潮，严重干扰了正常的学术生态，造成人们的思想混乱，尤为值得警惕。史学本身是具有鲜明意识形态性的，思想史研究更离不开意识形态视域。当前存在的历史虚无主义、历史复古主义，其错误倾向集中体现为"三化"：一是把马克思主义、唯物史观"边缘化"，把马克思主义唯物史观的指导地位和作用"虚位化"；二是主张离开党的领导、离开正确政治方向的所谓"纯学术"，走入学术研究"去政治化"的治学歧途；三是否定哲学社会科学具有鲜明的意识形态性，主张学术研究"去意识形态化"。这"三化"集中表现为"告别革命"。所谓"告别革命"，不仅要告别中国共产党领导的新民主主义革命和社会主义革命，历史上一切推进社会进步的革命都要告别。这实际上是一种逆历史进步趋势而动的唯心主义，是否定唯物史观指导的错误历史观。这股错误思潮，最终是要否定中国共产党的领导，否定社会主义制度。这股错误思潮也侵入了思想史研究

---

① 习近平：《在哲学社会科学工作座谈会上的讲话》，人民出版社 2016 年版，第 8 页。
② 《马克思恩格斯选集》第 3 卷，人民出版社 2012 年版，第 1002 页。

领域，造成了某些不良的研究倾向，如离开具体时代条件、社会形态和经济基础，离开社会形态一般发展规律，离开有文字记载以来人类历史是阶级斗争历史的史实，离开阶级和阶级斗争这条主线，离开统治阶级占统治地位的主流意识形态等来研究思想史，把思想史碎片化，把思想史编排成一个个毫无任何历史联系的、毫无阶级关系的单个思想史人物及其观点的罗列堆砌。

当前，中华民族正处于伟大复兴的历史节点上，处于夺取中国特色社会主义伟大胜利的关键时期。打造具有鲜明中国特色、中国风格、中国气派的中华思想史研究创新体系，必须坚持正确的政治方向和学术导向，这是中华思想史研究出成果、出人才、出影响力的根本保证。中华思想史研究领域，坚持马克思主义思想方法和工作方法，说到底就是要坚持唯物史观指导，坚持唯物史观的基本立场、方法和观点，坚持唯物史观的思想方法和工作方法。

第一，在中华思想史研究中坚持以唯物史观为指导，必须坚持唯物史观的基本立场。

立场问题，说到底就是为什么人的问题。从根本上讲，一定要站在人民的立场上，而不是站在少数人的立场上研究思想史。站在人民的立场上，就能够看清历史上的思想家是站在什么立场上说话、著述的，就能辨清思想史上的是非曲直、先进落后。

开展中华思想史研究，构建中华思想史当代中国马克思主义学派，必须客观、全面、辩证地分析各个时代的思想，将研究主体放在人民群众身上、将研究重点放在真正代表人民大众的进步思想上，撰写出一部真正属于人民的思想史，书写一部无愧于时代、人民，经得起历史检验的精品力作。

第二，在中华思想史研究中坚持以唯物史观为指导，必须坚持唯物史观的基本观点。

唯物史观是由一系列基本原理、基本观点构成的科学体系，生产的观点、阶级的观点和群众的观点是唯物史观最基本的观点。用这些基本观点分析中华思想史，就会搞清楚中华思想史上的各个流派、各种观点是从哪儿来的，为什么人说话，说什么样的话，起什么样的作用。

唯物史观清楚地揭示了生产力与生产关系、经济基础与上层建筑的辩证关系，揭示了历史真正动因与历史活动主体（个人、阶级、人民群众）的辩证关系，揭示了人民群众与个别历史人物的辩证关系，为把握人类思想运动的轨迹和逻辑提供了有效的认识视野，为研究编撰中华思想史开启了科学之门。

第三，在中华思想史研究中坚持以唯物史观为指导，必须坚持唯物史观的基本方法。

唯物史观既是科学认识社会历史现象的世界观，又是正确分析社会历史问题的方法论。经济分析、阶级分析、利益分析是唯物史观的基本分析方法。用这个基本方法分析中华思想史，就能够分清不同思想的所属阵营，精华是什么，糟粕又是什么。一切社会问题，包括思想问题，其最根本的原因都发端于经济，经济原因是最根本的原因，要从经济入手来分析思想为什么会产生，要分清思想站在谁的经济需求上为谁发声；这就从经济分析进入阶级分析，阶级分析也就是分析思想背后的阶级利益需要。一切阶级意识都是阶级利益所决定，由阶级分析进入利益分析，就能把唯物史观分析方法真正贯彻到中华思想史的研究中，把中华思想史发展的主线索搞清楚、搞透彻。

二 坚持"五种社会形态"演变一般规律，深入研究中国社会形态演进历史

历史唯物主义关于人类社会经过原始社会、奴隶社会、封建社会、资本主义社会，经过社会主义社会的过渡而达到共产主义社会的"五种社会形态"演变发展的一般规律（以下简称"五形态

说"），是人类社会历史发展的普遍规律和必然趋势，是马克思主义唯物主义历史观的一个最基本的观点。

唯物主义历史观是分析说明一切社会历史现象的世界观和方法论。唯物史观分析认识社会历史问题，就是坚持一切从社会存在出发来说明社会问题。社会存在是第一性的，最根本的社会存在就是生产方式的存在，就是"经济的社会形态"的存在。社会发展史说到底就是社会形态发展史。一切都要从生产力决定生产关系、生产关系决定经济基础、经济基础决定上层建筑出发，从而必须从生产方式所决定的人类社会形态出发来认识人类社会现象，而不是相反，这是唯物史观的不可违背的根本原理。

有人谬称马克思从来没讲过"五形态说"，企图否定社会形态演变的普遍规律，这显然是站不住脚的。社会形态演变一般规律理论是马克思主义唯物史观的重要内容，是马克思主义经典作家以深邃的历史洞察力深刻剖析人类社会历史发展进程而收获的重要理论硕果，是对人类历史观的伟大贡献。马克思虽然没有就社会形态问题撰写过专著，但围绕这一问题留下了大量论述。马克思在1851年撰写的《路易·波拿巴的雾月十八日》中使用"社会形态"概念是为了表明资本主义社会是人类历史发展的一个新阶段，是不同于以往的社会形态。根据日本学者大野节夫的考证，"形态"（Formation）一词是马克思从当时的地质学术话语中借用的，该词在当时的地质学中用以表示在地壳发展变化的进程中先后形成的不同岩层，一个形态就是一个不同的岩层单位。可以看出，马克思使用"社会形态"这一概念，意在表明人类社会的发展也是由不同的历史层次、不同的历史阶段、不同的社会样态构成的。

随着历史科学的进一步发展，特别是历史学家摩尔根的《古代社会》一书出版，对原始社会提供了详尽的研究材料，这使马克思对原始社会有了明确的科学界定，这一科学认识集中反映在1880年到1881年他对《古代社会》一书的摘要中。最后，恩格斯利用马克思批语，经过研究，于1884年撰写了《家庭、私有制和国家起源》，清晰勾画出人类社会发展"五形态说"的历史进程。这说明，"五形态说"内在地包含在马克思、恩格斯在历史唯物主义基础上对社会发展形态的科学分期认识中，构成了系统的社会形态演变一般规律理论，反映了人类社会形态发展进程最普通的规律。

否认和反对历史唯物主义"五形态说"是一切历史唯心主义特别是历史虚无主义的通病。曾几何时，一些历史课本、历史读物、历史文述、历史展览、历史陈列等不讲人类经过"五种社会形态"的普遍规律，而是用王权更替史或历代艺术品发展史取代社会形态演变史。更可笑的是，有的中国历史课本或读物从三皇五帝讲到末代皇帝，但在讲到近代鸦片战争爆发、中国共产党成立这样大的历史事件时，再也无法回避中国半殖民地半封建社会的事实，突然冒出了一句中国进入"半殖民地半封建社会"。须知，没有父母哪来的儿子。历史是连续的，没有封建社会哪来的半封建社会？没有资本主义社会哪来的半殖民地社会？由此再向前追溯，没有原始社会、奴隶社会，哪来的封建社会？历史唯物主义社会形态演变一般规律的科学理论，如同没有父母就没有儿女这样最通俗的道理一样，是不可否定的真理，否定了就会犯颠覆性的错误。

人类社会发展的"五形态说"是从唯物史观出发，对不同国家、地区、民族发展的特殊规律的抽象概括。要用唯物史观关于社会形态演变一般规律理论这个正确的"一般抽象"，来指导分析中国特色社会形态的演变规律，分析中国独特的发展道路，梳理、概括出中国社会形态演变历史和中国道路发展的特殊性，而不是把中国社会形态历史和发展道路人为地编造为中国王权更替史或才子佳人史。

中国社会形态演进既有普遍性又有特殊性。毛泽东同志指出："中国封建社会内的商品经济的发展，已经孕育着资本主义的萌芽，如果没有外国资本主义的影响，中国也将缓慢地发展到资本主义社会。"①资本主义列强不允许中国再按照人类社会形态的一般发展规律，独立自主地走西方发达资本主义的发展道路，而将中国变为受西方剥削压榨的半殖民地半封建社会。中国的特殊情况决定其不能直接进入社会主义社会，而要经过新民主主义革命，再经过社会主义革命，实现跨越性发展，走出一条非资本主义的现代化道路——中国特色社会主义道路。这是中国社会形态和中国道路的独特历史。只有从社会形态演进层面予以理论剖析，才能认清中国社会形态历史和发展道路的特殊性。

岁月更替，人世沧桑。马克思主义社会形态演变一般规律理论并不因时代的变迁而丧失理论光彩；相反，它依然以其宏大的世界视野、科学的理论价值，对当今社会的发展发挥着重要的指导作用。它依然是中华思想史研究重要的历史基础。

三 积极汲取中华优秀传统思想文化精华，服务新时代中国特色社会主义伟大实践

中华优秀传统思想积淀着中华民族最深层的精神追求，包含着中华民族最根本的精神基因，代表着中华民族独特的精神标识，不仅为中华民族生生不息、发展壮大提供了丰厚滋养，也为人类文明进步做出了独特贡献；不仅铸就了历史的辉煌，而且在今天仍然闪耀着时代的光芒。为中华思想的发展理出一条清晰、明确的脉络和主线，挖掘出中华思想的精华，结合当今时代特点实现创造性结合、创造性转换、创新性发展，为实现"两个一百年"奋斗目标和中华民族伟大复兴的中国梦服务，是中华思想史研究编撰的出发点和落脚点。

---

① 《毛泽东选集》第 2 卷，人民出版社 1991 年版，第 626 页。

以党的十八大召开为标志，中国特色社会主义进入新时代。新时代呼唤中华思想史的创新研究。学习历史理应学习思想史，研究历史必须研究思想史。不了解中国的历史特别是思想史，难以全面把握当代中国的社会状况，难以全面把握当代中华民族的初心、抱负和梦想，难以全面把握中国人民选择的发展道路和奋斗目标。

习近平总书记站在唯物主义历史观的高度，充分肯定了中华优秀传统思想文化的内在价值，为研究编纂中华思想史提供了理论指南。

第一，中华优秀传统思想文化是中华民族的不朽灵魂。

中华民族的优秀传统思想就是中华民族的"魂"。中华优秀传统思想强调人在社会中的位置与责任，注重自强不息、厚德载物、刚健有为的理想信念和道德追求，这是中华民族最根本的精神基因。中华优秀传统思想文化所倡导的大一统、讲仁爱、重民本、守诚信、崇正义、尚和合、求大同等理念，牢固积淀在中华民族的思维模式和行为方式中，深刻影响着一代又一代中华儿女。中华优秀传统思想是中华民族共有的精神家园，是中华民族生命力、凝聚力、创造力的重要源泉和内在动力。

第二，中华优秀传统思想文化是中国社会发展进步的精神力量。

中华优秀传统思想对中华民族和中国社会的进步产生了深刻影响，记载了中华民族自古以来在建设家园的奋斗中开展的精神活动、进行的理性思维、创造的思想成果，反映了中华民族的精神追求，是中华民族生生不息、发展壮大的思想滋养。

第三，中华优秀传统思想文化是中国共产党治国理政的智慧资源。

习近平总书记高度重视中华优秀传统思想文化对于我们党治国理政的重要意义，提炼出了许多关于安邦济世、治国理政的优秀思想。这些重要思想为中国共产党长期执政、执好政，领导人民夺取中国特色社会主义伟大胜利提供了重要的思想借鉴。要解决今日中国和世界面临的许多难题,不仅需要运用中华民族和全人类今天创造和发展的思想智慧,而且需要运用中华民族和全人类历史上储存的思想智慧,使之造福中国、造福人类。

第四,中华优秀传统思想文化是涵养社会主义核心价值观的道德源泉。

中华传统思想文化博大精深,学习和掌握其中的各种优良精华,对树立正确的世界观、人生观、价值观大有益处。中华优秀传统思想文化素以道德教化为特色而闻名于世。习近平总书记指出:"古人说:'大学之道,在明明德,在亲民,在止于至善。'核心价值观,其实就是一种德,既是个人的德,也是一种大德,就是国家的德、社会的德。"[①] 中国是一个有着14亿多人口、56个民族的大国,必须确立反映全国人民共同认可的价值观,使全体人民同心同德、团结奋进,其功在当代,利在千秋。

第五,中华优秀传统思想文化是当代中国马克思主义的理论营养。

马克思主义是解救中国、推动中国走向繁荣富强的中国特色社会主义道路的指导思想和理论基础。然而,马克思主义如果不与中国的实际相结合,不从中华优秀传统思想中汲取养分、汲取精华,就会变成形而上的空中楼阁,在中国的大地上发挥不了现实作用。中华优秀传统思想既是中国化马克思主义的"源",同时也是中国化马克思主义的"流"。中华优秀传统思想是中国化马克思主义的理论养料,中国化马克思主义的血管里始终流淌着中华优秀传统思想。

每个学派都有其区别于其他学派的规定性特征。中华思想史当代中国马克思主义学派同样有其本质性的特征,即坚持马克思主义

[①] 习近平:《青年要自觉践行社会主义核心价值观——在北京大学师生座谈会上的讲话》,人民出版社2014年版,第4页。

唯物史观的指导。自五四运动以来，经过近百年的奋斗，李大钊、郭沫若、侯外庐等中国思想史研究的前辈们运用马克思主义立场、观点、方法研究编撰中国思想史，形成并确立了中国思想史研究的马克思主义学派。今天，中国特色社会主义进入新时代，把中华思想史当代中国马克思主义学派的建构任务赋予了我们这一代新人。

中国社会科学院党组决定启动《通史》项目，不仅仅为了编纂出一部大部头的著作，而是要借此探索中华民族绵延不绝的精神内因和思想动力，要推出真正代表新时代中国特色社会主义哲学社会科学研究水平，深刻反映中国道路、中国精神和中国学术的标志性成果。撰写一部中华思想史研究的扛鼎之作，是巩固马克思主义在意识形态领域指导地位的重要举措，也是一项光荣的学术创新工程。对此，我们要具有高度的学术自觉与强烈的使命担当。

《通史》项目启动五年来，在项目组成员的共同努力下，已经取得了很大成绩。

第一，我们编纂出了上亿字的《中华思想通史》资料长编，目前已到了收尾阶段。一部翔实、可靠的资料长编，会为我们撰写出一部高质量的《中华思想通史》提供基本保证。

第二，我们撰写完成了《中华思想通史绪论》。2015年12月2日以来，《绪论》写作组召开了近30次编写工作会议，"几历寒暑、数易其稿"，付出了极大心血。《绪论》是《通史》的灵魂和锁钥。各编、各卷无论在资料长编的编纂中，还是拟定正本提纲，乃至《通史》正式的写作中，都要将思想认识统一到《绪论》上来。

第三，以《绪论》第三章"中国社会形态历史演进与发展道路"为基础编撰的《中国社会形态演变史纲》单独成册，将率先出版，并成为南开大学和中国社会科学院大学共同推出的文科教材。

第四，我们还拟定了《中华思想通史》正本提纲。正本提纲是《通史》的纲领，拟定系统、完备、规范的正本提纲，对于统一作者的写作思路，推进下一步《通史》的正式撰修，具有举足轻重的作用。

第五，我们连续成功召开了五届中华思想史高峰论坛，出版了3集《中华思想史研究集刊》。2019年，中华思想史研究院成立，成为我们这一学派新的学术阵地。

《通史》项目各项工作顺利有序推进，取得的诸多成绩，《通史》项目各位成员在这一过程中付出了辛苦努力。接下来，希望大家能够不忘初心、继续努力，扎实推进《通史》项目各项工作。

正如习近平总书记所指出的："历史和现实都表明，只有坚持历史唯物主义，我们才能不断把对中国特色社会主义规律的认识提高到新的水平，不断开辟当代中国马克思主义发展新境界。"[①] 我们要在唯物史观的科学指导下，提炼出在遵从人类发展普遍规律基础上中国社会形态发展的独特历史和发展道路，梳理出中华思想演变的清晰脉络，挖掘出中国社会形态演变与中华思想发展的深层互动关系，努力发现中华思想史研究新的学术增长点，展现新时代中国史学独特的科学价值和人文精神，在与国际学术平等对话的过程中，努力塑造和形成思想史研究的中国学派，奋力将马克思主义指导下的中华思想史研究提升到一个新的水平，为实现中华民族伟大复兴做出无愧于历史与时代的思想贡献。

[①] 习近平：《推动全党学习和掌握历史唯物主义　更好认识规律更加能动地推进工作》，《人民日报》2013年12月5日第1版。

坚持社会形态史与思想史相结合的研究理念，是中华思想史当代中国马克思主义学派的学术品格[*]

今天我们再次相聚在天津滨海新区，举行第六届、第七届中华思想史高峰论坛。我谨代表《中华思想通史》编委会，向与会专家、学者表示热烈的欢迎；向为会议提供宝贵支持的天津市滨海新区区委宣传部，以及在会议筹办中付出辛勤努力的中华思想史研究院、《中华思想通史》编委会办公室的工作人员，表示衷心的感谢！

2014年，《中华思想通史》编委会创立中华思想史高峰论坛这一高端学术品牌，在项目组成员的共同努力下，在学界同人的大力支持下，这个论坛推进中华思想史研究不断向纵深发展，推进思想史学者的交流与对话，为构建中华思想史当代中国马克思主义学派提供平台。论坛已连续举办六届，正在产生越来越广泛的影响。

立足已有成果，在新的形势下，我们接续举办这届论坛，汇聚学界智慧，共同探讨"社会形态与思想史研究"的深层关系，深入推进中华思想史研究。

下面，我就论坛主题谈几点看法，供大家参考。

---

[*] 该文系作者2021年在天津市滨海新区《中华思想通史》编委会主办的"第六届、第七届中华思想史高峰论坛"开幕式上的讲话。

一 深刻认识社会形态演变在人类社会发展史上的重大意义

唯物主义历史观是分析说明一切社会历史现象的世界观和方法论。唯物史观分析认识社会历史问题，就是坚持一切从社会存在出发来说明社会问题。社会存在是第一性的，最根本的社会存在就是生产方式的存在，就是"经济的社会形态"的存在。社会发展史说到底就是社会形态发展史。生产力决定生产关系，生产力与生产关系的统一构成社会生产方式，生产关系的总和构成社会经济基础，一切都要从生产力决定生产关系、生产关系决定经济基础、经济基础决定上层建筑的社会历史发展一般规律出发，从生产方式所决定的人类"经济的社会形态"出发来认识人类社会现象，而不是相反，这是唯物史观不可违背的根本原理。

人类社会形态的演进，根源于生产力的发展。人类的生产工具从旧石器升级到新石器，再到青铜器、铁器，再到机器、电子、信息、互联网、人工智能……生产力逐步提升，促使生产关系、生产方式不断发生变化，从而推动社会形态从原始社会进步到奴隶社会，再进步到封建社会、资本主义社会和社会主义社会，必将经由社会主义社会的过渡而进入共产主义社会（社会主义社会是共产主义社会的第一阶段）。当代资本主义虽强，但已经开始衰落；当代社会主义虽弱，却是必然胜利的新生事物。从长远看，任何新生事物都是不可战胜的。譬如，原始社会生产力的进步，导致人们的分工发生根本变化，进而引起剩余产品出现，产生了私有制，代替了原始共产主义公有制。经济基础决定上层建筑，经济结构的变化引发社会结构从母系社会向父系社会过渡，为私有制社会的形成奠定基础。经济结构的变化引起政治结构、阶级结构、社会结构的变化，从原始社会、奴隶社会、封建社会、资本主义社会，经社会主义社会过渡到共产主义社会,这就是人类社会历史的客观发展规律,这个规律是必然的、不以人的意志为转移的。

有人谬称马克思从来没讲过"五形态说",企图否定社会形态演变的普遍规律,这显然是站不住脚的。早在马克思主义创立初期,马克思、恩格斯在1846年合著的《德意志意识形态》中第一次提出人类社会经过五种所有制形式:(1)部落所有制;(2)古代公社所有制和国家所有制;(3)封建的或等级的所有制;(4)资产阶级的所有制;(5)未来共产主义所有制。①马克思、恩格斯在1848年发表的《共产党宣言》中说:"在过去的各个历史时代,我们几乎到处都可以看到社会完全划分为各个不同的等级,看到社会地位分成多种多样的层次。"紧接着,他们又说:"从封建社会的灭亡中产生出来的现代资产阶级社会并没有消灭阶级对立。它只是用新的阶级、新的压迫条件、新的斗争形式代替了旧的。"②

1859年1月,在《〈政治经济学批判〉序言》中,马克思关于五种社会形态的思想表述得十分清晰:"大体说来,亚细亚的、古希腊罗马的、封建的和现代资产阶级的生产方式可以看做是经济的社会形态演进的几个时代。资产阶级的生产关系是社会生产过程的最后一个对抗形式……人类社会的史前时期就以这种社会形态而告终。"③恩格斯根据马克思的基本思想,于1884年撰写了《家庭、私有制和国家起源》,清晰勾画出人类社会发展"五种形态"的历史进程。这说明,"五形态说"内在地包含在马克思、恩格斯在历史唯物主义基础上对社会发展形态的科学分期的认识中,构成了系统的社会形态演变一般规律理论,反映了人类社会历史发展进程最普遍的规律。

一切历史唯心主义特别是历史虚无主义,一般都在这个重大问

---

① 参见《马克思恩格斯选集》第1卷,人民出版社2012年版,第148—149页。
② 《马克思恩格斯选集》第1卷,人民出版社2012年版,第400—401页。
③ 《马克思恩格斯选集》第2卷,人民出版社2012年版,第3页。

题上反对马克思主义，否定"五形态说"。之所以这样做，就是认为否定了"五形态说"，就可以直接否定一切历史进步性，从而否认马克思主义唯物主义历史观是历史进步学说。就可以直接否定阶级社会的存在，从而否认阶级和阶级斗争学说；就可以直接否认社会革命的伟大意义，从而否认无产阶级社会革命和无产阶级专政学说；就可以直接否认意识形态的阶级性，否定唯物主义历史观的意识形态学说；就可以直接否认共产主义的最高理想和中国特色社会主义共同理想，否定科学社会主义学说和马克思主义。

历史和实践昭示，社会形态演变一般规律理论是马克思主义经典作家以深邃的历史洞察力深刻剖析人类社会历史发展进程而收获的重要理论硕果，是对人类社会发展规律研究、对人类历史观的伟大贡献。历史唯物主义是真理，真理是打不倒的。恩格斯认为，在唯物史观发现之前，人们对社会历史的一切认识都是在黑暗中摸索。捍卫"五形态说"，既是科学的理论品格，更是避免犯颠覆性错误的现实所需。正如习近平总书记所指出的："历史和现实都表明，只有在坚持历史唯物主义，我们才能不断把对中国特色社会主义规律的认识提高到新的水平，不断开辟当代中国马克思主义发展新境界。"[1]

二 牢固把握社会形态演进与思想史发展之间的联系与互动

马克思主义社会形态演变一般规律理论最核心、最根本的要旨在于说明，人类社会发展是生产力与生产关系、经济基础与上层建筑的矛盾运动，由不同的历史阶段构成，表现为不同的"经济的社会形态"的演进，从原始社会到奴隶社会再到封建社会，资本主义

---

[1] 习近平：《坚持历史唯物主义　不断开辟当代中国马克思主义发展新境界》，《求是》2020年第2期。

社会同以前的其他社会形态一样，只是人类社会历经的一个历史阶段，资本主义社会必然由兴盛走向灭亡，人类社会形态必将驰入一个全新的历史进程。

思想是在一定历史条件下产生的，同时又受到一定时代的历史条件的制约。有什么样的时代，就会产生什么样的时代主题，就会产生什么样的时代人物，解答历史提出的时代课题，产生代表时代前进方向的先进思想。人们的思想是历史的、具体的，从来不存在什么抽象的、超历史的、超时代的、永恒不变的思想。思想变化的原因，归根到底要到历史时代的物质生产方式的变化中去寻找。

马克思主义哲学不仅认为社会存在决定社会思想，而且还认为，社会思想对社会存在具有相对独立性、具有积极或消极的能动作用，具有自身的发展规律与历史逻辑。当然，任何社会思想的发展逻辑必然依存、受制于社会存在的发展规律，任何思想的相对独立性和能动性必然依存、受制于社会存在的决定性和基础作用。只有在坚持社会存在的最终决定性的同时考虑到遵循思想的相对独立性和能动作用的特点，遵循思想发展特有的规律，才能梳理好中华思想史的发展脉络，提炼出其内在精华。

正确思想不仅能动地反映世界，而且通过指导实践可以能动地改造世界。研究思想史不仅是被动地研究人类思想史上出现的人物、流派及其观点，而是要积极地从物质与精神、存在与思想的辩证关系运动过程中来研究、把握思想的地位与作用。既要看到思想是由存在决定的，又要看到思想积极的或消极的能动作用。从社会存在出发去说明思想，还不是思想史研究的全部任务；完整地研究思想史，要看到思想对社会发展所起到的积极的或消极的能动作用，取其精华，有利于当代思想的积蓄发展，让思想发挥更加积极的社会历史作用。

毛泽东同志在《人的正确思想是从哪里来的?》一文中指出："一个正确的认识，往往需要经过由物质到精神，由精神到物质，即由实践到认识,由认识到实践这样多次的反复,才能够完成。这就是马克思主义的认识论,就是辩证唯物主义的认识论。"[1] 这段话被概括为著名的"物质变精神,精神变物质"的"两变"思想。"两变"思想是马克思主义唯物论辩证法关于存在与思想关系的高度概括。一方面坚持了存在决定思想的唯物主义观点;另一方面也揭示了思想具有相对独立性并反作用于存在的辩证的、能动的观点,说明了马克思主义认识论是革命的、能动的反映论。要深刻理解辩证唯物论的"两变"思想,遵照"两变"思想来研究中华思想史。

马克思指出:"如果从观念上来考察,那么一定的意识形态的解体足以使整个时代覆灭。"[2] 思想的能动作用是巨大的,难以估量的。先进革命的意识形态的问世,可以催生一个崭新时代的诞生;落后保守的意识形态的崩溃,也可以加速一个垂死时代的灭亡。马克思主义作为具有强大凝聚力和引领力的共产主义意识形态,其诞生意味着资本主义时代必将为新的时代所替代。中华思想发展进程中新旧意识形态的更迭,同样引导了中国历史新旧时代的变迁。思想史研究的一个重要目的,就是从思想史与社会史的互动进程中,从意识形态和社会历史兴衰变化的互动进程中,反观、预测、把握人类社会历史和人类思维历史发展的客观规律。研究编撰思想史同样也要注意到这几个方面的特点:

一是思想与社会存在的发展变化存在不完全同步性。 一般来讲,社会存在与社会思想是同步的,但也不尽然。社会思想既可能落后于社会存在,也可能会超越社会存在。譬如,春秋战国时期,法家思想代表了新兴封建社会取代奴隶社会的进步要求,对当时中国社会发展起到了促进作用,具有一定的超前性,研究中华思想史就要承认法家思想的历史进步性。中国封建社会的儒家思想,对于

---

[1] 《毛泽东文集》第8卷,人民出版社1999年版,第321页。
[2] 《马克思恩格斯全集》第46卷下,人民出版社1980年版,第35页。

封建社会制度起到了维系巩固的作用，但是到了封建社会晚期，又对社会进步产生了阻碍作用，具有一定的落后性。

二是思想的独立性是在由社会存在决定的前提下的相对独立性，是有条件的，归根到底是由社会的物质基础和条件决定的。马克思主义经典作家对未来社会的发展只能描绘出大概的蓝图，而不可能详尽预见具体的细节。在中华人民共和国成立以前，中国是经济文化相对落后的半殖民地半封建国家，在特定条件下之所以能够接受马克思主义，并产生与实际相结合的中国化马克思主义——毛泽东思想，也仍然是以经济发展达到一定的水平为前提的，这是由于外围资本主义的侵入、中国民族资本主义的发展，已经产生了一定规模的资本主义经济，造成了人数虽然少，但是代表了先进生产力的中国无产阶级。

三是在阶级社会中，人们的思想在不同程度上带有阶级性。经济上占统治地位的阶级，在思想上也必然占统治地位。在考量中国进入阶级社会的思想发展脉络时，一定要从阶级分析出发认识中国阶级社会的思想史人物及其流派、观点。利益决定思想，而不是思想决定利益。在阶级社会中，不同的阶级由于所处的社会经济地位、所处的社会关系不同，由于阶级地位和阶级利益不同，决定了他们思想的不同以至根本对立。

四是思想在人类社会的发展中具有历史性，社会存在的变化发展决定思想的变化发展。人类思想史实际上就是人类社会形态演变史的理论反映；先进思想是社会形态变革的先声，又是社会形态发展的精神动力。当然，落后思想是维系旧制度的卫士，又是阻碍社会形态变革进步的精神阻力。以先进思想为例，明清时期的工商业发展已经冲击到封建土地制度和封建社会经济基础，阶级关系也发生了相应变化。如果没有外国资本主义势力的入侵，中国封建社会也会缓慢地进入资本主义社会。外国资本主义的侵入使中国独立自主走资本主义发展道路受到梗阻，沦为半殖民地半封建社会，社会的转型使中国的社会矛盾空前激烈，形成了激烈的思想斗争，产生了强烈的图强图新图变思想。时代的变迁，社会形态的更替，决定着观念的转变和新的思想的形成，研究编撰中华思想史就要遵循这一逻辑。

三 揭示跨越不同社会形态的，中华民族一脉相承、一以贯之的思想精华

马克思主义经典作家所判定的"大的历史时代"的历史框架中的中国特色社会主义新时代，为我们梳理、总结、概括中华思想发展史提供了宏大的时代背景和时代条件。结合大的历史时代和当今中国特色社会主义新时代的特征，实现中华优秀传统思想创造性转换、创新性发展，为实现"两个一百年"奋斗目标和中华民族伟大复兴的中国梦服务。这是中华思想史研究编撰的出发点和落脚点。

研究编撰《中华思想通史》：**一是无论从时间断限还是从思想脉络来看，都要贯通古今。**要将中华民族在漫长历史长河中形成的优秀思想挖掘总结、提炼集成起来，为中国共产党总结历史、开创未来提供丰富的思想资源，为世界文明和人类智识的提升做出属于中华民族的奉献。

二是既要挖掘传承中华优秀传统思想，又要融合会通外来先进思想。要深入探寻中华民族发展史上的思想宝藏，同时注意中华思想对优秀外来思想的吸收融合，从中国与世界、历史与现实的双重维度深入发掘中华优秀传统思想的精髓内核，探索中华民族绵延不绝的内在精神，为中华民族走向复兴不断注入精神力量。

三是明确马克思主义中国化理论成果、习近平新时代中国特色社会主义思想在中华思想史上的地位和作用。从中华文明历史变迁的角度，特别是审视鸦片战争以来，尤其是中国共产党成立以来中华思想发展轨迹，从学理上筑牢马克思主义中国化理论成果、习近

平新时代中国特色社会主义思想在中华思想史上的地位作用，弘扬几千年中华优秀传统思想和马克思主义相结合所形成的先进思想，即中国化马克思主义、习近平新时代中国特色社会主义思想。

源远流长的中华传统文化中包含着丰富的优秀思想，延续了中华文明的思想血脉，积淀了中华民族最深层的精神追求，蕴含着中华民族最根本的精神基因。例如，"自强不息"的奋斗精神，"厚德载物"的道德修养，"天下兴亡、匹夫有责"的爱国主义，"苟日新、日日新、又日新"的创新精神，"小康""大同"的社会理想，"和而不同"的处世之道，"民为邦本、强国富民"的民本思想，"法道自然、天人合一"的自然生态观，"四海为家、天下为一"的"大一统"政治理念，"德法相辅"的治国方略，"知行合一、躬行实践"的贵在实干观，"实事求是"的求真精神和思想方法，唯物主义和辩证法的哲学精华等。这些精神基因代表着中华民族独特的精神标识，滋养着中华民族的发展进步，充实着国家制度和国家治理体系的思想根基，不仅为中华民族生生不息、发展壮大提供了丰厚滋养，也为人类文明进步做出了独特贡献，不仅铸就了历史的辉煌，在今天仍然闪耀着时代的光芒。

中国共产党人历来具有传承和发展中华优秀传统思想的高度自觉。在对待历史遗产和中华传统思想的问题上，中国共产党一直坚持决不能割断历史、割断思想，决不能成为历史虚无主义者、文化虚无主义者，也决不能成为历史复古主义者、文化复古主义者；既不能像全盘西化论者那样照搬照抄西方思想，也不能像文化复古论者那样不加分析地盲目接受传统思想，而是要始终在马克思主义指导下，坚持科学的态度和方法，立足社会实践，结合时代要求，既要回首过去、追溯历史，又要超越陈规、创新发展。1938年10月，毛泽东同志在提出马克思主义中国化概念时就强调："学习我们的历史遗产，用马克思主义的方法给以批判的总结，是我们学习的另一任务。我们这个民族有数千年的历史，有它的特点，有它的许多珍贵品。对于这些,我们还是小学生。今天的中国是历史的中国的一个发展;我们是马克思主义的历史主义者,我们不应当割断历史。从孔夫子到孙中山,我们应当给以总结,承继这一份珍贵的遗产。"[1] 1943年5月,《中国共产党中央委员会关于共产国际执委主席团提议解散共产国际的决定》明确指出:"中国共产党人是我们民族一切文化、思想、道德的最优秀传统的继承者,把这一切优秀传统看成和自己血肉相连的东西,而且将继续加以发扬光大。"[2]

进入新时代,习近平总书记结合新的时代特点进一步强调:"中国共产党人是马克思主义者,坚持马克思主义的科学学说,坚持和发展中国特色社会主义,但中国共产党人不是历史虚无主义者,也不是文化虚无主义者。我们从来认为,马克思主义基本原理必须同中国具体实际紧密结合起来,应该科学对待民族传统文化,科学对待世界各国文化,用人类创造的一切优秀思想文化成果武装自己。在带领中国人民进行革命、建设、改革的长期历史实践中,中国共产党人始终是中国优秀传统文化的忠实继承者和弘扬者,从孔夫子到孙中山,我们都注意汲取其中积极的养分。"[3] 这就是说,要坚持从当代中国的实践和未来中国的发展这两个角度去观察和审视中华传统思想,创造性地传承和发展中华民族传统思想的优秀成果,弘扬其发展中积累下来的优良传统,为我所用、为今所用、为将来所用,实现历史思想、当代实践和未来发展的有效贯通。

当前,我们面临世界百年未有之大变局,两种制度之争的加剧、高新技术引发的竞争、经济全球化的纷斗、逆全球化思潮的涌动、疫情带来的国际局势的扰动……导致国际时局的发展更加扑朔迷离。现实越是复杂,越是需要理论的清醒。唯物主义历史观的社

---

[1] 《毛泽东选集》第2卷,人民出版社1991年版,第533—534页。
[2] 《中国共产党中央委员会关于共产国际执委主席团提议解散共产国际的决定》,《解放日报》1943年5月27日。
[3] 习近平:《在纪念孔子诞辰2565周年国际学术研讨会暨国际儒学联合会第五届会员大会开幕会上的讲话》,人民出版社2014年版,第13页。

会形态学说昭示,任何一个历史时代都存在新旧两种社会形态的较量与斗争,《共产党宣言》深刻指出,"资产阶级的灭亡和无产阶级的胜利是同样不可避免的"①,这是历史发展不可逆转的大趋势。随着资本主义的不断衰落,资本主义意识形态将倍加努力地维护自身所赖以存在的社会形态,抵制和攻击社会主义,不断加大资本主义意识形态的攻击力度。我们既要正确研判形势,也要树立坚定的文化自信。2020年以来,我们经历了百年来全球最严重的新冠肺炎疫情大流行。面对突如其来的疫情,我们党团结带领全国各族人民,坚持人民至上、生命至上,进行了一场惊心动魄的抗疫大战,取得了抗击新冠肺炎疫情斗争重大成果,创造了人类同疾病斗争史上又一个英勇壮举!今天我们能够在这里顺利举办第六届中华思想史高峰论坛,本身即证明,中国特色社会主义制度具有显著优势,中国特色社会主义道路具有坚实的历史基础,中华思想具有旺盛而繁茂的生命力,是应对各种风险挑战、实现国家长治久安的思想保证。

《通史》项目启动六年来,在大家的共同努力下,取得了诸多成绩。《中华思想通史资料长编》电子版、《中华思想通史》正本提纲工作已接近尾声,《中华思想通史》正本撰写工作已经全面启动。借此机会我再报告两个好消息:一是在2020年10月,《中华思想通史》项目被全国哲学社会科学工作办公室确立为国家社科基金重大委托专项,这既是对《通史》项目重要意义和先期成果的高度肯定,也为项目的顺利推进增添了新的保障。二是经过六年的努力,《中华思想通史绪论》和《中国社会形态史纲》已经正式出版了,这两部书是《通史》项目的重要阶段性成果,尤其是《绪论》的完成,为《通史》项目的最终胜利奠定了坚实的基础。良好的开头是成功的一半,希望大家能够不忘初心、继续努力,扎实推进

---

① 《共产党宣言》(第3版),人民出版社1997年版,第40页。

《通史》项目各项工作。

正如习近平总书记所指出的："历史和现实都表明，只有坚持历史唯物主义，我们才能不断把对中国特色社会主义规律的认识提高到新的水平，不断开辟当代中国马克思主义发展新境界。"[1] 我们要在唯物史观的科学指导下，融通社会形态史与思想史研究，立足社会形态演进规律，客观、全面、辩证地分析各个时代的主流思想，将研究主体放在人民群众身上、将研究重点放在真正代表人民大众的进步思想上，拿出一部真正代表中华思想史当代中国马克思主义学派学术品格的、一部真正属于人民的、一部无愧于历史与时代的思想史精品力作，为奋力"十四五"，全面建设社会主义现代化国家，实现中华民族伟大复兴做出应有贡献。

希望大家为探索社会形态演变与思想变迁的互动关系进行深入探讨，展开思想碰撞，不断收获新的学术灵感。希望大家在会议期间身体健康、心情愉快。

---

[1] 习近平：《坚持历史唯物主义　不断开辟当代中国马克思主义发展新境界》，《求是》2020年第2期。

五

批判研究、科学继承中华优秀传统思想

研究儒家文化,传承优秀文化,培育时代精神,服务伟大现实^{*}

今天,我们大家聚集在衢州,共同纪念中国古代伟大的思想家和教育家、儒家学派的创始人孔子诞辰 2561 年,并举办以"儒家文化与时代精神"为主题的国际学术论坛,具有特殊的意义。

时代精神是一定社会历史条件下形成和发展起来的,它是适应生产力发展,顺应历史趋势,能够反映社会发展方向、引领时代潮流、代表先进文化要求的思想理念、价值取向、行为方式、道德规范等的总和。今天中国的时代精神,就是以中国化的马克思主义为理论基础,以中国特色社会主义共同理想和社会主义核心价值体系为标志性内容,包括体现社会主义先进文化的思想理念、价值取向、行为方式和伦理道德等的总和,这是推动我国最终实现富强民主文明和谐的社会主义现代化国家的重要精神力量。

我们知道,任何体现时代精神的思想意识形态,都有其产生的文化土壤,都有其民族精神文化传统的历史和逻辑的依据和泉源。就中国而言,今天中华民族的时代精神,同样包含中国优秀传统文化,包括儒家文化中的优秀精华的富有生命力的东西。

儒家文化形成于春秋战国时代,是应对社会交替、"礼崩乐坏"的剧烈变革的社会现实而产生的。孔子删述六经,总结继承中国上

---

* 该文系作者 2010 年 9 月 27 日在"第三届中国衢州国际儒学论坛"开幕式上的讲话。原载《儒家文化与时代精神》,浙江古籍出版社 2011 年版。

古时期以来传统文化,他的思想在很多方面都体现了当时的社会精神风貌和价值取向,是为当时的社会制度服务的。秦王朝确立了大一统的封建集权制国家以后,秦始皇焚书坑儒,儒家文化不受重视,被打入冷宫。直至汉王朝中国封建制度巩固,从汉武帝"罢黜百家,独尊儒术"开始,儒家文化成为封建社会的正统文化。儒家文化能在几千年的封建社会发展中一直绵延不绝,也充分说明儒学兼收并蓄地吸纳了中华民族千年文明的优秀传统,具有历史和文化价值。

儒家思想文化是中国封建社会传统思想文化的核心和主干,其精华成为塑造和凝聚中华民族精神的重要内容。儒家文化自产生以来,对我国乃至整个东亚地区的经济、政治、文化、社会生活的各个领域都发生了深刻影响。19世纪至20世纪的一百多年中,由于西方工业和科技文明的挑战,以儒家思想为主导的中国传统文化一度被视作守旧与落后的象征,遭到怀疑甚至否定。尽管儒家文化在现代化发展进程中遭遇了从理论到现实的诸多困境,但这并不能说明它无法适应现代社会需要。事实上,经历了全球化的洗礼,随着现代社会的来临,儒家文化中积极的精华,可以成为今天社会可持续发展的积极而重要的思想和文化资源。

毛泽东同志说:"我们是马克思主义的历史主义者,我们不应当割断历史。从孔夫子到孙中山,我们应当给以总结,承继这一份珍贵的遗产。"[①] 任何一个历史文化传统都有精华与糟粕。对于儒家文化,同其他传统文化一样,我们持批判继承的基本态度,要进行科学甄别,去伪存真,去芜存精,在中国特色社会主义现代化进程中,真正实现对人类一切优秀文明成果的吸收和利用。

结合当前我国思想文化建设的实际,我个人认为应从以下几点加强对儒家文化传统的挖掘和承继。

---

① 《毛泽东选集》第2卷,人民出版社1991年版,第534页。

一是刚健进取的精神。儒家自创立以来，形成了一种积极入世、刚健有为的传统。孔子本人就很重视"刚"的品德，将之作为君子"仁"德的重要条目，说："刚毅木讷近仁。"刚毅即是具有坚定性。这种坚定性表现在道德人格上，就是"三军可夺帅也，匹夫不可夺志也"，"可以托六尺之孤，可以寄百里之命，临大节而不可夺也。君子人与？君子人也。"匹夫不可夺志，临大节而不可夺，就是刚健精神的表现。这种刚健进取的精神在儒家经典《易传》中的表达就是"天行健，君子以自强不息"，在《诗经》中的表达就是"维天之命，于穆不已。"先秦儒家所倡导的这种积极进取、刚健有为的人生态度对后世中国知识分子产生了很大影响，成为历代知识分子积极入世、安民济众、参与社会活动的重要精神动力，而自强不息、百折不挠也成为维系和支撑两千多年来中华民族发展的重要价值取向和精神力量。在我国今天的社会主义建设中，仍然需要发扬儒家这种刚健自强的精神传统，锐意改革，勇于创新，实现历史赋予我们的使命，使中华民族永远屹立于世界民族之林。

二是道德理性的传统。与西方文明注重知识理性的传统不同，儒家传统中的理性主义，主要表现为道德理性，当然这并不是说，儒家否定对知识的追求和渴望。自孔子开始，儒家就非常注重知识的学习和积累，包括对典籍文献的学习和社会生活经验的传习。《论语》记载孔子"入太庙，每事问"，他教弟子要"多识草木鸟兽虫鱼之名"，还常常将知与仁并重，"仁者乐山，智者乐水"；"智者动，仁者静；智者乐，仁者寿"。做一个有智慧的博学的仁者，这是自孔子以来儒家知识分子的理想。《中庸》中提出为学有五个层次："博学之，审问之，慎思之，明辨之，笃行之。"而强调博学为首。后儒甚至形成"一物不知，儒者之耻"的思想意识。到程朱理学的集大成者朱熹那里，格物穷理，进学致知，成为追求和体认世界本体——天理的基本方法路径，"道问学"已经变得和"尊德性"同等重要。儒家文化发展中的这种智识主义的倾向，为明清之际以徐光启等为代表的儒家士大夫和学者接受西方科学知识和器物文明提供了一个有力的价值支撑和逻辑先导。有些人曾批评儒家只注重实用理性或道德理性，而缺乏知识理性，不能开出现代科学之花。这是对儒家文化的误解，儒家文化的出发点并不在人对自然的征服和利用关系，而首先在于解决人类社会内部的伦理关系问题。在人际关系的基础上，再进一步推展到天人关系（即自然与人的关系）。这种思维方式，对于我们今天社会发展到现代工业阶段出现的人际紧张、心理焦虑等科学所不能解决的"心理病"，未必没有对症的效果。

三是和谐中道的观念。儒家思想文化中的核心观念是和谐中道。在先秦儒家经典《周易》《尚书》中就已出现"保合太和""协和万邦"的思想，强调天道、自然和人类社会的和谐。孔子提出"君子和而不同"，强调不同事物和观念的和谐共存，其弟子有若更是以"礼之用，和为贵"来总结以礼乐为基础的儒家文化的实质。孔子又提出"中庸"说，"君子中庸，小人反中庸"，"中庸之为德也，其至矣乎！"中就是适度、合宜，所谓中庸就是执两用中之道，孔子以"执其两端而扣之""过犹不及"来解释中道。中道不仅是一种为人处世的方法，更是儒家所追求的一种道德和精神境界。

对于和谐，儒家从三个方面进行了解释：一要实现个人身心的和谐。孔子将其描述为"箪食瓢饮，不改其乐""人不知而不愠"，后世宋明儒者称之为"孔颜乐处"，并以之作为最高精神境界来加以追求。二要实现人与社会的和谐。由个体修身推及家庭和社会，从而实现整个社会的和谐共处，是儒家知识分子一贯的理想。孔子提出"老者安之，少者怀之，朋友信之"，孟子将之进一步表述为"老吾老以及人之老，幼吾幼以及人之幼"，《礼记》更是将这种老安少怀的和谐状态描绘为大道得行的大同理想社会的实现。三要实现人与自然的和谐相处，也即天人合一。孟子说做孔子所提倡的君子，要"亲亲而仁民，仁民而爱物"；宋儒张载提出圣贤境界就是

"民吾同胞,物吾与也",至明代大儒王阳明更是提出"大人者,与天地万物为一体"之说,作为人生的最高境界追求。

儒家这种和谐中道的观念,其建立的前提是对他者存在的肯定和包容。兼容并蓄,多元共存,这是儒家文明对待异质文化的基本态度,也是其主导下的中国文化得以在两千多年中绵延不绝并能不断自我更新和完善的基础。这个基本态度对于我们如何处理现代社会不同文明的关系及其价值,实现多元文化共生共存,具有很大的指导意义。而其在方法进路上强调推己及人,由近及远,从个体到家庭和谐,再到社会的和洽,最后达于天人合一,对于救治现代社会人情冷漠、生态灾难等问题,即使不是一剂良药,至少也提供了极好的参考价值。

四是"民本意识"和注重民生的思想。作为先秦儒家精神来源的周文化中,一直存在着"敬德保民"的思想传统。《古文尚书》中的"民惟邦本,本固邦宁",可以说是儒家民本思想的滥觞。孔子所建立的仁学,其最核心的观念就是"仁者爱人"。应对这种爱人的思想,孔子在政治上提出了"使民以时"、富民教民的主张;孟子仁政思想的重要内容一是"制民之产",二是提出"民贵君轻"的观点。荀子也提出"君者舟也,民者水也,水则载舟,水则覆舟"的君民关系论。"以民为本"、注重民生,为后世儒家知识分子得君行道提供了重要的思想和行动张本,也将继续为我国建设和谐社会、小康社会提供有价值的思想文化资源。

儒家文化的精华部分作为中华民族精神的重要组成部分,在构建社会主义核心价值体系、培育时代精神过程中将会发挥应有的作用。继承儒家和谐中道思想、民本主义观念和理性主义精神,弘扬中华民族自强不息、刚健有为的奋斗精神,是历史和时代赋予我们的要求。我们应着眼于世界文化的大交流和大融合的背景,在汲取世界各民族优秀文化的基础上,积极推进中华民族文化的创新,大力发扬具有中国特色的社会主义先进文化,在世界文化的发展历史长河中始终站在前沿,处于文化强国之列。

批判地认识王阳明的主观唯心主义哲学体系[*]

很高兴来到余姚，参加"国际阳明学研究中心"揭幕仪式。

王阳明，明宪宗成化八年（1472年）生于余姚县龙泉山上之瑞云楼，出身世代为官的诗书世家。原名云，后更名守仁，字伯安，尝筑室读书于绍兴会稽山阳明洞，自号"阳明子"，学者尊称"阳明先生"。他二十七岁考取进士，授兵部主事。后因反对宦官刘瑾，被廷杖四十，谪贬贵州龙场（修文县治）驿丞。刘瑾被诛后复出，累迁至南京兵部尚书。

明朝中叶，封建社会制度危机加深，皇室、贵族、宦官和大官僚、大地主疯狂进行土地兼并，使农民阶级和地主阶级的矛盾日益尖锐。在残酷的压迫之下，大规模的农民起义不断发生。封建统治危机的出现，导致统治阶级内部争权夺利的斗争也日益加剧了。正是在这样的历史条件下，王阳明站在封建统治阶级的立场上，力图挽救明王朝。一方面，王阳明在政治上致力于明朝中兴，维护明王朝的政治统治。他主张加强北方边疆的防御力量，抵抗北方边疆民族侵略。他一生最大的功业是凭过人的奇智大勇三十五天便平定了南昌宁王朱宸濠之乱。另一方面，他在思想上积极批判朱熹的客观唯心主义理学，把封建社会危机完全归结为人心不好，企图通过重

---

[*] 该文系作者2011年8月10日在宁波余姚召开的国际阳明学研究中心揭牌仪式上的致辞。原载《国际阳明学研究》第1卷，中国社会科学出版社2011年版。

建封建道德，加强封建信仰的灌输来化解社会危机，挽救明王朝统治。王阳明站在明王朝封建统治阶级立场上镇压过农民起义和少数民族起义。他的主观唯心主义哲学是为封建统治阶级服务的。我们应当站在历史唯物主义立场上，从当时的历史条件出发，实事求是地评价王阳明及其哲学思想。

列宁指出："僧侣主义（=哲学唯心主义）当然有认识论的根源，它不是没有根基的，它无疑是一朵无实花，然而却是生长在活生生的、结果实的、真实的、强大的、全能的、客观的、绝对的人类认识这棵活树上的一朵无实花。"① 列宁上述思想表明：唯心主义是在人们的认识过程中产生的，人的认识是一个充满矛盾的非常复杂的"近似于一串圆圈、近似于螺旋的曲线"。这一曲线上的任何一个片段、小段都有可能被片面地变成独立的完整的直线，即有产生唯心主义的可能性。唯心主义哲学也是人类认识之树上的花朵，在人们的认识活动中是难以避免的，唯心主义哲学体系中也包含着某些合理的因素，并非一味胡说，但它由于颠倒了思维和存在的关系，脱离实践，因而总体上是错误的，是不结果实的。根据列宁对唯心主义的批判，我们应当运用辩证唯物主义的立场、观点和方法对王阳明的主观唯心主义哲学体系加以批判地认识。王阳明的主要著作有《传习录》和《大学问》，均为门人所辑，收录于《王阳明全集》亦即《王文成公全书》中。他的学说的精髓主要体现在"心即理""知行合一"和"致良知"三说，这些在《传习录》中有详尽表述。

王阳明生当明王昏庸、奸宦专权，社会分化而危机四伏与朱学牢笼天下且弊端尽显的明朝中叶，作为一代心学宗师，他的心学虽是唯心主义的，但是它反对占据思想统治地位的朱熹理学，反对崇拜旧教条旧权威，是应革新理学、收拾人心、匡时救弊的封建社会

---

① 《列宁选集》第 2 卷，人民出版社 2012 年版，第 560 页。

发展要求而产生的。明代中叶，官僚士大夫和一般知识分子都沉溺于训诂词章之学，把朱熹学说当作猎取名利的工具，王阳明批评当时的风气是"从册子上钻研，名利上考索，行迹上比拟。知识愈广而人欲愈滋，才力愈多而天理愈蔽"。他用主观唯心主义取代客观唯心主义，企图从哲学思想上变换一种新的形式，整饬人心，以化解明王朝危机。

王阳明是宋明时期主观唯心主义的集大成者，把宋明主观唯心主义哲学体系发展得更细微、更精致、更系统，一度成为封建社会的支配思想。他提出"心即理"是针对朱熹判"心""理"为二从而忽视了道德实践以及格物穷理的烦琐支离之弊；"知行合一"的提出，也是他有感于割裂知行内在联系的朱熹"知先行后"说与当时口讲圣贤之学而实求私欲功利的言行不一的社会风气；强调"致良知"，源自他唯有疗救人心方能救治社会的深刻认知；他提出根据人们年龄和身心发展水平的区别，因材施教，分别施以灵活的、为人接受的教育方法。虽然这些思想是为封建统治阶级服务的，是唯心主义的，但从道德实践领域，从哲学伦理道德以及认识论研究方面来说，不乏许多有价值的东西。

王阳明去世后，王门后学一分为七，即分为浙中、江右、南中、楚中、北方、粤闽及泰州七大区域流派。这也从一个侧面说明了阳明学的开放性和包容性。正如学者们所说，阳明学及阳明后学，具有简易直捷、偏重践行的倾向，以及诉求主体性精神的思想品格和精神特质，其开启的一代思想清流和学术新风，不仅浸润了明代近百年的儒学，且在明清之际掀起了一股早期启蒙思潮，近代戊戌变法时期的维新派亦视之为圭臬。而且，在日本阳明学一度被奉为"显学"，成为明治维新运动的理论工具和思想武器。

今天，我们在阳明故里余姚举行"国际阳明学研究中心"的揭幕仪式，置身龙泉山麓、姚江水畔，回想悠悠历史、荟萃人文，深感从事哲学社会科学研究意义重大、使命神圣,油然想起另一位哲学大家张载的名言:"为天地立心,为生民立命,为往圣继绝学,为万世开太平。"让我们以此共勉!

研究湖湘，宏大湘学[*]

一本湘人奋斗篇，半部中国近代史。近代湖湘是中国近代史的一个缩影。近代湘人和在湘人士在中华民族复兴奋斗的舞台上演绎了无数悲壮史剧，更为中华人民共和国的成立和建设做出了重大贡献。由此上溯越千年，中华民族多少英雄豪杰、仁人志士在潇湘大地豪迈放歌、奋勇拼搏，为中华民族的繁衍发展、为中华文明的兴旺发达，奉献了自己的心血乃至生命。研究湖湘人文，树传立史，谈经论理，宏大湘学，乃是发展湖南和我国经济社会文化、繁荣中华文明的一件要事。2011年9月，在永州召开的"第五届中国社会科学前沿论坛"上，鉴于湘学源远流长、博大精深，我向湖南省委常委、省委宣传部部长路建平，湖南省社会科学院党组书记、院长朱有志提议湖南应该成立专门的湘学研究机构，以便更好地研究湖湘、创新湘学，为湖南文化强省和科学发展服务，为中国特色社会主义服务。这一建议立即得到了湖南省委书记、省人大常委会主任周强以及路建平、朱有志的支持。在全国上下认真学习贯彻十七届六中全会精神、推动社会主义文化大发展大繁荣，以优异成绩迎接党的十八大召开之际，湖南湘学研究院挂牌成立，可谓恰逢其时。

文化复兴是中华民族复兴的重要部分，是中华民族振兴的重要

---

[*] 该文系作者2012年6月4日在湖南长沙湖南省社会科学院"湘学研究院成立大会"上的讲话。原载《中国社会科学报》2012年6月14日。

标志。湘学是中华文化的重要组成部分，又具有鲜明的地域特色，湖南的发展尤其是在近现代的发展为推动中华民族发展并走向复兴做出了不可磨灭的贡献。今天我们研究湘学，继承和发扬湖湘精神，对促进湖南发展、促进文化大发展大繁荣、促进经济社会又好又快发展，都有着十分重要的价值。

学术为天下公器。文化事业的繁荣和经济社会的发展都需要我们好好研究、宣传和宏大湘学，湖南湘学研究院的成立正好为湖湘学者和广大湘学爱好者们提供了一个良好的平台。在这里，我提几点看法，与同志们探讨。

第一，研究湘学，不要把它仅仅当成学术研究之学，要从政治和全局的高度出发，坚持正确的政治方向和学术导向，以马克思主义世界观和方法论的哲学思维看湖湘。湘学"以禹墨为本，周孔为用"，贵"诚"而轻"浮"，重"实"以明"身"，注重实际、注重行动是湘学所追求的学风、特点和精神实质所在，实事求是、务实重行是湘学的哲学精髓。出生于湖南的毛泽东同志深受湘学影响，把"实事求是"概括提升为党的思想路线，作为中国化马克思主义的哲学依据和核心理念。要以实事求是、务实重行的哲学思维方式从事湘学研究。

第二，研究湘学，不要把它仅仅当成研究湖湘之学，要把它看成中国学术、中华文化的有机部分，站在全中国、全世界放眼看湖湘。湘学虽然主要产生、传承、发展于湖南，但它绝不仅仅是一地之学，"其人为天下士，为事亦天下事"。而且，"湘人"之学绝不仅仅在湖南，作为"湘人"，他们走出湖南，走向全国，走向世界，他们的成就体现、继承、弘扬了湖湘精神，也汲取了全国各地的文明精神。湘学不是封闭的，它是开放的，是和整个中国学术、中华文化联系在一起的。要以面向全国、面向世界、面向未来的开放眼光和远大视野来研究湘学。

第三，研究湘学，不要把它仅仅当成研究湘人之学，要重视非湘籍人士的贡献，以开放包容之心看湖湘。"湘人"当然是湘学研究的题中应有之义，但是，绝不仅仅如此。任何人，不管是不是"湘人"，不管他的原始籍贯如何，只要受到湖湘文化的影响，只要对湖南的发展产生过影响，只要他身处湖湘而贡献于中华民族乃至全世界人类文明，就应是今天我们的研究对象。千万不能忽略非湘籍人士对湘学的重要建树、对湖南的重要贡献，这对于扩大湘学研究范围、拓展湘学研究内容均有重要的意义。要以更为宽阔的视域、更为开放的心态、更为兼容的文化自觉自信来研究湘学。

第四，研究湘学，不要把它仅仅当成研究历史之学，要古为今用，以批判地借鉴继承、为现实服务的心态看湖湘。从作为传统学术的重要组成部分这个意义来讲，湘学要研究古往今来的历史与人物，但湘学不是为历史而历史、为古人而古人，要为现实服务。既要研究历史上的湘人湘事，也要研究当今时代的湘人湘事，要为湖湘的当代发展做贡献。研究湘学，不仅要研究历史时期的湘学，更要研究湘学的现代继承和创新问题，要拓展现代湘学研究的对象、范围、内容等。要以为现实服务、为今天服务，与时俱进、开拓创新的学风来研究湘学。

总之，研究湘学，不完全是为了研究湖南、宣传湖南、发展湖南，而是为了实现今天中国的现代化，这也是我们倡导成立湘学研究院的重要原因。

湖南省湘学研究院的成立，标志着湘学的研究将迈上一个新的台阶。今天，我冒昧地提出近期工作的六点希望：一是制订切实可行的研究规划；二是组织又红又专的研究队伍；三是举办有影响的湘学论坛；四是出版有深度的湘学论丛；五是产出有影响的湘学成果；六是形成有生命力的新学科生长点。

最后，衷心祝愿湘学研究院以马克思主义为指南，加强与国内外学术界的交流与合作，把研究院办成在全国乃至国际上最具影响力的研究基地,为湖南经济社会文化的发展提供智力支持和精神动力,为全国的经济社会文化大繁荣大发展、为中国特色社会主义伟大事业做出积极的贡献。衷心祝愿湘学研究院在今后的发展道路上创造出永载史册的成绩!

崇实重行，湘学之要*

一本湘人奋斗篇，半部中国近代史。近代湖湘是中国近代史的一个缩影。近代湘人和在湘人士在中华民族复兴奋斗的舞台上演绎了无数悲壮史剧，更为中华人民共和国的成立和建设做出了重大贡献。由此上溯越千年，中华民族多少英雄豪杰、仁人志士在潇湘大地豪迈放歌、奋勇拼搏，为中华民族的繁衍发展、为中华文明的兴旺发达，奉献了自己的心血乃至生命。研究湖湘人文，树传立史，谈经论理，宏大湘学，乃是发展湖南和我国经济社会文化、繁荣中华文明的一件要事。

要在马克思主义的世界观、方法论的基础上统一思想，用历史的观点、批判的观点、开放的观点、现实的观点、创新的观点研究湘学。研究湘学要提倡"三个服务"：为现实服务，为湖南的经济社会发展服务，为中国特色社会主义现代化建设和中华民族的伟大复兴服务。研究湘学，不要把它仅仅当成学术研究之学，要从政治和全局的高度出发，坚持正确的政治方向和学术导向，以马克思主义世界观和方法论的哲学思维看湖湘，要以实事求是、务实重行的哲学思维方式来研究湘学；研究湘学，不要把它仅仅当成研究湖湘之学，要把它看成中国学术、中华文化的有机部分，站在全中国、全世界放眼看湖湘，要以面向全国、面向世界、面向未来的开放眼

---

* 该文系作者 2013 年 1 月 13 日参加湖南省湘学研究院"弘扬湘学传统，促进当代发展"座谈会上的讲话。原载《光明日报》2013 年 5 月 30 日。

光和远大视野来研究湘学；研究湘学，不要把它仅仅当成研究湘人之学，要重视非湘籍人士的贡献，以开放包容之心看湖湘，要以更为宽阔的视域、更为开放的心态、更为兼容的文化自觉自信来研究湘学；研究湘学，不要把它仅仅当成研究历史之学，要古为今用，以批判地借鉴继承、为现实服务的心态看湖湘，要以为现实服务、为今天服务，与时俱进、开拓创新的学风来研究湘学。

从作为传统学术的重要组成部分这个意义来讲，湘学要研究古往今来的历史与人物，但湘学不是为历史而历史、为古人而古人，要为现实服务。既要研究历史上的湘人湘事，也要研究当今时代的湘人湘事，要为湖湘的当代发展做贡献。研究湘学，不仅要研究历史时期的湘学，更要研究湘学的现代继承和创新问题，要拓展现代湘学研究的对象、范围、内容等。研究湘学，不完全是为了研究湖南、宣传湖南、发展湖南，更多的是为了实现今天中国的现代化。

继承与弘扬求真务实的优良传统[*]

今天，我们济济一堂，利用回顾中华人民共和国史学发展道路这个学术会议的机会，举办一个简朴的座谈会，纪念历史所建所60周年。我代表院党组向关心与帮助历史所建设和发展的所有海内外各界朋友表示衷心的感谢！向莅临这次座谈会的各位同志与朋友表示衷心的感谢！向历史所全体科研人员、工作人员和离退休人员表示衷心的祝贺！我也借这个机会，谈一点自己的看法。

一

历史所是社科院的一个大所、老所，是在中央直接关心和指导下成立的，至今已有60年的历史。1954年，在中华人民共和国刚刚成立不久、百废待兴的日子里，中央就决定在中国科学院成立历史研究所（一所、二所与三所），充分证明国家对历史研究的高度重视。60年来，历史所与党和国家同呼吸、共命运，与人民群众同呼吸、共命运，与中华人民共和国历史学的成长同呼吸、共命运，做出了优异成绩，是中国社科院引以为自豪与骄傲的一个研究所。我以为主要成绩在如下几个方面。

---

[*] 该文系作者2014年6月10日在纪念中国社会科学院历史研究所成立60周年座谈会上的讲话。原载《中国史研究动态》2014年第5期。

第一，坚持正确的史学研究方向。

历史所自成立时候开始，就是中国马克思主义史学的坚强阵地，历史所的首任所长郭沫若同志，是中国马克思主义史学的开创者之一。郭老把马克思主义基本原理与中国实际相结合，对中国历史做出了许多开创性的解释，尽管他的一些具体观点还有待商榷，但他的理论指导与方法是正确的。中国马克思主义史学学派的形成，使数千年来中国历史的发展道路建立在更为科学的研究基础之上。郭沫若同志长期担任历史所所长，他与他的同事也是继任者侯外庐、尹达等先生一起，与曾在历史所工作过的许多史学大家一起，与历史所的全体同志一起，齐心协力，共同奋斗，使历史所在探索与发展中国马克思主义史学的道路上始终走在前列，为中国马克思主义史学做出了卓越贡献，也培养了大批后继人才。中华人民共和国成立后成长起来的马克思主义史学家，很多都与历史所分不开。郭老、侯老之后的历史所历届领导班子，在办所方向上始终坚持马克思主义的指导地位不动摇，与党中央保持一致，是我国史学研究领域马克思主义的坚强阵地。

第二，凝聚了一大批优秀史学人才。

老所和大所不仅仅是时间长、人员多，更重要的是要看她有多少人才，做出多少成果。历史所自成立之初，在中央和有关领导部门的关心下，调入了一批著名的史学家，后又特邀聘请了一批著名史学家参与历史所研究工作，指导培养青年学者。中华人民共和国成立后，许多著名史学家或在历史所工作，或与历史所有着千丝万缕的联系，这就为历史所的学科建设与人才培养奠定了一个坚实基础。历史所的各研究室和相关学科，大都是在这些老一辈著名学者的指导下建立的；改革开放后历史所成长起来的一批学者，也大都是在这些名家指导培养下成长起来的。历史所不仅长期是我国古代史研究领域里的人才重镇，也为国内外的高校和科研机构培养了大批专业人才。60年来，历史所群英毕至，少长咸集，人才荟萃，留下了许多识贤、任贤、重贤、成贤的佳话，形成了良好的人才氛围，只有良好的人才氛围才能有良好的学术氛围，也才能出高水平的史学工作者，也才能出经得起实践检验的精品佳作。据我所知，史学界许多人想来历史所学习和工作，正是源于历史所拥有这个人才团队优势，拥有有利于人才成长、发展的氛围。

第三，出精品、出成果。

衡量一个研究所搞得好不好的最终标准，是要看她出了多少符合党和国家需要的优秀成果，出人才也是为了出成果。60年来，一代又一代的历史所人坚持以马克思主义唯物史观为指导，坚持正确的史学研究方向，坚持百花齐放、百家争鸣的方针，为党和国家、为社会奉献出了一大批优秀成果，这些成果不仅在国内史学界影响广泛深刻，也受到海外史学家的尊重与赞许，是中华人民共和国史学的标志性成就。今天与会的同志都是相关领域里的专家，我就不用一一列举了。

面对这些成果，我对历史所的学风有两点比较深的感受：一是严谨求实。作为人文学科一个基础性的老所，历史所长期保持着一种严谨求实的科学精神。史学是一个依靠史料、依靠史实说话的学科，是一个实证学科，来不得半点虚假，更不能够哗众取宠。必须有板凳一坐十年冷、文章不写半句空的境界。历史所的几代学者崇尚这种境界，联系实际，求真务实，甘于寂寞，潜心钻研，勤奋读书，薪火相传，既继承了我国传统史学的求真品格，又继续发扬光大，形成了历史所的优良学风。二是经世致用。古往今来，史学都是一门对社会有用的学问，我国传统史学中就有经世致用的思想。历史所几代学者秉承我国史学的优良传统，又自觉学习和运用马克思主义理论，吸收借鉴一切科学的史学研究方法，用以指导中国古代史研究，为党和国家、为人民大众、为海内外史学界奉献了一大批精品力作，值得充分肯定。

历史所的同志常用"求真务实"四个字归纳几十年来的治学精

神与治学道路，我以为这是一个很好的概括，是符合实际的。中央决定成立的中国历史问题研究委员会在中国科学院召开第一次会议时指出，"……中国科学院不但应成为自然科学的权威机构，而且也应成为历史研究的权威机构"，通过60年的实践，历史所为党中央交出了一份合格的答卷。

二

史学是一门历久弥新的学问。60年来，历史所的同志们为中华人民共和国的历史学建设与发展做出了优异的成绩，但这只是开始。在实现中华民族伟大复兴中国梦的今天，在党和国家繁荣发展哲学社会科学事业、建设哲学社会科学话语体系的今天，在我院创新工程实施与推进的今天，历史所作为党和国家史学研究领域里的重要阵地，还应当不负众望，承担起更大的责任。这里我谈三点意见。

第一，筑牢马克思主义史学的坚强阵地。

历史所必须坚持以马克思主义指导史学研究。当前史学研究领域中的主流是好的，但也存在着一些问题。某些人以历史虚无主义来宣扬错误的历史观、价值观，肆意解构历史、曲解历史；某些人以"学术研究"的面目出现，以个别替代一般，以细节否定整体，以所谓"反思"和"创新"歪曲事实，违背历史研究实事求是的原则，是唯心主义历史观的典型表现。值得注意的是，这股思潮还有愈演愈烈之势，绝不能低估。也有某些人丢掉了我们几代人不懈努力创建的中国化马克思主义历史理论，追随西方话语体系，忽视科学理论的指导，不仅使史学研究脱离了中国历史实际，也远离了党、国家和人民的要求。历史所的同志应当在这些大是大非面前头脑清醒，立场坚定，继承历史所老一辈学者刻苦学习马克思主义，并与中国历史实际相结合的精神，用史学研究的精品力作，为弘扬中华优秀传统文化，为中国特色社会主义做出自己的贡献，努力把历史所建设成为马克思主义史学的坚强阵地。

第二，树立为人民研究历史的精神。

人民群众是历史的创造者，这是唯物史观的核心原理。史学服务于人民群众是马克思主义史学应有的品格。历史所必须树立为人民大众研究历史的精神。一是要把唯物史观的基本原理贯穿史学研究之中，真正把人民群众作为推动人类历史发展的主体，从历史观、方法论的高度理解人民群众是历史的创造者，并由此来探索人类社会由低级到高级的发展规律。二是要深刻理解为人民群众而研究历史与党和国家的要求目标的一致性。我们党高度重视史学研究，近代中国马克思主义史学的形成与发展，与近代中国人民争取民族独立和国家富强的道路相一致。要善于从历史中总结经验教训，善于从历史发展大势中把握规律，是我们党不断取得胜利的重要原因。改革开放伟大历史进程的开展，就与我们党对古今中外历史经验的总结分不开。众所周知，截至目前，十八届中央政治局共有十五次集体学习，有三次学习历史。在第七次集体学习时，习近平总书记指出，"历史是最好的教科书"，要"在对历史的深入思考中做好现实工作、更好走向未来，不断交出坚持和发展中国特色社会主义的合格答卷"[1]。可以说，为人民而研究历史，与当前我们党领导全国人民实现中华民族伟大复兴中国梦的总目标完全一致。三是要用优秀的史学研究成果服务于人民群众。一名杰出的史学家从不与时代隔绝。史学研究是一个艰深的探索过程，要坐冷板凳，要攀象牙塔，但这绝不是脱离人民群众，脱离火热的现实生活。史学工作者要关注现实，关注党和国家、人民群众所关注的重大问题，树立优良的学风、文风，用正确的历史观把科学的历史知识，通过通俗易懂的形式传播给社会。这方面，历史所做了不少工作，

---

[1] 《习近平在中共中央政治局第七次集体学习时强调　在对历史的深入思考中更好走向未来　交出发展中国特色社会主义合格答卷》，《人民日报》2013年6月27日第1版。

已经产生了很好的影响，但仍需努力。

第三，再创史学领域里的最高殿堂。

60年来，历史所大家云集，名家辈出，是我国中国古代史研究领域里的前沿方阵。历史所拥有首屈一指、馆藏丰富的大量专业资料，有各位名家创立的研究室，有享誉史学界的刊物，这些可以说是得天独厚。以郭沫若、陈垣、顾颉刚、向达、谢国桢、沈从文、侯外庐、贺昌群、尹达、杨向奎、王毓铨、胡厚宣、孙毓棠、张政烺、杨希枚等为代表的老一辈史学大家奠定了历史所在史学界无可争辩的地位。但是今天，不仅他们已经离世，他们学生的学生也大都离开了工作岗位。历史所已是以20世纪50年代，甚至60年代后的同志为主力军了。学术如积薪，薪尽而火传。我相信，今天历史所的同志们，特别是年轻的同志们，一定会继承光大老一辈学者的优良传统，艰苦奋斗，求真务实，不辜负党中央的期望，继续把历史所办好，继续把历史所办成史学领域的最高殿堂。

同志们、朋友们：

正如习近平总书记所指出的那样："一个民族的历史是一个民族安身立命的基础。"[①] 历史所是党和国家的史学阵地，是全国人民的史学阵地。党和人民对历史所的学者们充满了殷切的希望。时代变化给历史学提出了许多新的命题，历史所的全体同志，要在党中央的正确领导下，在海内外同人的关心与支持下，团结奋斗，不懈努力，以优异的成绩向党和人民汇报，向所有关心帮助历史所建设与发展的朋友们汇报！

[①] 《十八大以来重要文献选编》（上），中央文献出版社2014年版，第694页。

历史是最好的教科书[*]

欣闻《历史研究》创刊60周年,我代表院党组向《历史研究》编辑部的同志们并通过你们向全国的史学工作者,表示热烈祝贺和诚挚问候。

《历史研究》是中华人民共和国成立后毛泽东同志亲自倡导创办的一份史学名刊,毛泽东同志为此专门提出了"百家争鸣"的学术研究方针。60年来,《历史研究》坚持以唯物史观为指导,为传承中华文明、促进学术繁荣、推动社会进步做出了贡献。

中华民族有着五千多年生生不息、薪火相传的悠久历史,有着三千年治史、学史、用史的优良传统。我们党一贯重视学习历史,在领导革命、建设和改革的过程中,注重从历史中总结经验、汲取智慧,在自觉把握历史潮流中开辟事业成功之路。

以习近平同志为核心的党中央,站在新的历史起点上,高度重视对历史知识的汲取、对历史经验的借鉴、对历史智慧的掌握。

2010年,在全国党史工作会议上,习近平总书记曾就党史研究与宣传问题发表重要讲话。2011年10月,在中央党校秋季开学典礼上,习近平总书记又发表了《领导干部要学点历史》的重要讲话。党的十八大开过不久,习近平总书记即与中央政治局常委同志一起走进历史博物馆,参观《复兴之路》展览,第一次向世界宣示

---

[*] 该文系作者2014年7月8日在《历史研究》创刊60周年学术研讨会上的讲话。原载中国社会科学院《院内通报》2014年第9期。

了实现中华民族伟大复兴的中国梦。2013年6月，中国共产党成立92周年前夕，习近平总书记在主持中共中央政治局第七次集体学习时强调指出："学习党史、国史，是坚持和发展中国特色社会主义、把党和国家各项事业继续推向前进的必修课。"7月，在河北省调研指导党的群众路线教育实践活动时，习近平总书记进一步指出，中国革命历史是最好的营养剂。12月，他在中共中央政治局第十一次集体学习时强调，要推动全党学习和掌握历史唯物主义，更好认识规律，更加能动地推进工作。习近平总书记的这一系列讲话，是新时期包括史学工作者在内的我国广大文化工作者的重要遵循，希望同志们认真学习、深刻领会。

习近平总书记从中华民族五千年源远流长、一脉相承的历史发展大势出发，深刻总结我国历史特别是中国近代史以及我们党90多年奋斗的历史，提出了实现中华民族伟大复兴的中国梦。这是党中央从历史、现实与未来出发提出的重大战略思想，是中华民族实现近代以来最伟大梦想的精神旗帜。广大史学工作者要充分运用历史学以史鉴今的独特优势，深刻发掘中国梦战略思想的深刻内涵，为中华民族全面建成小康社会、进而通过艰苦奋斗早日实现中国梦做出贡献。

学习、研究历史，关键是掌握历史唯物主义的基本原理和方法论。唯物史观是马克思的伟大发现，是共产党人的宝贵精神财富。我们党之所以在革命、建设、改革的各个历史时期不断进步，不断取得胜利，就在于我们党不断地学习历史唯物主义，不断地在实践中将历史唯物主义的世界观、方法论与中国社会运动的实际相结合，在改造世界过程中不断揭示规律、把握规律、积极运用规律，始终自觉地推动中华民族向着实现民族复兴伟大梦想的目标前进。历史唯物主义是坚持历史科学研究的正确方向，是批判历史虚无主义、研究历史、发展创新历史科学的指南。历史工作者一定要认真学习历史唯物主义，不断提高运用历史唯物主义指导历史研究的水平，发展创新历史科学。

习近平总书记指出，"历史是最好的教科书"。学好、用好这本教科书，是广大史学工作者的光荣使命。广大史学工作者有责任把中华民族从哪里来、到哪里去的历史脉络原原本本地告诉读者，有责任通过深入的科学研究，指明历史和人民是怎样选择了马克思主义、选择了中国共产党、选择了社会主义道路、选择了中国特色社会主义，从而让我们的人民增强对中国特色社会主义的道路自信、理论自信和制度自信。

文化是民族的血脉，是人民的精神家园。建设中国特色社会主义伟业，必须有强大的文化支撑。希望广大史学工作者继续坚持"百家争鸣"的方针，发扬中国传统史学资政育人的优秀传统，大力弘扬中华优秀传统文化，不断扩大中华文明的国际影响力，为我国的文化软实力建设做出贡献。

希望广大史学工作者认真学习党的十八大精神，认真学习习近平总书记一系列重要讲话，特别是与历史研究有关的讲话精神，通过历史学引领中国学术繁荣发展，在实现中国梦的伟大征程中谱写新的辉煌。

前事不忘，后事之师[*]

由中国社会科学院和山东省人民政府联合主办的"纪念甲午战争120周年国际学术研讨会"在美丽的海滨城市威海隆重开幕了。120年前的威海，是甲午惨败耻辱历史的见证，早已成为历史的陈迹。今天的威海，是中国改革开放与社会主义现代化建设的缩影，业已成为中国东海岸一颗非常耀眼的明珠。

在此，我谨代表中国社会科学院，对会议的顺利召开表示热烈祝贺！对来自海内外的专家学者表示热诚欢迎！也对山东省政府、威海市政府及有关各方的精心组织和筹划表示衷心感谢！

120年前爆发的中日甲午战争，是中日两国在近代转型初期第一次倾全国之力进行的决战。由于日本长期处心积虑，蓄谋侵华，清政府虚骄误判，匆忙应对，顾此失彼，最终遭受失败的结局。从根本上说，甲午战争的失败，是腐朽没落的清王朝封建专制主义制度的失败，也预言了延续两千余年的中国封建制度已然走到尽头。国际间战争的胜败，是检验综合国力的一个客观实在的标准。甲午战争充当了同样以学习西方为目标的中日两国早期现代化运动成败的试金石。中国被日本打败，标志着中国洋务运动的失败，标志着不彻底推翻封建帝制，不选择适合中国国情的正确发展道路，中国就毫无希望，也标志着中日历史地位发生大逆转。这次战争，是中

---

[*] 该文系作者2014年9月17日在山东威海"纪念甲午战争120周年国际学术研讨会"开幕式上的讲话。原载《世界社会主义研究动态》2014年11月19日。

国历史、东亚历史乃至世界历史上的重大事件，深刻地影响了中国、东亚乃至世界的历史进程。

甲午战争深刻改变了中国的命运。中国是具有数千年辉煌历史的文明古国，近代以来却一再遭受西方列强的殖民侵略，鸦片战争、第二次鸦片战争、边疆危机、中法战争接踵而来，由于清朝封建制度千疮百孔，风雨飘摇，由于清朝封建统治者病入膏肓，腐败无能，在历次对外战争中不断地丧师失地，赔款求和，被迫签订一系列丧权辱国的不平等条约，迅速向半封建半殖民地的深渊沉沦。甲午一败，中国被迫向日本割让台湾、澎湖列岛，赔款2亿3千余万两白银，割地之多，赔款之巨，对于腐朽没落的清朝封建统治可谓创巨痛深。最使国人震惊和难以面对的是，中国居然被千百年来以自己为师的"蕞尔岛国"日本打败。此后，列强掀起瓜分中国的狂潮，中国成为任人宰割的羔羊，国际地位一落千丈。"四万万人齐下泪，天涯何处是神州？"中国将何去何从，这样一个关系到国家与民族前途命运的时代大课题，严峻地摆到国人面前。中华民族到了亡国灭种的边缘，就在这最危急的时刻，中华民族绝地反弹，开始了民族大觉醒。康有为、梁启超领导的变法维新运动与孙中山领导的反清革命运动，几乎同时发轫。近代中国的仁人志士，在维新和革命的旗帜指引下，怀着强烈的变法图存意识和革命救国精神，前仆后继，艰难地探索挽救中华民族危亡的救国道路。无论是戊戌变法，还是辛亥革命，都以"救亡图存""振兴中华"为目标，都是引领中华民族从苦难走向光明的艰难探索，然而最终都以不成功而告终。历史告诉我们，中国只有学习俄国十月革命，选择社会主义，选择马克思主义，选择无产阶级，选择共产党，才是唯一正确的出路。中国共产党领导的新民主主义革命和社会主义革命，中国共产党领导的社会主义建设和中国特色社会主义的发展，使振兴中华的梦想成为现实。时至今日，120年前的战败耻辱早已随大江东流，一去不复返了。中华民族在中国共产党的领导下，在改革开放与社会主义现代化建设中取得了举世瞩目的辉煌成就，实现中华民族伟大复兴的中国梦正展现前所未有的光明前景。

甲午战争同样改变了日本的命运。日本从中国攫取2亿3千余万两白银的巨额赔款，折算约3亿6千万日元，超过了当时日本4年的国家财政收入。日本把这笔巨额经费用于扩张军备和发展近代工业等方面，使日本资本主义经济飞跃发展，尤其是军事力量大大增强。日本通过甲午战争打败老大帝国中国，从而进一步刺激其对外侵略扩张的贪欲，使其谋人之国的野心也不断恶性膨胀。日本从一个东亚边陲国家转变为称霸亚洲的帝国，成为危害四方的集资本主义、帝国主义、军国主义于一身的霸权国家。从此，狂妄自大的日本走向了军国主义的不归路。直到第二次世界大战，日本帝国主义遭受中国人民与世界反法西斯阵线的顽强抵抗与英勇打击，最终一败涂地，落到无条件投降的下场。

甲午战争还改变了东亚乃至世界的政治格局。甲午战争后，日本不仅霸占中国的台湾为其第一块海外殖民地，而且还实际控制了朝鲜半岛。中国历史上与周边国家建立的以朝贡册封为中心的宗藩体系彻底瓦解，日本主导的殖民主义体系在亚洲取代了宗藩体系。日本的肆意妄为，引起了西方列强进一步争相瓜分中国这个老大帝国的"遗产"，东亚以及世界政治格局发生了重大变化。20世纪上半叶，日本军国主义到处兴风作浪，造成了一个动荡不安的东亚，搅乱了整个世界的国际秩序，不仅给中国及亚洲人民带来深重的灾难，而且也给日本人民带来无尽的苦难，军国主义阴魂不散，遗祸至今。历史给人类留下了惨痛的教训。

前事不忘，后事之师。纪念战争，是为了更好地总结战争，避免战争，以追求人类最美好的和平愿景。值此甲午战争120周年之际，我们邀请海内外学者来到威海，聚集一堂，充分展现甲午战争研究的学术成果，共同研讨未来学术发展的新方向，百家争鸣，求同存异，科学地推进甲午战争的学术研究，为促进人类的和平与进步贡献智慧。

从现实和历史两个方面认识
中华民族的外部世界[*]

今天我们欢聚一堂，热烈庆祝中国社会科学院世界历史研究所成立50周年，同时对世界历史研究进行回顾与展望，这是世界历史研究所的一件大事，也是社会科学院的一件大事。在此，我谨代表院党组向世界历史研究所的全体同志表示热烈的祝贺！向为世界历史研究所的创建和发展做出过贡献的离退休老同志致以亲切的问候！向国内外关心世界历史研究所、世界历史学科发展的各界人士表示衷心的感谢！

世界历史研究所的前身是1959年设在中国科学院哲学社会科学学部历史研究所的世界史研究组。1962年扩建为世界史研究室。根据毛泽东同志1963年关于加强外国研究的重要批示，1964年5月经中华人民共和国国务院批准正式成立。50年来，在中央领导的亲切关怀下，在院党组的坚强领导下，在几辈专家学者的共同努力下，世界历史研究所始终坚持正确的政治方向和学术导向，坚持以马克思主义唯物史观为指导，继承和发扬我国史学"经世致用"的优良传统，大力推进世界历史研究工作，加强对外学术交流，积极回应重大理论和现实问题，努力实现中央对我院提出的"三个定位"要求。目前，世界历史已成为一级学科，世界历史研究所已发

---

[*] 该文系作者2014年10月25日"在世界历史研究回顾与展望暨中国社会科学院世界历史研究所成立50周年座谈会"上的讲话。原载中国社会科学院《院内通报》2014年10月25日。

展成为一个对世界主要国家和地区的历史进行综合性研究的国家级专门学术机构，拥有10个二级学科，160余名在职和离退休人员，17个受托管理的学会、书院、研究中心等学术团体，1座藏有11万余册近30种语言书籍的国内重要的世界史专业图书馆。世界历史研究所还拥有在国内具有重要学术影响的两份期刊《世界历史》和《史学理论研究》。新创办的英文期刊《世界史研究》（*World History Studies*）将于12月正式出刊，这是扩大我国世界历史学在国际学术界的话语权的一个新的阵地。

50年来，世界历史研究所先后承担了64项国家社科基金项目和142项院级项目课题。编著出版了《第二次世界大战史》、《外国历史大事集》、《世界历史》（多卷本）等一批重要的学术著作和外国史学名作、译著；组织制作了《世界历史》百集大型纪录片；组织编写《中国大百科全书·外国历史卷》《世界历史年表》《世界历史名词》等工具书，为我们认识世界、了解世界、传承世界文明、促进与世界各国的交往做出了重要贡献。特别是2013年出版发行的多卷本《世界历史》，整合了我国世界历史研究的现有力量，从整体上反映了我国世界历史研究所达到的新水平，是全国诸多科研和教学机构世界史学者共同努力的结晶。在加强基础研究的同时，世界历史研究所注重解放思想、实事求是，通过学术创新，积极回应重大理论和现实问题，加强对苏联解体和东欧剧变、殖民主义和新殖民主义、社会民生保障、马克思主义史学和外国史学流派、世界古代文明史、两次世界大战史等重大问题的研究，积极发声，取得了良好的社会反响。

同志们，研究历史包括研究世界历史是一件非常重要、非常有意义的工作。我们党在领导革命、建设、改革的进程中，一贯重视历史经验的借鉴和运用，一贯倡导领导干部要读点历史，要善于运用历史知识。中央领导同志对学习和研究世界历史也有许多精辟的论述。1955年3月，毛泽东同志在中国共产党全国代表会议上发表谈话，进一步向全党提出："我们要作出计划，组成这么一支强大的理论队伍，有几百万人读马克思主义的理论基础，即辩证唯物论和历史唯物论，反对各种唯心论和机械唯物论。"① 从毛泽东的这些论述中可以看出，毛泽东是以马克思主义的唯物史观作为中国共产党人的历史观，并号召人们将其用于历史研究和历史学习之中的。邓小平同志指出："应当把发展问题提到全人类的高度来认识，要从这个高度去观察问题和解决问题。""眼界要非常宽阔，胸襟要非常宽阔。"② 这就告诫我们应当从世界历史出发，只有从世界历史出发，才能正确认识和把握一个国家和民族在世界体系中所处的历史地位，做出正确的选择。江泽民同志说："全党同志特别是领导干部要自觉学习历史，把提高历史素养放到更为重要的位置上来看待，多读一点历史特别是中华民族发展史，汲取经验，陶冶情操，开阔眼界，以利于牢固树立正确的世界观、人生观、价值观，增强历史使命感，提高观察问题、分析问题的水平和能力。"③ 这就要求我们，在新形势下不仅要学习中国历史，而且要学习世界历史，善于从中外历史上的成功失败、经验教训中进一步认识和把握历史发展和社会进步的规律，认识和把握时代发展大势。胡锦涛同志在中央政治局集体学习的时候讲道，"中华民族历来就有治史、学史、用史的传统。""要认真研究和借鉴其他国家历史发展提供的经验教训，站在世界文明发展的历史高度进一步认清当今世界风云变幻规律性趋势，更好地掌握加快我国发展的主动权。"他特别强调"不仅要学习中国历史，还要学习世界历史，不仅要有深远的历史眼光，而且要有宽广的世界眼光"。④ 习近平总书记指出，"领导干部

---

① 《毛泽东文集》第6卷，人民出版社1999年版，第395页。
② 《邓小平文选》第3卷，人民出版社1993年版，第282、299页。
③ 江泽民：《高度重视学习中华民族发展史》，《简明中国历史读本》序言，中国社会科学出版社2012年版。
④ 胡锦涛：《进一步认识把握社会历史发展规律 增强推进改革发展的自觉性主动性》，《人民日报》2003年11月26日第1版。

在学习我国历史的同时，还应该学习一些世界历史知识。中国历史是世界历史的重要组成部分，中国自古以来就同世界上许多国家和地区发生着各种各样的联系。明朝末年，中国开始落后于西方国家的发展，近代更是陷入了列强欺凌、被动挨打的境地。其中一个重要原因，就是封建社会统治者闭关自守、夜郎自大，看不到文艺复兴以来特别是工业革命以后世界发生的巨大变化，拒绝学习国外先进的科学技术和其他先进的东西。封闭必然落后，落后就要挨打，教训是深刻的"。他特别强调，"当今世界是一个开放的世界，当代中国的发展同世界的发展紧密地联系在一起。无论是处理国内改革发展稳定的问题，还是处理对外开放中的问题，我们都应该放眼世界，具有宽阔的眼光。只有既从现实又从历史两个方面更好地了解外部世界，才能把我们的各项工作包括对外工作做得更好"[①]。

领导同志的重要论述为世界历史研究工作指明了方向，也激励着一代又一代的世界历史研究工作者积极进取，开拓创新，献身于科研事业。因为我们知道，历史、现实、未来是不可分割的统一体，只有科学地认识昨天才能正确地把握今天，清醒地展望明天。一个民族、一个国家如果把自己置身于世界历史之外，就不可能面向世界，清醒地了解世界的现实和未来。

在经济全球化日益加深的今天，在建成中国特色社会主义的过程中，在实现中华民族伟大复兴中国梦的进程中，每一个社会科学工作者，都肩负着认识世界、传承文明、创新理论、咨政育人、服务社会的重要使命和责任。如何为弘扬先进文化，传承文明做出应有的贡献，是每位哲学社会科学工作者都应该认真思考的问题。我们要想在认识和把握世界历史发展规律方面有所作为，必须努力做到以下三点。一是要加强对历史唯物主义的研究。唯物史观是马克

[①] 习近平：《领导干部要读点历史——在中央党校 2011 年秋季学期开学典礼上的讲话》，《党建研究（北京）》2011 年第 10 期。

思的两个伟大发现之一,是科学的历史观。中国的世界史学科正是在马克思唯物史观的指导下,才取得今天的成就。坚持唯物史观和发展唯物史观不仅是巩固马克思主义在意识形态领域的指导地位的需要,更是史学研究自身不断发展的需要。只有掌握了正确的理论,才能够正确地认识人类历史发展的规律。二是要树立为人民而研究世界历史的精神。把唯物史观的基本原理贯穿世界历史研究之中,真正把人民群众作为推动人类历史发展的主体,从历史观、方法论的高度来理解人民群众是历史的创造者;从服务国家、服务社会的高度深刻理解为人民群众而研究世界历史与党和国家目标的一致性。要关注现实,关注党和国家、人民群众所关注的重大问题,树立优良的学风、文风,用正确的历史观把科学的世界历史知识,通过通俗易懂的形式传播给社会,用优秀的史学研究成果服务于人民群众。三是要为国家的发展提供智力支持。中国在世界上的影响力正在日益凸显,正处在成为全球性大国的关键时期。在这种局势下,世界历史研究大有作为。在处理中国周边国家问题时,"世界史"不应该缺位;在观察世界总体格局、处理各种多边或双边关系时,"世界史"不应该缺位;在面对各种国际组织、制定应对政策时,也需要借助世界历史;中国如何破解自身的难题——比如住房问题、养老问题、贫富差距问题,在别国的历史中,中国可以受到启发。还有很多重要问题需要从世界历史中汲取经验教训,去澄清解答。站在新的历史起点,面对世界风云变幻,我们世界历史工作者责无旁贷,任重而道远。

同志们,朋友们!

习近平总书记指出:"不忘历史才能开辟未来,善于继承才能善于创新。只有坚持从历史走向未来,从延续民族文化血脉中开拓前进,我们才能做好今天的事业。推进人类各种文明交流交融、互学互鉴,是让世界变得更加美丽、各国人民生活得更加美好的必由之路。"① 我们世界历史工作者一定要深刻领会这段话中的深意，充分认识到时代赋予我们的使命，进一步加强理论修养，完善知识结构，拓展研究视野，积极为党和国家建言献策，多出学术精品，迎接世界历史学科的更大发展，为繁荣我国哲学社会科学做出新的贡献。

最后，预祝会议取得圆满成功，祝各位新老同志身体健康，阖家幸福！

---

① 习近平：《从延续民族文化血脉中开拓前进　推进各种文明交流交融互学互鉴》，《人民日报》2014年9月25日第1版。

论中国文化的进步性与先进性[*]

首先，我代表中国社会科学院对"首届世界文化论坛"的顺利召开表示衷心的祝贺！对远道而来的世界各国的专家教授表示热烈的欢迎！本届论坛的主要议题是共同探讨全人类文化事业的进步发展、探讨不同文明之间的合作、探讨文化发展上面临的挑战、探讨文化的进步性与多样性，这些议题具有特别重大的时代价值与理论价值。下面我想就中国的文化价值观主张谈几点个人的认识。

一 坚持和谐共处理念，推进和谐发展方式

我们知道，没有文化支撑的发展，只能是一种没有灵魂的经济增长。中国三十多年经济高速发展，追求人与自然、人与社会、人与人之间和谐共处的理念是其重要文化支撑。"天人合一"与"和而不同"是中华文明的价值理念。"天人合一"阐释了人与自然的和谐关系，包含着重要的生态文明思想；"和而不同"阐释了人与社会、人与人之间，人类不同文明之间的多元互补关系，反映出多元一体、多元共生的文化发展规律。矛盾运动是人类社会发展的基本动力，这是辩证法哲学的一个基本原理。和谐共处理念引导人们

---

[*] 该文系作者2015年10月18日在"首届世界文化论坛"上的致辞。原载《中国社会科学报》2015年12月15日；《马克思主义文摘》2016年第2期；《国际思想评论（英文版）》2016年第2期。

注重在认识矛盾、解决矛盾的过程中，促进人与人、人与社会、人与自然的和谐发展；引导人们在妥善处理各种矛盾中促进社会的不断进步，不断消除社会不和谐因素。

在中国，由于发展的不同步性和不平衡性使得城乡之间、区域之间、人与人之间存在较大的社会差距，发展不平衡的矛盾突出，缩小差距，促进社会和谐发展是我们面临的紧迫任务。和谐的发展方式在处理人与自然的关系上，强调人与自然和谐发展，走一条生态与经济"双赢"的道路；在处理人与人的关系上，强调共同发展，提倡宽容协作、平等竞争、共同富裕；在处理城乡、区域之间发展的不平衡问题上，强调协调发展、统筹兼顾。以和谐共处为价值取向，尊重差异、承认矛盾、化解矛盾，着眼于发展，对于差异和矛盾，用统筹协调的办法去认识、去对待、去处理，最大限度地推进和谐发展，最大限度地减少不和谐因素。这种和谐的发展方式是要调动一切积极的因素，凝聚全国人民的力量，形成合力，共同为人的全面发展、社会的全面协调进步而努力。

二 坚持多元文化的互补共荣，抵制文化霸权主义

当今世界，东西方之间、南北半球之间存在着经济、科技发展的不平衡和文明的差异，表现为强势的西方发达国家和西方文明与弱势的发展中国家和文明的冲突。经济上的支配性力量衍生出文化强势。经济全球化在某种程度上是以美国等西方发达国家资本为主导的，它们为全球化进程制定规则和秩序，向发展中国家施加影响和压力，使其接受有利于西方资本的国际经济政治秩序。特别是美国强势文化利用其资本、科技和市场优势对其他弱势文化进行渗透，提出"以美国价值观为价值观"的一系列文化"新干涉主义"理论。通过向其他国家尤其是发展中国家输出美国的价值观念和生

活方式，占领对方的文化市场和信息空间，使美国文化成为世界的"主流文化"。美国的文化扩张不仅引起许多发展中国家的忧虑，也遭到一些发达国家的抵制，它们把美国的文化扩张行为称为"文化霸权主义""文化帝国主义""文化殖民主义"。这些国家以"文化例外"的主张，来抵制美国在"贸易自由"名义下的文化扩张和渗透。

　　文化交流是文化得以进步和发展的动力。在人类文明的历史进程中，各民族文化、各区域文化是在相互学习、相互借鉴、相互交融中得到发展和提高的。中西方的文化交流由来已久，特别是中国进入近现代社会以来，这种交流日渐频繁。中国决不做民族的自大狂，中国超越了狭隘的民族主义视域，自觉到人类要在一个多元化的世界中共处，标志着在确保民族文化主体地位的同时，已经将视野放宽到全人类，从人类命运共同体出发来思考不同文明之间的借鉴发展。顺应全球化的国际潮流，追求一种与全球化相适应的新的文化观念与思维方式，既保留民族意识，又大胆承认人类不同文化之间的某些共同性，与之沟通对话而非对立，扩大中国文化的国际影响力。

三　坚持求同存异，展现中华文化的独特魅力

　　超级大国以文化为"软实力"，将它的价值观进行"普世性"的包装在全球传播，而理论家们又为这种霸权的合理性做论证。"文明冲突论"为人类未来勾勒了一幅充满冲突、争斗以至战争的动荡不安的图景。其潜在逻辑是，世界文化和文明多样性所需要的和平共存的土壤毫不存在，弱势文化和文明只能是接受被淘汰的命运。"历史终结论"说得更为直接：世界文化和文明的多样性是一个完全不需要讨论的问题，单边主义的文化和文明已经一统天下，历史到此终结。"民主和平论"则是在维持世界和平的旗号下，将

西方民主国家与所谓非民主国家对立起来。这些思潮都为美国对社会主义国家和其他非西方国家推行文化遏制政策提供了理论依据。

21世纪是一个多元文化并存共荣的时代，中国不赞成"文明冲突论"和"历史终结论"，主张尊重和维护世界文化和文明的多样性。中国的文化价值观所具有的战略意义在于，不采取以冲突应对冲突，而是进入人类命运共同体的思想层面，尊重人类文化的多样性，推动不同文化之间的取长补短和创新发展，贯穿着一种具有当代世界眼光的创新的思维方式，为人类思考和解决不同文化之间的冲突和对立，提供了新的思路和新的愿景。中国力主促进世界各国间的文化交流和文明融合，弱化国际关系中文明与文化的对立，使得人们对不同的文明和文化有更深入、客观的了解，从而减少对抗的盲目性，增进宽容的自觉性。中华文化正以积极的态度寻求文明对话，促进文明之间的相互理解与宽容，这是适应全球化趋势、打破保守和自我封闭，走向世界的正确途径。

中国政府及民间组织积极创造条件共同推动对外文化交流，通过与多个国家协议举办互惠的"文化节""文化周""文化季""文化年"等活动，展现了中国文化的丰富内涵和独特魅力，比如，中俄文化艺术交流、中欧文化高峰论坛、中美文化交流、中非文化交流、中国和阿拉伯国家的文化交流合作，均取得了良好的效果，增加了与周边国家的相互信任，增加了与西方发达国家之间的相互了解，巩固了与发展中国家的传统友谊，为中国文化走向国际文化市场打开了新局面。

四 坚持文化的先进性，推进文化的先进性与多样化的统一

首先，多元性中存在着一元的共同性。世界文化虽然存在着多样性和差异性，但又具有共同性和趋同性的一面。各种文化形态和

文明体系中都有某些适应于全人类、被全人类普遍认同的观念、原理和有价值的文化元素，世界文明秩序在一定程度上也依赖文明的共识来维系。按照马克思的观点，在全球化进程中，正在出现一种新的世界性文明。

其次，多元文化不仅有冲突而且有融合。经济全球化、政治多极化、文化多样化构成当今时代的基本特征。一方面，全球化的呼声越来越高；另一方面，反全球化的呼声也越来越高。全球化使某些强势文化遍及全世界，大有将其他文化"同化"和"吞并"之势，似乎全球化与文化的多元发展很难两全。但是，当今世界文化并未因世界经济和科技的一体化而"趋同"，反而是向着多元的方向发展。一方面是趋同，另一方面是多元，两者同时并存。多元文化之间的冲突、碰撞、博弈，是一个客观现象。有冲突，就有融合，再冲突，就会再融合。

有些人深感文化多元发展遇到的种种冲突、对立和挫折，对前景充满悲观，唯恐自身民族文化有被"融合"掉的危险，于是奋起突出本民族文化，这对于保护和发展世界文化多样性无疑具有重要意义。遗憾的是在这一潮流中，封闭、倒退的文化孤立主义也随机而生。如此必将导致对外采取文化上的隔绝和孤立政策，对内压制本土文化内部求新、求变的积极因素，文化将失去活力而停滞。另外，必须警惕某种依仗自己的经济政治文化优势，处处强加于人，企图以自己的意识形态一统天下的文化霸权主义存在的威胁。

我们承认世界文明的多元发展，并不是要走向文化相对主义，在"存异"的同时还要"求同"，坚持文化上的先进性标准。文化多样性并不意味着隔膜甚至冲突。在维护文化多样性的基础上，寻求文化多样性中的统一性，寻求多样性中存在的共同性，加强不同文明之间的交流对话，积极应对全球化带来的挑战，是中国文化所具有的品质。

再次，文化多样化不是失去方向的"自由化"。提倡文化多样化是坚持先进文化前进方向原则下的多样化,是坚持正确的思想导向和价值观引导前提下的多样化。文化模式的核心是价值取向或价值系统问题。价值观虽各具特色,但有先进落后之分。坚持什么样的文化方向,推动建设什么样的文化,是一个国家、一个民族、一个政党在思想上精神上的一面旗帜。在中国,社会主义先进文化的本质要求,是建立社会主义核心价值体系,坚持马克思主义在文化建设上的指导地位,巩固全党全国人民共同的思想基础,如果动摇了这些根本,就会导致思想混乱和社会动荡,也就谈不上文化的发展。同时,必须尊重文化发展自身的规律,将先进性与多样性、民族性与开放性统一起来,达到弘扬主旋律与提倡多样化的统一。

五 坚持文化生态平衡,建立国际文化新秩序

当今世界性的重大文化转折是:国际间的军事与经济技术竞争同时伴随着文化竞争,或者说那种可见的国家"硬实力"竞争,正逐渐被文化"软实力"的竞争所渗入。世界文化应该是包容众多特殊性的、具有丰富多样性的、允许多元发展的文化生态平衡态势。而全球化背景下,文化霸权威胁和破坏着世界文化生态平衡,世界文化以强势文化对弱势文化的挤压和吞噬为特征,这是一种不合理的国际文化秩序。因此,必须建立国际文化新秩序,改变以冷战为主题而形成的世界文化秩序,在新的国际文化关系格局的巨大变动中实现重建,才能确保各民族国家的文化发展与文化安全。

当然,全球化不仅给各国带来挑战,也带来机遇。关键在于能否抓住有利时机变被动为主动,积极进取地参与国际竞争,在认清世界潮流的前提下主动融入现代文明主流。中国从20世纪90年代以来,紧紧抓住全球化时机,在经济和社会发展上取得了举世瞩目的成就。中国的文化"走出去"战略,就是要让具有"中国特色、中国风格、中国气派"的文化品牌,走向世界,展现当代中国的最

新思想和中国文化的最新发展。面对各国的普通大众，展示一个真实直观的中国形象。中国文化在国际舞台上不能仅限在汉语教学，也不应把视野仅限在歌唱家、演奏家、艺术家，而是要把中华文明的精髓充分地反映出来，学者教授思想家也应该"走出去"，就当代世界性前沿话题与西方直接对话。因为文化价值观的"走出去"，更具有长远的文化影响力。

总之，如何抓住全球化机遇，把握好国际贸易规则和市场机制，利用政府宏观调控的高效率的竞争优势合理地配置国家资源，扬长避短地积极参与国际文化竞争与发展，同时又要确保国家文化安全，这是包括社会主义国家在内的广大发展中国家当前面临的一个重大课题，这无疑将决定着国际文化未来的基本战略格局。

中华民族历来爱好和平。中华五千年文明永远启示我们同世界各国人民友好相处，相互尊重、和平发展、共同繁荣。在当前复杂多变的国际关系中，中国人民将牢固树立人类命运共同体意识，努力为人类的可持续发展做出应有的贡献。

继承和发扬孙中山先生精神，
办好孙中山研究院*

今天是个好日子，中国社会科学院近代史研究所和中山市委、市政府合作共建的孙中山研究院今天正式揭牌。我代表中国社会科学院，向中山市委、市政府表示衷心的祝贺。

今年是非常重要的一年，党的十九大将在今年召开，这是在中国特色社会主义发展的关键时刻，在全面建成小康社会的重要关头召开的极其重要的会议。去年是孙中山先生诞辰150周年，习近平总书记发表了重要讲话，要求全党和全国人民继承和发扬孙中山先生的精神，推进中华民族伟大复兴中国梦的实现。在这样一个重要时刻，合作共建孙中山研究院意义重大。

我院对创办孙中山研究院非常重视，党组会议正式研究做出决定，请王建朗同志担任孙中山研究院院长。对于王建朗同志来说，这是一个重要职务，希望他恪守职责，同大家一起把孙中山研究院办好。我希望孙中山研究院要坚持以马克思列宁主义、毛泽东思想、邓小平理论、"三个代表"重要思想和科学发展观为指导，深入学习贯彻习近平总书记系列重要讲话精神和治国理政新理念新思想新战略，办好孙中山研究院。

孙中山研究院建在中山市意义特殊。中山市前身是香山县，是

---

* 该文系作者2017年2月14日在广东省中山市孙中山研究院成立大会上的讲话。原载中国社会科学院《院内通报》2017年3月3日。

孙中山先生的家乡，是孙中山先生革命思想的发源地。香山县不仅走出了孙中山先生，还走出了一大批在中国近代、现代历史上发挥过重要作用的风云人物。在中山市建立孙中山研究院具有全国意义、世界意义。要建成全国一流、世界知名的孙中山研究基地。

孙中山研究院要建成"五个中心"：第一是研究中心。要使孙中山研究院成为研究宣传孙中山先生精神的阵地。第二是交流中心。研究院要聚集全国、全世界的孙中山研究者，成为一个合作交流的平台。第三是资料收集中心。要把孙中山先生的资料，尽可能从全国全世界收集来，建一个"大而全"的孙中山研究资料库。第四是人才培养中心。要培养一批孙中山研究的专门家。第五是智库中心。孙中山研究院要为全面建成小康社会，实现"两个一百年"战略目标，实现中华民族伟大复兴中国梦服务，为地方经济社会发展服务，为中山市和广东省的经济社会全面发展做深入的研究。总之，孙中山研究院要面向现实，面向中山，面向广东，面向世界，真正成为中山市民手中的"红色名片"。

最后祝愿中山市发展得更好，也祝愿孙中山研究院办得更好。

研究康有为及其思想，一定要放在当时的历史条件下[*]

今年是康有为诞辰160周年。由中国社会科学院中国近代思想研究中心与广东省佛山市人民政府联合主办的"康有为与近代中国——第七届中国近代思想史国际学术研讨会"，今天在康有为的故乡南海隆重开幕了！我代表中国社会科学院，对会议的顺利召开表示热烈的祝贺！对来自海内外的专家学者表示热诚的欢迎！也对南海区政府及各有关方面的精心组织和筹划表示衷心的感谢！

康有为是载入中国史册的一代思想大家，在中国近代思想史上占有重要的地位。习近平总书记《在哲学社会科学工作座谈会上的讲话》中指出，中华文明历史悠久，在漫漫历史长河中，中华民族产生了儒、释、道、墨、名、法、阴阳、农、杂、兵等各家学说，涌现了一大批思想大家，留下了浩如烟海的珍贵文化遗产。习近平总书记列举了老子、孔子、庄子等25位在中国历史上成就卓著的思想大家，近代以来有4位，康有为、梁启超、孙中山、鲁迅被列为近代思想家的杰出代表。

康有为所处的时代，是中国迅速向半殖民地半封建社会深渊沉沦的时代。其时，外力侵迫日甚，国事日非，国家领土和主权不断丧失，国际地位一落千丈，中华民族面临着严重的生存危机，中华

---

[*] 该文系作者2018年3月14日在广东佛山南海"康有为与近代中国——第七届中国近代思想史国际学术研讨会"上的讲话。原载中国社会科学院《院内通报》2018年3月23日。

文明面临着前所未有的挑战。"四万万人齐下泪，天涯何处是神州？"中国向何处去，这一关系国家与民族前途命运的时代课题，严峻地摆到国人面前。在这危急时刻，中国的仁人志士，前赴后继，奋起救亡。他们上下求索，不仅向古人寻求智慧，也面向世界，向西方寻求救国之道。毛泽东同志在论及这一点时指出："自从一八四〇年鸦片战争失败那时起，先进的中国人，经过千辛万苦，向西方寻找真理，洪秀全、康有为、严复和孙中山，代表了在中国共产党出世以前向西方寻找真理的一派人物。"[1] 康有为是在中国共产党诞生之前向西方寻求救国真理的代表性人物，他的思想就是中国沦为半殖民地半封建社会，中华民族有志之士探索国家民族出路的产物。他的变法思想，体现了当时历史条件下的救国救亡方案，一度引导着历史潮流，影响了一代中国人的思想走向。

康有为不仅是一位思想大家，也是一位政治家，他以及以他为首的一派政治势力，是清末中国政治变动中的重要力量。他是戊戌变法时期维新派的领袖。他受日本资产阶级明治维新的影响，试图在保持封建君主制度不变，也就是在维护封建制度的基础上保国保种、救亡图存，以图中华民族的振兴。他著书立说，阐发变法理论，多次上书清廷，提出了一系列变法维新的主张，又策动公车上书，并直接参与了百日维新的规划。虽然在维护封建君主专制统治前提下进行适当的变法维新，在中国是行不通的，但它短暂而强烈的革新思想却永远闪烁于中国的历史长河中。变法失败后，康有为流亡海外，逐渐走向了变法维新的反面，宣传君主立宪的主张，开展政治活动，一步步变成了保皇党的代表人物。变法的失败，在客观上促成了革命思潮的兴起。然而，康有为却坚持君主立宪的主张，反对革命与共和政治，逐渐成为时代的落伍者，成为历史的悲剧性人物。

---

[1] 《毛泽东选集》第 4 卷，人民出版社 1991 年版，第 1469 页。

康有为也是一个学术大家。他是近代"今文学"运动的中心人物，他的《新学伪经考》《孔子改制考》，不仅在当时引发了剧烈的思想震动，对此后中国学界批判地研究古史与古代学术也产生了重要影响。此外，康有为在书法、文学等方面，造诣颇深，是近代书法史、文学史上不可忽视的人物。

康有为是一位十分复杂的历史人物。研究这样一个人物，与研究其他重要历史人物一样，一定要放在当时特定的历史条件下，用历史唯物主义的科学态度来认识，既不必人为拔高，也不必故意贬抑，而是深入地回到历史场景之中，全面地、充分地掌握材料，认真分析材料之间的内在联系，既充分把握人物所处的历史背景，又充分把握人物思想、活动所由发生的原因及其产生的影响，从而把握他在历史上的位置和作用。历史是一面镜子，以史为鉴。研究康有为及其思想，对于我们认识今天中国特色社会主义的历史必然性，增强"四个自信"是大有益鉴的。

今天，在康有为诞辰160周年之际，我们邀请海内外学者来到他的故乡南海聚集一堂，从学术上深入探讨他的思想、活动、学术，以及他与近代中国历史、思想、学术变动的关系，对于深入推动中国近代史研究向前发展，对于我们汲取前人智慧，为今日中华民族伟大复兴大业，为中国特色社会主义繁荣发展提供历史镜鉴，都有积极的意义。

最后，祝"康有为与近代中国——第七届中国近代思想史国际学术研讨会"圆满成功！

崇高的理想　不懈的追求[*]
——略论从"大同"社会理想到"人类命运共同体"战略构想

毛泽东同志指出:"我们是马克思主义的历史主义者,我们不应当割断历史。从孔夫子到孙中山,我们应当给以总结,承继这一份珍贵的遗产。"[①] 中华民族是一个极具天赋的民族,2500多年前,就提出了"大同"社会理想,几千年一路传承下来,直至当今习近平总书记提出了"构建人类命运共同体"的战略构想。从提出"大同"社会到构建"人类命运共同体",表现了中华民族崇高的理想,远大的见识;卓越的思想,精彩的论断;博大的胸襟,伟大的战略;自觉的担当,不懈的追求,体现了中华优秀传统思想"一以贯之""一脉相承"的精神基因。

一　崇高的理想　远大的见识

2500多年前,中国正处于春秋时期,也就是中国由奴隶社会向封建社会的转型时期,社会处于急剧动荡之中。"春秋无义战",群雄并起,逐鹿中原,争夺霸权,血雨腥风,战乱不已,"礼崩乐坏",社会无序。出于对动乱不已的社会状况的反思,教育家、思

---

[*] 原载《马克思主义研究》2020年第5期。
[①]《毛泽东选集》第2卷,人民出版社1991年版,第534页。

想家孔子整理的经典著作《礼记·礼运》篇提出了"大同"社会的崇高理想。这是中华思想史上的一次灿烂日出，也是人类思想史上的一次灿烂日出。原文写道："大道之行也，天下为公，选贤与能，讲信修睦，故人不独亲其亲，不独子其子，使老有所终，壮有所用，幼有所长，鳏寡孤独废疾者皆有所养。男有分，女有归，货恶其弃于地也不必藏于己，力恶其不出于身也不必为己，是故谋闭而不兴，盗窃乱贼而不作，故外户而不闭，是谓大同。"

在这段描述里，"大同"社会之美好，有几个特点：

一是天下为公。实行全民公有，包括权力公有、财物公有和生产资料公有。

二是选贤与能。保证"天下为公"，具体措施是选贤与能。贤能受天下人委托，为天下人谋福利。国家与地方事务由民众选举出来的贤能之士负责管理。管理者德才兼备，勤政廉政，办事公道，处事有方，民众拥戴，官民和睦，同心同向。

三是讲信修睦。"讲信修睦者，讲，谈说也；信，不欺也；修，习；睦，亲也。此淳无欺，谈说辄有信也。"（《礼记·正义》）信与睦是良好人际关系的核心。重诚信，讲礼义，千百年来，中华民族依此发展成为"礼义之邦"，也称之为"礼仪之邦"。

四是人得其所。"大同"社会里人人敬老，个个爱幼。人们视他人父母如自己父母，视他人子女如自己子女。"老有所终，壮有所用，幼有所长，矜寡孤独废疾者，皆有所养。"（《礼记·礼运》）任何人都能得到社会的关怀，任何人都主动关心社会。男有职责，女有家室，社会和谐，人民安乐。

五是人人为公。"大同"社会里人人都有高度责任心，对社会财富倍加珍惜，憎恶浪费现象，反对任何自私自利的行为。"货恶其弃于地也，不必藏于己。"（《礼记·大道之行也》）货弃于地是可耻的，货藏于己同样是可耻的。

六是各尽其力。"大同"社会里，劳动成为人们自觉而又习惯的活动。"力恶其不出于身也，不必为己。"（《礼记·大道之行也》）能劳不劳是可耻的，劳而不尽其力也是可耻的，劳动只为了自己同样是可耻的。正是这种不计报酬、自觉奉献的劳动态度支撑"大同"社会。"大同"社会给人们提供了和谐互助的生存条件，人们回报社会以高度的自觉劳动，二者互为条件，互为因果，互相促进。

总之，在孔子整理的典籍中的"大同"社会里：人人都能受到全社会的关爱；人人都能安居乐业；物尽其用，人尽其力。2500多年前中国人民就能提出这么美好的理想愿景，表达了中国人民对公正、团结、和谐、互爱、幸福的向往，对自由平等、天下为公的向往。表现出中国人民的高尚追求和境界，也表现出中华民族的博大襟怀。

"大同"社会理想虽然是孔子整理的典籍所述，并不是孔子亲创，但也反映出孔子的思想追求。孔子作为奴隶社会晚期春秋社会转型时的思想家，其思想是该时代社会现状及其激烈的社会矛盾的理性反映，也是他所代表的该社会阶级所秉持的理想愿景，是其时代和阶级的重要诉求。孔子反对当时"礼崩乐坏"的社会动乱，反对战争对社会、对民生的破坏。他一生的志向是"克己复礼"，要恢复以礼制为统治制度基础的周天子的奴隶制社会秩序，他所讲的"天下为公"的"公"，说到底还是周天子奴隶制统治阶级的"公"，这就是孔子"大同"思想所持的阶级立场。当然，他所描述的"大同"社会理想有其思想精华所在，他所阐述的"大同"社会是有现实价值的。"大同"社会理想，对后来中国人民的思想、中国社会的发展产生了极其深远的影响，也对世界人民的思想、世界历史的发展产生了广泛的影响，是中国，也是人类的一笔宝贵的精神财富。

"大同"社会理想表现出中华民族崇高的理想追求和聪慧的中国精神，但其提出和论述永远超不出时代和历史条件的局限，在不同的时代和历史条件下，关于"大同"社会理想的论述具有不同的时代内涵和历史内容。人类从来就没有超越历史的、抽象的"大同"社会理想。任何时代和历史条件下的关于"大同"社会理想的论述都是具体的，而且每一个对"大同"社会理想论述的思想家关于"大同"社会理想的理解和阐述都是具体的，是受该思想家的世界观和方法论所支配的。而该思想家所秉持的世界观方法论，又受一定经济地位，特别是阶级地位所制约，是为一定的阶级利益而发声的，背后则是一定阶级的利益诉求。除了用马克思主义世界观武装起来的工人阶级政党，任何其他阶级及其政党和它们的代表人物，在论述各自所代表的阶级所憧憬的社会理想时，所使用的都是超阶级的、抽象的、全民的口号。只有用马克思主义武装起来的工人阶级政党，如中国共产党人公开宣布自己的主张具有工人阶级的阶级性，明确阐明工人阶级没有本阶级一己之利，是代表全人类共同的利益，工人阶级的阶级性同时就是最彻底、最完全的人民性，阶级性与人民性在工人阶级及其政党这里是高度统一的，马克思主义政党所主张的共产主义"大同"社会愿景既是工人阶级的最高理想，也是全人类的共同理想。

二 卓越的思想 精彩的论断

为什么要追求大同社会呢？必要性和可行性何在？在不同的历史条件下、不同的社会发展阶段，不同阶级的思想者、代言人都有所发挥，其中不乏中华民族卓越的思想和精彩的论断。

在《礼记·礼运》篇之外，孔子提出了"四海之内皆兄弟"（《论语·颜渊》）、"己所不欲，勿施于人"（《论语·卫灵公》）、"己欲立而立人，己欲达而达人"（《论语·雍也》）的处理人际关系的核心理念；孟子提出了"老吾老以及人之老，幼吾幼以及人之幼"（《孟子·梁惠王上》）的为人的道德准则。以孔孟为代表的儒家提倡仁、义、礼、智、信，温、良、恭、俭、让，比较全面地表达了人性的真善美追求，同时也奠定了"大同"社会理想的伦理基础。《礼记·中庸》认为："万物并育而不相害，道并行而不相悖。"认为和而不同，合乎天道，"一花独放不是春，百花齐放春满园"。根据来自大自然的启迪，说明"大同"社会理想的合理性，为"大同"社会理想提供了理论依据。

北宋著名唯物主义哲学家张载以天下为己任，豪迈地提出："为天地立心，为生民立命，为往圣继绝学，为万世开太平。""为天地立心"就是要遵循事物发展的客观规律，"为生民立命"就是要让天下百姓都有安身立命之处，"为往圣继绝学"就是要继承儒家社会理想的崇高使命，"为万世开太平"就是追求世世代代的和平安定、社会和谐。"太平"与"大同"同义，都是孔孟以来儒家所倡导的社会理想。"开"是期许之意，为"万世开太平"也就是张载推崇的"民胞物与""天下归仁"与"大同"一致的社会理想。张载的"横渠四句"表达了千百年来中华民族志士仁人的伟大追求和担当，弘扬了"大同"社会理想的内在精神。

在中国漫长的封建社会，"大同"思想成为广大贫苦农民阶级反对封建地主阶级剥削压迫的思想武器，成为号召、鼓舞人民追求社会进步的旗帜，其基本主张一直延续下来。宋朝农民起义的口号是"等贵贱""均贫富"，明朝李自成起义的口号是"均田免粮"，体现了中国封建社会农民阶级追求公正、平等的理想诉求，是被统治阶级关于"大同"理想精神的表达。

在中国近代爆发的太平天国革命运动，初衷也是追求平等、公正、幸福的"大同"社会。其纲领性文件《天朝田亩制度》中主张，"有田同耕，有饭同食，有衣同穿，有钱同使"，做到"无处不均匀，无人不饱暖"。"天下人人不受私，物物归上主"。宣布废除封建买卖婚姻，主张"凡天下婚姻不论财"，男女平等，自由恋爱。虽然《天朝田亩制度》因浓厚的平均主义空想，客观上的战争动乱和没有稳定的基层农民政权,实际上并未能实行,但它反映了农民阶级对拥有土地、平等公正、保障温饱的理想社会的渴望。在中国封建社会,农民阶级怀有对"大同"社会理想的真诚追求,但仍免不了打下农民阶级平均主义的思想烙印。

近代康有为撰写了著名的《大同书》。该书根据今文经学的公羊三世说和《礼记·礼运》中的"大同"思想,又综合汲取欧洲空想社会主义、资产阶级民主主义、达尔文进化论等若干思想元素。《大同书》指出当时中国处于"据乱世",必须向已进入"升平世"的欧美资本主义国家看齐,然后才能进入"太平世",即"大同"世界。《大同书》揭露了人世间由于不平等而产生的种种苦难,提出"去九界"以达人类"大同",描绘了"大同之世,天下为公,无有阶级,一切平等"的社会远景。他倡导用改良渐进的方法实现这种社会理想的主张,是中国新兴资产阶级反对封建专制主义的理论新声,表现了中国新兴资产阶级对封建社会残酷的阶级统治的批判,表达出资产阶级民主主义的平等精神,包含了某些空想社会主义的因素。《大同书》在中华民族近代思想史上具有重要地位。

前期的康有为作为当时中国新兴资产阶级改良维新派人物,反对地主阶级封建主义的专制统治,其主张在某种意义上体现了中国新兴资产阶级反对封建专制主义的思想进步性,表达了资产阶级争取民主、自由、人权、平等的阶级意愿。处于革命上升期的资产阶级及其主张,在一定程度上客观地代表了当时广大民众的要求。但是其民主、人权、自由、平等虽然打着全民的旗号,其实质追求的是资产阶级的民主、平等的"千年王国",仍然有其历史局限性。

伟大的孙中山先生是激进的资产阶级民主主义者,他主张通过革命,以暴力手段彻底推翻封建君主专制主义统治。他的思想主要代表了中国新兴资产阶级民主主义革命派,在很大程度上体现并满足了封建统治下人民大众的共同利益诉求。他为了解救民众疾苦,率先提出了"民主、民权、民生"三民主义。在"旧三民主义"基础上,他进一步接受了马克思主义科学社会主义的某些主张,提出了新三民主义纲领,主张"平均地权""联俄""联共""扶助农工",做到"耕者有其田"。他反复强调的"天下为公"的"大同"理想,包含反对封建统治压迫、反对帝国主义侵略,解救民众的资产阶级民主革命的时代内容。

在中华民族的发展史上,真诚信仰"大同"理想,并能把"大同"理想付诸实践的是中国共产党人。中国共产党人是以马克思主义为指导,并把马克思主义与中国实际相结合的中国工人阶级政党,其初心和使命就是为人民谋幸福、为中华民族谋复兴,为最终实现无阶级的"天下为公"的共产主义"大同"理想而砥砺奋斗。

毛泽东同志在《论人民民主专政》一文中提出"经过人民共和国到达社会主义和共产主义,到达阶级的消灭和世界的大同"。这是中国共产党人把共产主义理想同中华民族"大同"理想结合起来的卓越见解和精彩论述。毛泽东同志在1953年10月赋词《念奴娇·昆仑》,其下阕"而今我谓昆仑:不要这高,不要这多雪。安得倚天抽宝剑,把汝裁为三截?一截遗欧,一截赠美,一截还东国。太平世界,环球同此凉热。""太平世界"即"大同"社会,"环球同此凉热",意指共产主义社会实现。毛泽东同志的这首诗词是中国共产党人崇高的政治理想和伟大的斗争精神的文学表达和艺术升华,是把共产主义远大理想同中华优秀传统"大同"理想有机结合的典范。毛泽东同志在词作中通过对昆仑山千秋功罪的评论和拔剑裁之的浪漫主义想象,提出了打倒帝国主义、推翻资本主义剥削制度的斗争目标,表现了伟大的无产阶级革命家改造自然、改造社会,反对帝国主义、造福人类的斗争精神,展现了实现共产主义"大同"社会的崇高理想和远大抱负。

为什么只有中国共产党人才能真正奉行并带领人民切实实现"大同"理想呢?这是因为中国共产党是中国工人阶级的政党。中国工人阶级是代表先进生产力、最大公无私、最富有战斗力、没有本阶级一己之利、代表的是全人类根本利益的先进阶级，是肩负着消灭阶级实现"大同"理想的人类历史上最后一个革命阶级，是推翻最后一个剥削制度的强大的物质力量；这是因为中国共产党是马克思主义政党。马克思主义是工人阶级世界观，马克思主义在人类思想史上第一次以科学的形态阐述了共产主义学说，它既以唯物史观的立场、观点和方法论证了共产主义，即"大同"社会的历史必然性，同时又指出了实现共产主义，即"大同"社会的现实道路——通过工人阶级领导的无产阶级革命，经过无产阶级专政的社会主义过渡而达到共产主义"大同"社会。马克思主义的科学社会主义理论使人类的"大同"理想成为真正的科学学说，具有现实的可能性。

中国共产党人接受了马克思主义，也就确立了实现共产主义的初衷、使命和理想。中国共产党是把马克思主义同中国实际相结合，同中国优秀传统思想相结合的马克思主义政党。中国共产党人既坚持了马克思主义的共产主义学说，又赋予该学说以中华优秀传统"大同"思想的中国精神基因；既坚持了共产主义"大同"的远大理想，又为实现这个远大理想设计并践行了在中国使理想逐步成为现实的实际步骤；既坚持共产主义"大同"远大理想的最高纲领，又为实现最高纲领实际地设计了每个历史阶段的最低纲领，把最高纲领与最低纲领有机地结合起来。中国共产党人的最高纲领是实现共产主义"大同"，但在每个历史阶段都根据该阶段特点提出满足该阶段要求的最低纲领，一俟该最低纲领实现，又不失时机地提出新的更高一级的纲领继续前行，直至最高纲领实现。在中国革命阶段，中国共产党人把中国革命分成两步走，第一步是进行无产阶级领导的新民主主义革命，反对封建主义、帝国主义和官僚资本主义，建立新民主主义社会；第二步是不间断地把新民主主义革命转变为社会主义革命，进行社会主义所有制改造，把新民主主义社会转变为社会主义社会，为向共产主义过渡创造条件。中国共产党人在中国革命的历史进程中，创造了新民主主义的共同奋斗目标和社会主义的长远奋斗目标。在社会主义建设和改革阶段，在总结汲取社会主义建设艰苦探索的经验教训的基础上，提出了中国正处于社会主义初级阶段的科学判断，开辟了中国特色社会主义道路，把实现共产主义远大理想与中国特色社会主义共同理想有机结合起来。中国共产党人在领导中国革命、建设和改革的近百年历史进程中，使实现中华民族复兴中国梦到实现共产主义"大同"理想一步一步成为现实的运动。

中国现代著名学者、社会学家费孝通曾经说过："各美其美，美人之美，美美与共，天下大同。"他用学术语言表达了中国人民的愿景，也表达了中国共产党人的初衷和使命。中国共产党人在新民主主义革命时期，提出了"打土豪、分田地"的口号，在根据地内做到农民有田地，地主、富农"减租、减息"，深得民众拥护，使中国革命阶级的最低纲领变成现实。中华人民共和国成立后，建立了社会主义制度，带领中国人民走上了生产资料公有为主体、人民共同富裕的道路。通过社会主义改革开放、富民强国，成功地开创了中国特色社会主义道路，使中国社会主义建设和改革阶段的当代理想成为现实，一步一个脚印地为通向共产主义"大同"社会开辟了"天堑变通途"的实际道路。

三　博大的胸襟　伟大的战略

"全世界无产者，联合起来！"这是《共产党宣言》最振聋发聩的发声。无产阶级只有解放全人类，才能最后解放自己。这是《共产党宣言》最经典的格言。《共产党宣言》向全世界工人阶级和人民大众宣布了最彻底、最无私的国际主义，表现了工人阶级博大的胸襟。社会化大生产的新的生产力是工人阶级成长壮大的物质条件，决定了工人阶级博大无私的品质和胸怀，决定了只有工人阶级才能肩负起解放全人类的历史使命。马克思主义指出，无产阶级肩负着解放全人类的使命，当无产阶级解放了全人类，同时也就最后解放了自己，奉行国际主义是工人阶级的阶级特点和历史使命所决定的。

工人阶级政党所坚持的国际主义原则与共产主义最高理想是高度一致的。马克思主义经典作家指出，"问题不在于改变私有制，而在于消灭私有制"[1]，"这种否定不是重新建立私有制，而是在资本主义时代的成就的基础上……重新建立个人所有制"[2]。这样，就能够创造一个"自由人的联合体"，"在那里，每个人的自由发展是一切人的自由发展的条件"。[3]"自由人的联合体"是马克思主义对未来共产主义社会的科学描绘，展示了"天下为公""世界大同"的共产主义伟大蓝图。共产主义学说从本质上秉承的是国际主义原则，国际主义原则与共产主义社会的"自由人的联合体"理想是高度契合的。

中国共产党人站在彻底的历史唯物主义立场上，代表了世界人民的共同利益，这就决定了中国共产党人薪火相传、弦歌不断，始终如一地坚持国际主义原则，始终如一地把实现共产主义的"自由人的联合体"作为自己的最高追求。

坚持国际主义原则和共产主义"自由人的联合体"的远大理想，必然体现在中国共产党人处理国际关系上。中华人民共和国刚刚成立不久，中国共产党就倡导和平共处五项原则：相互尊重主权和领土完整、互不侵犯、互不干涉内政、平等互利、和平共处。周恩来总理在万隆会议上还代表中国共产党人提出了处理对外关系"求同存异"的方针。1956年11月，毛泽东同志在《纪

---

[1] 《马克思恩格斯全集》第10卷，人民出版社1998年版，第389页。
[2] 《马克思恩格斯全集》第44卷，人民出版社2001年版，第874页。
[3] 《马克思恩格斯选集》第1卷，人民出版社2012年版，第422页。

念孙中山先生》一文中说："中国人在国际交往方面，应当坚决、彻底、干净、全部地消灭大国主义。"① 表现了中国共产党人继承中华民族优秀传统思想，追求"大同"社会的责任感和历史担当。毛泽东在晚年提出了"三个世界"理论，号召、支持广大"第三世界"国家和人民团结起来，反对霸权主义，促进全人类的和平发展。中国共产党人的这些思想体现了最彻底的国际主义原则，显示了工人阶级构建"自由人的联合体"的最宽广的眼界与最崇高的追求。

历史发展到 21 世纪。2013 年习近平总书记以中国共产党人的宏大战略眼光首次提出了构建"人类命运共同体"的伟大构想，坚定地坚持国际主义最高原则，充分发挥了"自由人的联合体"的共产主义伟大理想，发扬光大了中华民族"大同"的优秀传统思想。从"全世界无产者联合起来"到国际主义原则，到"自由人的联合体"，再到"人类命运共同体"，始终如一地贯穿着马克思主义国际主义原则和共产主义学说的一条红线。习近平总书记关于"人类命运共同体"的倡议得到世界上越来越多国家、地区和人民的赞同支持。所谓"人类命运共同体"，顾名思义就是"每个民族、每个国家的前途命运都紧紧地联系在一起，应该风雨同舟，荣辱与共，努力把我们生于斯、长于斯的这个星球建成一个和睦的大家庭，把世界各国人民对美好生活的向往变成现实"②。他指出："中国共产党所做的一切，就是为中国人民谋幸福、为中华民族谋复兴、为人类谋和平与发展。"③ 他在党的十九大报告中呼吁"各国人民同心协力，构建人类命运共同体"；"要相互尊重、平等协商，坚决摒弃冷战思维和强权政治，走对话而不对抗、结伴而不结盟的

---

① 《毛泽东文集》第 7 卷，人民出版社 1999 年版，第 157 页。
② 习近平：《携手建设更加美好的世界——在中国共产党与世界政党高层对话会上的主旨讲话》，人民出版社 2017 年版，第 4 页。
③ 习近平：《携手建设更加美好的世界——在中国共产党与世界政党高层对话会上的主旨讲话》，人民出版社 2017 年版，第 8 页。

国与国交往新路。要坚持以对话解决争端、以协商化解分歧，统筹应对传统和非传统安全威胁，反对一切形式的恐怖主义。要同舟共济，促进贸易和投资自由化便利化，推动经济全球化朝着更加开放、包容、普惠、平衡、共赢的方向发展。要尊重世界文明多样性，以文明交流超越文明隔阂、文明互鉴超越文明冲突、文明共存超越文明优越。"中国"尊重各国人民自主选择发展道路的权利，维护国际公平正义，反对把自己的意志强加于人，反对干涉别国内政，反对以强凌弱。中国决不会以牺牲别国利益为代价来发展自己"，"中国发展不对任何国家构成威胁。中国无论发展到什么程度，永远不称霸，永远不搞扩张。""中国人民愿同各国人民一道，推动人类命运共同体建设，共同创造人类的美好未来！"[1]

习近平总书记关于构建"人类命运共同体"的战略构想，把共产主义远大理想同中国共产党人的当前行动纲领、把国际主义原则同坚持独立自主、自力更生的方针有机地结合起来，是对中华优秀传统"大同"思想的发展，也是共产主义"自由人的联合体"理想与中华优秀传统思想的创造性结合和创新性发展。

面对复杂变化的国际形势，中国作为世界大国和联合国安理会常任理事国，将继续秉持公平正义，坚持责任道义，体现担当仗义，为世界和平与发展不断贡献中国智慧、中国方案、中国力量，同国际社会一道，推动世界多极化和国际关系民主化，共同建设更加繁荣稳定、公平公正的世界，争取早日实现构建"人类命运共同体"的美好愿景。

四 自觉的担当 不懈的追求

从中华民族最早提出"大同"理想，中华民族一代接一代地在

---

[1] 习近平：《决胜全面建成小康社会 夺取新时代中国特色社会主义伟大胜利——在中国共产党第十九次全国代表大会上的报告》，人民出版社2017年版，第58—60页。

悠久的历史长河中承继和发展"大同"理想，到中国共产党人把共产主义学说同中华民族"大同"思想创造性地结合和阐发，再到构建"人类命运共同体"的提出，中华民族在把"大同"思想与世界先进思想相结合，阐述并践行"大同"思想的历史进程中，始终如一地自觉的担当，不懈的追求，扎实的践行。主要表现在：

第一，富于想象。在几千年历史长河中，中华民族始终心怀梦想、不懈追求，不仅形成了小康社会的理念，而且创作了盘古开天地、女娲补天、伏羲画卦、神农尝百草、夸父追日、精卫填海、愚公移山等古代神话，这些神话给中国人民提供了强大的精神力量和坚定信念：山再高，往上攀，总能登顶；路再长，走下去，定能到达。不因现实困难而放弃梦想，也不因理想遥远而放弃追求。坚信久久为功，"大同"的理想社会总有一天能够实现。

第二，兼容并蓄。中华民族具有宽广的胸臆，海纳百川、兼容并蓄是中华民族的优秀传统文明。每一种文明都形成于自己的生存环境，凝聚着这个国家、这个民族的集体智慧和精神追求，有其存在的价值和优长。社会发展需要交流，文明进步需要互鉴。中国人民很早就明白这个道理，自古以来就以"天下大同""亲仁善邻""协和万邦"的宽广心胸，自信而大度地开展同域外民族的物质和文化交流，"曾经谱写了万里驼铃万里波的浩浩丝路长歌，也曾经创造了万国衣冠会长安的盛唐气象"[①]。中国人民在追求"大同"社会理想的实践中，始终注意积极学习外来文明的先进成分。从汉代开始的佛教东传、元代开始的"伊儒会通"，到近代的"西学东渐"、新文化运动、马克思列宁主义思想传入中国，再到改革启动后日益扩大的对外开放，中华文明在兼收并蓄中不断发展自己，不断推进"大同"社会理想一步步付诸实现。

第三，慷慨奉献。中华民族是一个具有奉献大德的伟大民族，

---

① 习近平：《在庆祝改革开放40周年大会上的讲话》，人民出版社2018年版，第40页。

在吸收外来文明的同时，始终不忘对世界人民的发展做出自己的积极贡献。毛泽东同志指出："中国是一个具有九百六十万平方公里土地和六万万人口的国家，中国应当对于人类有较大的贡献。"①"你有那么多人，你有那么一块大地方，资源那么丰富，又听说搞了社会主义，据说是有优越性，结果你搞了五六十年还不能超过美国，你像个什么样呢？那就要从地球上开除你球籍。"②毛泽东同志慷慨激昂的文字表达了中华民族自立于世界民族之林，甘愿为世界和平与进步奉献的无私精神。从古至今，中华民族已经为世界的文明进步做出有目共睹的贡献。从汉唐时候起就逐步开创了陆地和海上的丝绸之路、茶叶之路、香料之路，助推丝绸、茶叶、陶瓷、香料、绘画、雕塑等风靡亚洲各国，远达欧洲，相互交流，共同进步。

习近平总书记倡导的"一带一路"，就是古代丝绸之路精神的发扬光大。通过提出"一带一路"和其他组织的建设，促进各国在科技、教育、文化、卫生、民间交往等领域的合作蓬勃开展，促进相关国家和地区的政策沟通、设施联通、贸易畅通、资金融通、民心相通。习近平总书记指出："长期以来，中国为广大发展中国家提供了大量无偿援助、优惠贷款，提供了大量技术支持、人员支持、智力支持，为广大发展中国家建成了大批经济社会发展和民生改善项目。今天，成千上万的中国科学家、工程师、企业家、技术人员、医务人员、教师、普通职工、志愿者等正奋斗在众多发展中国家广阔的土地上，同当地民众手拉手、肩并肩，帮助他们改变命运。"③事实表明，中国人民一直以来都在做世界和平的建设者、人类发展的贡献者、国际秩序的维护者，"人类命运共同体"的构

---

① 《毛泽东文集》第7卷，人民出版社1999年版，第89页。
② 《毛泽东文集》第7卷，人民出版社1999年版，第157页。
③ 习近平：《携手建设更加美好的世界——在中国共产党与世界政党高层对话会上的主旨讲话》，人民出版社2017年版，第10页。

建者。

第四，崇尚实干。中华民族是一个崇尚实干的优秀民族，自古以来始终强调知行合一、躬身实践、埋头苦干。习近平总书记有句名言"空谈误国、实干兴邦"，说的就是从中国古代文明到今天中国特色社会主义文明，中国人民靠实干创造了闻名于世的物质财富和丰富多彩的精神财富。在当今时代，以最实际的力量率先投入"人类命运共同体"建设。2017年12月1日，习近平总书记在中国共产党与世界政党高层对话会上发表了"携手建设更加美好的世界"的主旨讲话。他指出："今天，互联网、大数据、云计算、量子卫星、人工智能迅猛发展，人类生活的关联前所未有，同时人类面临的全球性问题数量之多、规模之大、程度之深也前所未有。世界各国人民前途命运越来越紧密地联系在一起。面对这种局势，人类有两种选择。一种是，人们为了争权夺利恶性竞争甚至兵戎相见，这很可能带来灾难性危机。另一种是，人们顺应时代发展潮流，齐心协力应对挑战，开展全球性协作，这就将为构建人类命运共同体创造有利条件。"[①]

"一带一路"是积极构建人类命运共同体的战略举措。中国人民带头践行"一带一路"，努力与世界人民一道共建"一带一路"，成效显著。中国制定出台了推动共建"一带一路"的文件，成立了丝路基金，"亚投行"已正式开业。2017年5月，中国成功主办"一带一路"国际合作高峰论坛。在各方共同努力下，如今"六廊六路多国多港"的互联互通架构基本形成，一大批合作项目落地生根，首届高峰论坛的各项成果顺利落实，150多个国家和国际组织同中国签署共建"一带一路"合作协议。共建"一带一路"倡议同联合国、东盟、非盟、欧盟、欧亚经济联盟等国际和地区组织的发展和合作规划对接，同各国发展战略对接。从亚欧大陆到非洲、

[①] 习近平：《携手建设更加美好的世界——在中国共产党与世界政党高层对话会上的主旨讲话》，人民出版社2017年版，第2—3页。

美洲、大洋洲，共建"一带一路"为世界经济增长开辟了新空间，为完善全球经济治理拓展了新实践，为增进各国民生福祉做出了新贡献，为构建"人类命运共同体"拓展了机遇之路、繁荣之路，展示了光明的前景。

百年未有之大变局和中国共产党[*]

今年中国共产党99岁了，明年整整100岁。对于一个人来说，百岁则是高寿，但对于胸怀共产主义远大理想和中国特色社会主义共同理想，为实现中华民族伟大复兴中国梦而奋斗不已的工人阶级政党——中国共产党来说，不过是万里长征第一步。习近平总书记指出，"当前，我国处于近代以来最好的发展时期，世界处于百年未有之大变局"。[①] 为了"不忘初心，牢记使命"，与近代百年史俱进的中国共产党人不辱使命，砥砺前行，奋斗到最后胜利到来的那一刻。

一 肩负时代使命而走上人类历史大舞台的中国共产党，与时代偕行

历史的车轮滚滚向前，扬起了历史的尘埃，也创造了历史的辉煌。回首近代百年历史，中国发生了翻天覆地的变化，世界也在中国巨变的同时迎来了大变的新格局。百年历史，是中国共产党带领各族人民进行新民主主义革命和社会主义革命、社会主义建设和中国特色社会主义改革发展的历史；百年历史，是中华民族胜利的历史，是社会主义在中国胜利的历史，也是马克思主义在中国胜利的

---

[*] 原载《世界社会主义研究动态》2020年8月26日。
[①] 习近平：《论坚持推动构建人类命运共同体》，中央文献出版社2018年版，第539页。

历史，更是中国共产党胜利的历史。回首这段历史是极其壮丽的，然而又是曲折、艰难、悲壮的。

以1840年鸦片战争为转折，一度强盛的中国在世界风云突变格局中沦落为帝国主义列强欺凌的对象，20世纪初，中国彻底堕为半殖民地半封建社会。面对积贫积弱、满目疮痍的旧中国，无数仁人志士努力以自认可行的方式力图挽救中华民族走向衰败的命运。

第一条没有走通的道路，是农民阶级发起的农民运动。1851年，以洪秀全为代表的农民阶级发动了太平天国起义，颁布了《天朝田亩制度》，希望通过农民革命建立一个美好的社会。以农民为主体的义和团运动，掀起爱国大潮，对八国联军进行顽强的抵抗……然而，这些以农民为主体的运动，最终都在封建王朝和帝国主义的双重镇压下，以失败告终。究其原因，在于近代以来的中国社会已经不是传统的封建社会，而是半殖民地半封建社会，中国农民忍受的是帝国主义和封建主义的双重压迫，农民起义经受的是帝国主义和封建主义的双重打击。更为重要的是农民阶级并不是新的生产力的代表、不是先进的阶级、没有先进思想，不能代表历史前进方向的农民革命，失败是必然结局。

第二条没能走通的道路，是封建统治阶级内部的改良运动。中国封建地主阶级较有远见的人士认为，近代封建王朝衰落的原因是未拥有近代先进器物和科技，提出"师夷长技以制夷"，推行洋务运动。甲午海战在清海军实力并不弱于日海军情况下惨遭战败，北洋水师全军覆没，洋务运动宣告破产。先进器物和科技的引进提升并没能让强国之梦奏效。中国新兴资产阶级维新派希冀通过不改变封建君主制度，以图资本主义改良变法实现强国梦，结果在握有实际封建权力的太后党打压下，草草结束了仅存百天的"戊戌变法"。究其原因，封建制度的腐朽反动和封建观念的落后顽固，封建专制势力和官僚买办利益集团的双重压力，决定了不可能保留封建帝制，只做局部调整，就可以改变中华民族被动挨打的悲惨命运。

第三条没能走通的路,是资产阶级旧民主主义革命运动。戊戌变法失败,中国新兴民族资产阶级革命派认为,必须通过革命的方式才能结束封建专制统治,进而发展资本主义,实现民族独立和富民强国。1911年新兴资产阶级革命派发动了辛亥革命,结束了中国几千年的封建专制制度。然而,袁世凯勾结帝国主义势力,窃取了辛亥革命的果实,资产阶级共和国的处方并没有解救中国。究其原因,近代中国,帝国主义列强瓜分中国的殖民利益决定了它们绝不容许中国走独立自主的资本主义道路,中国反动腐朽的封建主义也拼死反对推翻封建统治。更为重要的是中国民族资产阶级具有天生的两面性,虽有革命性的一面,但顽劣的软弱性、妥协性,使其不能进行真正的彻底革命。

那么,如何才能挽救中华民族于危亡,怎样才能改变中国沉沦的命运,谁才能引领中国实现民族独立和人民解放,完成振兴中华之伟业呢?十月革命的一声炮响,俄国为中国送来了马克思主义。

习近平总书记指出:"尽管我们所处的时代同马克思所处的时代相比发生了巨大而深刻的变化,但从世界社会主义500年的大视野来看,我们依然处在马克思主义所指明的历史时代。"[1] 马克思、恩格斯在《共产党宣言》中指出:"我们的时代,资产阶级时代。"[2] 一语道破我们所处的时代仍是资本主义历史时代。马克思主义经典作家认为,以社会生产方式为标准判断,人类历史经历了原始社会、奴隶社会、封建社会形态,现在正处于资本主义社会形态,经过共产主义第一阶段社会主义的过渡将达到共产主义社会形态。这就是马克思主义经典作家根据唯物史观,所提出的关于"五种社会形态"的人类历史发展一般规律的理论。从马克思主义时代观来看"五种社会形态",就是五个"大的历史时代",原始社会、奴隶社会、封建社会、资本主义社会,经过社会主义社会过渡而至

---

[1] 《习近平谈治国理政》第2卷,外文出版社2017年版,第66页。
[2] 《马克思恩格斯选集》第1卷,人民出版社2012年版,第401页。

共产主义社会五大历史时代。马克思主义经典作家认为，在资本主义历史时代始终贯穿着社会主义与资本主义、工人阶级与资产阶级的两条道路、两种制度、两大阶级力量的斗争，社会主义、共产主义必定代替资本主义，这是历史发展的必然趋势。在这个意义上说，资本主义时代又是社会主义与资本主义两种社会制度斗争的历史时代，是社会主义、共产主义逐步代替资本主义的历史时代。当今，虽然在资本主义母体内已经产生了社会主义社会形态，但资本主义社会形态在全世界仍然占统治地位，我们仍处于资本主义的"大的历史时代"。马克思主义是工人阶级先进世界观的理论体系，是科学批判资本主义，并指引无产阶级及其人民大众彻底埋葬资本主义，建立社会主义、共产主义理想社会的思想武器。"大的历史时代"的基本性质、基本矛盾、基本条件和基本发展趋势决定了中国人民再也不能进行彻底的资产阶级革命，建立独立自主的资产阶级国家，走资本主义强国之路了。帝国主义、封建主义、官僚资产阶级不允许中国走通这条路。"大的历史时代"决定中国先进的知识分子必然而然地找到了马克思主义，找到了社会主义，找到了中国工人阶级及其先进政党的领导；决定了中国人民选择了马克思主义，选择了社会主义，选择了中国共产党。

处于"大的历史时代"背景下的近代中国迫切需要马克思主义在中国落地生根。历史呼唤担当，时代赋予使命，中国共产党应时代而生。中国共产党既是工人阶级的先锋队，又是中华民族的优秀子孙，中国共产党作为工人阶级先进分子组成的先进部队，必须肩负解放全人类才能最后解放自己的共产主义国际主义义务，作为中华民族优秀分子的中流砥柱，必须同时肩负实现中华民族伟大复兴中国梦的使命，二者是双位一体的时代责任。谁能顺时代潮流而为，谁就能承担起时代使命，谁就能获得历史的眷顾，谁就能登上历史的舞台而展现风采。在时代召唤中诞生的中国共产党，也将在完成时代赋予使命的进程中完成时代任务，接受时代的检验。

二　没有中国共产党，就没有社会主义新中国

中国共产党在马克思主义指导下，从时代要求和中国实际国情出发，制定了中国革命分"两步走"的战略策略，第一步先进行中国共产党领导的新民主主义革命，推翻帝国主义、封建主义和官僚资本主义，建立人民民主和独立解放的新中国；第二步进行社会主义革命，建立社会主义制度，进行社会主义建设，实现中华民族复兴中国梦，向共产主义过渡。百年历史证明，马克思主义指导下的中国共产党人践行的路线完全正确。

肩负时代使命的中国共产党，必然要完成时代赋予的迫切任务。完成新民主主义革命，推翻压在中国人民身上的三座大山——帝国主义、封建主义和官僚资本主义，实现民族独立和人民解放，这是中国共产党首先要完成的历史重任。前途是光明的，而道路是曲折的。中国共产党在领导新民主主义革命的艰苦岁月里，不断地总结经验教训，实现马克思主义与时代和中国实际的第一次结合，产生了马克思主义中国化的第一个理论形态——毛泽东思想，形成了关于新民主主义革命的理论路线、方针政策，引导中国革命走向了胜利。

中国共产党成立之初，掀起了轰轰烈烈的工人运动和农民运动，促成了国共第一次合作，发动了北伐战争和轰轰烈烈的大革命。然而，国民党反动派逐渐暴露了反动阶级的本性。1927年，蒋介石悍然发动了"四一二"反革命政变，共产党蒙受了巨大损失，大革命以失败告终。中国共产党总结了大革命失败的教训，及时纠正了以陈独秀为代表的右倾机会主义错误。以毛泽东同志为代表的中国共产党人深刻地认识到，党绝对不能放弃中国革命的领导权，得出了"枪杆子里出政权"的道理。毛泽东同志领导了井冈山红色政权的斗争，确立了党对人民军队的绝对领导，建立了中央红军和

革命根据地，走上了"农村包围城市，武装夺取政权"的革命道路。

　　土地革命时期，以王明为代表的"左"倾机会主义者，脱离中国革命实际，推行极"左"的路线和政策，致使红军和根据地遭受了惨重损失。"遵义会议"使中国共产党转危为安，实际地确定了毛泽东同志的领导地位，挽救了党、挽救了红军、挽救了中国革命。在艰苦卓绝的中国革命进程中，毛泽东同志领导全党科学地认识了中国革命实际，灵活地把马克思主义理论和中国的具体实际相结合，创造了"统一战线""武装斗争""党的领导"取得中国革命胜利的"三大法宝"。在中国化的马克思主义毛泽东思想的指引下，以毛泽东同志为代表的中国共产党领导中国工人阶级、农民阶级和最广大人民，以先进的思想、正确的路线、优良的作风、不畏牺牲的精神取得了抗日战争和解放战争的胜利，打倒了帝国主义、封建主义和官僚资本主义，推翻了国民党反动派的政治统治，创立了人民民主的新中国。1949年毛泽东同志在天安门城楼上庄严宣布，中华人民共和国成立了，中国人民从此站起来了。在反抗帝国主义、封建主义、官僚资本主义的斗争中，中国共产党为中国人民提供了正确的指导思想、指明了前进的方向、实现了坚强的领导。赢得了新民主主义革命胜利的事实最雄辩地证明，中国共产党是先进生产力的代表、是先进思想的化身、是当之无愧的伟大领导者，没有中国共产党，就没有中华人民共和国。

　　中华人民共和国的成立标志着中华民族的独立和中国人民的解放，标志着中国新民主主义革命的胜利。那么接下来的路应该怎么走呢？按照中国共产党制定的领导中国革命，实现中华民族伟大复兴中国梦的最低纲领和最高纲领，以及"两步走"战略，在取得新民主主义革命胜利之后，必须不间断地进行社会主义革命，把中国引上社会主义道路。

　　怎样在没有经过资本主义充分发展，而在半殖民地半封建社会的条件下，取得新民主主义革命成功的落后国家，进行社会主义革命，建立社会主义制度，实行跨越式发展，建设社会主义呢？中国共产党人承担了这一史无前例的重大课题。在落后的中国建设社会主义，这是中国共产党人把马克思主义与中国实际第二次结合的时代使命。关于这一时代性课题，马克思主义经典作家已经做出相关的理论回应。马克思在创立和发展科学社会主义的过程中，开始的注意力和着眼点放在西方发达资本主义国家，认为社会主义革命将首先在比较发达、无产阶级人数较多的西方发达资本主义国家发生，至少是在几个主要发达资本主义国家同时发生才能胜利。后来的实践发展促使他开始关注并研究东方国家和民族的革命和发展道路问题，在回答19世纪俄国社会发展道路时认为，东方国家社会主义革命和发展道路与发达资本主义国家可以有所不同。对于生产力相对落后、以封建农奴为基础的俄国，可以不经过资本主义，在吸收资本主义优秀成果的基础上，跨越资本主义"卡夫丁峡谷"，避免资本主义的苦难，走非资本主义的发展道路。

中国共产党在中国的大地上实践了马克思关于跨越资本主义制度的"卡夫丁峡谷"，实现跨越式发展，走非资本主义道路的科学设想，并实际变成活生生的现实。中华人民共和国成立后，经过短暂的和平恢复，毛泽东同志领导中国共产党人不间断地把新民主主义革命转变为社会主义革命，制定了社会主义过渡时期"一化三改"的总路线，对我国的农业、手工业、资本主义工商业进行了社会主义生产资料所有制改造，1956年基本完成社会主义生产资料所有制改造，确立了以公有制为基础的社会主义制度。以毛泽东同志为代表的中国共产党人创造了人类历史上的奇迹，在一个相对落后的旧中国，成功地进行了社会主义革命，建立了社会主义制度，走出了一条非资本主义的跨越式发展道路，完成了马克思主义与中国实际第二次结合的第一步。从1956年开始，毛泽东同志领导中国共产党制定了社会主义建设总路线,完成了以发展生产力为根本任务的转变,进行了社会主义建设的艰辛探索,尽管有所失误,但为中国特色社会主义奠定了坚实的制度基础、物质条件和理论前提,开启了马克思主义与中国实际第二次结合的第二步。中华人民共和国成立三十年的历史说明,没有中国共产党的英明领导,就没有社会主义的新中国。

三 离开中国共产党的坚强领导,就没有中国特色社会主义及成就复兴大业的明天

为了完成在一个相对落后的国家建设社会主义,这个马克思主义与中国实际第二次结合的重大课题,毛泽东同志带领全党进行艰苦卓绝的探索,取得了极其伟大的实践成就和丰富的理论成果,然而并没有完全破题。

中国共产党既是勇于实践,善于创新,不断从胜利走向胜利的党,又是正视错误,改正错误,善于总结经验教训,从失败中找到成功之路,永远立于不败之地的党。1978年党的十一届三中全会,以邓小平同志为代表的中国共产党人,总结探索以往的成功经验和失误教训,特别是"文化大革命"的失误,果断停止了"以阶级斗争为纲"的错误路线,恢复了实事求是的思想路线,提出了"一个中心,两个基本点"的党在社会主义初级阶段的基本路线,开始了改革开放探索中国特色社会主义之路的新长征。

以邓小平同志为代表的中国共产党人,科学地回答了"什么是社会主义,怎样发展社会主义"这个首要的基本问题,开创了中国特色社会主义新局面。以江泽民同志为代表的中国共产党人,在进一步回答了"什么是社会主义,怎么建设社会主义"的同时,创造性地回答了"建设什么样的执政党,怎样建设执政党"的问题,把中国特色社会主义推向21世纪。在新的历史条件下,以胡锦涛同

志为代表的中国共产党人在进一步回答"什么是社会主义,怎样建设社会主义",以及"建设什么样的党,怎样建设党"的同时,回答了"实现什么样的发展,怎样发展"的问题,推进了中国特色社会主义的科学发展。党的十八大以来,以习近平同志为核心的党中央回答了"新时代坚持和发展什么样的中国特色社会主义,怎样坚持和发展中国特色社会主义"这个重大课题,把中国特色社会主义推进到新时代。

经过三十多年的努力,中国共产党初步完成了毛泽东同志提出的第二次结合的伟大使命,创立了马克思主义中国化的第二个理论形态——中国特色社会主义理论体系,形成了邓小平理论、"三个代表"重要思想、科学发展观和习近平新时代中国特色社会主义思想等重要理论创新成果。

我们党经过99年艰苦卓绝的奋斗,其间经过28年前赴后继的英勇斗争,30年社会主义建设的艰苦探索,40年改革开放的第二次伟大革命,带领中国人民推动了马克思主义与中国实际的两次伟大结合,形成了马克思主义中国化的两次伟大飞跃,走出了一条中国特色社会主义成功道路。正如党的十八大报告指出的那样,"中国特色社会主义道路,中国特色社会主义理论体系,中国特色社会主义制度,是党和人民九十多年奋斗、创造、积累的根本成就,必须倍加珍惜、始终坚持、不断发展。"[1] "倍加珍惜、始终坚持、不断发展"中国特色社会主义,必须始终坚持中国共产党的领导,这是我们党近百年奋斗成功的根本经验。社会主义救中国,中国特色社会主义发展中国,没有马克思主义武装的中国共产党就没有这一切。中国共产党是中国特色社会主义伟大事业的领导核心,中国特色社会主义取得如此辉煌的成就,离不开中国共产党的坚强领导。习近平总书记强调,"中国特色社会主义最本质的特征是中国共产

---

[1] 胡锦涛:《坚定不移沿着中国特色社会主义道路前进 为全面建成小康社会而奋斗——在中国共产党第十八次全国代表大会上的报告》,人民出版社2012年版,第12页。

党领导，中国特色社会主义制度的最大优势是中国共产党领导"①，正是这一特征和优势，保证了中国特色社会主义行稳致远、不断发展壮大。

纵观中国共产党成立近百年的历史，是中华民族从积贫积弱走向富裕强盛的历史，是中国人民终于走出一条中华民族伟大复兴的中国特色社会主义成就之路的历史，也是西方资本主义国家不断显出疲态走向衰败的历史。这样的历史发展态势，造就了世界近代百年未有之大变局。总结百年历史大变局之中的中国特色社会主义的伟大成就，可以得出这样一个历史已然雄辩证明的根本性判断：中国人民选择了马克思主义，选择了社会主义，选择了中国特色社会主义，选择了中国共产党，这是历史的必然，是唯一正确的选择。中国共产党的坚强领导，是中国特色社会主义成功的根本保证，是中国特色社会主义永续前行的成功底因。总结中国近代以来百年历史之真经，归根结底就是一句话：坚持中国共产党的领导。而坚持中国共产党的领导，必须坚持马克思主义与中国实际相结合，坚持正确的理论指导，坚持正确的思想和政治路线。

中国共产党的领导地位是历史必然和人民选择的结果。世界百年未有之大变局，证实了中国共产党强大的领导力量和卓越的治理能力，能够为中华民族的永续发展注入根本性定力和动力。与时代同进的中国共产党人站在百年未有之大变局的新的历史起点上，必须始终坚持马克思主义的指导，始终坚持实事求是的思想路线，与时俱进地将马克思与时代不同阶段和中国不同时期的具体情况相结合，进行理论创新和实践创新双向互动，不断推进马克思主义时代化、中国化和大众化，以指导中国人民的伟大实践。必须继续抓住新的历史机遇，勇敢地迎接挑战，在变局中开新局，变压力为动

---

① 习近平：《决胜全面建成小康社会 夺取新时代中国特色社会主义伟大胜利——在中国共产党第十九次全国代表大会上的报告》，人民出版社2017年版，第20页。

力，以自我革命的优良传统、艰苦卓绝的斗争精神、为人民服务的赤子初心，坚韧不拔地推进社会革命，开展伟大斗争，为建设中国特色社会主义现代化强国、实现中华民族伟大复兴，开拓进取，努力前行。